기초부터 활용까지 한 권으로 끝내는
이게 진짜 파이썬EASY!

기초부터 활용까지 한 권으로 끝내는
이게 진짜 파이썬EASY!

2022년 3월 2일 1판 1쇄 인쇄
2022년 3월 14일 1판 1쇄 발행

지은이 감무철
펴낸이 이상훈
펴낸곳 책밥
주소 03986 서울시 마포구 동교로23길 116 3층
전화 번호 02-582-6707
팩스 번호 02-335-6702
홈페이지 www.bookisbab.co.kr
등록 2007.1.31. 제313-2007-126호

기획·진행 권경자
디자인 디자인허브

ISBN 979-11-90641-67-8 (13000)
정가 26,000원

ⓒ 감무철, 2022

이 책은 저작권법에 따라 보호받는 저작물이므로 무단전재와 무단복제를 금합니다.
이 책 내용의 전부 또는 일부를 사용하려면 반드시 저작권자와 출판사에 동의를 받아야 합니다.

책밥은 (주)오렌지페이퍼의 출판 브랜드입니다.

이 책에서 설명하는 소스 코드와 자료는 책밥출판사 홈페이지 자료실
https://www.bookisbab.co.kr/down에서 다운받을 수 있습니다.

기초부터 활용까지 한 권으로 끝내는 It's easy!

이게 진짜
파이썬 EASY!

감무철 지음

책밥

머리말

비전공자지만 관심을 가지고 여러 프로그래밍 언어를 공부해본 필자를 가장 놀라게 한 언어가 바로 파이썬입니다. 회사에서 많은 엑셀 데이터를 정리할 일이 있었는데, 무턱대고 그냥 하다가는 며칠 걸리겠다 싶어 간단하게 정리할 수 있는 방법을 여기저기 찾아봤었죠. 파이썬 코드 몇 줄로 엑셀 정리도 할 수 있다는 글을 보고 기본 문법도 공부하지 않은 채 바로 따라 해봤습니다. 수많은 에러들과 씨름하다가 어느 순간 그 많은 데이터를 표 하나로 정리할 수 있었습니다. 그때 한 작업 코드가 10줄도 채 되지 않을 정도였습니다. 정말이지 망치로 머리를 얻어맞은 것처럼 멍해지며 '왜 이제서야 파이썬을 알게 된 것일까?' 하는 안타까움이 밀려왔죠.

그 뒤로 본격적으로 파이썬을 공부하기 시작했는데, 파이썬의 활용은 정말 끝이 없다는 생각이 듭니다. 주식 자동 매매, 웹 크롤링, 챗봇 등 이제는 생활에서 파이썬을 뗄 수가 없을 정도가 되었습니다.

코딩 교육에 관심이 높아진 요즘 포털 사이트를 검색하다 보면 프로그래밍 언어를 처음 시작하는데 어떤 언어가 좋은지에 대한 질문들을 많이 볼 수 있습니다. 파이썬을 추천하는 답변도 많지만, '당연히 프로그래밍의 시작은 C언어다.' 또는 'JAVA가 기본이다.'라는 답변도 많습니다.

필자는 비전공자든 전공자든 프로그래밍을 시작하기에는 파이썬 만한 게 없다고 생각합니다. 다른 언어에 비해 시작의 장벽이 낮기 때문인데, 보통 화면에 글자 하나 출력하려 해도 복잡하고 원리를 알기 힘든 코드를 몇 줄이나 써야 하는 다른 언어들에 비해 파이썬은 정말 딱 한 줄로 그냥 출력하라는 명령 코드만 입력하면 되기 때문이죠. 일단 프로그래밍에 부딪혀보는 데 있어서는 파이썬보다 좋은 언어는 없습니다. 파이썬으로 시작하고 이후 관심 분야에 따라 다른 언어를 공부하면 됩니다.

이 책은 단순한 코드들로 많은 문법을 소개하는 책이 아닙니다. 또한 프로그래밍을 시작하는 사람들에게는 외래어나 마찬가지인 전문 용어들을 처음부터 사용하지 않았습니다.

많은 문법을 익히고 실행해보는 것, 많은 전문 용어를 들어 보는 것도 의미 있을 수 있겠지만 정작 스스로 활용하는 데는 중요한 문제가 아니라고 생각하기 때문입니다. 몇 년 동안 실생활과 업무에 파이썬을 활용하면서 한번도 사용해보지 않은 문법들이 생각보다 꽤 많았습니다. 그래서 활용도가 낮은 내용에 시간을 할애하는 것보다는, 많이 쓰이고 중요한 문법과 기능들에 대한 개념 이해에 우선적으로 집중할 수 있도록 정리했습니다.

또한 문법 공부까지 하고 나서 방향을 찾지 못해 방황하는 독자들을 위해 이 책에서는 실생활에서 어떻게 활용할 수 있는지, 이 기능을 통해 무엇을 할 수 있는지, 어떤 목표로 어떤 부분을 더 공부하면 되는지에 대한 활용 측면의 방향을 제시하고자 했습니다.

책에 있는 모든 실습 코드는 반드시 직접 입력해보아야 합니다. 물론 처음이라 영문 타이핑이 어색하고 힘들어서 타자 연습을 하는 것인지, 문법 공부를 하는 것인지 혼란스러울 수도 있지만 직접 코드를 입력하는 연습량이 곧 실력이 된다고 생각하면 좋을 듯합니다.

이 책에서 설명하는 내용들을 끝까지 공부하고 나면 영어로 비유했을 때 일상생활은 충분히 가능한 수준이 될 것이라고 확신합니다. 구글링을 통해 오류를 해결하고, 더 많은 기능을 찾아볼 수 있게 된다면 실력은 더욱 발전할 것입니다.

끝으로 부족한 필자에게 관심을 가져주고 용기를 내게 해준 〈깔루아 독서 학습 컨설팅〉의 조지희 대표님과 책밥출판사의 이상훈 대표님, 편집 담당자들에게도 감사를 전합니다.

언제나 응원해주는 양가 부모님들, 원고를 검토해준다고 팔자에도 없던 코딩 공부를 하게 된 아내와 동생, 그리고 그동안 주말에 어디 놀러 가지 못해도 잘 참아준 아이들에게 고마운 마음을 전하고 싶습니다.

겨울의 한가운데에 동백에서
감무철 씀

차례

머리말

PART 1 시작이 반, 파이썬 독학을 위한 완벽한 준비

Chapter 01 파이썬이 뭐길래? 014
- Section 01 이것이 파이썬이다! 014
- Section 02 파이썬 활용하기 017

Chapter 02 파이썬과의 첫 인사 023
- Section 01 아나콘다로 파이썬 패키지 설치하기 023
- Section 02 파이썬으로 대화 시작하기 029
- 한 - 걸음 - 더 036

PART 2 파이썬의 기본적인 데이터 알아보기

Chapter 01 데이터의 저장과 사용 044
- Section 01 저장 공간이란 044
- Section 02 저장 공간의 이름 정하기 046
- Section 03 데이터 저장하는 방법 047
- 한 - 걸음 - 더 054

Chapter 02 문자들의 모임 058
- Section 01 문자열 데이터 만들기 058
- Section 02 문자열 데이터 자세히 알아보기 066
- Section 03 문자열 데이터로 계산하기 071
- Section 04 문자열 데이터에 자주 사용하는 기능 075

Chapter 03 숫자 데이터 080
- Section 01 숫자 데이터의 구분 080
- Section 02 숫자 데이터 만들기 080
- Section 03 숫자 데이터로 계산하기 083

Project 01	생활 속 파이썬 활용 1	085
Section 01	세 숫자의 합 구하기 게임	085
Section 02	프로그램 작동 순서 계획	086
Section 03	단계별 프로그램 완성	087
Section 04	프로그램 업그레이드	090
요약 정리		094

PART 3 효율적인 데이터 사용을 위한 데이터 구조대

Chapter 01	데이터들의 모임	098
Section 01	모임 만들기	098
Section 02	모임 멤버 살펴보기	102
Section 03	멤버 추가 및 삭제	107
Section 04	모임 데이터 활용	114
한-걸음-더		120

Chapter 02	데이터로 만드는 사전	124
Section 01	사전 만들기	124
Section 02	사전 내용 보기	126
Section 03	사전에 단어 추가 및 삭제	128
Section 04	사전 활용	130
한-걸음-더		131

Project 02	생활 속 파이썬 활용 2	132
Section 01	가족 단합 대회 종목 고르기	132
Section 02	프로그램 작동 순서 계획	133
Section 03	단계별 프로그램 완성	135
Section 04	프로그램 업그레이드	138
요약 정리		142

PART 4 · 프로그래밍으로 만드는 우리의 일상

Chapter 01 프로그램 세상도 선택의 연속 — 146
- Section 01 진실 혹은 거짓, '말해! Yes or No!' — 146
- Section 02 저울질하기 — 148
- Section 03 짜장면이냐? 짬뽕이냐? 그것이 문제로다! — 149
- Section 04 복잡한 고민도 간단하게 해결 — 153
- 한-걸음-더 — 158

Chapter 02 반복되는 일상의 해결 — 159
- Section 01 배달의 고수 — 159
- Section 02 단체 주문 받기에 도전 — 168
- Section 03 안 되면 될 때까지… — 176
- Section 04 반복 일상의 탈출 암호 — 184
- 한-걸음-더 — 188

Project 03 생활 속 파이썬 활용 3 — 193
- Section 01 수학 문제 풀어보기 — 193
- Section 02 프로그램 작동 순서 계획 — 194
- Section 03 단계별 프로그램 완성 — 196
- Section 04 프로그램 업그레이드 — 199
- 요약 정리 — 201

PART 5 · 파이썬의 화룡점정

Chapter 01 파이썬에 자판기가? — 206
- Section 01 자판기 작동의 원리 생각해보기 — 206
- Section 02 프로그램 속에 자판기 만들기 — 207
- Section 03 자판기 내부 들여다보기 — 211
- Section 04 고장난 자판기 고치기 — 216
- 한-걸음-더 — 219

Chapter 02 파이썬으로 만드는 공장 — 228
- Section 01 자판기 공장 운영 — 228
- Section 02 주문량 폭주에 대한 해결책 — 234
- Section 03 자판기 설치와 작동 관리하기 — 240
- 한-걸음-더 — 245

Project 04	생활 속 파이썬 활용 4	249
Section 01	여행의 추억 정리하기	249
Section 02	프로그램 작동 순서 계획	251
Section 03	단계별 프로그램 완성	255
Section 04	프로그램 업그레이드	265
	요약 정리	276

PART 6 데이터 분석! 그까이 꺼~

Chapter 01	데이터 분석 준비	282
Section 01	Jupyter Notebook 설정과 실행	282
Section 02	Jupyter Notebook 기본 사용 방법	291
Section 03	분석용 데이터 구하기	299

Chapter 02	재주부리는 파이썬의 판다	303
Section 01	판다 알아보기	303
Section 02	DataFrame의 기본 기능 익히기	310
Section 03	코드 한 줄로 판다 재주부리기	318
	한-걸음-더	336

Chapter 03	나도 데이터 분석가	338
Section 01	DataFrame으로 파일 읽어 오기	338
Section 02	전체적인 데이터 형태 및 특징 파악	340
Section 03	세부적인 데이터 조작	345
	요약 정리	355

PART 7 Real 파이썬 프로그래밍 1: 인터넷 정보 수집

Chapter 01	웹 크롤링 알아보기	360
Section 01	네이버, 구글 검색 등 웹 크롤링	360
Section 02	웹 크롤링을 위한 준비	361
Section 03	소중한 정보 이용	365

Chapter 02	영화 예매율 순위 정보 수집	368
Section 01	웹 페이지 구조 확인	368
Section 02	영화 기본 정보 추출하기	372

| Section 03 | 링크 주소 추출하기 | 378 |
| Section 04 | 포스터 이미지 추출하기 | 378 |

Chapter 03 관심 중고 매물은 내가 먼저! — 383
Section 01	웹 페이지 구조 확인	383
Section 02	필요 정보 추출하기	385
Section 03	자동 실행을 위한 작업 스케줄러 만들기	387

PART 8 — Real 파이썬 프로그래밍 2: GUI 프로그래밍

Chapter 01 이제는 디자이너다!: Qt Designer — 396
| Section 01 | 실행 파일 찾기 | 396 |
| Section 02 | Qt Designer 기본 사용 방법 | 397 |

Chapter 02 화면 구성하기 — 404
Section 01	필요한 입력 및 출력 위젯 배치	404
Section 02	위젯 이름 설정	408
Section 03	화면 크기에 따른 위젯 정렬	409

Chapter 03 파이썬 코드로 프로그램 완성시키기 — 416
Section 01	파이썬 코드에서 GUI 화면 실행	416
Section 02	초기화 및 이벤트 처리	420
Section 03	세부 기능 추가로 프로그램 완성	423

부록
- Quiz 풀이 — 440
- Error의 종류와 내용 — 448
- 찾아보기 — 449

이게 진짜 파이썬EASY!

PART 1

시작이 반, 파이썬 독학을 위한 완벽한 준비

파이썬은 프로그래밍 언어 공부만을 위한 것이 아니라 일상생활에서도 다양하게 활용을 할 수 있습니다. 그만큼 누구나 쉽게 파이썬에 입문하고 활용할 수 있다는 의미입니다. 그 시작으로 파이썬에 대해서 알아보고 간단한 코드 실행을 통해서 파이썬 세팅을 해보도록 하겠습니다.

학습 목표

- 파이썬이 어떤 프로그래밍 언어인지 이해합니다.
- 파이썬 활용 분야들을 살펴보고 스스로의 목표를 생각해봅니다.
- 파이썬 설치 및 초기 세팅을 할 수 있습니다.

Chapter  파이썬이 뭘래?

지금부터 우리는 파이썬을 만나게 될 것입니다. 도대체 어떤 프로그래밍 언어이기에 많은 사람들이 파이썬을 배우고 싶어 하는지 차근차근 소개해보겠습니다.

Section 01 >>> 이것이 파이썬이다!

1 파이썬 로고는 왜 뱀을 형상화했을까?

파이썬(Python)은 1991년 파이썬을 개발한 귀도 반 로섬(Guido van Rossum)이 자신이 좋아하던 영국 코미디 프로그램 〈Monty Python's Flying Circus〉에서 따온 이름으로, 고대 그리스 신화에 나오는 괴물 독사의 모습을 한 피톤(Python)의 영어식 표현이라고 합니다. 그는 짧고 특별하고 미스터리한 느낌의 단어로 이 파이썬을 선택했다고 하네요.

출처 : https://www.python.org/community/logos/
〈그림 1.1.1〉 파이썬 로고

2 파이썬도 결국은 언어다. 그런데 다른 언어들보다 쉽고 재미있다!?

파이썬은 다른 프로그래밍 언어에 비해 비교적 간단한 문법 형식으로 구성되어 있어 사용하기가 쉽습니다. 간단한 코드로도 원하는 결과를 쉽게 얻을 수 있다는 것이 파이썬의 장점이라고 할 수 있겠습니다.

우리가 외국어를 잘하기 위해서는 머릿속으로 생각하기보다 실제로 말을 많이 해봐야 하는 것처럼 파이썬도 직접 코드를 입력해 실행해보는 연습을 통해 컴퓨터와 유창하게 대화할 수 있도록 해봅시다.

③ 전 세계의 유저들과 같이 고민할 수 있다!

파이썬의 인기는 우리나라에서뿐만 아니라 전 세계에서도 대단한 수준입니다. 매달 프로그래밍 언어의 인기 순위를 발표하는 TIOBE 지수(TIOBE Index) 홈페이지(https://www.tiobe.com/tiobe-index/)를 보면 2022년 1월 기준으로 파이썬이 1위입니다.

Jan 2022	Jan 2021	Change	Programming Language	Ratings	Change
1	3	︿	Python	13.58%	+1.86%
2	1	﹀	C	12.44%	-4.94%
3	2	﹀	Java	10.66%	-1.30%
4	4		C++	8.29%	+0.73%
5	5		C#	5.68%	+1.73%
6	6		Visual Basic	4.74%	+0.90%
7	7		JavaScript	2.09%	-0.11%
8	11	︿	Assembly language	1.85%	+0.21%
9	12	︿	SQL	1.80%	+0.19%
10	13	︿	Swift	1.41%	-0.02%

출처 : https://www.tiobe.com/tiobe-index/
〈그림 1.1.2〉 프로그래밍 언어 인기 순위

인기가 높다는 것은 다시 말해 많은 사람들이 파이썬을 공부하거나 사용하면서 궁금한 내용을 검색하고 있다고도 해석할 수 있는데요. 이런 이유로 나에게 발생한 문제에 대해 이미 해결된 사례들을 찾아볼 수 있고, 다른 사람의 고민에 나의 해결책을 공유해줄 수도 있습니다. 혼자서 고민하는 것보다는 전 세계의 많은 파이썬 유저들과 함께 고민하며 성장할 수 있다는 의미입니다.

4 빠른 프로그래밍이 가능하다!

앞서 말했듯이 많은 사람들이 사용하는 프로그래밍 언어이다 보니 개인이나 기업에서 유용한 기능들을 만들어 누구나 무료로 활용할 수 있도록 배포(이를 오픈 소스라 하며 파이썬 자체도 오픈 소스입니다.)하고 있습니다. 이런 오픈 소스들과 간단한 문법이 적용된 장점을 통해 우리는 쉽고 빠르게 프로그램을 만들 수 있습니다. C언어를 활용해 2년 동안 개발을 진행했음에도 완성하지 못한 프로젝트를 파이썬으로는 한 달 만에 끝냈다는 사례도 있을 정도라고 하네요.

다음의 그림은 파이썬의 특징을 잘 표현한 만화입니다. 이 만화로 파이썬의 높은 생산성을 알아볼 수 있는데요. 해당 만화는 이 책의 구성 중 '한 걸음 더'에 소개될 파이썬의 이스터 에그 중 하나로 파이썬에서 명령어로 실행해서 볼 수도 있습니다.

출처 : https://xkcd.com/353/

〈그림 1.1.3〉 파이썬의 특징(한글 번역은 https://namu.wiki/w/Python 참조)

Section 02 ≫ 파이썬 활용하기

파이썬은 코딩 교육에서 인공지능 개발까지 다양한 분야에서 활용되고 있습니다. 데이터 분석이나 인공지능 분야에 활용되기에 일반인들에게는 어렵게 느껴질 수도 있는데, 파이썬은 기초 문법만 익혀도 실생활에서 활용할 수 있는 것들이 상당히 많습니다. 그럼 지금부터 파이썬이 많이 활용되고 있는 분야와 함께 직접 활용한 사례를 소개해보겠습니다. 이 중 몇 가지 활용은 Part 6 이후에 직접 연습해볼 예정입니다.

1 인터넷 사이트 자동 정보 수집

인터넷 사이트에서 원하는 정보를 자동으로 수집하는 것을 웹 크롤링 또는 크롤링이라고 합니다. 원하는 정보를 찾아 자료를 정리하고자 할 때 파이썬을 알지 못했다면 일일이 [복사하기] - [붙여넣기]를 반복하겠지만 파이썬을 통한 크롤링으로 더 빨리, 더 많은 자료를 수집해 정리할 수 있습니다. 파이썬은 실생활에서 가장 많이 적용해볼 수 있는 프로그래밍 언어라고 해도 과언이 아닐 정도입니다. 더불어 크롤링은 음원이나 영화 순위, 중고 매물 검색, 상품 핫딜 정보, 여행(항공, 숙박) 가격 정보, 스포츠 경기 결과 등 응용할 수 있는 부분이 정말 다양합니다.

2020년 코로나19로 인한 어려움 극복을 위해 경기도민들에게 지급된 지역 화폐 관련 자료를 크롤링했던 예를 소개해보겠습니다.

용인시 지역 화폐인 와이페이 가맹점 정보 확인이 쉽지 않았던 시기라 직접 가맹점 데이터를 정리하고 싶었습니다. 용인시청 홈페이지에서는 오른쪽 그림과 같이 표 형식의 정보를 확인할 수 있었지만 당시에는 엑셀 다운로드 기능이 없어서 총 2,800페이지(현재는 가맹점이 늘어 3,476페이지)를 하나씩 마우스로 드래그해 복사해야 했죠. 크롤링을 할 수 없었다면 아마 바로 포기했을 겁니다.

출처 : https://www.yongin.go.kr/user/web/ypayMrhst/BD_selectYpayMrhstList.do
〈그림 1.1.4〉 용인시청 홈페이지의 와이페이 가맹점

크롤링으로 받은 데이터에서 도로명 주소를 경도와 위도로 변환하고, 구나 동으로도 분리해 새로운 데이터를 만들었습니다. 해당 데이터에서 끝나는 것이 아니라 웹 페이지를 만들어 가맹점 위치를 지도에 표시할 수 있도록 했습니다.

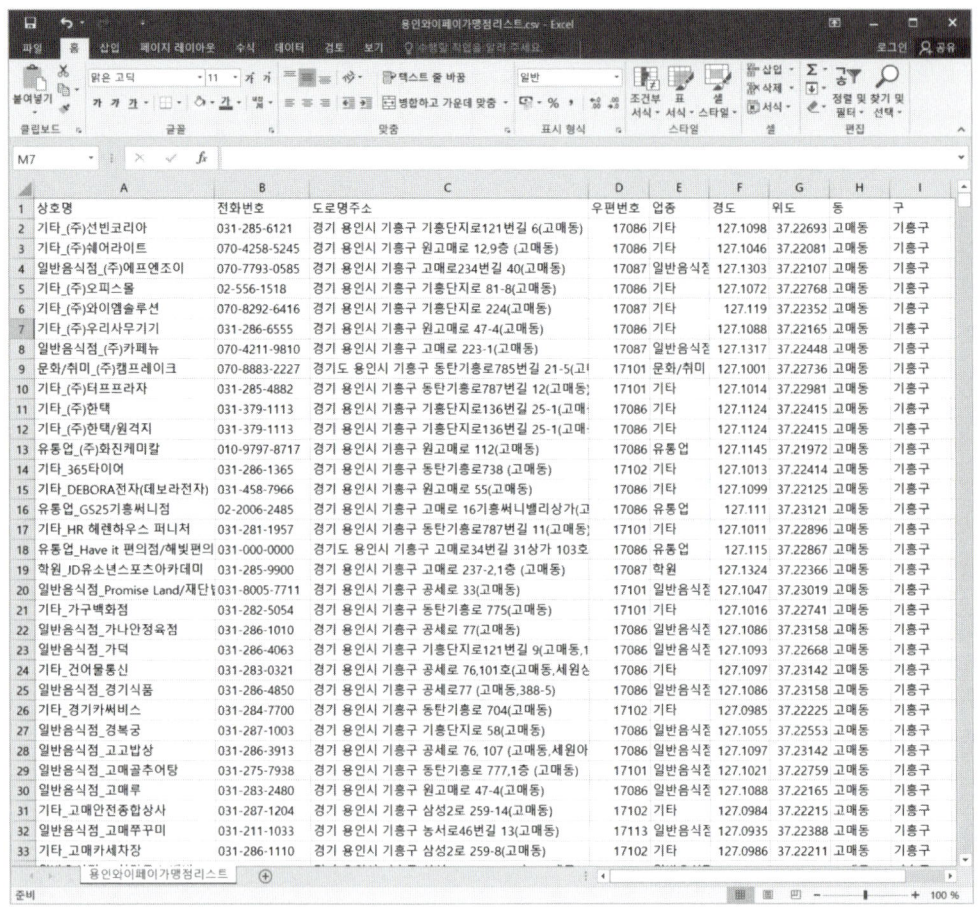

〈그림 1.1.5〉 용인와이페이 가맹점 데이터

2 스마트폰 알림

보통 스마트폰으로 정보를 확인하기 위해서는 직접 애플리케이션이나 홈페이지에 접속해 검색하게 되는데, 자주 확인하는 정보일 경우는 그 과정도 번거롭게 느껴집니다. 또한 신규 정보를 확인하려고 접속했지만 정보가 업데이트되어 있지 않은 경우도 있고요. 내가 찾아가서 확인하는 정보 대신 정보가 나에게 찾아오도록 하기 위해 크롤링한 결과를 텔레그램 봇(텔레그램 어플로 메시지를 보낼 수 있도록 하는 기능)으로 알림을 받을 수 있게 했습니다.

요즘 많이 사용하는 인공지능 봇처럼 만들기는 어렵겠지만 크롤링한 데이터를 잘 정리해 문자 형식으로 보내기만 해도 충분합니다. 다음은 주가지수 변동, 환율, 관심 게시판 공지, 기업 공시 등의 정보를 수집해 텔레그램 봇으로 활용한 결과입니다.

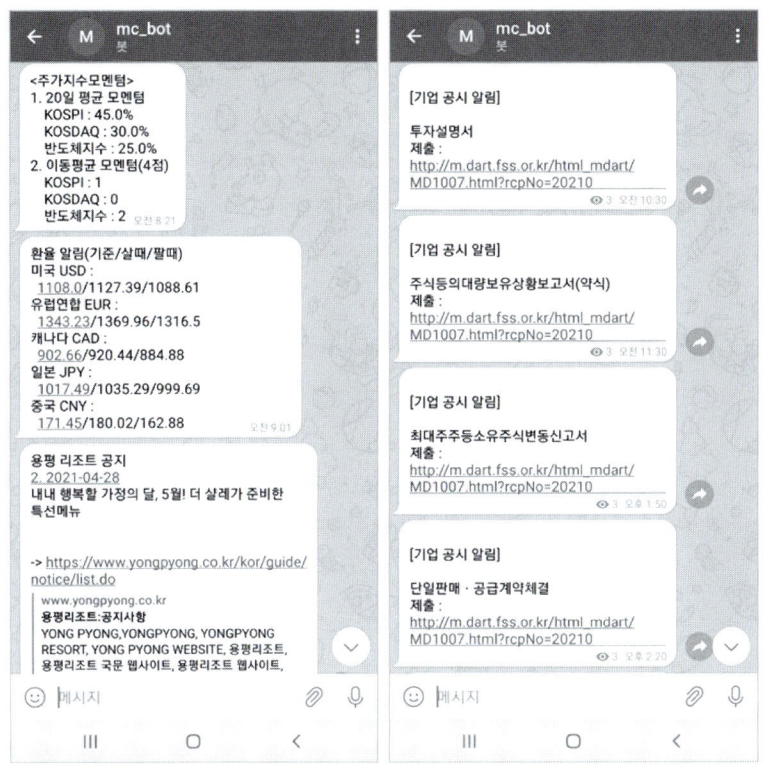

〈그림 1.1.6〉 텔레그램 봇 활용

③ 업무 자동화

반복적인 문서 작업이나 데이터 및 파일 정리 또는 마우스 매크로까지도 파이썬 활용이 가능합니다. 실제로 데이터를 자동으로 변환하거나 엑셀 데이터 추출 및 정리, 주기적인 문서(특허, 논문 등) 검색에 주로 활용되고 있습니다.

④ 데이터 분석

데이터 분석은 주어진 데이터에서 유용한 정보를 찾아 의사결정을 하기 위한 것으로 데이터를 정리, 변환하고 모델을 만들어 예측까지 하는 분야입니다. 이렇게 이야기하면 어렵게 느껴질 수도 있는데, 간단하게 데이터의 특징들을 확인해 현상을 파악해보는 것부터 시작하면 됩니다.

관심 있는 분야의 데이터를 수집해 해당 데이터에 어떤 변화가 있는지, 어떤 분류를 하고 어떤 차이가 있는지 등을 파악하는 데 있어 파이썬의 강력한 기능들을 통해 쉽게 데이터 분석을 해볼 수 있습니다.

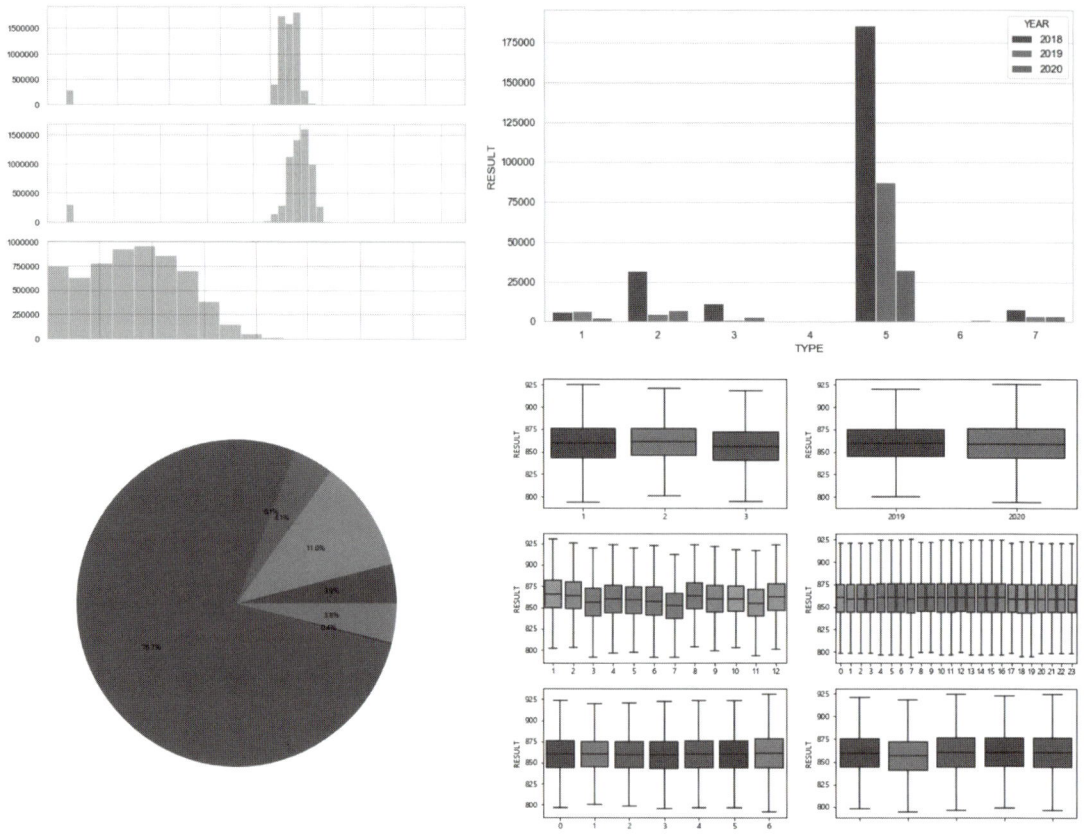

〈그림 1.1.7〉 데이터 분석 활용

지금까지 본 활용 사례들은 파이썬의 기초 문법과 오픈 소스들을 다운받아 사용법을 조금만 익히면 그리 어렵지 않은 수준에서 활용 가능한 부분입니다. 여기에서 좀 더 확장해 다음과 같은 활용들은 파이썬 이외의 프로그래밍 언어나 다른 분야의 공부가 필요합니다. 이런 분야를 처음 접했던 필자도 어느 정도의 완성을 경험했으니 모두 자신감을 갖고 도전해보면 좋겠습니다.

5 카카오 챗봇

텔레그램 봇을 통해 주기적으로 받는 정보가 아닌 경우는 필요할 때마다 다양한 대화 방식으로 정보를 받을 수 있는 카카오 챗봇을 만드는 데 파이썬을 활용할 수 있습니다. 처음으로 만든 챗봇은 영화 예매 순위, 날씨 정보(현재, 주간), 길찾기 등이 가능한데, 카카오톡에서 '슬기로운 생활(Feat. 파이썬)'을 검색하면 누구나 챗봇을 이용할 수 있습니다.

<그림 1.1.8> 카카오 챗봇 활용

6 웹 페이지 만들기

파이썬으로는 웹 페이지 제작도 가능합니다. 실제로 파이썬을 활용해 개발된 서비스들이 많습니다. 웹 페이지를 만들어보면서 파이썬뿐만 아니라 서버에 대한 이해부터 자바스크립트까지 공부해야 했지만 며칠 동안 고생한 보람은 있었습니다. 간단한 홈페이지 형식과 이에 링크되어 용인시 지역 화폐 가맹점을 지도에서 볼 수 있도록 구성했습니다.

웹 페이지는 어디에서나 접속할 수 있고 결과를 다른 사람들과 공유할 수도 있어 관심이 생긴다면 도전해볼 것을 추천합니다.

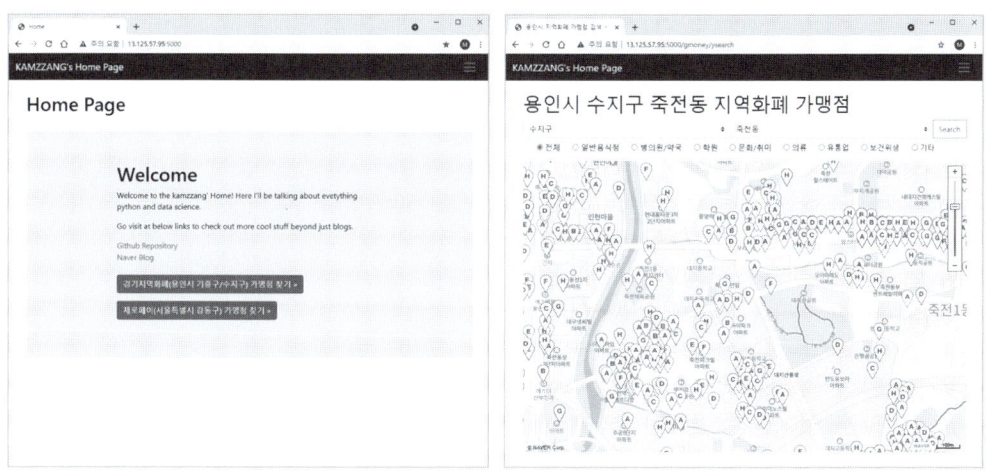

출처 : http://13.125.57.95:5000/, http://13.125.57.95:5000/gmoney
<그림 1.1.9> 웹 페이지 활용

7 Open API

Open API는 누구나 접근 가능하며 정해진 규칙에 의해 데이터들을 받고 이를 활용해 직접 응용 프로그램을 개발할 수 있도록 하는 서비스(대부분 무료이며, 유료 서비스도 있음)로, 네이버, 카카오 같은 플랫폼 기업들의 Open API와 정부에서 관리하는 공공 API가 있습니다. 우리가 모바일이나 PC에서 네이버 홈페이지를 통해 검색하면 네이버에서 보내주는 화면으로만 정보를 확인하는 데 그칩니다. 하지만 네이버 검색 Open API를 이용하면 정해진 주소를 통해 검색 결과 데이터를 받아 별도로 활용할 수 있습니다.

버스 위치 알림 앱이나 미세먼지 알림 앱 같은 것들은 공공 API를 통해 받은 데이터를 활용한 사례라고 할 수 있습니다.

다음은 경주로 가족 여행을 앞두고 네이버 Open API를 이용해 맛집 검색을 하면서 간단한 분석까지 진행한 결과입니다. '경주 맛집'이라는 검색어를 통해 블로그 검색 결과를 받고 각 결과에서 언급된 단어들을 분석해 워드 클라우드(단어의 빈도수가 많을수록 글자 크기를 크게 표현하는 것)로 결과가 나오도록 했습니다. 블로그에 어떤 단어들의 언급이 가장 많은지를 확인하고 맛집이나 관광지를 찾으면 도움이 될 것 같은 기대감으로 해봤던 활용입니다.

〈그림 1.1.10〉 블로그 검색 결과 분석: 워드 클라우드

이렇게 파이썬은 일상생활 가까이에서 활용할 수 있는 사례들이 너무나도 많습니다. 파이썬을 공부하는 데 명확한 목표가 없었다면 일단 소개된 활용 중 하나를 골라 목표로 세우고 직접 해볼 것을 추천합니다.

Chapter 02

파이썬과의 첫 인사

파이썬은 오픈 소스라 무료로 다운로드받아 설치할 수 있습니다. 여기에서는 파이썬 활용을 쉽게 하기 위해 파이썬 패키지를 설치할 것입니다. 다음의 설명에 따라 설치를 마치고 나면 간단한 코드를 만들어 실행해볼 수 있습니다. 자, 이제 파이썬을 설치해볼까요.

Section 01 >>> 아나콘다로 파이썬 패키지 설치하기

'파이썬을 설치한다고 했는데 갑자기 웬 아나콘다?'라고 생각할 수 있을 텐데요. 파이썬만 단독으로 설치할 수도 있지만 그렇게 하면 아주 기본적인 설치만 가능합니다. 기초 문법 사용 이후에는 추가 설치가 필요한 기능들이 많은데 초보자들에게는 직접 설치하는 것이 매번 번거롭고 힘든 일입니다.

아나콘다(Anaconda)는 이런 단점을 보완하여 파이썬 기본 설치와 함께 데이터 과학 분야까지 사용 가능한 기능들을 포함해 한번에 설치 가능하도록 해주는 파이썬 패키지 설치 파일입니다.

파이썬과 함께 떠나는 여행에서 자유 여행을 선택해 항공권, 호텔, 여행 경로 등을 일일이 알아보고 예약할 것이냐, 아니면 패키지 여행으로 편하게 여행에 집중할 것이냐의 차이라고 생각하면 왜 아나콘다를 설치하는지 바로 이해할 수 있겠죠?

파이썬도 마찬가지고 아나콘다도 설치를 언제 하느냐에 따라 버전이 다를 수 있습니다. 기본적으로 통일해야 하는 것은 파이썬 3.6 버전 이상이면 됩니다. 아나콘다 홈페이지에서는 최신이 아닌 이전 버전도 다운로드가 가능하며 이 책에서 설명하는 파이썬의 버전과 맞추려 하지 않아도 됩니다.

그럼 지금부터 순서대로 차근차근 파이썬 설치를 시작해보겠습니다.

① 먼저 윈도 사용자라면 컴퓨터의 사양 확인이 필요합니다. 시스템 종류에 맞게 파이썬 설치가 되어야 하기 때문이죠. 다음 방법 중 하나를 통해 윈도 32bit인지, 64bit인지 확인하면 됩니다. 혹시 주식 자동매매 프로그램을 개발하고자 한다면 자신의 컴퓨터 사양과는 상관없이 32bit 아나콘다를 설치해야 합니

다. 다음에 설명하고 있는 확인 방법은 윈도10 pro 버전 기준입니다. 시스템 정보를 확인하는 방법은 아래와 같이 2가지 방법으로 확인할 수 있습니다.

방법 01

바탕화면 → 작업표시줄 [검색(돋보기 모양)] 클릭 → '내 PC' 검색 → [속성] 클릭

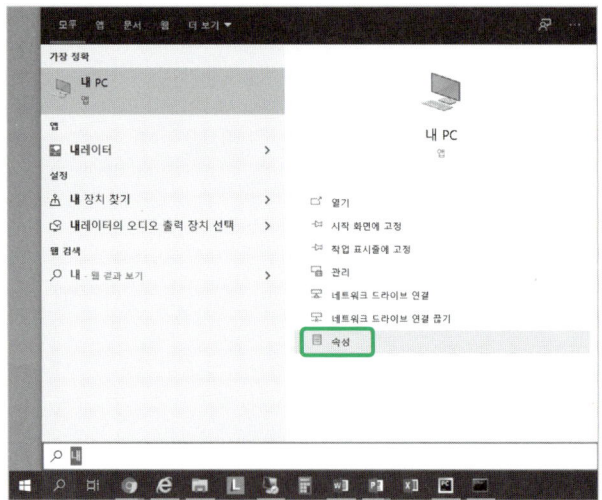

〈그림 1.2.1〉 윈도 사양 확인 ①

방법 02

바탕화면 → 작업표시줄 [시작(윈도 모양)] 클릭 → [설정] → [시스템] → 왼쪽 메뉴 제일 아래 [정보] 클릭

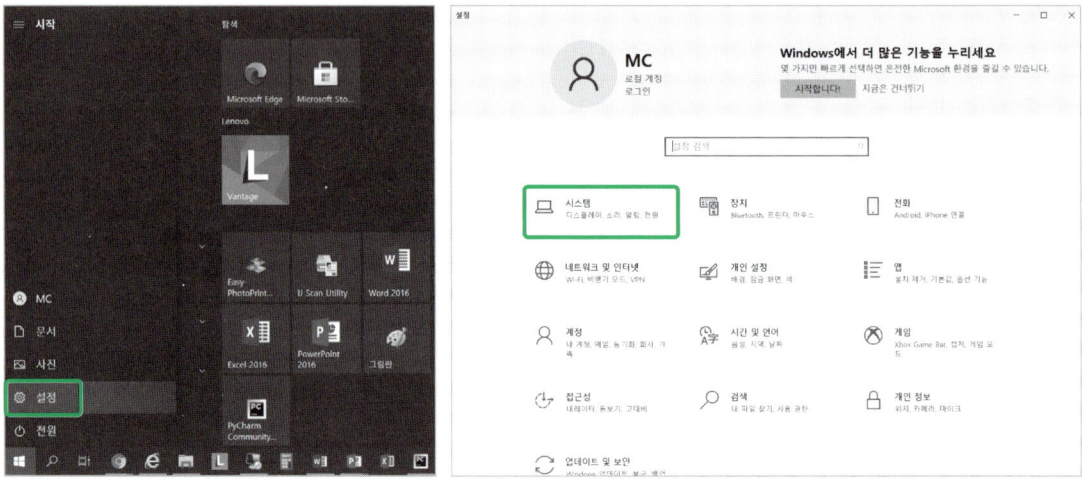

〈그림 1.2.2〉 윈도 사양 확인 ②

다음과 같이 시스템 정보에서 '시스템 종류'에 보이는 'XX비트'가 자신의 컴퓨터 시스템 사양입니다.

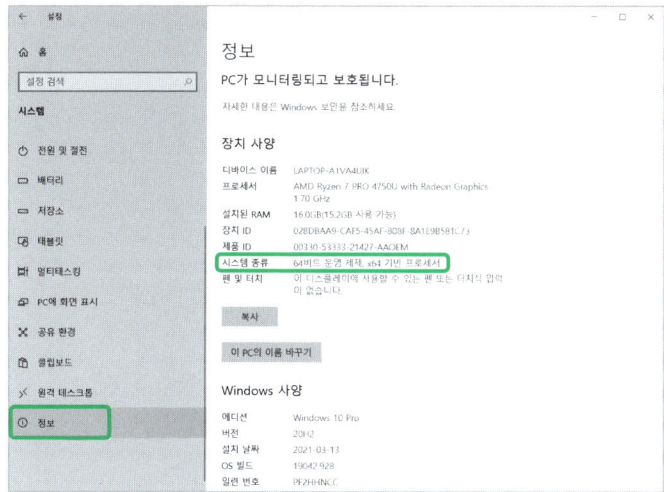

〈그림 1.2.3〉 윈도 사양 확인 ③

② 아나콘다 공식 홈페이지(https://www.anaconda.com/products/individual)에 접속한 다음 아래쪽으로 내려가 Anaconda Installers에서 자신의 컴퓨터 시스템 사양에 맞는 인스톨러를 선택해 원하는 폴더에 다운로드 받습니다. 아래 그림과 같이 최신 버전 아나콘다는 기본적으로 파이썬 3.9 버전을 설치합니다.

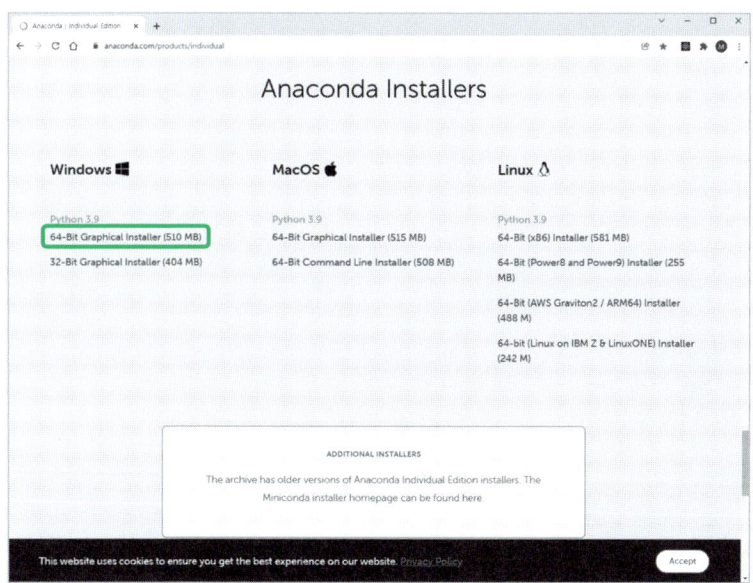

출처 : https://www.anaconda.com/products/individual
〈그림 1.2.4〉 아나콘다 다운로드

③ 다운로드 받은 파일을 실행해 설치를 시작합니다.

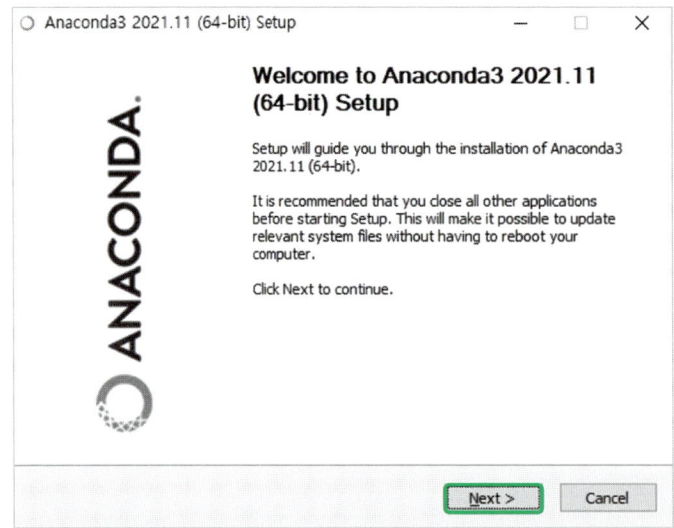

〈그림 1.2.5〉 아나콘다 설치: 시작

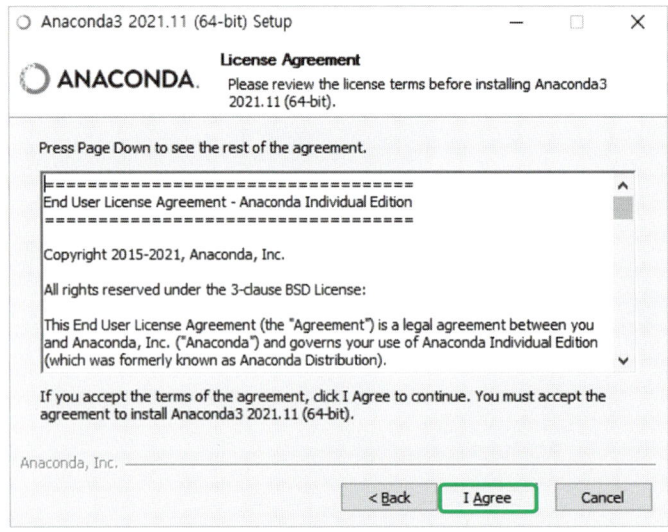

〈그림 1.2.6〉 아나콘다 설치: 라이선스 동의

④ Select Installation Type은 'All Users'를 선택합니다.

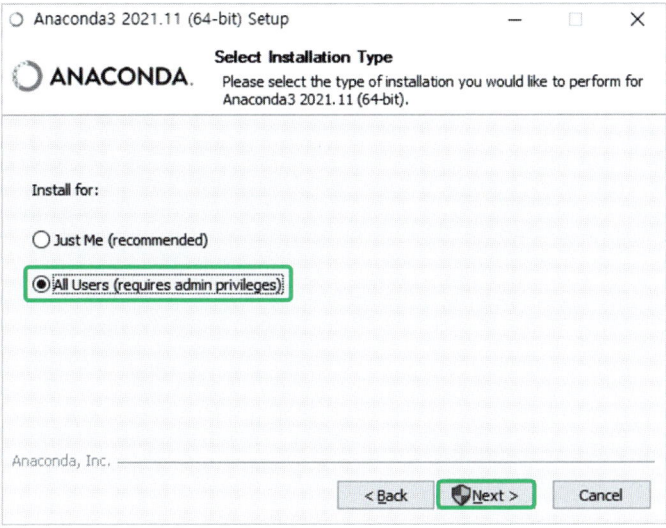

〈그림 1.2.7〉 아나콘다 설치: 설치 타입

⑤ 설치 폴더는 'C 드라이브' 바로 아래에 'Anaconda3'라는 이름의 폴더로 지정합니다.
C:₩Anaconda3라고 입력해도 되고, 폴더를 만들어 'Browse…'를 클릭해 선택해도 됩니다.

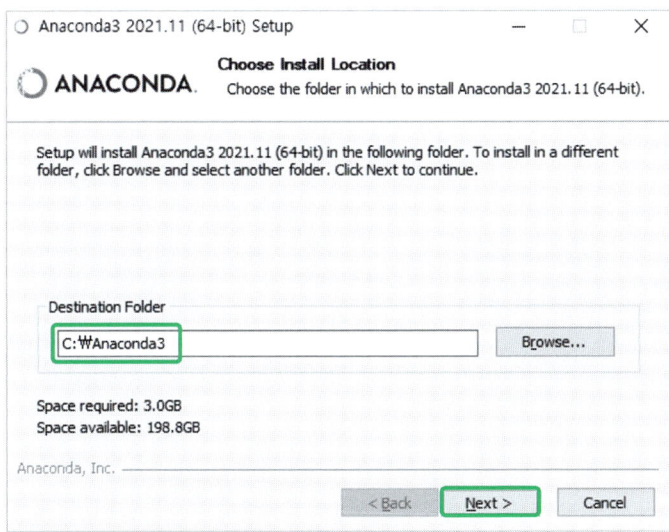

〈그림 1.2.8〉 아나콘다 설치: 폴더 선택

⑥ 다음으로 옵션 설정에서는 두 옵션을 다 체크합니다. 두 옵션 중 위의 항목을 체크할 경우 아래 그림처럼 추천하지 않는다는 경고가 나오는데, 체크하지 않고 설치하면 본인이 직접 시스템 환경 변수 등록을 해야 하기 때문에 반드시 체크한 다음 [Install]을 클릭해 설치하는 것이 좋습니다.

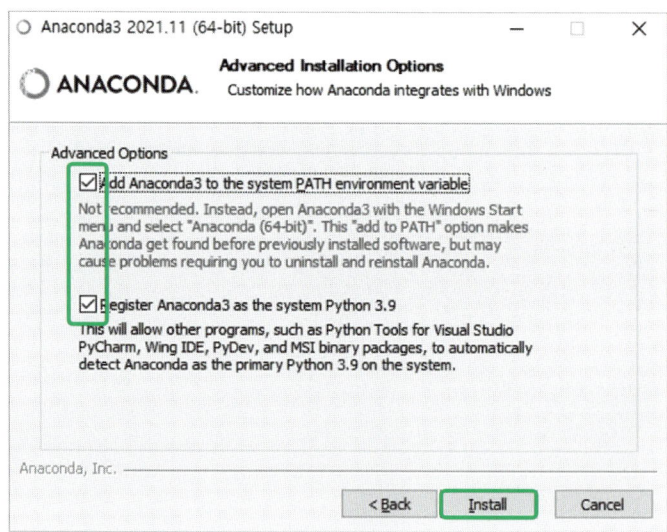

〈그림 1.2.9〉 아나콘다 설치: 환경 변수 설정 옵션

⑦ 마지막 체크들은 모두 해제하고 [Finish]를 클릭해 설치를 종료합니다.

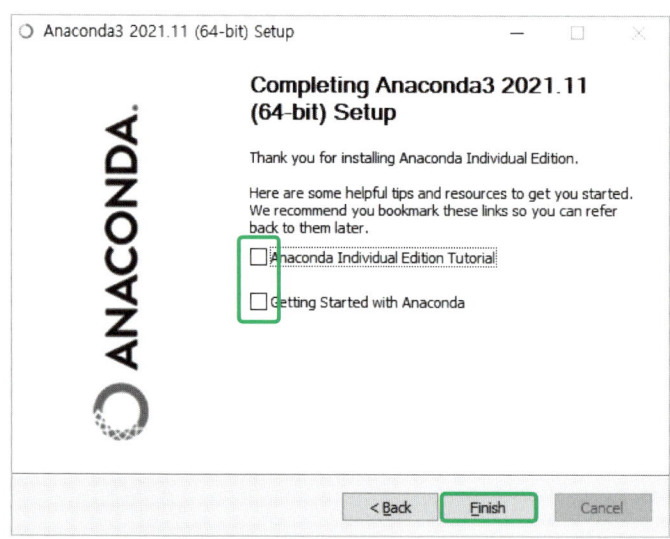

〈그림 1.2.10〉 아나콘다 설치: 완료

⑧ 윈도 [시작] 버튼을 클릭해 다음과 같이 Anaconda3 (64-bit)라는 폴더와 함께 그 아래에 여러 프로그램들이 보이면 성공입니다. 32비트를 설치한 사용자라면 폴더명이 Anaconda3 (32-bit)라고 표시됩니다.

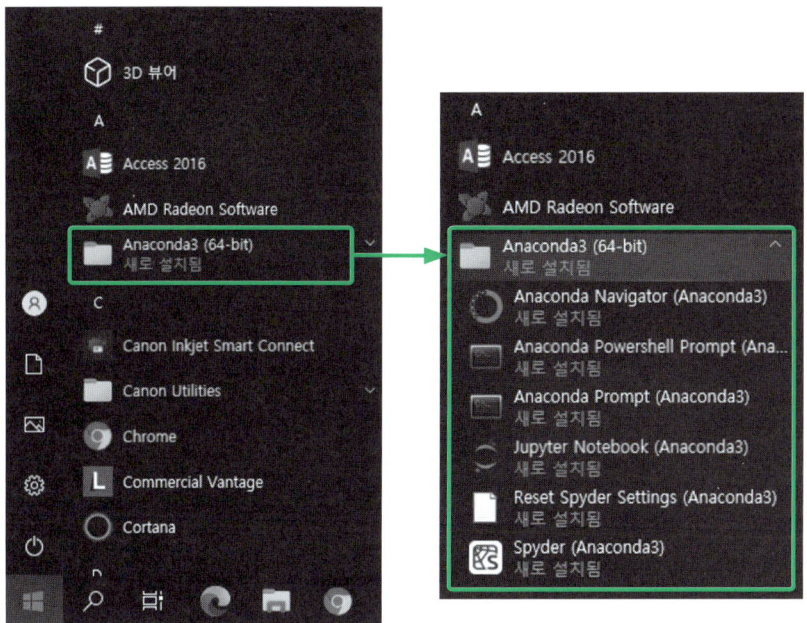

〈그림 1.2.11〉 아나콘다 설치: 확인

Section 02 ≫ 파이썬으로 대화 시작하기

아나콘다 설치가 완료되면 기본적인 IDE(통합 개발 환경을 의미하며, 프로그래밍을 편하게 사용할 수 있도록 만들어진 개발 환경(프로그램)입니다.)인 스파이더(Spyder)를 사용할 수 있습니다. Spyder는 Scientific Python Development Environment의 약자와 거미의 spider를 합쳐 만든 이름입니다.

이제 Spyder로 파이썬에게 인사를 해보겠습니다. 처음 Spyder를 실행할 경우 화면에 환영 메시지와 함께 둘러보기를 할 것인지 물어봅니다. 또는 버전에 따라 Spyder updates와 Kite(스마트폰에서 문자를 입력하다 보면 자동 완성으로 단어를 만들어주는 기능 같은 코드 자동 완성 기능입니다.) 설치 알림이 뜰 수도 있는데, 굳이 필요가 없으므로 업데이트 체크 해제나 'Dismiss'를 선택해 알림 창을 꺼도 됩니다.

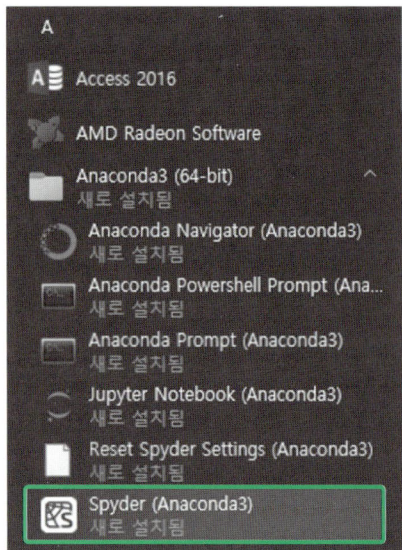

〈그림 1.2.12〉 Spyder 실행 ①

〈그림 1.2.13〉 Spyder 실행 ②

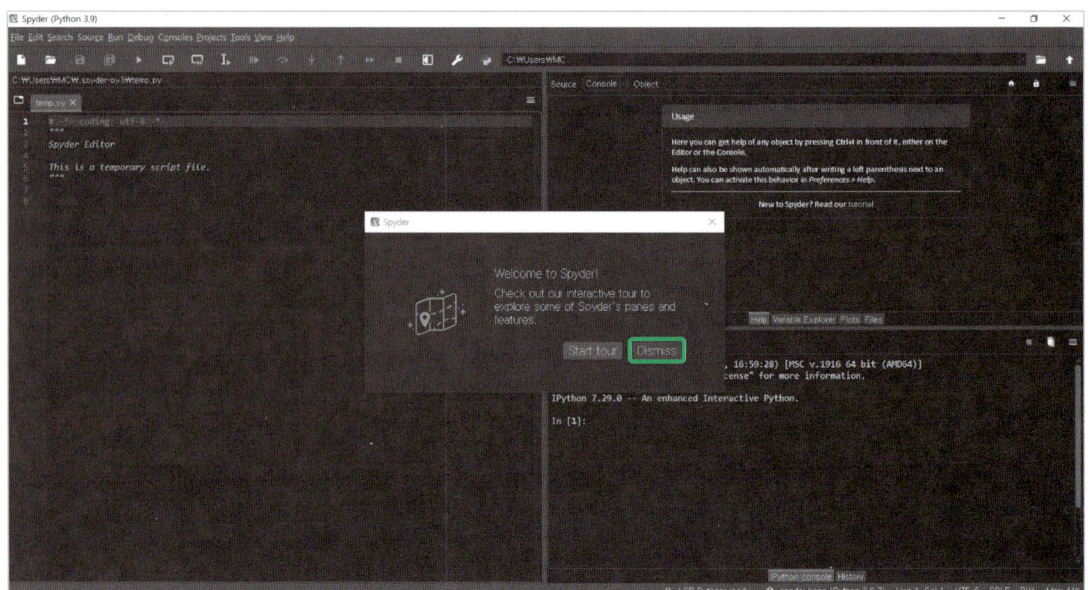

〈그림 1.2.14〉 Spyder 최초 실행 시 환영 메시지

편리한 사용을 위해 다음의 2가지 설정이 필요합니다.

1 화면 구성 변경

파일 관리 및 코드 편집/실행 등을 편리하게 할 수 있도록 화면 구성을 변경해보겠습니다. 메뉴에서 [View]-[Window layouts]-[Matlab layout]을 선택합니다.

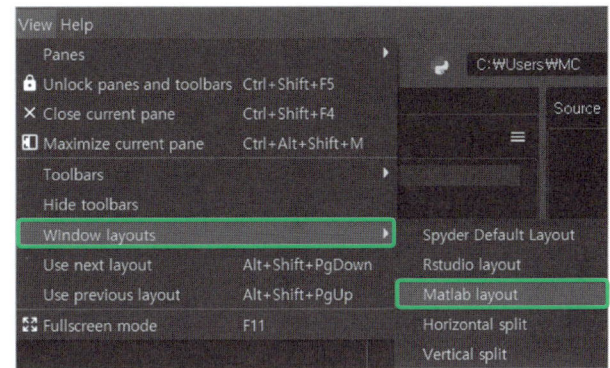

〈그림 1.2.15〉 Spyder 화면 구성 변경

각 부분의 기능은 다음과 같습니다.

ⓐ : 파일 탐색

ⓑ : 에디터(코드 입력/편집)

ⓒ : 파이썬 콘솔(코드 실행 결과도 나오지만 파이썬 코드 직접 입력/실행 가능)

ⓓ : 변수 탐색(변수는 Part 2에서 설명)

ⓔ : 작업 폴더 표시

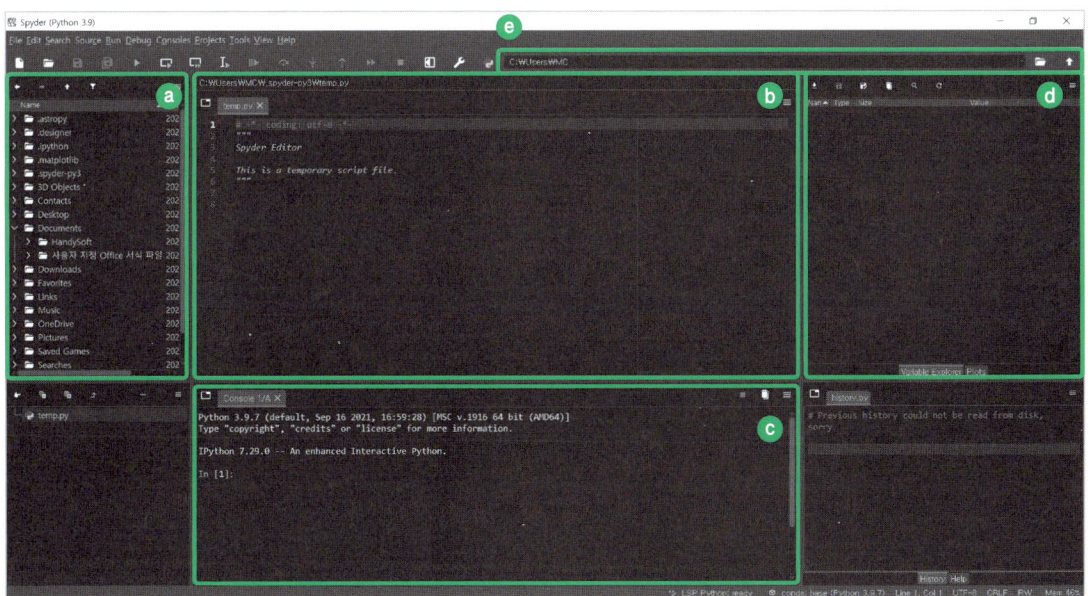

〈그림 1.2.16〉 Spyder 화면 구성

2 파이썬 파일 저장 작업 폴더 변경

화면 구성의 ⓒ 작업 폴더 표시 창을 보면 Spyder의 기본 폴더가 윈도 사용자 이름의 폴더로 되어 있습니다. 파이썬을 공부하면서 만들어질 많은 파이썬 파일들은 별도로 만든 폴더에 관리하는 것이 좋으므로 기본 폴더를 변경해보겠습니다. 자신이 원하는 폴더를 만들어 사용하면 되기 때문에 책과 똑같은 이름으로 만들 필요는 없습니다.

① 메뉴에서 [Tools] - [Preferences]로 들어갑니다.

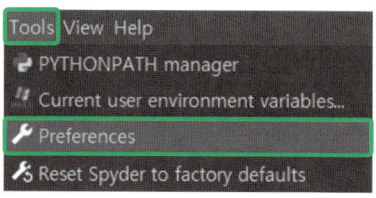

〈그림 1.2.17〉 Spyder 환경 설정

② 왼쪽 메뉴에서 [Current working directory]를 선택하고 'Startup', 'Console directory'를 원하는 폴더로 변경합니다. 오른쪽 끝의 폴더 모양 아이콘을 누르면 탐색기가 열리므로 쉽게 변경이 가능합니다. 예시로 D드라이브에 python 폴더를 설정했습니다.

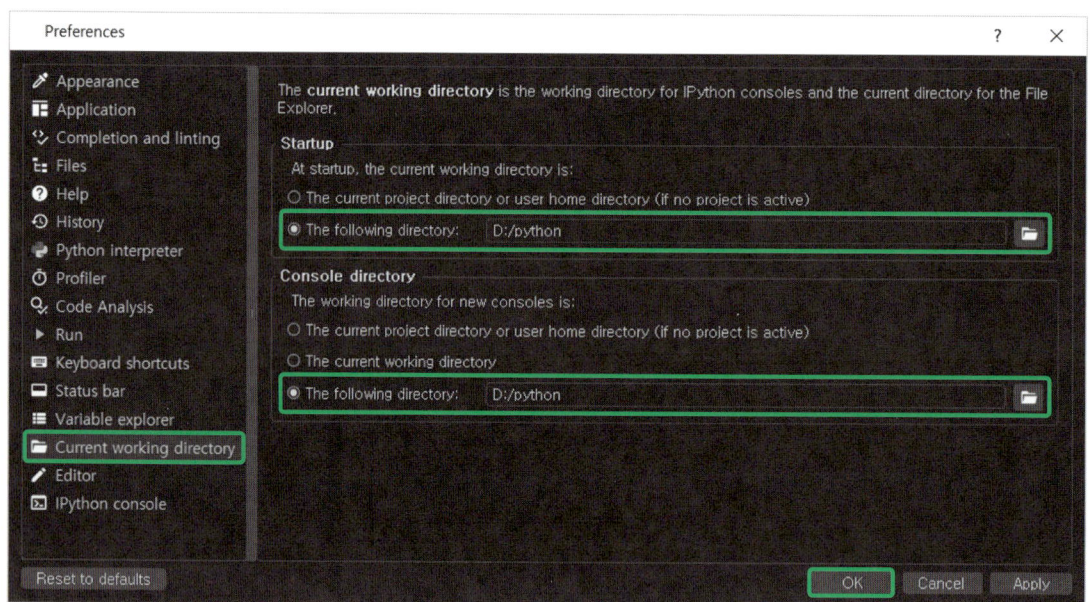

〈그림 1.2.18〉 Spyder 작업 폴더 변경

③ 변경된 폴더로 바로 적용되지 않으니 Spyder를 끄고 재실행하면 다음과 같이 작업 폴더가 변경된 것을 확인할 수 있습니다.

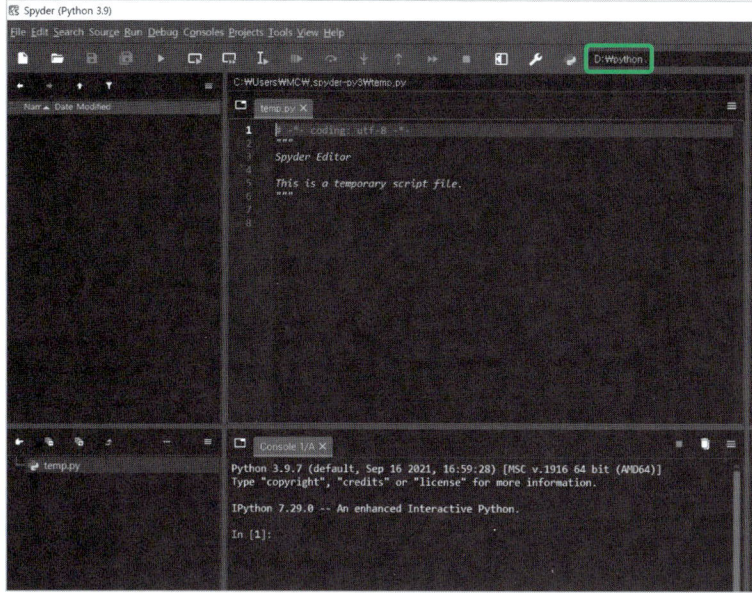

<그림 1.2.19> Spyder 재실행

③ 새 파일을 만들어 코드 입력하고 실행하기

① 메뉴의 [File] 아래 [New file] 아이콘 클릭하여 새 파일을 만듭니다.
② 에디터에 있던 temp.py 파일은 X 표시를 눌러 닫습니다.

새로운 파일이 'untitled0.py'로 설정한 작업 폴더에 생겼습니다. 실제로 파일이 생성된 것은 아니고 마지막에는 꼭 저장을 해주어야 합니다. 새 파일을 여러 개 만들어 파일명이 예시와 달라도 상관없이 다음 단계로 진행합니다.

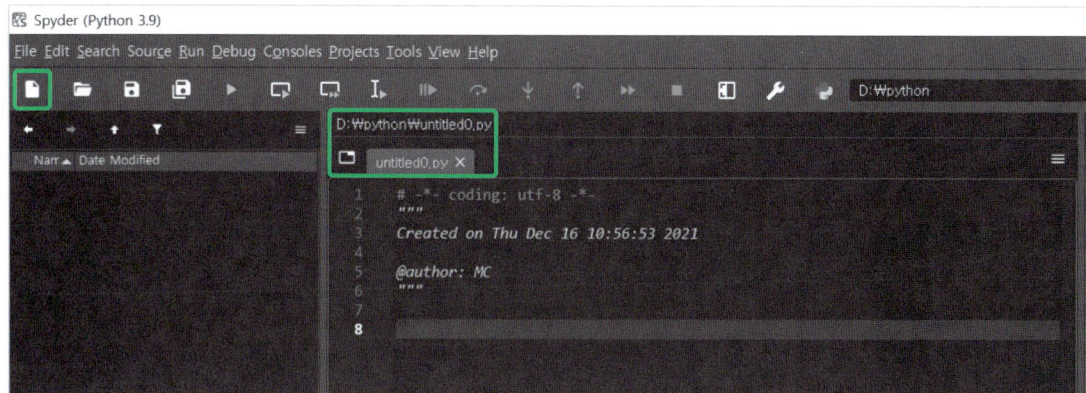

<그림 1.2.20> Spyder 새 파일 생성

에디터의 코드 내용에 자동으로 작성되는 내용들은 다 지우고 print("Hello Python")이라고 입력한 후 Run(Run을 시키는데 Run Setting 화면이 나오면 맨 아래 Run을 클릭)을 시켜보세요. 키보드의 F5를 누르거나, 메뉴에서 Run 아래의 녹색 삼각형 모양의 플레이 아이콘을 클릭해도 됩니다. 그럼 콘솔 창에 Hello Python이 출력된 것을 확인할 수 있습니다.

우리가 처음 파이썬으로 만든 코드는 print( ) 명령어를 사용한 코드인데 print는 영어의 뜻 그대로 '인쇄하다', '프린트하다'의 의미로 파이썬에서는 '괄호( ) 안에 있는 데이터를 화면에 인쇄하라', 즉 '출력하라'는 뜻의 명령어입니다. 여러 데이터를 출력할 수 있는데 지금 단계에서는 아래와 같은 형식으로 입력한다는 것을 알고 있으면 됩니다.

print("출력할 문장")

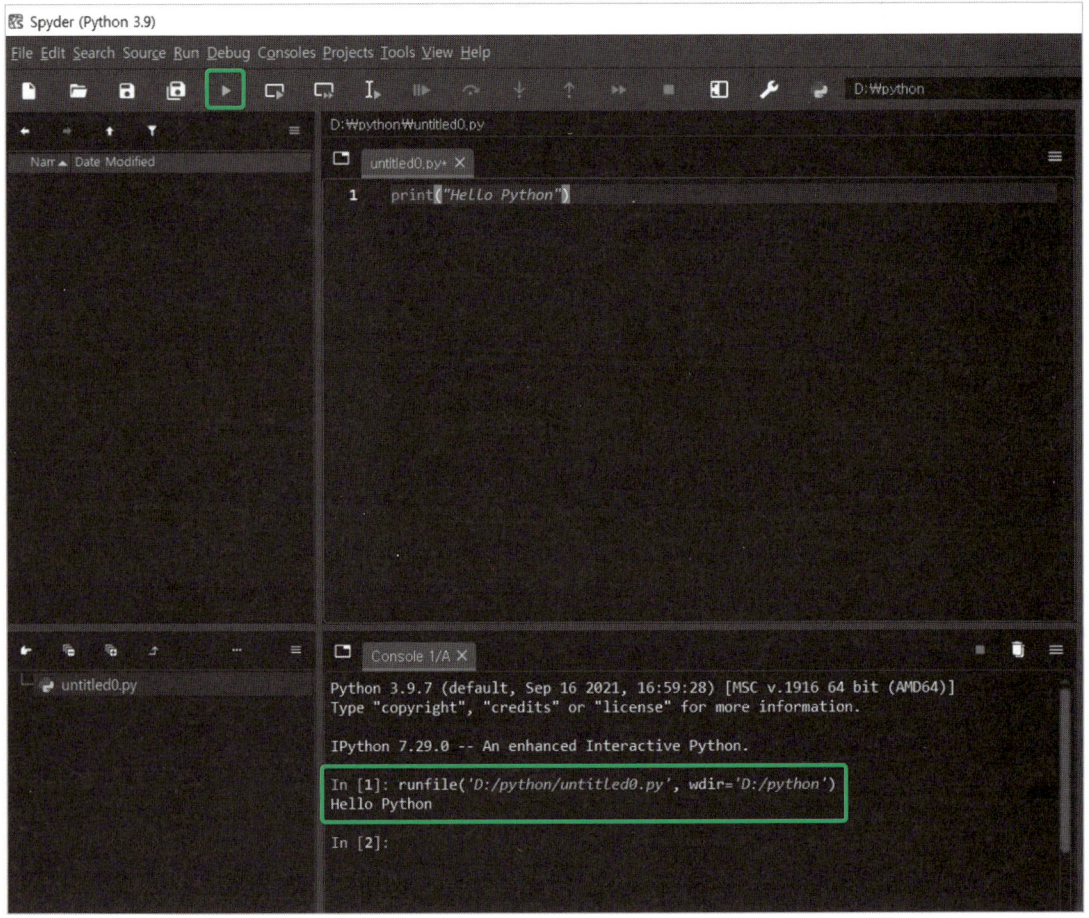

〈그림 1.2.21〉 Spyder 코드 실행 ①

추가로 Spyder에서는 콘솔 자체가 파이썬이 작동하고 있는 상태이기 때문에 여기에 파이썬 코드를 직접 입력해 실행할 수 있습니다. 아래와 같이 콘솔에 앞에서 설명한 코드와 똑같은 print("Hello Python")을 입력하면 untitled0.py 파일을 실행한 것과 동일한 결과가 나온 것을 볼 수 있습니다.

앞으로 간단한 문법에 대한 실습은 이 콘솔에서 진행할 예정입니다. 여기서 In[1]은 첫 번째 입력이라는 의미인데 번호 자체에는 의미를 두지 않아도 됩니다. 예제 코드에서 In[ ]이 있으면 콘솔*에서, 없으면 에디터에서 코드를 작성하면 되겠습니다.

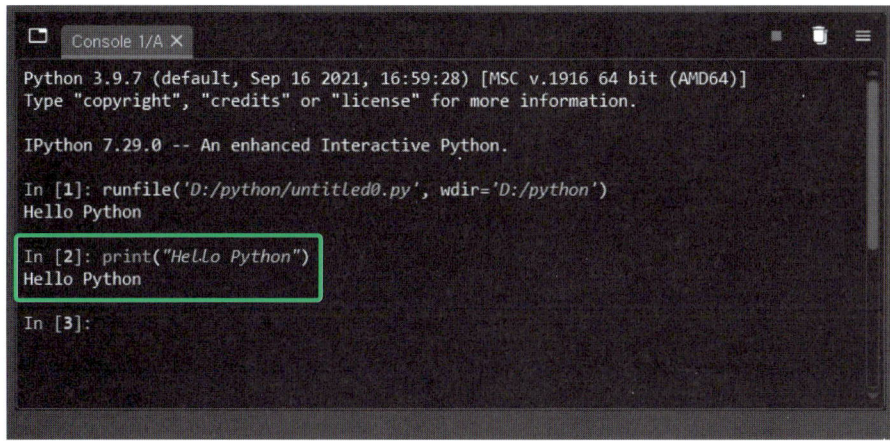

〈그림 1.2.22〉 Spyder 코드 실행 ②

---

* 이 책에서는 콘솔 화면을 별도의 색으로 표시해 에디터 화면과 구분해 정리했습니다.

한 - 걸음 - 더

1 파이썬의 이스터 에그

'이스터 에그(Easter Egg)'는 프로그래머들이 프로그램 사용자에게 재미를 주기 위해 숨겨 놓은 기능을 의미합니다. 원래는 '부활절 달걀'을 뜻하는데 부활절에 삶은 달걀을 나눠주는 풍습에서 따온 것으로 일부러 날달걀을 나눠주어 상대방이 놀라는 모습에 즐거워했다는 데서 유래했다고 합니다.

그럼 지금부터 파이썬의 이스터 에그를 콘솔에 입력해보겠습니다.

① import antigravity

〈그림 1.1.3〉의 파이썬의 특징을 나타내는 만화(016쪽 참조) 원본이 있는 사이트가 열립니다.

② import this

파이썬의 철학을 담고 있는 Zen of Python이 출력됩니다.

```
The Zen of Python, by Tim Peters

Beautiful is better than ugly.
Explicit is better than implicit.
Simple is better than complex.
Complex is better than complicated.
Flat is better than nested.
Sparse is better than dense.
Readability counts.
Special cases aren't special enough to break the rules.
Although practicality beats purity.
Errors should never pass silently.
Unless explicitly silenced.
In the face of ambiguity, refuse the temptation to guess.
There should be one-- and preferably only one --obvious way to do it.
Although that way may not be obvious at first unless you're Dutch.
Now is better than never.
Although never is often better than *right* now.
If the implementation is hard to explain, it's a bad idea.
If the implementation is easy to explain, it may be a good idea.
Namespaces are one honking great idea -- let's do more of those!
```

③ import __hello__

Hello world!가 출력됩니다.

2 파이썬 콘솔

먼저 콘솔이란 윈도로 운영되는 컴퓨터에서 키보드로 한 줄씩 명령어를 입력하고 결과가 화면으로 출력되는 환경을 말합니다(윈도에서 IP주소나 인터넷 연결 상태 등을 확인하기 위해 실행시키는 CMD창인 명령 프롬프트 또는 PowerShell이 콘솔입니다. 맥이나 리눅스에서는 터미널이라 부릅니다). 따라서 파이썬 콘솔이라고 하면 Spyder의 콘솔 창처럼 파이썬 명령어를 입력하고 명령어 실행 결과가 출력되는 창을 의미합니다.

간단한 코드 확인이나 추가로 설치한 기능들이 정상적인지 등을 확인하는 데 사용되고, 길게 코딩해서 프로그램을 만들기에는 부족한 면이 있습니다.

윈도 시작 메뉴의 Anaconda3 프로그램 폴더에 Anaconda Prompt(Prompt는 컴퓨터 사용자의 명령을 대기하고 있는 상태를 말합니다.)를 실행해 python을 입력하면 바로 파이썬 콘솔이 실행됩니다. Python 3.9.7로 시작해서 마지막에는 >>>가 보입니다. >>>는 파이썬 코드 입력을 받기 위해 대기하고 있다는 표시입니다.

여기에 print("Hello Python")을 입력하면 바로 실행 결과가 나옵니다. 그 다음의 import pandas는 pandas라는 기능을 사용하기 위해 불러오는 코드인데, 에러 없이 정상적으로 다음 >>>가 나온 것으로 정상 설치 여부를 확인할 수 있습니다. 만일 설치가 되지 않은 기능(selenium)을 사용하려고 한다면 모듈을 찾지 못했다는 에러(ModuleNotFoundError) 메시지가 뜹니다.

콘솔을 빠져나오기 위해서는 exit( )를 입력하거나 Ctrl + Z 또는 Prompt 창을 닫아도 됩니다.

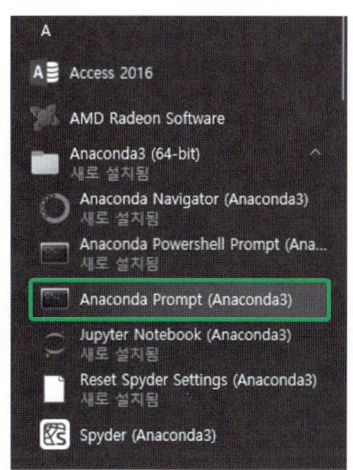

〈그림 1.2.23〉 Anaconda Prompt 실행

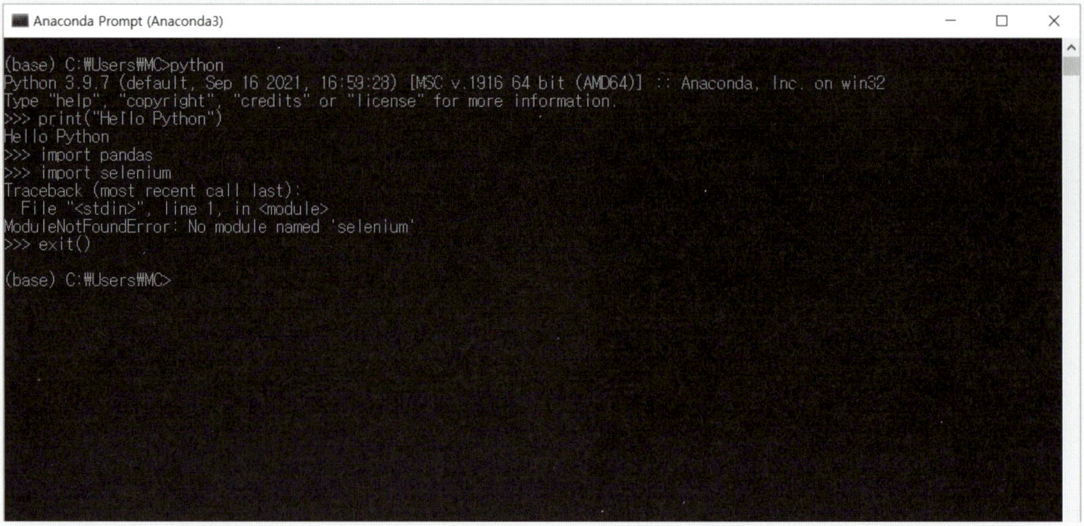

<그림 1.2.24> 파이썬 콘솔 실행

3 파이썬 콘솔에서의 명령어 재사용

파이썬 콘솔에서는 이전에 실행했던 명령어를 한번에 소환할 수 있습니다. 바로 키보드의 방향키 중 ↑를 누르면 이전 명령어가 나옵니다. ↓는 앞 명령어를 소환합니다. 반복적으로 명령어나 코드를 입력하지 않고도 이 두 방향키를 이용해 빠르게 실행할 수 있습니다.

사실 이 방법은 윈도의 명령 프롬프트나 PowerShell에서도 동일하게 사용되는 방법입니다.

4 메모장으로 파이썬 코딩

IDE니 뭐니 복잡하다면 메모장으로 파이썬 코딩을 할 수 있습니다. 물론 파이썬이나 아나콘다를 설치해야 가능하겠죠. 하지만 코드를 자동 완성해주거나 컬러 구분으로 코드의 가독성을 높여주지는 못합니다. 메모장으로 코딩을 해보면 다음으로 설명할 IDE가 왜 필요한지 알게 될 것입니다.

① 메모장을 열어 print("메모장을 이용한 파이썬 코딩!")을 입력합니다.

<그림 1.2.25> 메모장 파이썬 코딩: 코드 입력

② 저장은 폴더 경로가 간단한 곳에 test.py로 저장합니다. 이때 다음의 화면처럼 파일 형식은 '모든 파일'이어야 합니다. 추가로 인코딩은 UTF-8로 해야 되는데 파이썬의 문자 표현 방식이 UTF-8인 유니코드를 사용하기 때문입니다. 예시로 Spyder의 작업 경로로 설정한 D:₩python 폴더에 저장했습니다.

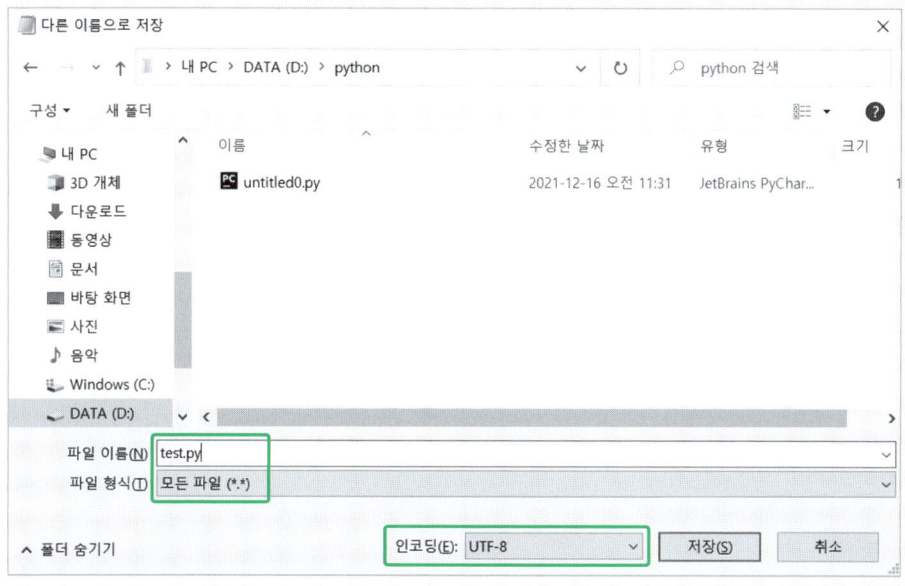

〈그림 1.2.26〉 메모장 파이썬 코딩: 저장

③ Anaconda Prompt를 실행해서 python D:₩pyton₩test.py처럼 python 다음에 저장 경로와 함께 파일명을 입력(파일 경로가 복잡하다면 파일 탐색기에서 파일을 클릭한 상태로 끌어서 Anaconda Prompt에 놓으면 자동으로 파일의 경로와 이름이 입력됩니다.)해 실행하면 다음과 같은 결과가 나옵니다. 주의할 점은 Prompt가 열린 경로를 보면 C:₩Users₩MC로 파이썬 파일의 경로(D:₩python)와 다르므로 파일명만 쓰면 실행이 안 되는 것입니다.

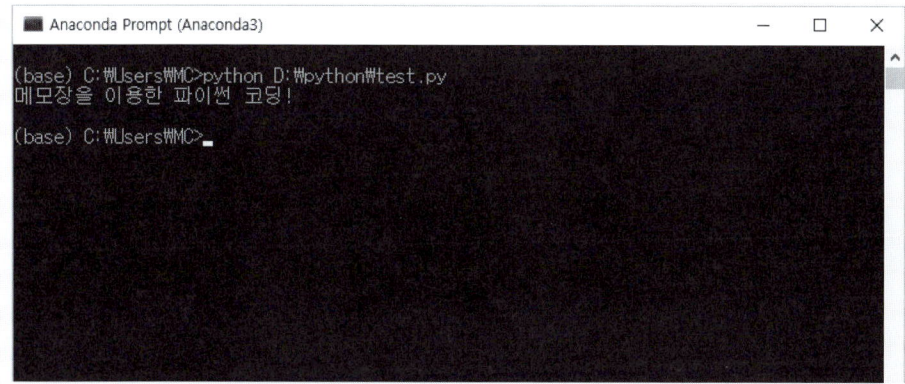

〈그림 1.2.27〉 메모장 파이썬 코딩: 실행

5 또 다른 파이썬 파일 실행 방법

이 방법은 윈도 자체의 명령 프롬프트나 PowerShell을 이용하는 방법으로 아나콘다 설치 시 시스템 환경 변수 등록을 하지 않았다면 파이썬 실행 시 에러가 발생합니다.

① PowerShell 창 열기

실행하려는 파일이 있는 파일 탐색기의 빈 곳에 Shift 를 누른 상태에서 마우스 오른쪽 버튼을 클릭해 [여기에 PowerShell 창 열기]를 선택합니다.

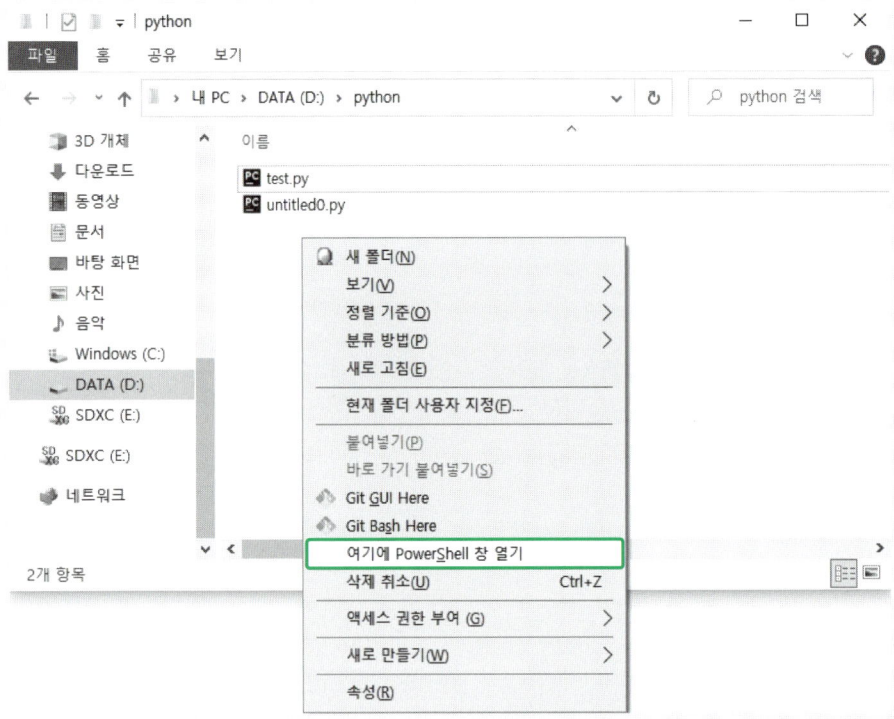

〈그림 1.2.28〉 PowerShell 창 열기

② python test.py 입력

실행할 파일의 경로와 동일한 경로에서 PowerShell이 열렸으므로 python 다음에 그냥 파일명만 입력하면 됩니다. 〈그림 1.2.29〉를 보면 현재 경로가 D:\python이라고 되어 있습니다. 파일 위치와 동일하므로 별도의 파일 경로는 생략이 가능합니다.

〈그림 1.2.29〉 PowerShell에서 파이썬 실행

6 통합 개발 환경(IDE)

IDE는 Integrated Development Environment의 약자인데, 쉽게 말해서 프로그램 개발에 필요한 기능을 모아 놓은 환경을 말합니다. 여기에서 필요한 기능이란 코드 편집, 코드 자동 완성, 디버깅(코드 에러 검사), 코드 실행 등을 말하는데, 이미 Spyder를 경험하면서 느꼈겠지만 코드 입력 시 여러 색깔로 코드가 구분되는 것도 이 IDE의 기능입니다.

파이썬에는 프로그래밍을 위한 다양한 IDE가 있는데, 직접 사용해보고 자신에게 맞는 IDE를 선택하면 됩니다. 우리가 Spyder로 파이썬 공부를 하는 이유는 아나콘다 설치 이후 추가적인 IDE 설치가 필요 없고, Spyder로도 부족함이 없기 때문입니다. Spyder 이외에 많이 사용되는 IDE와 특징은 다음과 같습니다.

이름	홈페이지	특징
Jupyter Notebook (Jupyter Lab)	https://jupyter.org/	• 아나콘다 설치 시 기본 설치 • 데이터 분석에서는 최고의 IDE • Part 6에서 활용 예정
Pycharm	https://www.jetbrains.com/ko-kr/pycharm/	• 파이썬 IDE로 가장 유명 • 파이썬에 특화되어 활용성이 좋음 • 프로그램 실행이 느림
Visual Studio Code	https://code.visualstudio.com/	• 설치 후 별도의 패키지 추가 설치 필요 • 파이썬 이외의 언어 개발도 가능

〈표 1.2.1〉 파이썬용 IDE

7 가상환경에서의 파이썬

인터넷상에서 컴퓨터 환경을 제공하는 클라우드 컴퓨팅 서비스를 이용해 파이썬을 활용할 수 있습니다. 자신의 컴퓨터에 파이썬을 설치하지 않고도 파이썬으로 코딩할 수 있으며, 다른 사람과도 코드 공유를 할 수 있는 서비스입니다.

서비스	홈페이지	특징
구름	https://ide.goorm.io/	• ㈜구름에서 만든 서비스 • 무료로도 충분(유료도 있음) • 여러 언어로 환경 구축 가능
구글 Colaboratory	https://colab.research.google.com/	• 구글에서 만든 무료 서비스 • GPU도 무료로 사용 가능 • 다른 구글 서비스와도 연동 가능

〈표 1.2.2〉 파이썬용 클라우드 IDE

PART 2

파이썬의 기본적인 데이터 알아보기

프로그래밍 언어에서 데이터는 컴퓨터가 처리 가능한 문자나 숫자와 같은 형태의 자료(음악, 그림, 영상도 포함하는데 컴퓨터는 이 모든 것들을 0과 1로 바꿔 저장하고 처리합니다.)를 말합니다. Part 2에서는 본격적인 파이썬 공부에 필요한 데이터의 저장 개념과 문자나 숫자를 처리하는 방법에 대해 알아보겠습니다.

학습 목표

- 데이터 저장 공간의 의미와 저장 개념을 이해합니다.
- 문자와 숫자 데이터의 특징을 이해합니다.
- 문자와 숫자 데이터를 만들고 활용할 수 있습니다.
- 문자와 관련된 명령어들의 쓰임을 이해합니다.

Chapter 01 데이터의 저장과 사용

데이터를 잘 활용하기 위한 시작으로 파이썬의 데이터 저장(파일이나 외부 장치에 저장하는 것이 아닌 프로그램 실행 중의 저장을 의미합니다.) 개념과 사용 방법에 대해 알아보도록 하겠습니다.

Section 01 >>> 저장 공간이란

우리가 대형마트 또는 전철역 등에 가면 <그림 2.1.1>과 같은 물품 보관함을 흔히 볼 수 있는데요. 예를 들어 대형마트의 경우 우리가 장을 보는 동안 물품 보관함에 짐을 넣어 보관할 수 있습니다.

<그림 2.1.1> 대형마트의 물품 보관함

컴퓨터 내부에도 이런 보관함이 존재합니다. 컴퓨터의 사양을 이야기할 때 쓰는 메모리(RAM)가 바로 보관함 역할을 하는데요. 우리가 프로그래밍을 하면서 데이터를 저장하라는 명령을 하게 되면 컴퓨터는 메모리의 어느 공간에 데이터를 넣어둡니다. 즉 물품 보관함에 물건을 넣는 것과 같은 것이죠. 프로그램이 실행되는 동안만 메모리를 사용할 수 있고 실행이 끝나면 반납하게 되는 것입니다.

아래의 대표적인 예를 통해 프로그래밍에서 데이터의 저장이 필요한 이유를 살펴보겠습니다.

- 값이 변경될 수 있는 데이터 사용
- 프로그램 내에서 같은 데이터를 여러 부분의 코드에 사용

음원 사이트에서 주간 인기 순위별로 가수 이름과 노래 제목을 받아오는 프로그램을 만든다면, 다음과 같은 여러 기능들이 포함될 수 있습니다.

- 음원 사이트에서 가수 이름, 노래 제목 데이터 수집
- 가수 이름, 노래 제목을 순서대로 화면에 출력
- 1~10위까지 목록을 만들어 스마트폰으로 메시지 전송
- 이전까지 저장했던 파일 불러와 데이터 추가 후 주간 급상승 음원 분석
- 데이터를 쌓기 위해 추가한 데이터 파일로 저장

1위 곡을 예로 들면 프로그램을 만드는 중에 어떤 가수가 1위인지는 모르겠죠. 알고 있다고 해도 프로그램을 다음 주에 실행시키면 또 다른 가수가 1위를 할 수도 있습니다. 프로그램에서 필요로 하는 입력 데이터인 순위별 가수 이름과 노래 제목이 계속 바뀌게 되고, 실시간 차트라면 프로그램을 실행할 때마다 변경될 수도 있습니다.

이렇게 값이 변경되는 데이터를 출력, 메시지 전송 등 여러 기능에 사용하기 위해서는 저장하지 않고서는 방법이 없습니다. 한번 저장해 놓고 여러 코드에서 불러와 사용하면 됩니다.

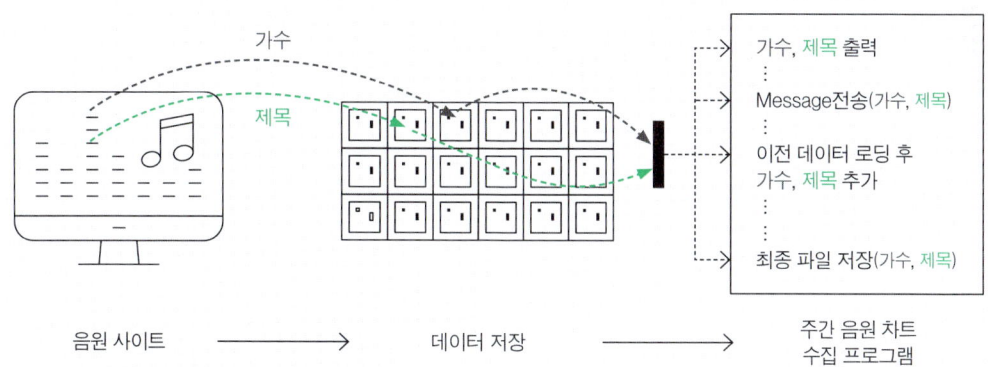

〈그림 2.1.2〉 코드 내 여러 기능에 데이터 사용

Section 02 >>> 저장 공간의 이름 정하기

물품 보관함을 사용하는데 보관함 번호가 외우기 어렵고 개수도 많다면 물건 보관 후에 사람들이 찾기가 어렵겠죠. 그런데 아래 그림처럼 번호를 메모해두거나, 사진을 찍어두면 보관함 번호를 외울 필요가 없을 겁니다. 대형마트나 쇼핑몰의 주차장에서 주차한 블록의 층과 블록 이름을 사진 찍어두는 것도 마찬가지 이유일 텐데요.

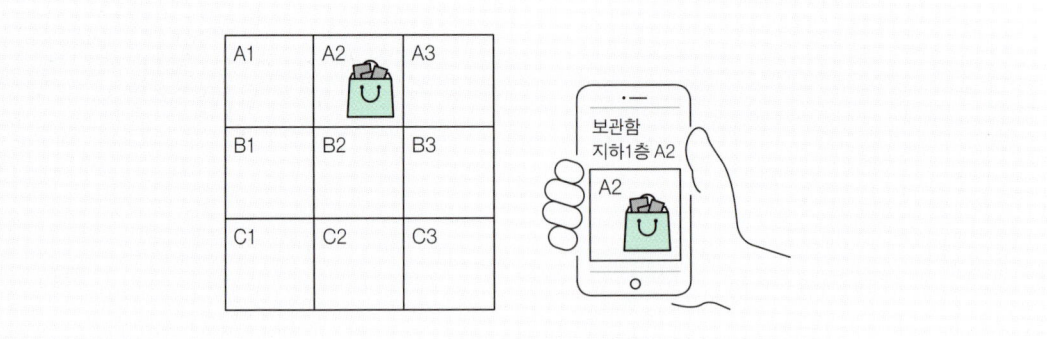

〈그림 2.1.3〉 물품 보관함 위치 기록하기

컴퓨터의 메모리에도 보관함 번호처럼 각 공간마다 번호가 있는데, 저장 공간 자체가 물품 보관함과는 비교도 안 되게 많을 뿐만 아니라 복잡한 숫자와 알파벳으로 구성되어 있어 한 눈에 파악하기가 어렵습니다. 이 번호를 '메모리 주소'라고 하는데, 주로 0x00000000000, 0x0043F1CB089, 0x034CBD6E070과 같은 형식입니다. 우리가 프로그래밍을 할 때 복잡한 메모리 주소를 써서 데이터를 저장해야 하고 기억해야 한다면 얼마나 불편할까요?

파이썬은 우리가 알기 쉬운 이름을 저장 공간에 지정하고, 그 이름을 대신 사용해 데이터를 쉽게 저장하고 가져다 쓸 수 있도록 해줍니다. 물품 보관함 번호를 적어두는 것처럼 컴퓨터가 데이터를 저장하면서 그 주소를 지정한 이름과 함께 정리해놓는 것이죠.

그런데 알기 쉬운 이름을 쓸 수 있다고 해서 아무렇게나 사용할 수는 없습니다. 파이썬에는 데이터 저장 공간의 이름을 정하는 몇 가지 규칙이 있습니다.

① 규칙으로 정해진 것은 아니지만 최대한 데이터를 표현할 수 있는 이름을 사용합니다.
   예 가수 이름 : singer, 노래 제목 : title, 가격 : price

② 영어 알파벳, 숫자, 언더바(_)만 사용할 수 있습니다. 한글 사용도 가능하지만 권장하지 않습니다.
- 영어 알파벳의 경우 대/소문자를 철저하게 구분해야 하므로 주의해야 합니다.

  예 storage, date, data_1, data_2, ReSult ≠ result
- 일반적인 데이터에 대해서는 소문자를 사용합니다.
- 특수문자, 공백 사용은 불가능합니다.

  예 ※data(X), best_member★(X), today date(X), today-date(X)

③ 최대한 짧게 만들고, 두 단어를 사용할 경우 사이에 언더바(_)를 사용합니다.

  예 a, b, x, y, my_item, today_date

④ 파이썬에서 미리 정해 놓은 이름(예약어)은 사용할 수 없습니다.
- 파이썬 명령어나 문법에 사용되는 이름들이 여기에 해당합니다.

  예 def, if, and, import, True, False 등
- 예약어가 아니더라도 명령어와 같은 이름을 사용하면 명령어 실행이 안 되므로 사용하지 않는 것을 원칙으로 합니다.

⑤ 이름의 시작은 숫자로 사용할 수 없고 영어 알파벳이나 언더바(_)만 쓸 수 있습니다.

  예 1storage(X), storage1(O), storage_1(O), _storage(O)

Section 03 >>> 데이터 저장하는 방법

파이썬에서 데이터를 저장하는 방법은 간단합니다. 재사용을 편하게 하기 위해 복잡한 메모리 주소 대신 별도의 이름을 사용합니다.

저장 공간에 사용할 이름 = 데이터

저장 공간의 이름과 데이터를 대입 연산자인 등호 '='로 연결해 적어줍니다. '데이터가 저장된 공간에 이름을 붙여준다.'는 의미로 결국은 'OO라는 이름의 저장 공간에 데이터를 넣었다 또는 저장했다.'라고 볼 수 있습니다. 예를 들어 물품 보관함에 물건을 넣는 것을 파이썬 코드로 만들어보겠습니다.

```
my_item = "yellow bag"
```

저장 공간의 이름을 my_item이라 하고, 데이터를 "yellow bag"이라고 해서 코드를 입력하게 되면, 컴퓨터는 다음과 같은 순서로 작동한다고 생각하면 됩니다.

① 메모리 공간들을 살펴보고 "yellow bag"을 넣어둘 공간(데이터 타입과 크기에 맞는 적절한 공간)을 찾습니다.

② 결정된 공간에 "yellow bag"을 넣습니다. 실제로는 복잡한 주소로 되어 있겠지만 〈그림 2.1.4〉에서는 임의로 A2로 표기했습니다.

③ 포스트잇에 my_item이라고 써서 메모리 주소 위에 붙입니다. my_item이 이미 사용되고 있던 이름이면 포스트잇을 옮겨 붙이고, 처음 만드는 이름이면 새로 써서 붙이는 개념입니다.

저장하고 난 다음에는 저장 공간에 붙인 이름만 입력하면 컴퓨터는 포스트잇을 보고 그 안에 있는 데이터가 무엇인지 알려줍니다.

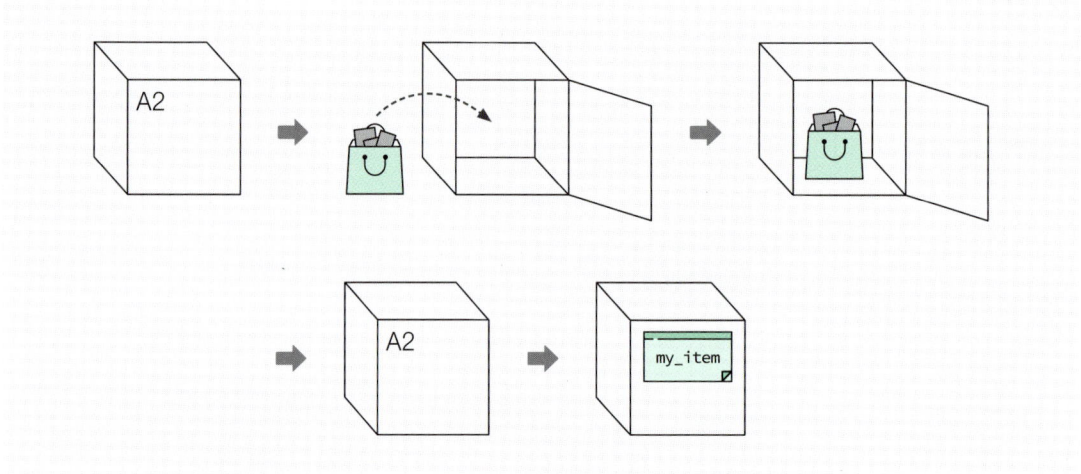

〈그림 2.1.4〉 파이썬의 데이터 저장

과정이 복잡해 보이지만 우리가 할 일은 아주 단순하게 데이터가 저장될 공간에 쓸 이름과 데이터만 대입 연산자로 잘 연결해주면 됩니다.

그럼 Spyder를 실행해 콘솔에 실제로 코드를 입력해보겠습니다. 입력에 앞서 파이썬에는 코드 입력에 대한 중요한 규칙이 있습니다. '들여쓰기'라는 규칙인데, 코드 시작(왼쪽) 부분의 띄어쓰기에 대해서는 엄격하게 관리합니다. 띄어야 하는 조건에 대해서 배우기 전까지는 절대 띄어서 입력하면 안 됩니다. Spyder의 콘솔에서는 들여쓰기에 관해 설정되어 있어서 왼쪽에 몇 칸을 띄어도 문제가 없지만, 다른 콘솔이나 에디터에서는 에러(IndentationError)가 발생하므로 들여쓰기를 하지 않도록 주의해야 합니다.

그리고 In 다음에 나오는 대괄호 안의 숫자는 콘솔에서 코드가 실행된 순서를 나타내는 값으로 큰 의미는 없습니다.

```
In[1]: my_item = "yellow bag"

In[2]: print(my_item)
yellow bag

In[3]: my_item
Out[3]: 'yellow bag'

In[4]: id(my_item)
Out[4]: 2193820337072
```

In[1]에서 my_item이라는 이름으로 "yellow bag"을 저장했습니다. 다음으로 In[2]에서 print() 명령어에 저장 공간 이름을 입력하면 이름이 붙은 공간에 저장된 "yellow bag"이 출력됩니다. In[4]의 id(my_item)은 my_item이 붙은 메모리 주소를 알 수 있는 명령어입니다. 그런데 이 결과는 앞서 봤던 복잡한 주소를 우리가 일상에서 사용하는 10진수의 숫자 형태로 바꿔 보여준 결과입니다(컴퓨터마다 또는 실행될 때마다 저장되는 주소가 다르기 때문에 Out[4]와 같은 결과가 나오지는 않습니다). 10진수여도 복잡해보이긴 마찬가지네요.

In[2]와 In[3]은 콘솔 사용의 특징을 나타내고 있습니다. print() 명령어를 In[2]에는 사용했고, In[3]에는 사용하지 않았습니다. 출력된 형식은 조금 다르지만 my_item의 데이터 값을 보여주는 결과는 동일합니다. 이렇게 콘솔에서 화면 출력을 할 때는 굳이 print() 명령어를 사용하지 않아도 데이터 값이 출력됩니다. 하지만 py파일로 만들어 실행할 때는 화면 출력을 원하는 부분에 print() 명령어를 반드시 입력해야 합니다.

데이터를 저장하고 나서 데이터가 바뀌게 되면 어떻게 저장되는 것일까요? 다음과 같이 실습해보겠습니다.

```
In[1]: my_item = "yellow bag"

In[2]: my_item
Out[2]: 'yellow bag'

In[3]: id(my_item)
Out[3]: 2193820337072

In[4]: my_item = "gloves"

In[5]: my_item
Out[5]: 'gloves'

In[6]: id(my_item)
Out[6]: 2065140353840

In[7]: my_item = "cap"

In[8]: my_item
Out[8]: 'cap'

In[9]: id(my_item)
Out[9]: 2065032714672

In[10]: my_item = "yellow bag"

In[11]: id(my_item)
Out[11]: 2065140369712
```

In[4], In[7]을 보면 물건에 대한 데이터를 "gloves", "cap"으로 바꾸니 my_item 값도 따라서 변경(값을 변경하면 덮어쓰기로 저장한 것처럼 이전의 값은 메모리에서 완전히 사라지기 때문에 주의)되었습니다. 그리고 In[6]과 In[9]에서 확인할 사항은 데이터가 바뀔 때마다 my_item이 붙은 메모리 주소도 계속 바뀐다는 것입니다. 또 In[10]에서 다시 처음 저장했던 "yellow bag"으로 데이터를 바꿨는데 처음의 메모리 주소가 아닌 다른 주소에 저장되었습니다.

파이썬은 맨 처음 저장할 때나 이미 저장된 데이터를 바꿀 때나 데이터를 저장하라는 명령이 입력되면 데이터를 저장할 최적의 공간을 찾아 데이터를 저장하고, 이름을 쓴 포스트잇을 그 공간으로 옮겨 붙입니다. 그래서 최적의 공간이 그대로라면 원래의 주소에 저장될 수도 있고, 지금처럼 다른 주소에 저장될 수도 있습니다.

중요한 것은 저장 공간의 위치(메모리 주소)가 고정되고, 그 안에 데이터를 바꿔 넣는 개념이 아니라는 것입니다. 파이썬의 아주 중요한 데이터 관리 개념이기 때문에 정확한 이해가 필요합니다.

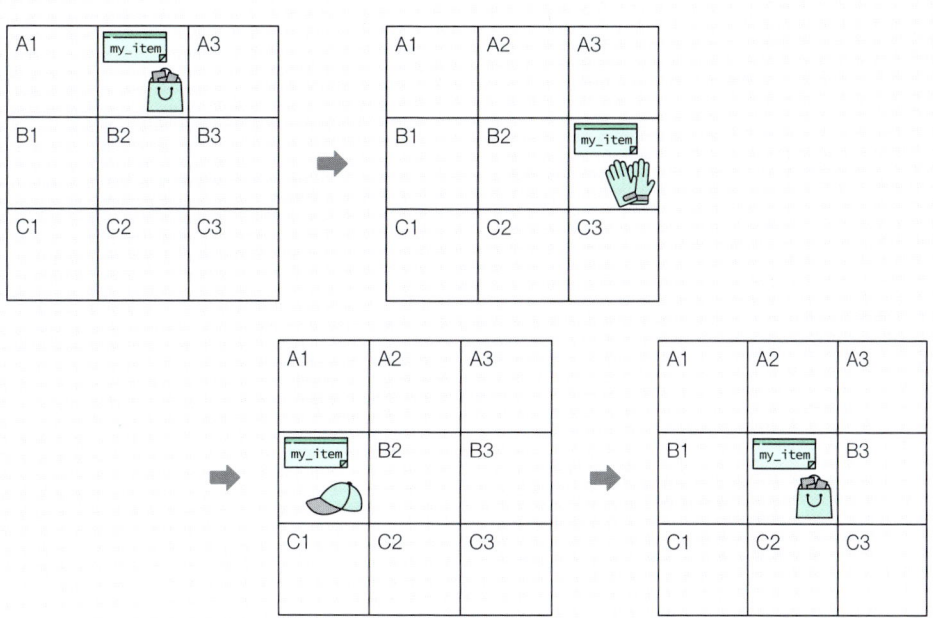

〈그림 2.1.5〉 데이터 변경의 개념

앞으로 다양한 형태의 데이터를 저장하고 사용하게 되겠지만 지금은 문자나 숫자만 저장해보겠습니다. 데이터를 잘 가지고 오는지 출력도 해보기 바랍니다. 참고로 문자 데이터는 큰따옴표나 작은따옴표를 앞뒤에 써야 하고, 숫자는 따옴표 없이 입력해야 합니다.

```
In[1]: singer = '아이유'

In[2]: market = "KOSPI"

In[3]: result = '*****'

In[4]: 가격 = 83250

In[5]: qty = 23
```

```
In[6]: ratio = 2.5

In[7]: singer
Out[7]: '아이유'

In[8]: 가격 * qty
Out[8]: 1914750

In[9]: 1storage = 'bag'
  File "<ipython-input-10-ac3a33de3677>", line 1
    1storage = 'bag'
    ^
SyntaxError: invalid syntax


In[10]: today data = '2021-01-01'
  File "<ipython-input-11-ef5ed5de9b2d>", line 1
    today data = '2021-01-01'
           ^
SyntaxError: invalid syntax
```

다음으로는 주요 특징적인 예시에 대해 자세히 알아보겠습니다.

① 한글 이름 사용
In[4]를 보면 한글로 된 이름 사용도 가능한 것을 알 수 있습니다.

② 파이썬으로 수학 계산
In[8]을 보면 데이터끼리 곱하기 계산을 했는데, 가격 데이터인 숫자 83250과 qty 데이터인 숫자 23을 곱해서 결과로 1914750이 나왔습니다. 아직은 설명하지 않았지만, 콘솔에서 바로 계산을 입력하면 파이썬을 계산기로도 활용할 수 있습니다.

③ 이름 규칙 오류에 따른 에러
In[9]는 이름의 시작을 숫자로 해서, In[10]은 중간에 공백이 있어서 에러가 발생한 것입니다. 에러가 발생하면 상세한 에러 내용에서 코드의 어느 라인에 문제가 있는지, '^' 표시가 있는 위치는 어디인지, 에러의 종류는 어떤 것이지 확인하고 해결해야 합니다. 위의 에러의 경우 잘못된 문법(에러 발생 이유)을 사용해 문법적 에러인 SyntaxError(에러 이름)가 입력된 코드의 첫 번째 줄(에러 발생 라인) data 앞에서 발생했다는 뜻입니다.

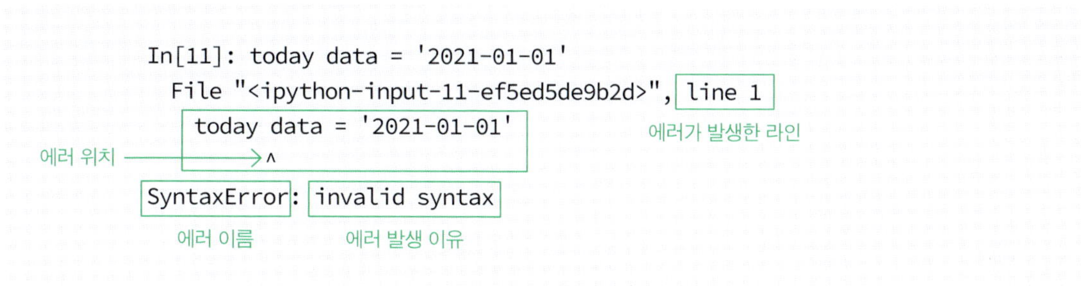

```
In[11]: today data = '2021-01-01'
  File "<ipython-input-11-ef5ed5de9b2d>", line 1
    today data = '2021-01-01'
              ^
SyntaxError: invalid syntax
```

에러 위치 → ^
에러가 발생한 라인 → line 1
에러 이름 → SyntaxError
에러 발생 이유 → invalid syntax

〈그림 2.1.6〉 파이썬 에러 분석

 한 - 걸음 - 더

1 데이터 저장의 진실

컴퓨터 메모리의 저장 공간에 이름을 붙인다는 의미로 사용한 포스트잇은 프로그래밍 용어로는 '변수', 여기에 적은 이름은 '변수명'이라고 부릅니다. 결국 데이터를 저장하는 문법은 다음과 같습니다.

변수 = 데이터

변수는 영어로 variable이라는 명사로 '변할 수 있는 상황, 숫자나 양'을 의미하는데, 왜 한자어로는 變(변할 변) 數(셈 수), 즉 숫자에 국한된 느낌으로 번역되었을까요? 아마 컴퓨터가 개발된 초기의 프로그래밍 언어는 사람이 계산하기 힘든 수학, 과학 분야의 계산을 주로 하는 용도였기 때문이지 않을까 추측해봅니다.

여기에서 '데이터 저장'이라는 말은 '변수를 만든다', '변수를 선언한다', '변수에 데이터를 할당한다' 또는 '데이터를 변수에 저장한다'라고 표현합니다.

정확한 개념이 어렵다면 지금 단계에서는 '변수는 데이터와 같다'라고 수학에서의 의미로 생각하고 넘어가도 충분합니다.

2 데이터 복사

변수를 하나 만들고 나서 다른 변수로 복사해보겠습니다.

```
In[1]: my_item = 'yellow bag'

In[2]: your_item = my_item   # 기존 변수를 데이터로 넣으면 데이터가 복사됨

In[3]: my_item
Out[3]: 'yellow bag'

In[4]: your_item
Out[4]: 'yellow bag'

In[5]: print(id(my_item), id(your_item))   # 콤마(,)로 여러 데이터 출력
1696900540592 1696900540592
```

In[2]에서 데이터 저장 문법의 데이터 부분에 이미 저장된 변수를 사용해서 데이터를 your_item에 복사했습니다. 그렇게 되면 마지막 코드에서 보는 것과 같이 두 변수가 같은 메모리 주소와 연결된 것을 알 수 있습니다. 아래 그림처럼 'yellow bag'이 있는 공간의 포스트잇에 추가로 포스트잇이 붙은 것입니다.

In[2], In[5]에서 코드 입력 다음에 #을 입력하고 설명을 써 놓은 부분은 주석이라고 부릅니다. 파이썬에서는 코드를 실행하다가 #이 있으면 그 다음은 실행하지 않기 때문에 코드 설명이 필요한 부분에는 주석을 추가합니다. 실습을 할 때는 주석을 입력하지 않아도 됩니다.

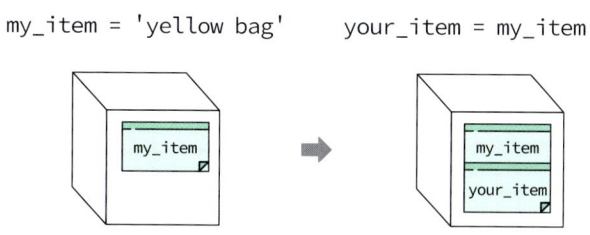

〈그림 2.1.7〉 변수 복사

③ 파이썬이 쉬운 프로그래밍 언어인 이유

C, C++과 java 같은 언어는 파이썬처럼 간단하게 데이터를 저장하지 않습니다. 우선 변수 이름과 함께 어떤 타입의 데이터이며 얼마나 큰 공간을 사용할 것인지 먼저 알린 후에 데이터를 저장합니다.

아래의 C코드 예시를 보면 int num1 = 20;으로 변수 선언과 동시에 한 줄의 코드로 데이터를 저장할 수는 있지만, 같은 20의 경우에도 소수점이나 숫자의 크기에 따라서 int로 공간을 사용할 것인지, double로 더 큰 공간을 사용할 것인지 직접 정해야 하는 것이 파이썬에 비해 복잡합니다.

```
int num1;         // integer형의 숫자 데이터를 넣을 num1이라는 이름의 변수 선언
double num2;      // double형의 숫자 데이터를 넣을 num2라는 이름의 변수 선언
char c;           // character형의 문자 데이터를 넣을 c라는 이름의 변수 선언

num1 = 20;        // 변수 num1에 20을 저장
num2 = 20.0;      // 변수 num2에 20.0을 저장
c = 'A';          // 변수 c에 'A'를 저장
```

파이썬은 데이터 형태를 알아서 처리해 저장하기 때문에 앞의 내용을 간단하게 만들 수 있습니다.

```
num1 = 20
num2 = 20.0
c = 'A'
```

4 변수에 저장된 데이터 타입 확인하기

앞에서도 비교해봤지만 파이썬에서는 여러 종류의 데이터를 저장하면서 코드상에 타입을 미리 지정해주지 않아도 됩니다. 파이썬이 알아서 저장한다고 했는데, 과연 어떤 타입으로 구분되어 저장된 것인지 알아보겠습니다.

다음과 같이 type() 명령어를 사용하면 데이터(명령어들에 데이터를 넣는 것은 데이터를 저장한 변수나 데이터 자체를 넣는다는 의미입니다.)의 타입을 알 수 있습니다.

type(데이터)

20이 들어간 num1은 int(integer의 약자)로 정수 타입의 데이터, 20.0은 float로 실수 타입의 데이터, 마지막으로 'A'는 str(string의 약자), 즉 문자열 데이터로 저장된 것을 확인할 수 있습니다. In[3]처럼 print()로 type을 출력하면 <class 'int'>로 'int라는 클래스에 속한다.'라는 의미로 상세하게 결과가 나옵니다. class(클래스)는 Part 5에서 공부할 예정이니 우선은 타입 구분에 대해서만 정확히 알고 넘어가면 됩니다.

```
In[1]: num1 = 20

In[2]: type(num1)
Out[2]: int

In[3]: print(type(num1))
<class 'int'>

In[4]: num2 = 20.0

In[5]: type(num2)
Out[5]: float
```

```
In[6]: print(type(num2))
<class 'float'>

In[7]: c = 'A'

In[8]: type(c)
Out[8]: str
```

5 우리 머릿속의 변수

우리도 오랫동안 사용하고 있는 변수가 있습니다. 바로 원주율이 그 예인데요. 갑자기 수학 이야기를 해서 당황스럽겠지만 원주율은 원의 둘레(원주)를 원의 지름으로 나눈 값입니다. 원주율이라는 말을 들으면 생각나는 것이 바로 3.141592……일 것입니다. 학창시절 우리는 이 숫자 3.141592……를 다 쓰거나 말하지 않고 원주율 또는 파이(pi)라고 표현했습니다. 아마 처음 배운 날 자신도 모르는 사이에 이런 코드를 머리에 입력했는지도 모르겠네요.

원주율 = 3.1415926535897932384

Chapter 02

문자들의 모임

파이썬에서 문자는 문자가 2개 이상 모여 있다는 뜻의 문자열을 의미합니다. 알파벳 하나인 'a'도 문자열, 'abcd'도 문자열로 인식하고 별도로 개수를 구분하지 않습니다. 이번 장에서는 문자열을 만드는 방법부터 활용 방법까지 공부해봄으로써 문자열이라는 데이터에 대해 알아보도록 하겠습니다.

Section 01 >>> 문자열 데이터 만들기

문자열은 영어로 String이라고 합니다. 기본적으로 빨랫줄처럼 긴 줄이라고 상상해보죠. 이 줄에 아무런 문자가 걸려있지 않다면 빈 문자열이 될 것이고, 문자가 하나 걸려도 여러 문자가 걸려 있어도 문자열입니다.

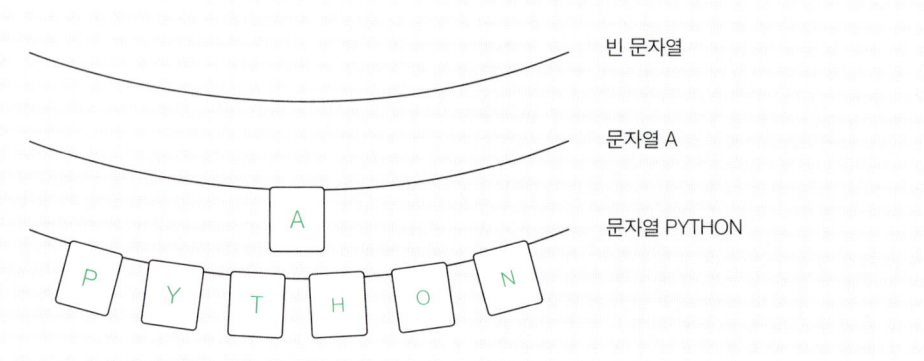

〈그림 2.2.1〉 파이썬 문자열

아나콘다를 설치하고 파이썬과의 인사에서도 우리는 이미 "Hello Python"이라는 문자열을 사용했습니다. 그리고 문자열을 변수로 저장하는 연습도 해봤기 때문에 어느 정도 익숙할 것입니다. 그럼 지금부터는 문자열 데이터를 만드는 규칙에 대해 정리해보겠습니다.

1 기본적인 문자열 만드는 규칙

① 문자열은 따옴표로 시작해서 따옴표로 끝내면 됩니다(" ", ' ').
- 시작한 따옴표와 같은 따옴표로 끝나야 합니다.
- 빈 문자열은 따옴표 사이에 공백도 없이 만듭니다. 이는 공백 자체도 문자이기 때문입니다.
- 프로그램을 만들다 보면 빈 문자열을 먼저 만든 다음, 내부에 데이터를 넣는 경우도 있습니다.

② 작은따옴표를 하나씩 또는 3개씩 앞뒤로 감싸서 만들 수 있습니다('Hello Python', '''Hello Python'''). 큰따옴표와 작은따옴표는 키보드 한 키에 같이 있는데 큰따옴표는 Shift 를 같이 눌러야 해서 개인적으로는 문자열을 만들 때 작은따옴표를 선호합니다.

③ 큰따옴표를 하나씩 또는 3개씩 앞뒤로 감싸서 만들 수 있습니다("Hello Python", """Hello Python"""). 작은따옴표 사용도 마찬가지지만 따옴표를 3개씩 쓰는 경우는 짧은 문자열이 아닌 여러 줄의 문자열을 만드는 경우입니다.

④ 숫자도 따옴표로 감싸면 문자열이 됩니다('1', "1234567", '3.1415'). 보기에는 숫자로 보이지만 문자이기 때문에 더 이상 수학 계산은 되지 않습니다.

⑤ 앞뒤에 서로 다른 따옴표를 사용할 수는 없습니다("Hello Python'(×), 'Hello Python"(×)).

```
In[1]: answer = ""

In[2]: answer
Out[2]: ''

In[3]: answer1 = 'Hello Python'

In[4]: answer1
Out[4]: 'Hello Python'

In[5]: answer2 = "Hello Python"

In[6]: answer2
Out[6]: 'Hello Python'

In[7]: answer3 = '1234567'

In[8]: answer3
Out[8]: '1234567'
```

```
In[9]: answer4 = "Hello Python'
  File "<ipython-input-10-9676fd24033a>", line 1
    answer4 = "Hello Python'
                            ^
SyntaxError: EOL while scanning string literal


In[10]: answer5 = 'Hello Python"
  File "<ipython-input-11-6d4daca8a6a7>", line 1
    answer5 = 'Hello Python"
                            ^
SyntaxError: EOL while scanning string literal
```

In[9]와 In[10]처럼 문자열 시작과 끝의 따옴표를 다르게 사용하면 마지막 부분에 문법적 오류가 있다는 SyntaxError가 표시됩니다.

2 문자열 내부에 따옴표가 있는 경우

인터넷 뉴스 제목에는 중간에 따옴표가 있는 경우가 많습니다. 웹 크롤링을 하면 웹 페이지의 특정 구조에 있는 텍스트들을 받아 메시지로 만들어 전송할 때 직접 문자열로 만드는 경우가 있습니다. 이런 경우 문자열 내부에 있는 따옴표와 반대의 따옴표로 앞뒤를 감싸야 정상적인 문자열로 인식합니다.

```
In[1]: title = '3초만에 폭발한 전기 자전거, "아수라장"된 승강기'

In[2]: title
Out[2]: '3초만에 폭발한 전기 자전거, "아수라장"된 승강기'

In[3]: title1 = "국제사회, 전면전 조짐 '이스라엘-팔' 충돌 완화 촉구"

In[4]: title1
Out[4]: "국제사회, 전면전 조짐 '이스라엘-팔' 충돌 완화 촉구"
```

In[1]의 문자열 내부에는 큰따옴표가 2개 있는 문장인데, "3초만에 폭발한 전기 자전거, "아수라장"된 승강기"처럼 앞뒤를 문장 내부의 따옴표와 똑같이 큰따옴표로 했을 경우 문자열 2개가 아수라장을 가운데로 하여 붙어있는 형태가 되어 에러가 발생합니다. 참고로 Spyder를 비롯한 모든 IDE에서 에디터에 이렇게 코드를 잘못 입력하면 바로 문제가 있다고 알림이 표시(IDE의 디버깅 기능)됩니다.

코드 입력 오류 알림

〈그림 2.2.2〉 Spyder 코드 입력 오류 알림

2-1
- 해외 기사를 보면 이런 제목이 있습니다.
  How the World's Most Prevalent COVID-19 Vaccine Is Made
- 이 기사를 title 변수에 넣어 출력해보세요.

③ 여러 줄의 긴 문자열 만들기

한 줄에 표현하기 힘든 긴 문자열이 있는 경우는 따옴표 3개씩으로 감싸서 사용하면 됩니다. 문장 중간에 \n과 같이 줄을 바꿔주는 기능을 사용할 수 있지만 복잡해 보이므로 따옴표 3개를 사용하고 줄을 바꾸고 싶은 자리에 Enter↵ 를 눌러 여러 줄로 저장하면 편합니다. 아래는 뉴스 기사로 문장 중간에 작은따옴표('K-반도체 전략')가 있으니 시작과 끝을 큰따옴표로 감싸야 합니다.

```
In[1]: article = "반도체 부족 사태로 전 세계가 골머리를 앓고 있습니다.\n각 나라가 반도체 패권
을 잡으려고 각축전에 나선 상황에서 우리 정부가 이른바 'K-반도체 전략'을 내놨습니다.\n최첨단, 최
대 규모의 반도체 공급망을 구축하겠다는 게 핵심입니다."

In[2]: article1 = """"반도체 부족 사태로 전 세계가 골머리를 앓고 있습니다.
   ...: 각 나라가 반도체 패권을 잡으려고 각축전에 나선 상황에서 우리 정부가 이른바 'K-반도체 전
략'을 내놨습니다.
   ...: 최첨단, 최대 규모의 반도체 공급망을 구축하겠다는 게 핵심입니다.""""
```

콘솔에 여러 줄을 입력하기 위해서 Enter↵ 를 누르면 In[2]처럼 두 번째 줄부터 처음에 '...:'이 자동으로 생기는데, 바로 위에 입력된 코드에 이어진다는 의미입니다. 이렇게 문자열을 만드는 방법은 여러 줄의 주석을 만들 때도 자주 사용됩니다.

4 문자열 포맷을 만들고 데이터를 넣어 완성하기

파이썬 활용으로 소개한 카카오 챗봇의 기능 중 지역 날씨를 알려주는 기능을 생각해보겠습니다. 입력하는 지역은 바뀔 수 있지만 응답하는 문장은 아래와 같이 일정하고 지역, 기온, 강수 확률만 계속 변경된 값으로 넣으면 전체 응답 메시지가 완성될 것입니다.

"OO시 OO동 현재 기온은 OO도입니다. 강수 확률은 OO%입니다."

이렇게 문자열을 만드는 방법을 문자열 포매팅(formatting)이라고 하는데, 문자열 포매팅에는 3가지 방법이 있습니다.

① format( ) 명령어 사용

문자열 내에 중괄호{ }를 사용하고 .format( ) 안에 사용할 데이터(어떤 데이터 타입도 가능)를 중괄호 개수에 맞게 넣습니다.

```
"{}".format(데이터)
"{} {}".format(데이터, 데이터)
```

② %(문자열 포맷 코드) 포매팅

포맷 코드	사용
%s	문자열
%d	정수 (소수점이 없는 수)
%f	실수 (소수점이 있는 수)

"%s" % 문자열
"%d" % 정수
"%f" % 실수
"%0.3f" % 실수
"%s %s" % (문자열, 정수)

〈표 2.2.1〉 문자열 포맷 코드를 이용한 포매팅

- C언어에서 사용하는 오래된 방식의 포매팅입니다.
- 변수가 하나면 괄호 삭제가 가능합니다.
- 소수점의 자릿수를 지정해서 문자열로 변환 가능합니다(소수점 셋째 자리면 %0.3f).
- %s는 모든 타입을 문자열로 변환하는 것입니다.

③ f-문자열(f-string) 포매팅

- 파이썬 버전 3.6부터 지원하는 기능입니다.
- 문자열 앞에 f를 붙이고 문자열 내의 중괄호 안에 변수명을 직접 지정합니다.

f'{변수} {변수}'

실습에서는 챗봇으로 지역을 입력받아 변수 city, dong에 저장했고, 날씨 정보 웹 사이트에서 해당 지역의 기온과 강수 확률을 크롤링으로 받아 각각 temp, rain으로 저장했다고 가정하겠습니다.

```
In[1]: city = '서울'

In[2]: dong = '역삼'

In[3]: temp = 26

In[4]: rain = 30

In[5]: message = '{}시 {}동 현재 기온은 {}도입니다. 강수 확률은 {}%입니다.'.format(city, dong, temp, rain)

In[6]: message
Out[6]: '서울시 역삼동 현재 기온은 26도입니다. 강수 확률은 30%입니다.'

In[7]: message1 = '%s시 %s동 현재 기온은 %d도입니다. 강수 확률은 %s%% 입니다.'%(city, dong, temp, rain)

In[8]: message1
Out[8]: '서울시 역삼동 현재 기온은 26도입니다. 강수 확률은 30%입니다.'

In[9]: message2 = f'{city}시 {dong}동 현재 기온은 {temp}도입니다. 강수 확률은 {rain}%입니다.'

In[10]: message2
Out[10]: '서울시 역삼동 현재 기온은 26도입니다. 강수 확률은 30%입니다.'
```

In[7]에서 강수 확률의 단위가 %인데 %s%로만 쓰면 에러가 발생합니다. 문자열 포매팅을 두 번째 방법으로 사용하는 경우 %를 사용하고 싶으면 %%로 2개 사용하면 됩니다. 문자열을 만드는 여러 방법 중 상황에 맞게 편한 방법으로 사용하면 됩니다.

5 숫자를 문자열로 바꾸기

str( ) 명령어로 괄호 안에 숫자 데이터를 넣어 문자열로 변환할 수 있습니다.

```
In[1]: day = 5

In[2]: temp = 26.7

In[3]: str(day)
Out[3]: '5'

In[4]: str(temp)
Out[4]: '26.7'

In[5]: today_temp = str(temp)

In[6]: today_temp
Out[6]: '26.7'
```

문자열 포매팅으로 해도 되겠지만 문자열로 변경한 후에 또 다른 변수에 할당하는 경우가 많은데 포매팅보다는 간단하게 처리할 수 있습니다.

6 사용자 입력 받기

프로그램 실행 중에 키보드로 입력(값 입력 후 Enter↵를 눌러야 값이 전달됩니다.)한 내용을 받을 수 있는 input( ) 명령은 입력 받은 모든 값을 문자열로 인식합니다. print( )는 컴퓨터가 말을 하는 출력이라면 input( )은 사용자가 컴퓨터에게 말을 하는 입력인 것입니다.

input(출력하고 싶은 문자열)

괄호 안에 문자열이 없어도 상관없지만 입력을 받으려고 기다리고 있는 것인지 프로그램이 멈춘 것인지 알 수 없으니 적절한 문장을 넣어주는 것이 좋습니다. 사용자 입력을 받은 내용을 바로 변수에 넣어 문자열을 저장하면 사용할 수 있습니다.

```
In[1]: answer = input('ID : ')

ID : kamzzang

In[2]: answer
Out[2]: 'kamzzang'

In[3]: type(answer)
Out[3]: str

In[4]: password = input('비밀번호를 입력하세요. : ')

비밀번호를 입력하세요. : 1234

In[5]: password
Out[5]: '1234'

In[6]: type(password)
Out[6]: str
```

In[4]에서는 숫자를 입력했지만 저장된 값의 타입은 문자열입니다. 숫자 데이터가 필요한 입력이었다면 입력 받은 뒤에 숫자로 변환을 해주어야 합니다. 숫자 변환은 다음 장에서 다룰 예정입니다.

Section 02 >>> 문자열 데이터 자세히 알아보기

이번에는 파일에서 읽어오거나 크롤링으로 받은 문자열 데이터의 속을 들여다보는 방법을 알아보겠습니다. 실제로 단순한 문자열 하나를 가지고 하는 경우는 드물다고 할 수 있습니다. 여러 문자열을 분석하기 위한 기초 연습이라 짧은 단어나 문장으로 연습한다고 생각하면 됩니다.

1 문자열 길이 확인하기

문자열의 길이를 확인하면 그 길이만큼 반복 코드를 실행시키거나 다른 문자열과의 길이 비교 등에 활용할 수 있습니다. '삼성전자'라는 문자열로 company라는 변수를 만들면 아래 그림과 같이 '삼', '성', '전', '자' 문자 4개가 줄에 걸리게 됩니다.

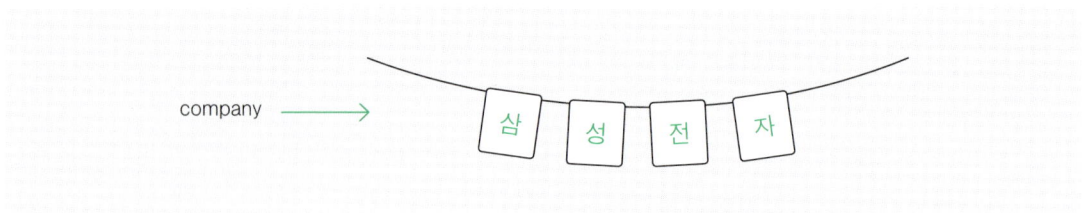

〈그림 2.2.3〉 문자열의 길이

'삼성전자'나 'SK하이닉스'는 눈으로만 봐도 길이를 바로 알 수 있습니다. 하지만 앞의 60쪽 title에 저장한 기사 제목은 바로 길이를 알아보기가 쉽지 않습니다. len( ) 명령어는 length의 약자로 괄호 안에 있는 데이터의 길이를 알려주는 기능을 합니다.

len(문자열)

title의 길이가 진짜 28이 맞는지 데이터를 하나씩 세어보세요. 28과 다른 결과가 나왔다면 아마도 공백이나 쉼표, 따옴표를 제외했을 수 있습니다. len( )은 문자열의 공백과 기호도 포함한 결과를 알려줍니다.

```
In[1]: company = '삼성전자'

In[2]: len(company)
Out[2]: 4
```

```
In[3]: company = 'SK하이닉스'

In[4]: len(company)
Out[4]: 6

In[5]: title = '3초만에 폭발한 전기자전거, "아수라장" 된 승강기'

In[6]: len(title)
Out[6]: 28
```

2 문자열 순서 확인하기

문자열은 순서대로 쓰여야 의미가 전달되기 때문에 순서가 매우 중요한 데이터입니다. '삼성전자'를 '성자전삼'이라고 완전히 섞어버리면 이건 암호라고 해야 할 것입니다. 그래서 파이썬에서는 문자열이 만들어지면 내부적으로 한 문자씩 순서대로 번호를 부여합니다.

순서 번호를 통해 해당하는 위치의 문자를 확인할 수 있습니다. 이 방법은 중요하게 사용될 경우가 많습니다. 만일 문자의 첫 글자나 마지막 글자가 무엇인지 판단이 필요하거나 특정 순서에 있는 문자를 확인해 해당하는 데이터를 별도로 저장해야 하는 경우 유용합니다.

〈표 2.2.2〉와 같이 company를 만들었다고 하면 company의 데이터 길이는 4이고, 내부 순서는 0부터 3까지가 됩니다. 여기서 중요한 것은 우리가 문자를 읽는 순서와 동일하게 번호가 정해지고 0부터 시작한다는 점입니다. 0부터 시작이라는 것이 처음에는 상당히 어색한데, 파이썬과의 중요한 약속이라 생각하고 익숙해져야 합니다. 세 번째 데이터라고 하면 순서 번호는 2가 되는 것입니다.

	company = '삼성전자'			
순서 번호	0	1	2	3
역순 번호	-4	-3	-2	-1
데이터 값	삼	성	전	자

〈표 2.2.2〉 문자열의 순서

그래서 다음 페이지의 코드처럼 변수명에 대괄호([ ])를 사용하고 그 안에 순서 번호를 쓰면 번호에 해당하는 문자를 확인할 수 있습니다. 순서대로 번호를 부여해 쉽게 찾을 수 있도록 한다는 색인의 의미로 순서 번호를 인덱스(index)라 하고, 순서 번호로 데이터를 확인하는 것을 인덱싱(indexing)이라고 합니다.

문자열[순서 번호]

그리고 역순 번호는 문자열의 뒤에서부터 번호를 부여한 것인데, 이때는 역순이라는 의미로 마이너스(-)를 붙이고 -1부터 시작합니다. 그래서 company[1]이나 company[-3]은 같은 값의 결과가 나옵니다.

인덱싱은 줄에 걸린 문자열에서 지정한 순서 번호에 해당하는 문자를 떼서 보여준다고 생각하면 됩니다.

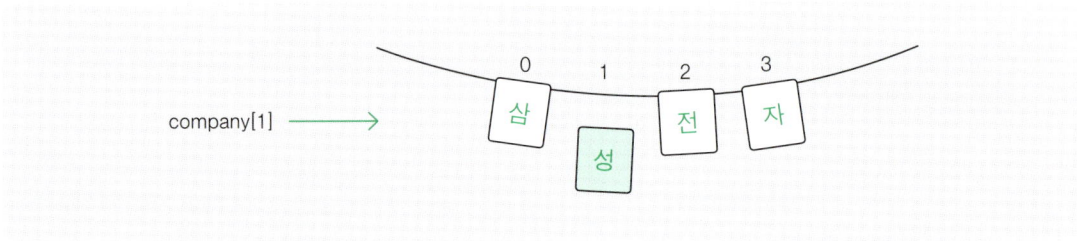

〈그림 2.2.4〉 문자열 인덱싱

```
In[1]: company = '삼성전자'

In[2]: company[0]
Out[2]: '삼'

In[3]: company[2]
Out[3]: '전'

In[4]: company[-3]
Out[4]: '성'

In[5]: company[1]
Out[5]: '성'

In[6]: company[3]
Out[6]: '자'

In[7]: company[4]
Traceback (most recent call last):

   File "<ipython-input-23-21fe8ccf9515>", line 1, in <module>
     company[4]

IndexError: string index out of range
```

company의 데이터 수가 4로 0부터 3까지의 데이터만 있는데 In[7]처럼 번호가 4인 데이터를 불러오려고 하면 string index out of range, 즉 문자열 색인의 범위를 넘어서는 값이 입력되어 IndexError가 발생합니다.

③ 문자열 일부분 확인하기

아래 표와 같은 데이터를 받아 분석하는 경우를 생각해보겠습니다.

지역	날짜	최저 기온(℃)	최고 기온(℃)
서울특별시 중구 명동	2021년 05월 01일	20	22
서울특별시 중구 명동	2021년 05월 02일	14	19
서울특별시 중구 명동	2021년 05월 03일	14	25
서울특별시 중구 명동	2021년 05월 04일	15	26
서울특별시 중구 명동	2021년 05월 05일	17	26
서울특별시 중구 명동	2021년 05월 06일	16	24

〈표 2.2.3〉 주간 날씨 정보

일별로 최저/최고 기온을 정리해 그래프를 그린다고 했을 때 필요한 것은 날짜 데이터에서 'OO일'의 'OO' 두 문자열입니다.

이렇게 문자열의 한 위치에 해당하는 값이 아닌 연속된 일부분의 데이터를 알고 싶을 때는 대괄호에 쓰는 번호를 시작 번호에서 끝 번호로 확장시키면 됩니다. 연속되는 데이터 값을 확인하는 이런 방법을 파이썬에서는 슬라이싱(slicing)이라고 합니다.

문자열[시작 번호 : 끝 번호]

date에 처음 날짜인 '2021년 05월 01일'을 저장하고 순서대로 번호를 부여해 정리하면 다음의 표와 같습니다.

date = '2021년 05월 01일'												
순서 번호	0	1	2	3	4	5	6	7	8	9	10	11	12
역순 번호	-13	-12	-11	-10	-9	-8	-7	-6	-5	-4	-3	-2	-1
데이터 값	2	0	2	1	년		0	5	월		0	1	일

〈표 2.2.4〉 날짜 문자열 데이터

정리한 번호로 '01'만 출력되게 코드를 만들어볼까요.

```
In[1]: date = '2021년 05월 01일'

In[2]: date[10:11]
Out[2]: '0'
```

시작 번호인 10, 끝 번호인 11을 입력했는데 결과가 '0'입니다. 무엇이 잘못되었을까요? 문자열 슬라이싱에서 시작 번호에서부터 끝 번호까지의 범위를 입력하면 파이썬은 시작 번호 이상에서 끝 번호 미만에 있는 데이터를 알려줍니다. 식으로 표현하면 '시작 번호 ≤ 데이터 < 끝 번호'라고 할 수 있습니다. 그래서 결과로 나온 '0'은 '01'일의 '0'인 것이죠.

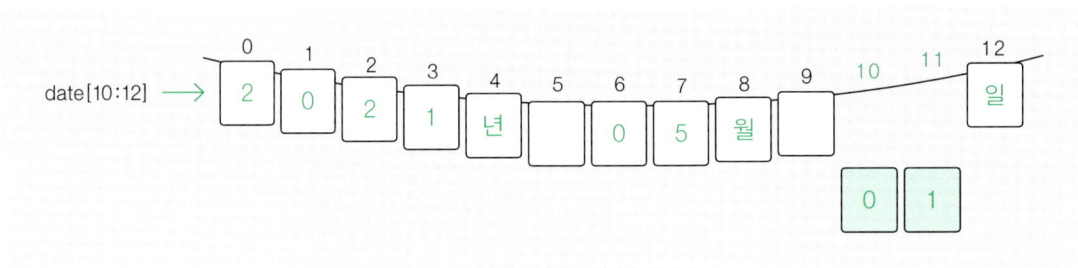

<그림 2.2.5> 문자열 슬라이싱

date[10:12]라고 해야 원하는 부분의 데이터 '01'을 받을 수 있습니다. 그런데 문자열의 뒷부분을 받을 계획이면 역순의 범위를 입력하는 것이 더 쉽습니다.

```
In[3]: day = date[10:12]

In[4]: day
Out[4]: '01'

In[5]: day = date[-3:-1]

In[6]: day
Out[6]: '01'
```

추가로 시작 번호나 끝 번호를 비워둘 수도 있습니다. 동일한 예로 date에서 년도의 숫자를 year로 저장한다고 하면 처음부터 네 번째, 즉 3번까지일 것입니다. 이렇게 시작 번호가 0이라면 비워도 상관없습니다. 마찬가지로 끝 번호 쪽을 비우면 제일 오른쪽 끝까지를 의미합니다.

In[12]의 주석을 보면 location[9:11]과 동일한 코드라고 했는데 시작 번호와 끝 번호에는 번호가 앞에서 가까우면 순서대로, 뒤에서 가까우면 역순의 번호를 쓰기가 쉽기 때문인데, 이는 자신에게 익숙한 것으로 사용하면 됩니다.

```
In[7]: year = date[:4]        # data[0:4] 동일

In[8]: year
Out[8]: '2021'

In[9]: location = '서울특별시 중구 명동'

In[10]: city = location[:5]   # location[0:5] 동일

In[11]: city
Out[11]: '서울특별시'

In[12]: dong = location[-2:]  # location[9:11] 동일

In[13]: dong
Out[13]: '명동'
```

Section 03 》》》 문자열 데이터로 계산하기

이번에는 문자열 데이터로 계산은 어떻게 하는 것이고 또 언제 쓸 수 있는지 알아보겠습니다.

1 문자열끼리 더하기

문자열의 더하기는 진짜 수학의 더하기가 아니라 문자열을 붙여서 하나로 만든다는 의미입니다. 그래서 다음처럼 숫자 형태의 문자열을 더하면 수학적으로 계산된 '579'라는 결과가 나오지 않습니다.

```
In[1]: a = '123'

In[2]: b = '456'

In[3]: a+b
Out[3]: '123456'
```

① 크롤링하기 위한 인터넷 주소를 만들 때

네이버 Open API에도 검색 기능이 있지만 홈페이지에서 검색한 결과를 크롤링하게 될 때도 있습니다. 크롤링은 정보를 받아올 정확한 인터넷 주소가 필요한데, 다음과 같이 '코로나19'를 검색하고 주소 입력 창에 있는 주소를 보면 맨 뒤에 검색어가 붙어 있습니다.

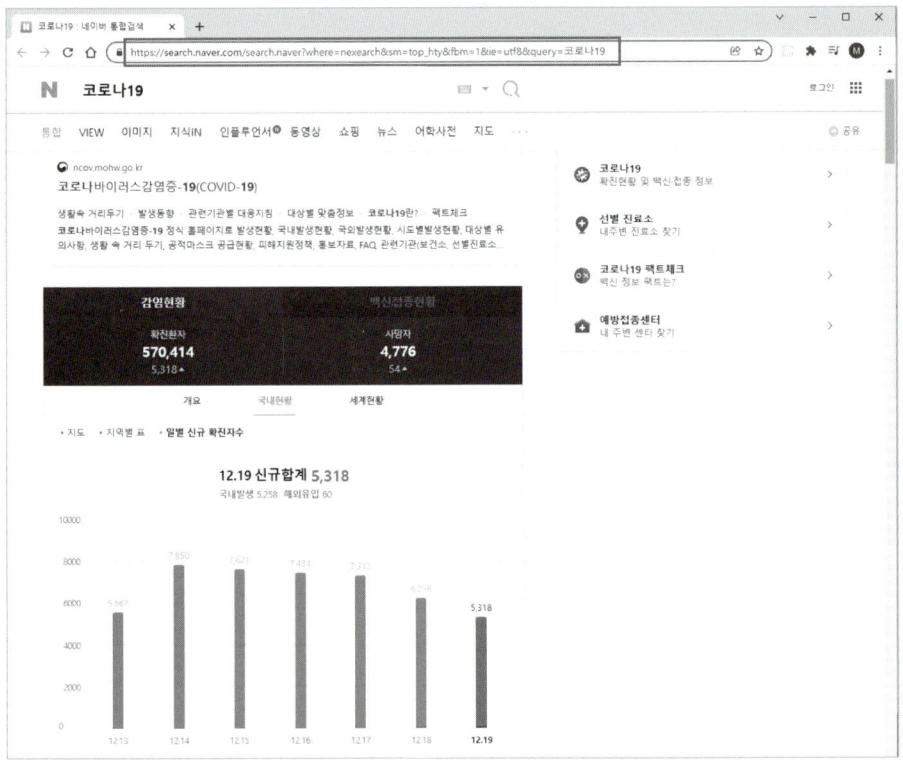

〈그림 2.2.6〉 네이버 검색 크롤링: '코로나19' 검색 화면

아래처럼 base_url과 search_word를 더해서 최종 final_url을 만들어 접속을 요청하는 데 사용합니다.

```
In[1]: base_url = 'https://search.naver.com/search.naver?where=nexearch&sm=top
_hty&fbm=1&ie=utf8&query='

In[2]: search_word = '코로나19'

In[3]: final_url = base_url + search_word

In[4]: final_url
Out[4]: 'https://search.naver.com/search.naver?where=nexearch&sm=top_ty&fbm=1&
ie=utf8&query=코로나19'
```

② 문자열 포매팅과 똑같이 사용

여러 문자열을 합쳐서 긴 문자열을 만들 수도 있지만 문자열에 따라 포매팅과 어떤 것이 더 효율적인지 판단해 수월한 방법을 사용하면 됩니다.

```
In[1]: city = '서울'

In[2]: dong = '역삼'

In[3]: address = city + '특별시 ' + dong + '동'

In[4]: address
Out[4]: '서울특별시 역삼동'
```

③ 엑셀이나 구글스프레드 시트를 이용한 작업

엑셀이나 구글스프레드 시트는 셀 구조로 이루어져 있기 때문에 데이터를 원하는 셀에 넣기 위해서는 정확한 셀의 위치를 입력해야 합니다. 이럴 때는 셀의 첫 번째는 영문자, 두 번째는 숫자입니다. 다음의 코드에서 In[3]처럼 숫자는 문자열과 바로 합칠 수 없기 때문에 숫자를 문자열로 변환한 후 이 둘을 합쳐주면 됩니다.

```
In[1]: col = 'A'

In[2]: row = 1

In[3]: cell = col + row    # 문자열 변수 col과 숫자 변수 row 더하기
Traceback (most recent call last):

  File "<ipython-input-26-b76256e6c4ce>", line 1, in <module>
    cell = col + row

TypeError: can only concatenate str (not "int") to str


In[4]: cell = col + str(1)

In[5]: cell
Out[5]: 'A1'
```

2 문자열과 숫자 곱하기

문자열은 숫자와 바로 더해지지 않는다고 했는데 곱하기는 어떨까요? 문자열에 숫자를 곱하면 숫자만큼 늘어난 새로운 문자열이 됩니다. 화면에 출력하는 내용이 많을 때 구분하는 용도로 기호 문자와 함께 사용하면 유용합니다.

다음의 〈표 2.2.5〉에서 왼쪽은 뉴스 헤드라인만 크롤링한 결과를 그냥 출력한 것입니다. 표에서는 줄이 나뉜 것 같지만 하나의 뉴스인지 아닌지 잘 구분이 되지 않습니다. 이럴 때 헤드라인 사이에 기호를 여러 개 출력하면 완전히 분리된 헤드라인을 확인할 수 있습니다. 예를 들어 print('*' * 20)은 print('********************')과도 같은데 '*' 이외에 다른 기호를 사용해도 됩니다.

줄 구분 문자열이 없는 경우	줄 구분 문자열을 포함한 경우 print('*' * 20)
美, 작년 온실가스 6.2% 증가…"팬데믹 탈출 반등 효과" '백신 미접종' 격리된 조코비치…호주법원, 입국 허용 미국 뉴욕 고층 아파트에 큰 불…19명 사망 카자흐스탄 유혈사태 진정 국면…6044명 체포·164명 사망 정부 "화이자 먹는 치료제, 중증화 높은 순서대로 처방 논의"(상보) 美, 오미크론 확산에 입원환자 사상최고 수준…누적확진 6천만명 N차 접종 필요 없나?…화이자 3월에 오미크론 전용 백신 출시	美, 작년 온실가스 6.2% 증가…"팬데믹 탈출 반등 효과" ******************** '백신 미접종' 격리된 조코비치…호주법원, 입국 허용 ******************** 미국 뉴욕 고층 아파트에 큰 불…19명 사망 ******************** 카자흐스탄 유혈사태 진정 국면…6044명 체포·164명 사망 ******************** 정부 "화이자 먹는 치료제, 중증화 높은 순서대로 처방 논의"(상보) ******************** 美, 오미크론 확산에 입원환자 사상최고 수준…누적확진 6천만명 ******************** N차 접종 필요 없나?…화이자 3월에 오미크론 전용 백신 출시 ********************

〈표 2.2.5〉 문자열 곱하기를 이용한 줄 구분

Section 04 》》》 문자열 데이터에 자주 사용하는 기능

파이썬 명령어 중에는 특정한 데이터에만 사용할 수 있는 명령어들이 있습니다. 이런 명령어들은 데이터 뒤에 .(마침표)을 붙여 사용하는데, 굳이 모든 명령어를 다 외우려고 하지 않아도 됩니다. 자주 사용하는 명령어들만이라도 정확히 알고 있는 것이 중요하겠습니다. 문자열 데이터에 쓸 수 있는 명령어는 10개가 넘는데 문자열을 만드는 포매팅에 사용하는 format( )도 여기에 속합니다.

그럼 지금부터 문자열 데이터에 자주 사용하는 기능의 명령어 4개에 대해서 알아보겠습니다.

① replace( )

① 특정 문자열을 변경하는 기능을 합니다. 영어 뜻 그대로 '대체하다', '바꾸다', '대신하다'로 이해하면 됩니다.

② 웹 크롤링에서 가장 많이 쓰는 문자열 명령어입니다. 예를 들어 크롤링한 데이터를 출력하면 <그림 2.2.7>처럼 특별한 이상 없이 출력됩니다.

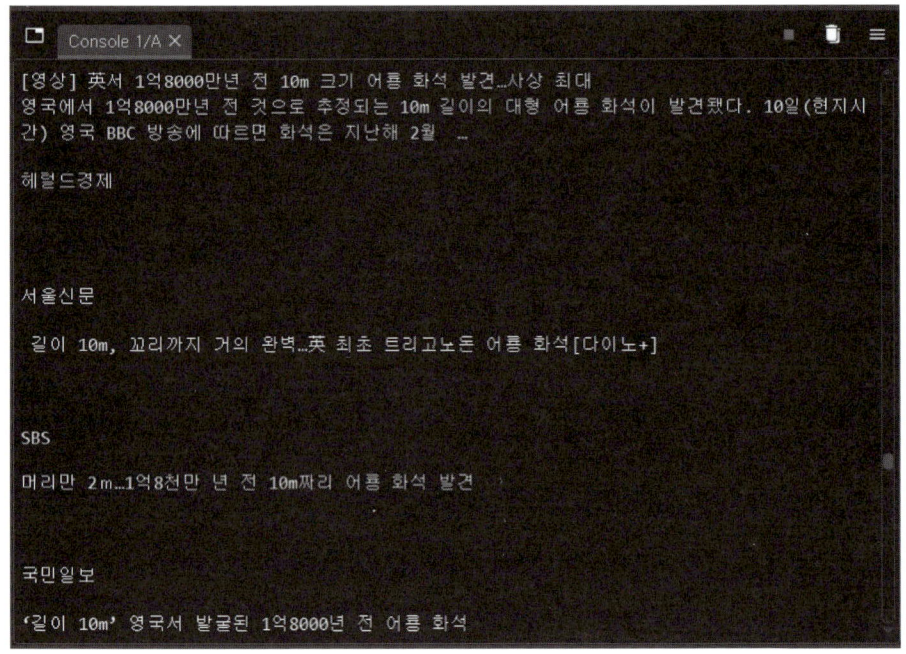

<그림 2.2.7> 네이버 세계 뉴스 크롤링 결과 출력

이 결과를 파일이나 메시지 전송 등의 작업을 위해서는 변수로 저장해야 하는데, 변수로 저장한 결과를 출력해보면 이스케이프 문자(줄바꿈이나 간격 조절을 하는 특수 기호로 \n, \t 등이 있습니다.)가 너무 많습니다. 그냥 출력했을 때는 보이지 않지만 문자들 사이에 실제로 이 코드들이 포함되어 있었던 것입니다.

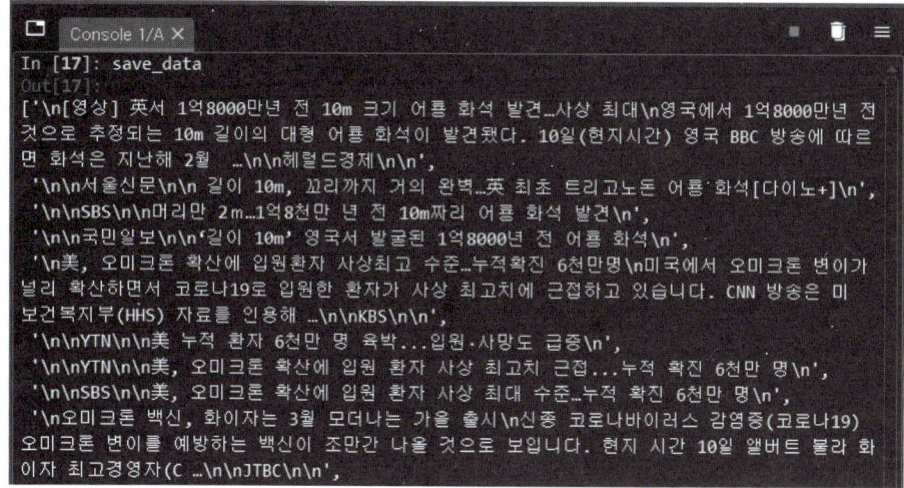

<그림 2.2.8> 크롤링 결과 저장

결과를 저장할 때 replace( ) 명령어를 활용해 이스케이프 문자를 없애면 다음과 같이 깔끔하게 저장할 수 있습니다.

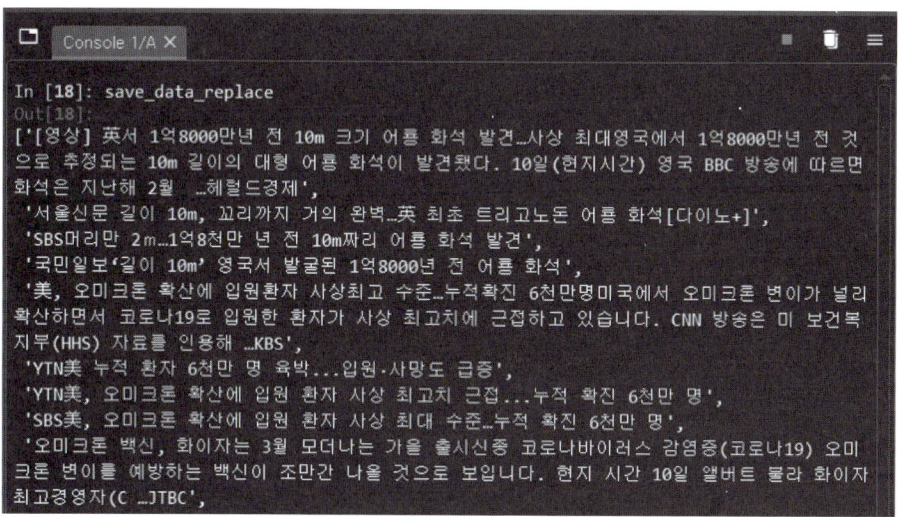

<그림 2.2.9> 크롤링 결과를 replace로 정리

replace( )를 사용하는 문법은 아주 간단합니다. 한번에 하나씩 변경이 가능하기 때문에 여러 문자를 바꾸기 위해서는 뒤에 계속 .replace( )를 붙이면 됩니다.

기능	문법
특정 문자 바꾸기	문자열.replace(원본 문자, 변경 문자)
여러 문자 바꾸기	문자열.replace(원본, 변경).replace(원본, 변경)

〈표 2.2.6〉 replace 명령어 문법 정리

변경 문자에 따옴표만 2개를 쓰면 원본을 지우겠다는 의미입니다. 공백은 ' '로 따옴표 안에 실제 공백을 넣어야 합니다. 만일 공백을 없애고 싶으면 변수.replace(" ", "")로 하면 됩니다.

```
In[1]: data = '\n\nMBN\n\n[굿모닝월드] 선생님은 슈퍼 히어로\n'.replace('\n', '')

In[2]: data
Out[2]: 'MBN[굿모닝월드] 선생님은 슈퍼 히어로'

In[3]: test = '\n\nK-배터리 또 쾌거...\n\t"폭발 없는 전해질 개발"\n\n'

In[4]: data = test.replace('\n', '').replace('\t','')

In[5]: data
Out[5]: 'K-배터리 또 쾌거..."폭발 없는 전해질 개발"'

In[6]: data.replace('"', '★')    # 큰따옴표 하나씩 ★로 변경
Out[6]: 'K-배터리 또 쾌거...★폭발 없는 전해질 개발★'
```

- 크롤링으로 데이터를 받아서 data로 저장하고 출력해보니 다음과 같이 공백이 너무 많았습니다.
  " 감정 분석하고 암 치료제 개발까지… '초거대' AI 만든다."

- 문장을 자세히 보니 공백이 2개인 것을 없애면 될 것 같습니다.
  아래와 같이 띄어쓰기가 정상적인 문장으로 다시 data에 저장해보세요.
  "감정 분석하고 암 치료제 개발까지… '초거대' AI 만든다."

② split( )

문자열을 분리하는 기능을 합니다. 리스트라는 데이터 구조로 변경됩니다.

③ strip( )

문자열 양쪽의 공백을 지우는 기능을 합니다.

④ index( )

원하는 문자의 위치(index)를 확인할 수 있습니다. 특히 문자가 여러 개일 경우 빠른 index만 알려줍니다. index는 문자열 단독으로는 사용 빈도가 낮지만 Part 3의 리스트에서는 자주 사용됩니다.

아래 코드에서 In[4]를 보면 다른 명령어를 연속으로 사용해서 한번에 양쪽 공백을 제거하고, 가운데 공백으로 두 데이터를 나눴습니다. 명령어를 중복으로 사용하면 데이터에 가까운 쪽의 명령어부터 실행됩니다.

In[3], In[4]에서 title의 데이터가 바뀐 것처럼 보이지만 변경되지 않고 In[5]에서 'n'의 위치가 6으로 나왔습니다. replace, split, strip 같은 기능은 해당 변수의 데이터를 변경하기 위해서는 앞의 replace 실습에서 In[1], In[4]처럼 다시 변수에 저장해야 합니다.

```
In[1]: "아이유, 라일락".split(',')
Out[1]: ['아이유', ' 라일락']

In[2]: title = ' Python Project '

In[3]: title.strip()
Out[3]: 'Python Project'

In[4]: title.strip().split(' ')   # title의 양쪽 공백을 지우고 나서, 가운데 공백으로 분리
Out[4]: ['Python', 'Project']

In[5]: title.index('n')
Out[5]: 6
```

Chapter 03 숫자 데이터

숫자 데이터는 개수, 양, 크기, 순서를 나타내기 위한 수를 표현하는 기호(문자)로 전 세계에서 공통으로 사용하고 있는 아라비아 숫자(0, 1, 2, …, 8, 9)로 이루어진 데이터를 뜻합니다. 숫자는 프로그래밍 언어라고 해서 일상생활에서 사용하던 것과 다르지 않아 바로 익숙해질 것입니다. 가벼운 마음으로 숫자 데이터에 대해서 알아보도록 하겠습니다.

Section 01 >>> 숫자 데이터의 구분

현재 학습 단계에서 파이썬의 숫자 데이터 종류(타입)는 2가지, 즉 정수와 실수만 알아도 충분합니다.

타입	설명	예시
정수(Integer)	소수점이 없는 수(음수도 포함)	0, 1, 123456, -12, -45613
실수(Float)	소수점이 있는 수	0.0, 3.14, -38.65, 8.0, -46.56

〈표 2.3.1〉 숫자 데이터의 구분

숫자 데이터의 경우 소수점의 유무로 구분되어 타입이 달라집니다. 파이썬이 데이터를 보고 알아서 정수 타입인지 실수 타입인지를 구분해 저장해주는 것이죠.

Section 02 >>> 숫자 데이터 만들기

숫자 데이터는 이미 예제들을 통해 사용해봐서 익숙할 것입니다. 그냥 키보드의 숫자를 입력하면 됩니다. 변수에 저장하기 위해서는 다음과 같은 문법을 사용합니다.

변수 = 숫자

특징이라고 설명할 것도 없이 간단합니다. 문자의 경우는 이것이 문자라고 알리는 식의 따옴표를 사용했지만 숫자는 부가적인 기호 없이 그대로 변수에 넣어주면 됩니다.

다음으로는 숫자를 문자열로 변환하는 str( )처럼 문자열을 숫자 데이터로 변환하고, 숫자끼리도 변환하는 방법에 대해서 알아보겠습니다.

크롤링이나 API를 이용해 데이터를 받으면 숫자가 아니라 문자열로 받아지는 경우가 많습니다. 문자열로 된 숫자를 계산이 가능하거나, 소수점 없이 깔끔하게 출력하기 위해서는 정수 타입으로 변환하는 경우도 있습니다.

명령어	변경 대상의 타입	주의사항
int( )	문자열	정수 형태로 된 문자열
	실수	반올림 미적용
float( )	문자열	정수 또는 실수 형태로 된 문자열
	정수	소수점 첫째 자리에 0이 생김

〈표 2.3.2〉 숫자 데이터로 변환시키는 명령어

1 int( )

문자열이나 실수를 정수로 변환할 수 있습니다. 문자열의 경우 정수 타입의 숫자로 된 문자열만 변환이 가능하고 그렇지 않은 경우 ValueError가 발생합니다.

```
In[1]: int('7')  # 정수 타입의 숫자로 된 문자열
Out[1]: 7

In[2]: int('7.0')  # 정수가 아닌 실수로 된 문자열
Traceback (most recent call last):

  File "<ipython-input-104-5f4dd2a54447>", line 1, in <module>
    int('7.0')

ValueError: invalid literal for int() with base 10: '7.0'
```

```
In[3]: int('3.14')   # 정수가 아닌 실수로 된 문자열
Traceback (most recent call last):

  File "<ipython-input-97-1456603af047>", line 1, in <module>
    int('3.14')

ValueError: invalid literal for int() with base 10: '3.14'


In[4]: int('python')   # 정수가 없는 문자열
Traceback (most recent call last):

  File "<ipython-input-98-2dd638f6810b>", line 1, in <module>
    int('python')

ValueError: invalid literal for int() with base 10: 'python'


In[5]: int(3.14)   # 실수
Out[5]: 3

In[6]: int(4.9)   # 실수
Out[6]: 4

In[7]: int(-16.1)   # 실수
Out[7]: -16
```

2 float( )

문자열이나 정수를 실수로 변환할 수 있습니다. 아래의 예제를 보면 역시 문자열은 실수 형태여야 변환이 가능하다는 것을 알 수 있습니다.

```
In[1]: float('3.14')   # 실수로 된 문자열
Out[1]: 3.14

In[2]: float('3')      # 정수로 된 문자열
Out[2]: 3.0
```

```
In[3]: float(8)      # 정수
Out[3]: 8.0

In[4]: float('python')  # 숫자가 아닌 문자열
Traceback (most recent call last):

  File "<ipython-input-108-e59689b824b1>", line 1, in <module>
    float('python')

ValueError: could not convert string to float: 'python'


In[5]: int(float('3.14')) #'3.14' → 3.14 → 3
Out[5]: 3
```

In[5]는 실수 타입의 문자열을 정수로 변환하기 위한 방법입니다. 먼저 문자열을 실수로 바꾸고 정수로 변환하면 됩니다. 결과로 정수 타입이 필요한데, 문자열이 정수일지 실수일지 모를 때 사용하면 변환 시 ValueError를 방지할 수 있습니다.

Section 03 >>> 숫자 데이터로 계산하기

파이썬 콘솔에서는 숫자와 계산 기호로 계산을 할 수 있습니다. 물론 우리가 진짜 계산이 필요할 때 파이썬을 실행시켜 계산기로 쓸 일은 없겠지만, 프로그래밍을 하거나 데이터 분석 도중에 계산이 필요한 순간이 있습니다. 그럴 때는 콘솔에서 바로 계산하는 것이 훨씬 편합니다.

예를 들어 우리나라의 코로나19 확진자가 총 1,500명이고, 서울에서 350명의 확진자가 발생했다고 한다면 전체 확진자 중 서울 지역 거주자의 비율은 얼마나 되는지 계산해볼까요.

```
In[1]: 350 / 1500 * 100
Out[1]: 23.333333333333332
```

약 23.3%의 결과가 나왔습니다. 이렇게 바로 계산하고 결과를 확인할 수 있을 뿐만 아니라 변수에 저장한 상태에서도 동일한 연산 기호로 계산할 수 있습니다.

파이썬은 사칙연산 외에도 유용하게 쓸 수 있는 연산 기호가 많으며, 파이썬에서는 연산 기호를 연산자라 부릅니다.

연산 기호	설명	사용
+	더하기	1+2, 3+(-4)
-	빼기	1-2, 2-1
*	곱하기	3*4, 8*(-3)
/	나누기	8/4, 20/5
**	제곱	2**3, 8**4
//	나누기의 몫	3//2, 4//2
%	나누기의 나머지	5%2, 20%2

〈표 2.3.3〉 파이썬의 숫자 데이터 연산자

다음은 간단한 사칙연산 외의 계산을 파이썬으로 직접 해본 것입니다.

```
In[1]: var1 = 5

In[2]: var2 = 3

In[3]: var1 ** var2    # 5³ = 5 * 5 * 5 = 125
Out[3]: 125

In[4]: var1 // var2    # 5 / 3 의 몫은 1, 나머지 2
Out[4]: 1

In[5]: var1 % var2     # 5 / 3 의 나머지는 2
Out[5]: 2

In[6]: var1 % 2        # 5 / 2 의 나머지는 1
Out[6]: 1

In[7]: var2 % 2        # 3 / 2 의 나머지는 1
Out[7]: 1
```

이 중에서 나머지를 구하는 '%'의 경우 홀수와 짝수 구분을 하는 데 많이 사용됩니다. 홀수는 2로 나누어 떨어지지(나머지가 0) 않고 항상 1이 남기 때문입니다.

Project 01 생활 속 파이썬 활용 1

지금까지 공부한 내용만으로 파이썬을 활용한다는 것이 불가능하게 생각될 수도 있겠지만 데이터를 사용할 수 있다는 것만으로도 간단한 프로그램을 만들 수 있습니다. 처음에는 간단해보이지만 조금씩 업그레이드하다 보면 멋지게 완성할 수 있습니다. Just Coding~

Section 01 >>> 세 숫자의 합 구하기 게임

유치원에 다니는 딸아이가 놀이 수학 학원에서 대회에 참여한다고 할 때였습니다. 놀이 수학은 다양한 교구를 게임 방식으로 활용해 놀이를 통한 수학적 사고력을 기르는 프로그램이라고 합니다. 게임 대회라고 해서 처음에는 그런가 보다 했는데 1등을 하면 영국에서 개최되는 세계 대회의 초청장을 준다는 이야기를 듣고 딸아이의 대회 준비에 온 가족이 게임 파트너가 되어 주었습니다.

게임 중에 숫자가 적힌 카드 3장을 보고 모두 더한 값을 빨리 이야기하는 사람이 이기는 게임이 있었습니다. 더하기 계산 연습이 많이 필요하던 때라 파이썬으로 훈련용 프로그램을 만들어 계산 연습을 할 수 있도록 했습니다.

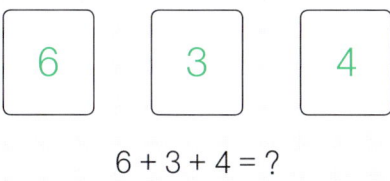

〈그림 2.4.1〉 세 숫자 합 구하기 게임

게임이 여러 번 반복되게 하고 랜덤으로 숫자가 나와 답이 맞는지도 체크해야겠지만 지금까지 배운 것들을 최대한 활용할 수 있는 수준까지만 완성해보도록 하겠습니다.

Section 02 >>> 프로그램 작동 순서 계획

1 프로그램 목표 수립

먼저 우리가 만들 프로그램의 기능을 정리해보는 것입니다.
- 3개의 숫자에 대한 더하기 문제를 출제하고, 사용자가 답을 입력하면 입력한 답과 정답을 화면에 출력합니다.
- 프로그램은 1회 작동해 정답이 출력되면 종료합니다.

2 입력과 출력 정리

주어지는 데이터가 무엇인지, 어떤 결과를 어떤 방식으로 출력할 것인지 생각해봅니다.

입력	출력
• 숫자 3개 : 정수 • 사용자 암산 답	• 문제 출력 • 정답 출력

〈표 2.4.1〉 프로그램 입력과 출력

3 입력과 출력 처리 방법 구상

구분	항목	구현 방법
입력	숫자 3개	• 직접 값을 입력해 변수 3개 생성
	사용자 답	• input( )으로 입력 받아 정수로 변환
출력	문제 출력	• 입력에서 만든 변수 3개를 가지고 print로 문제 출력
	정답 출력	• 숫자 변수 3개를 모두 더해 정답 변수에 저장 • 사용자 답이 입력되면 답과 함께 정답 변수 print로 출력

〈표 2.4.2〉 구현 방법 구상

4 동작 순서 계획

- 프로그램의 동작 순서를 도형으로 표현하는 것을 순서도라고 하는데, 거창한 순서도가 아니더라도 순서를 표현할 수 있는 방법으로 전체적인 흐름을 구상하면 됩니다.

- 무엇을 먼저하고, 그 다음은 어떤 것을 해야 하는지 조각을 맞춰보는 단계입니다. 손으로 그려도 되고 도형과 화살표를 그릴 수 있는 프로그램만 있어도 충분합니다.

- 아래 그림처럼 흐름을 정리합니다. 출력하는 부분은 순서도에서 사용하는 도형과 동일하게 표시한 것입니다.

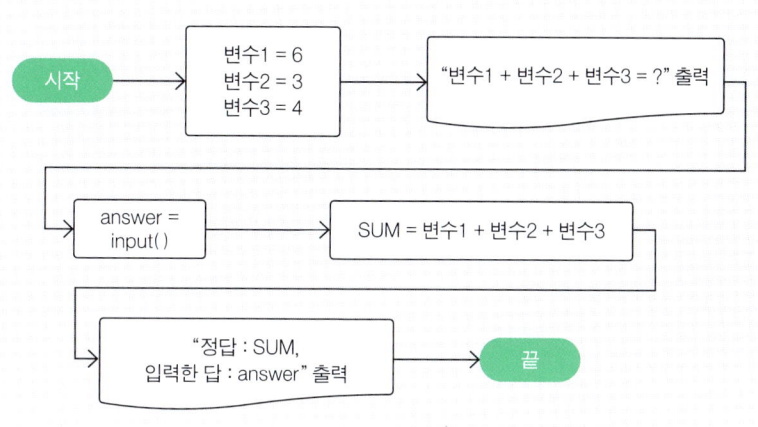

〈그림 2.4.2〉 프로그램 동작 순서

Section 03 >>> 단계별 프로그램 완성

지금 상태에서는 너무 간단해서 순서 계획대로 입력만 하면 끝나는 프로그램입니다. Spyder에서 새 파일을 열고 각 부분들을 에디터에 입력합니다.

처음으로 에디터에 긴 코드를 입력해보는 것입니다. 우리가 실행 버튼을 누르면 파이썬은 위에서부터 한 줄씩 순서대로 코드를 실행(한 줄씩 실행하는 파이썬과 같은 언어를 스크립트 언어라고 합니다.)합니다. 그렇기 때문에 코드의 입력 순서가 중요합니다. 또한 실행 도중 에러가 있는 코드에서는 바로 실행이 멈추고 그 다음부터는 실행되지 않습니다.

1 숫자 3개를 변수로 저장

숫자 3개를 변수 num1, num2, num3에 저장합니다.

```python
# 1. 숫자 3개 변수로 저장
num1 = 6
num2 = 3
num3 = 4
```

〈project_1_basic〉 # 1

2 문제 출력

저장한 변수로 문제를 계산식으로 출력합니다.

```python
# 2. 문제 출력
print(f'{num1} + {num2} + {num3} = ?')
```

〈project_1_basic〉 # 2

3 답 입력

input( ) 명령어로 입력을 받아 변수로 저장합니다. 입력하는 값은 숫자이지만 input( )은 입력 값을 문자열로 저장하기 때문에 정수로 변환합니다.

```python
# 3. 답 입력
answer = int(input('답을 입력하세요 : '))
```

〈project_1_basic〉 # 3

4 정답 계산

정답을 출력하기 위해서는 계산 숫자 변수 3개를 모두 더해 SUM에 저장합니다.

```python
# 4. 정답 계산
SUM = num1 + num2 + num3
```

〈project_1_basic〉 # 4

5 최종 결과 출력

프로그램 내에서 계산한 정답인 변수 SUM과 입력으로 받은 답 answer를 출력합니다.

```
# 5. 최종 결과 출력
print(f'정답 : {SUM}, 입력한 답 : {answer}')
```

⟨project_1_basic⟩ # 5

6 전체 코드 및 실행 결과

결과가 정확히 나오는지 확인이 필요합니다. 만일 예상했던 결과와 다르게 나왔다면 코드를 잘못 입력한 곳은 없는지 확인하고, 에러가 발생하면 디버깅을 하면 됩니다.

정답 입력은 코드를 실행시키고, 콘솔에 출력된 '답을 입력하세요 : ' 옆부분을 클릭한 다음에 입력해야 합니다. 그냥 입력하면 에디터에 입력되기 때문입니다.

```
# 1. 숫자 3개 변수로 저장
num1 = 6
num2 = 3
num3 = 4

# 2. 문제 출력
print(f'{num1} + {num2} + {num3} = ?')  # f포매팅

# 3. 답 입력
answer = int(input('답을 입력하세요 : '))  # input으로 받은 값을 정수로 변환

# 4. 정답 계산
SUM = num1 + num2 + num3

# 5. 최종 결과 출력
print(f'정답 : {SUM}, 입력한 답 : {answer}')
```

⟨project_1_basic⟩

```
6 + 3 + 4 = ?

답을 입력하세요 : 13
정답 : 13, 입력한 답 : 13
```

〈실행 결과 1〉

```
6 + 3 + 4 = ?

답을 입력하세요 : 10
정답 : 13, 입력한 답 : 10
```

〈실행 결과 2〉

일단 기본적인 구현으로 완성했습니다. '이게 뭐야?'라고 생각할 수도 있겠지만 한 단계 한 단계 스스로 구상해보고 만들 수 있게 되는 것만으로도 훌륭한 결과입니다. 이것만으로는 많이 부족한 느낌이 있으니 업그레이드를 해보겠습니다.

Section 04 >>> 프로그램 업그레이드

여기에서는 2가지를 업그레이드할 예정입니다. 숫자 3개를 랜덤으로 생성하는 것과 입력한 답이 맞았는지 틀렸는지의 결과도 함께 출력하도록 할 것입니다. 아직 배우지 않은 부분이니 일단은 내용을 따라 입력해보세요.

1 랜덤 숫자 생성

- 숫자 3개를 변수에 저장하는 부분을 수정해야 합니다.
- 랜덤으로 임의의 숫자 데이터를 만들기 위해서는 별도 모듈을 불러와야(import) 합니다. 모듈은 여러 가지 기능들을 모아서 py 파일로 만든 것인데, random 모듈은 파이썬 기본 모듈이지만 바로 사용할 수 없습니다. 이런 모듈을 코드에 사용할 수 있도록 불러오는 것을 호출이라 하고 코드 제일 위에 "import 모듈 이름"으로 입력합니다.

- 다음의 문법을 사용하면 '시작 숫자 ≤ 임의의 수 ≤ 끝 숫자'로 정수인 값을 하나 뽑아줍니다. 문자열 슬라이싱과는 끝 숫자가 포함된다는 것이 다릅니다. 시작 숫자와 끝 숫자는 숫자 데이터가 들어간 변수를 사용해도 됩니다.

random.randint(시작 숫자, 끝 숫자)

```
import random # random 모듈 호출

# 1. 숫자 3개를 랜덤으로 뽑아 변수로 저장
num1 = random.randint(1, 10) # 1부터 10까지의 정수 중 하나
num2 = random.randint(1, 10)
num3 = random.randint(1, 10)
```

〈project_1_upgrade〉 # 1

2 입력한 답의 결과 출력

- 입력한 답이 맞았는지, 틀렸는지는 함께 출력하는 정답과 같은지를 비교하면 됩니다. 파이썬에서 두 값을 비교하기 위해서는 조건문을 사용해야 하는데 이는 뒤에서 자세히 배울 예정입니다. 여기에서는 간단한 문법이라 지금 봐도 충분히 이해될 것입니다.

- 만약(if) 조건을 만족하면 '실행 코드1'을 실행하고, 만족하지 않으면(else) '실행 코드2'를 실행하라는 조건문의 기본 문법 구조입니다. 조건문은 들여쓰기를 정확하게 사용해야 합니다. 실행 코드들은 시작부분에서 왼쪽으로 4칸을 똑같이 들여쓰기 해야 합니다.

```
if 조건:
    실행 코드1
else:
    실행 코드2
```

- 다음 코드의 조건에서 '=='는 파이썬에서 '같다'라는 의미입니다. 그래서 'answer가 SUM가 같다.'라는 조건으로 조건문을 만든 것입니다. 입력한 답 answer가 파이썬에서 계산한 정답 SUM과 같다면 '정답입니다.' 가 출력, 아니면 '오답입니다.'를 출력하라는 뜻입니다.

```
# 6. 최종 결과 출력(업그레이드)
if answer == SUM:
    print('정답입니다.^^')
else:
    print('오답입니다.ㅜㅜ')
```

⟨project_1_upgrade⟩ # 6

그럼 업그레이드된 프로그램을 실행해보겠습니다. 두 번을 실행했고 처음에는 정답을 입력, 그 다음은 오답을 입력했습니다. 두 실행 결과에서 숫자 3개가 랜덤으로 생성됐고, 입력한 답과 정답을 비교해 결과를 정상적으로 출력하는 것을 확인했습니다.

```
import random # random 모듈 호출

# 1. 숫자 3개를 랜덤으로 뽑아 변수로 저장
num1 = random.randint(1, 10) # 1부터 10까지의 정수 중 하나
num2 = random.randint(1, 10)
num3 = random.randint(1, 10)

# 2. 문제 출력
print(f'{num1} + {num2} + {num3} = ?') # f포매팅

# 3. 답 입력
answer = int(input('답을 입력하세요 : ')) # input으로 받은 값을 정수로 변환

# 4. 정답 계산
SUM = num1 + num2 + num3

# 5. 최종 결과 출력
print(f'정답 : {SUM}, 입력한 답 : {answer}')

# 6. 최종 결과 출력(업그레이드)
if answer == SUM:          # == : 같다 → 만약 answer가 SUM이랑 같으면
    print('정답입니다.^^') # 정답 출력
else:                       # 다르면
    print('오답입니다.ㅜㅜ') # 오답 출력
```

⟨project_1_upgrade⟩

```
3 + 9 + 7 = ?

답을 입력하세요 : 19
정답 : 19, 입력한 답 : 19
정답입니다.^^
```

〈실행 결과 1〉

```
5 + 5 + 2 = ?

답을 입력하세요 : 20
정답 : 12, 입력한 답 : 20
오답입니다.ㅜㅜ
```

〈실행 결과 2〉

요약 정리

1. 데이터의 저장과 변수
① 데이터를 저장하는 공간(메모리)에 이름(변수명)을 붙입니다.
② 데이터가 바뀌면 다른 공간에 데이터를 넣고 이름을 옮겨 붙입니다.
③ 데이터 저장으로 흔히 사용하는 용어는 다음과 같습니다.
　　변수를 선언한다/할당한다/생성한다, 데이터를 변수에 대입한다/넣는다/저장한다.
④ 데이터 타입 확인 : type(데이터)

2. 문자열
① 문자열 만들기
- 같은 따옴표를 앞뒤로 감싸서 만듭니다.
- 문자열 포매팅 사용 : format( ), % 포매팅, f-문자열 포매팅
- str( )로 변환

② 문자열 파악하기

기능	문법
문자열의 길이 확인	len(문자열)
특정 위치 문자 확인(인덱싱)	문자열[인덱스]
문자열의 일정 부분 확인(슬라이싱)	문자열[시작 인덱스 : 끝 인덱스+1]

③ 문자열에 사용할 수 있는 명령어

기능	문법
문자열 만들기	"{ } { }".format(데이터, 데이터)
문자열 내 특정 문자 교체	문자열.replace(원본 문자, 변경 문자)
문자열 분리	문자열.split(분리 기준 문자)
문자열 내의 위치 확인	문자열.index(문자)
문자열 양쪽 끝 공백 제거	문자열.strip( )

3. 숫자

① 숫자 데이터 : 정수(integer), 실수(float)
② 정수 타입으로 변환 : int( )
③ 실수 타입으로 변환 : float( )
④ 파이썬 숫자 연산자

연산 기호	설명
+	더하기
-	빼기
*	곱하기
/	나누기
**	제곱
//	나누기의 몫
%	나누기의 나머지

PART 3

효율적인 데이터 사용을 위한
데이터 구조대

파이썬을 활용하는 난이도가 높아질수록 사용하게 되는 데이터도 많아지고 커지게 됩니다. 지금까지 공부한 기본적인 데이터 저장과 사용 방법으로는 데이터를 관리하는 데 한계가 있습니다. 이번 Part 에서는 데이터를 효율적으로 사용할 수 있도록 도와주는 파이썬의 데이터 구조(Data Structure)에 대해 알아보도록 하겠습니다.

학습 목표

- 데이터들의 모임인 리스트의 개념을 이해하고, 저장 및 활용할 수 있습니다.
- 데이터로 만드는 사전인 딕셔너리의 개념을 이해하고, 저장 및 활용할 수 있습니다.

Chapter 01 데이터들의 모임

데이터가 많아진다고 변수를 그만큼 만드는 것이 아니라 비슷한 내용의 데이터들을 모아 한 변수에 저장해놓으면 어떨까요? 여러 변수를 사용하는 것보다 훨씬 쉽게 데이터를 관리하고 사용할 수 있을 것입니다. 여러 데이터를 모아 목록처럼 만들어 사용할 수 있는 구조를 리스트(List)라고 합니다. 모임 멤버들의 연락처 정보를 정리하는 방법을 통해 리스트를 이해해보겠습니다.

Section 01 >>> 모임 만들기

<표 3.1.1>은 모임 멤버들의 연락처 예시입니다. 이 연락처 데이터를 주소록으로 만들어 자동으로 메시지를 보내는 등의 기능을 포함한 프로그램을 만든다고 하면 데이터를 어떻게 저장해야 할까요? 여기에서 ID는 메시지 앱에 사용되는 개인 ID를 표현한 것이라고 하겠습니다. 실습 예제에서 사용하는 이름은 본인이 원하는 이름으로 해도 무방합니다.

이름	연락처	ID
민기	010-1XXX-XXXX	4
다희	010-2XXX-XXXX	2
지우	010-3XXX-XXXX	8
민준	010-4XXX-XXXX	5
유이	010-5XXX-XXXX	3

<표 3.1.1> 연락처 목록

이름과 ID만 저장한다고 하면 기본적인 방법으로는 다음과 같이 각각의 변수에 데이터를 하나씩 넣어 저장하면 됩니다.

참고로 이번 Part는 데이터를 많이 다루다 보니 실습하는 코드 입력이 많습니다. 특히 변수를 선언하는 코드들은 Spyder 콘솔에서 한 줄씩 입력해도 되지만 에디터에 전부 입력하고 한번에 실행시켜도 되니 편한 방법을 선택해 사용하면 됩니다. 실습에 필요한 변수 선언은 에디터에서 입력/실행하고 나서, 명령어 실습은 콘솔에서 하는 것도 좋은 방법입니다.

```
# 이름을 변수에 하나씩 저장
name_1 = '민기'
name_2 = '다희'
name_3 = '지우'
name_4 = '민준'
name_5 = '유이'

# ID를 변수에 하나씩 저장
id_1 = 4
id_2 = 2
id_3 = 8
id_4 = 5
id_5 = 3
```

```
In[1] : name_1 = '민기'

In[2] : name_2 = '다희'

In[3] : name_3 = '지우'

In[4] : name_4 = '민준'

In[5] : name_5 = '유이'

In[6] : id_1 = 4

In[7] : id_2 = 2

In[8] : id_3 = 8

In[9] : id_4 = 5

In[10] : id_5 = 3
```

〈실습 데이터들을 에디터에 입력/실행〉　　〈실습 데이터들을 콘솔에 입력/실행〉

위에서 이름으로 변수 5개, ID로 변수 5개 총 10개의 변수를 만들었습니다. 하지만 멤버 인원이 10명에서 20명, 100명까지 늘어나면 과연 변수가 몇 개나 있어야 할까요? 이름과 ID 정보만 입력해도 멤버가 100명 기준으로 200개의 변수를 만들어야 할 것입니다. 아마도 저장까지는 어떻게 한다 해도 누구를 어떤 변수에 저장했는지 기억나지 않아 활용하기도 힘들겠죠.

이렇게 데이터가 많아질 경우 발생할 수 있는 데이터 관리의 단점들을 해결하기 위해 데이터들을 모아 리스트로 만들게 되면 한 변수에 여러 데이터들을 저장할 수 있습니다. 또한 저장된 데이터의 순서 정보도 관리가 되기 때문에 데이터 사용을 편리하게 할 수 있는 장점도 있습니다.

그럼 지금부터 리스트를 만드는 방법에 대해 알아보겠습니다.

리스트를 만들 때는 대괄호([ ]) 안에 데이터들을 콤마(,)로 구분해 넣어주면 되는데, 입력한 데이터의 순서대로 데이터의 순서 정보를 갖게 되는 것입니다. 리스트는 여러 데이터로 이루어져 있어 일상에서 사용하고 있는 알약 케이스를 생각하면 쉽게 이해할 수 있습니다. 일주일의 순서, 번호 순서로 칸을 나눠 알약을 보관하는 케이스를 떠올려보세요.

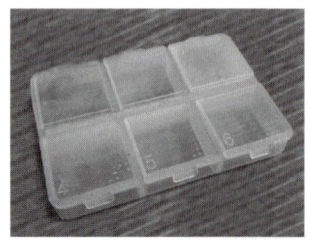
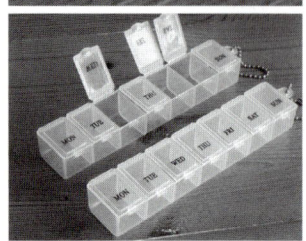

〈그림 3.1.1〉 알약 케이스

리스트 변수 = [데이터1, 데이터2, 데이터3, …]

대괄호 안의 데이터에는 문자열과 숫자를 값 자체로 넣거나 변수로도 넣을 수 있고, 데이터를 하나도 넣지 않은 빈 리스트도 만들 수 있습니다. 또한 리스트를 중복으로도 넣을 수 있으며 다음 장에서 배울 딕셔너리도 넣을 수 있습니다.

하지만 데이터들을 아무렇게나 넣으면 관리가 어려워지므로 분류가 비슷한 데이터를 넣는 것이 중요합니다. 예를 들면 주소록처럼 이름끼리 묶어서 한 리스트, 연락처끼리 묶어서 한 리스트를 만드는 것입니다.

그럼 리스트를 만드는 문법을 사용해 10개의 변수로 만들었던 주소록 데이터를 정리해보겠습니다.

이름끼리 묶어 name_list, ID끼리 묶어서 id_list(id라고 변수를 만들면 데이터의 메모리 주소를 알려주는 명령어 id( )와 중복되므로 다른 이름으로 변수 선언)를 만들었습니다. 두 리스트 변수의 type을 출력해보면 list라고 나옵니다. name_list는 5명의 이름 데이터들을 담아 만든 케이스가 되는 것입니다.

〈그림 3.1.2〉 리스트 만들기

```
In[11] : name_list = ['민기', '다희', '지우', '민준', '유이']

In[12] : id_list = [4, 2, 8, 5, 3]

In[13] : type(name_list)
Out[13]: list

In[14] : type(id_list)
Out[14]: list
```

리스트 안에 리스트를 중복으로 넣을 수 있다고 했는데, name_list와 id_list를 대괄호로 묶어 members 변수를 만들었습니다.

```
In[15] : members = [name_list, id_list]

In[16]: members
Out[16]: [['민기', '다희', '지우', '민준', '유이'], [4, 2, 8, 5, 3]]

In[17]: type(members)
Out[17]: list
```

members 변수의 내부는 데이터가 복잡하지만 5명의 이름과 ID 데이터가 다 들어가 있네요. 연락처 정보를 한 변수에 다 담을 수 있게 된 것입니다.

이번 장에서는 예제에서 사용한 리스트 변수 3개(name_list, id_list, members)를 계속 사용하게 되므로 Spyder가 재실행(Spyder는 재실행되면 초기화 되어 이전에 실행했던 변수 선언, 명령어들이 모두 사라집니다.) 된 상태라면 이 3개의 변수를 선언/실행해주고 실습해야 합니다. 변수가 없는 상태(초기화 상태)로 실습하면 변수가 정의되지 않았다는 NameError가 발생하기 때문입니다.

Section 02 ››› 모임 멤버 살펴보기

그럼 이렇게 만든 리스트를 어떻게 사용할 수 있는지 알아보겠습니다. 리스트의 내부 데이터를 확인하는 것은 Part 2에서 문자열의 길이 확인, 인덱싱, 슬라이싱과 똑같은 방법을 사용합니다. 리스트 내부 데이터의 위치 확인 기능 같은 주요 기능들도 함께 알아보겠습니다.

1 리스트의 데이터 개수 확인

문자열에서 문자의 길이를 알 수 있었던 명령어 len( )에 리스트를 넣게 되면 리스트에 들어 있는 데이터의 개수를 알 수 있습니다. 〈그림 3.1.2〉와 같이 알약 케이스가 몇 칸인지를 알 수 있다는 의미가 되겠네요. 데이터 개수 확인 외에도 명령을 반복(반복문에서 데이터의 개수만큼 반복 횟수를 지정할 수 있습니다.) 할 때 자주 사용됩니다.

len(리스트)

리스트 변수 3개가 선언되어 있다면(Spyder 변수 탐색 창에서 확인 가능) In[1]부터 In[3]은 입력하지 않아도 됩니다.

```
In[1] : name_list = ['민기', '다희', '지우', '민준', '유이']

In[2] : id_list = [4, 2, 8, 5, 3]

In[3] : members = [name_list, id_list]

In[4] : len(name_list)
Out[4]: 5

In[5] : len(id_list)
Out[5]: 5
```

Quiz 3-1 members 변수의 데이터 개수를 출력해보고, 왜 그런 결과가 나왔는지 생각해보세요.

2 리스트 내부 데이터 확인(인덱싱)

리스트도 인덱스는 0부터 시작입니다. name_list를 인덱스별로 나눠보면 다음과 같습니다.

	name_list = ['민기', '다희', '지우', '민준', '유이']				
인덱스	0	1	2	3	4
	-5	-4	-3	-2	-1
데이터	민기	다희	지우	민준	유이

〈표 3.1.2〉 리스트의 인덱스 정리

리스트[인덱스]

name_list의 두 번째 데이터를 인덱싱한다고 하면 아래 그림과 같이 데이터들이 담긴 케이스에서 두 번째를 열어 데이터를 확인한다고 상상해보세요.

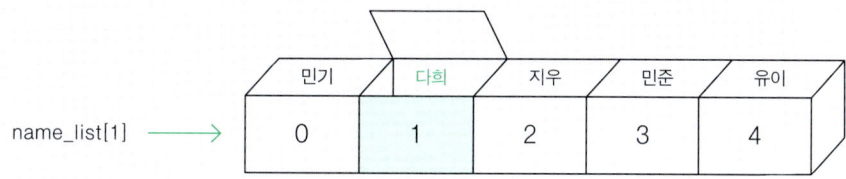

〈그림 3.1.3〉 리스트 인덱싱

name_list와 id_list 두 리스트를 만들 때 〈표 3.1.1〉의 연락처 순서대로 입력한 것이라 각각 같은 인덱스끼리 데이터가 매칭됩니다. 이 말은 〈표 3.1.3〉에서 정리한 것과 같이 name_list의 0번 인덱스인 '민기'의 ID는 id_list의 0번 인덱스 4인 것입니다.

index	name_list	id_list
0	민기	4
1	다희	2
2	지우	8
3	민준	5
4	유이	3

〈표 3.1.3〉 리스트 데이터 매칭

```
In[1]: name_list[0]
Out[1]: '민기'

In[2]: name_list[-1]
Out[2]: '유이'

In[3]: type(name_list[0])   # name_list의 인덱스0의 타입
Out[3]: str

In[4]: id_list[2]
Out[4]: 8

In[5]: type(id_list[2])   # id_list의 인덱스2의 타입
Out[5]: int
```

그런데 리스트가 중복된 members 변수 같은 구조에서는 어떻게 인덱싱을 해야 할까요? members 변수의 데이터들을 인덱스로 정리하면 <표 3.1.4>와 같습니다. 두 단계의 인덱스가 있다고 보면 됩니다.

	members = [name_list, id_list]									
index 1	0					1				
index 2	0	1	2	3	4	0	1	2	3	4
데이터	민기	다희	지우	민준	유이	4	2	8	5	3

<표 3.1.4> 중복 리스트의 인덱스 정리

쉽게 생각해서 아래 그림처럼 큰 케이스 안에 작은 케이스가 또 들어있다고 생각하면 이해가 쉬울 것입니다. 케이스 뚜껑을 하나씩 열어서 데이터를 볼 수 있습니다.

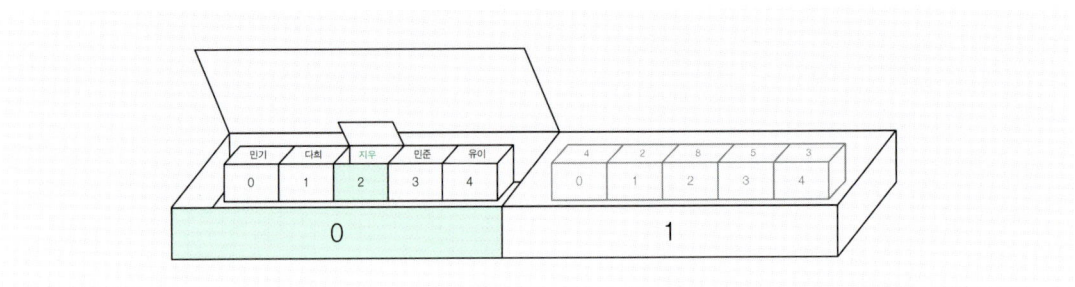

<그림 3.1.4> 리스트 중복

대괄호 하나로 인덱싱을 한 단계만 하면 첫 단계의 인덱스에 해당하는 리스트 타입의 데이터가 나오기 때문에 In[9], In[10]에서처럼 대괄호를 하나 더 붙여 인덱싱을 두 단계로 해서 최종 데이터를 확인할 수 있는 것입니다.

```
In[6]: members[0]
Out[6]: ['민기', '다희', '지우', '민준', '유이']

In[7]: members[1]
Out[7]: [4, 2, 8, 5, 3]

In[8]: type(members[0])  # 첫 번째 데이터의 타입
Out[8]: list

In[9]: members[0][2]  # 첫 번째 데이터(이름)의 세 번째 저장된 값
Out[9]: '지우'

In[10]: members[1][2]  # 두 번째 데이터(ID)의 세 번째 저장된 값
Out[10]: 8
```

Quiz 3-2 members 변수의 데이터 중 '민준'의 '준'만 출력하는 인덱싱 코드를 만들어보세요.

3 리스트 내부의 부분 데이터 확인(슬라이싱)

슬라이싱도 어렵지 않으니 바로 실습으로 연결해보겠습니다.

리스트[시작 인덱스 : 끝 인덱스+1]

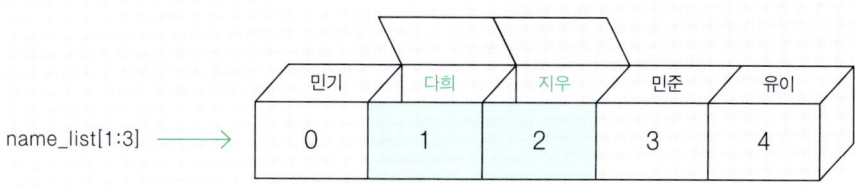

〈그림 3.1.5〉 리스트의 슬라이싱

```
In[1]: name_list[1:3]
Out[1]: ['다희', '지우']

In[2]: id_list[2:4]
Out[2]: [8, 5]

In[3]: members[1][:3]   # members의 두 번째 데이터의 처음부터 세 번째 값
Out[3]: [4, 2, 8]
```

4 리스트의 데이터 위치 확인

리스트의 데이터 위치(인덱스)는 대표적으로 2가지 경우에 유용하게 활용할 수 있습니다.
- 같은 순서로 데이터를 저장한 다른 리스트에 매칭된 값 확인
- 자동으로 빈 리스트에 데이터들을 저장했을 때 필요한 데이터의 위치 확인

리스트.index(데이터)

name_list와 id_list도 멤버 수가 많으면 누구를 몇 번째에 저장했는지 파악하기 힘듭니다. 이번에는 ID를 가지고 이름을 찾아보겠습니다. ID가 3인 멤버의 이름은 '유이'입니다.

```
In[1]: id_list.index(3)   # id_list에 id가 3인 index
Out[1]: 4

In[2]: name_list[id_list.index(3)]   # In[1]을 인덱스로 넣어서 이름 확인
Out[2]: '유이'

In[3]: members[0][members[1].index(4)]   # members[1]도 리스트이므로 index() 적용 가능
Out[3]: '민기'
```

Section 03 >>> 멤버 추가 및 삭제

다음은 리스트에 데이터를 추가하거나 삭제하는 방법입니다. 보통 프로그램에서는 처음의 데이터를 계속 유지하기보다는 새로운 데이터를 받거나 만들어 데이터가 늘어나기도 하고 삭제해서 줄어들기도 합니다.

1 리스트에 데이터 추가

리스트에 데이터를 추가하는 방법은 2가지가 있는데 리스트 뒤에 덧붙여서 추가하고 싶으면 append( )를, 맨 뒤보다는 자리를 직접 지정하고 싶으면 insert( )를 사용하면 됩니다.

① append( )
- 리스트의 마지막 인덱스 뒤에 데이터를 추가합니다.
- 웹 크롤링에서 데이터를 저장할 때나 순서보다는 데이터를 반복적으로 추가해 리스트를 완성시키는 작업이 우선 필요할 때 많이 사용합니다. 저장한 후에 필요하면 정렬을 할 수도 있습니다.

리스트.append(데이터)

모임에 새 멤버가 들어와서 리스트를 업데이트해야 할 필요가 생겼습니다. name_list와 id_list에 오른쪽 표의 이름과 ID를 추가해보겠습니다.

이름	연락처	ID
대욱	010-6XXX-XXXX	8
선우	010-7XXX-XXXX	6

〈표 3.1.5〉 추가 연락처 목록

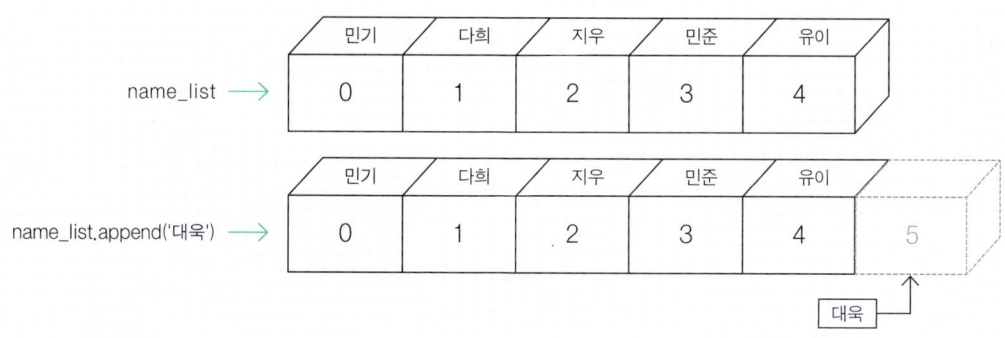

〈그림 3.1.6〉 리스트 데이터 추가: append

```
In[1]: name_list = ['민기', '다희', '지우', '민준', '유이']

In[2]: id_list = [4, 2, 8, 5, 3]

In[3]: name_list
Out[3]: ['민기', '다희', '지우', '민준', '유이']

In[4]: id_list
Out[4]: [4, 2, 8, 5, 3]

In[5]: name_list.append('대욱')   # name_list에 추가(append)

In[6]: name_list
Out[6]: ['민기', '다희', '지우', '민준', '유이', '대욱']

In[7]: name_list.append('선우')

In[8]: name_list
Out[8]: ['민기', '다희', '지우', '민준', '유이', '대욱', '선우']

In[9]: id_list.append(8)   # id_list에 데이터 추가(append)

In[10]: id_list
Out[10]: [4, 2, 8, 5, 3, 8]

In[11]: id_list.append(6)

In[12]: id_list
Out[12]: [4, 2, 8, 5, 3, 8, 6]
```

② insert( )

- 데이터가 들어갈 인덱스를 지정해야 합니다. 그 자리에 데이터를 넣고 이후의 인덱스에 속하는 기존 데이터들은 뒤로 밀리게 됩니다.
- 직접 특정한 순서로 저장할 때나 맨 뒤에 추가하고 싶지 않은 경우에 사용합니다. 예를 들면, 기업들의 주가 관련 뉴스 크롤링 프로그램을 만드는데 대상 기업명을 관심도의 순서에 따라 리스트를 만들고, 한 기업씩 뉴스를 수집해 결과를 받는다고 해보죠. 그러던 중에 관심도가 높은 새로운 기업이 생겼을 경우 맨 뒤가 아닌 앞쪽에 추가해야 합니다.

리스트.insert(인덱스, 데이터)

멤버 연락처 데이터를 멤버가 합류한 순서대로 정리한다고 가정했을 때, 초기 5명 멤버로 만든 name_list에 추가될 데이터 <표 3.1.5>의 '대욱'과 '선우'가 각각 세 번째, 다섯 번째로 들어가야 한다면 아래 코드와 같이 인덱스에 2, 4를 지정해서 추가해주어야 합니다.

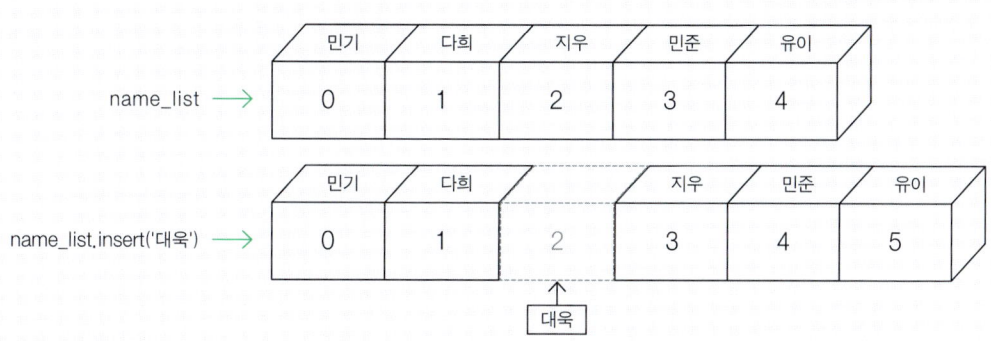

<그림 3.1.7> 리스트 데이터 추가: insert

```
In[1]: name_list = ['민기', '다희', '지우', '민준', '유이']

In[2]: id_list = [4, 2, 8, 5, 3]

In[3]: name_list
Out[3]: ['민기', '다희', '지우', '민준', '유이']

In[4]: id_list
Out[4]: [4, 2, 8, 5, 3]

In[5]: name_list.insert(2, '대욱')  # name_list에 추가(insert)

In[6]: name_list
Out[6]: ['민기', '다희', '대욱', '지우', '민준', '유이']

In[7]: name_list.insert(4, '선우')

In[8]: name_list
Out[8]: ['민기', '다희', '대욱', '지우', '선우', '민준', '유이']
```

```
In[9]: id_list.insert(2, 8)  # id_list에 데이터 추가(insert)

In[10]: id_list
Out[10]: [4, 2, 8, 8, 5, 3]

In[11]: id_list.insert(4, 6)

In[12]: id_list
Out[12]: [4, 2, 8, 8, 6, 5, 3]
```

2 리스트 데이터 삭제

데이터 삭제에는 3가지 방법이 있습니다. 결과는 똑같으니 리스트에서 데이터 삭제가 필요할 때 먼저 생각나는 방법을 활용하면 됩니다.

리스트에서 데이터 삭제의 활용 예시로는 주식 자동 매매 프로그램을 들 수 있습니다.

- 매수(주식을 산다는 의미로, 반대로 파는 것은 매도입니다.)할 종목들을 리스트로 만들어 거래하다가 매수가 완료되면 해당 종목은 리스트에서 삭제
- len( )으로 종목 수를 확인해 0(매수할 종목이 없음을 의미)이면 매수 작업 중지

이번 데이터 삭제 실습에서는 데이터가 삭제되기 때문에 다음 삭제 명령어 실습 시에 다시 name_list, id_list를 모두 초기 데이터로 새로 만들어야 합니다. 공통으로 세 번째 멤버를 삭제해보도록 하겠습니다.

〈그림 3.1.8〉 리스트 데이터 삭제

① del

- 삭제하고자 하는 리스트의 인덱스를 정확히 입력합니다.
- 인덱싱 방법으로 데이터 하나를 삭제할 수도 있고, 슬라이싱 방법으로 여러 데이터를 삭제할 수도 있습니다.

del 리스트[인덱스]
del 리스트[시작 인덱스 : 끝 인덱스+1]

del은 슬라이싱 삭제가 가능하여 다음과 같이 예제를 추가했습니다.

```
In[1]: name_list = ['민기', '다희', '지우', '민준', '유이']

In[2]: id_list = [4, 2, 8, 5, 3]

In[3]: name_list
Out[3]: ['민기', '다희', '지우', '민준', '유이']

In[4]: id_list
Out[4]: [4, 2, 8, 5, 3]

In[5]: del name_list[2]    # 인덱싱으로 삭제(세 번째 멤버이므로 인덱스는 2)

In[6]: name_list
Out[6]: ['민기', '다희', '민준', '유이']

In[7]: del id_list[2]

In[8]: id_list
Out[8]: [4, 2, 5, 3]

In[9]: del name_list[1:3]    # 슬라이싱으로 삭제

In[10]: name_list
Out[10]: ['민기', '유이']

In[11]: del id_list[1:3]

In[12]: id_list
Out[12]: [4, 3]
```

② remove( )
- del과는 달리 삭제하고자 하는 데이터의 값을 넣습니다.
- 데이터 하나씩만 삭제가 가능합니다(데이터 값이 여러 개일 경우 가장 작은 인덱스의 값 삭제).
- 리스트 안에 삭제하려는 데이터가 없는 경우는 ValueError가 발생합니다.

리스트.remove(데이터 값)

```
In[1]: name_list = ['민기', '다희', '지우', '민준', '유이']

In[2]: id_list = [4, 2, 8, 5, 3]

In[3]: name_list
Out[3]: ['민기', '다희', '지우', '민준', '유이']

In[4]: id_list
Out[4]: [4, 2, 8, 5, 3]

In[5]: name_list.remove('지우')    # 세 번째 멤버의 이름 데이터 값인 '지우'

In[6]: name_list
Out[6]: ['민기', '다희', '민준', '유이']

In[7]: id_list.remove(8)    # 세 번째 멤버의 ID 데이터 값인 8

In[8]: id_list
Out[8]: [4, 2, 5, 3]
```

③ pop( )
- del과 같이 삭제하고자 하는 리스트의 인덱스를 정확히 입력합니다. 인덱스를 지정하지 않으면 마지막 인덱스 값이 삭제됩니다.
- 데이터 하나씩 삭제가 가능합니다.
- pop( )만의 특징은 데이터 삭제와 동시에 삭제하는 값을 알려줍니다. 삭제되는 값을 출력하거나 다른 변수로 저장해 사용이 가능합니다.

마지막 인덱스 데이터 삭제 → 리스트.pop()
지정한 인덱스 데이터 삭제 → 리스트.pop(인덱스)

pop()으로 데이터를 삭제하면 콘솔에서는 삭제되는 값이 Out[5]처럼 출력됩니다.

```
In[1]: name_list = ['민기', '다희', '지우', '민준', '유이']

In[2]: id_list = [4, 2, 8, 5, 3]

In[3]: name_list
Out[3]: ['민기', '다희', '지우', '민준', '유이']

In[4]: id_list
Out[4]: [4, 2, 8, 5, 3]

In[5]: name_list.pop(2)    # 세 번째 멤버이므로 인덱스는 2
Out[5]: '지우'

In[6]: name_list
Out[6]: ['민기', '다희', '민준', '유이']

In[7]: id_list.pop(2)    # 세 번째 멤버이므로 인덱스는 2
Out[7]: 8

In[8]: id_list
Out[8]: [4, 2, 5, 3]

In[9]: d_name = name_list.pop()    # 마지막 인덱스의 값 d_name에 저장/삭제

In[10]: name_list
Out[10]: ['민기', '다희', '민준']

In[11]: d_name
Out[11]: 유이
```

Section 04 >>> 모임 데이터 활용

1 데이터 순서 정리: sorted( ), sort( )

리스트는 내부 데이터의 순서를 관리하는 데이터 구조라고 했는데, 이 말은 순서를 바꿀 수 없다는 말이 아닙니다. 순서를 변경하거나 데이터를 추가 및 삭제해도 데이터의 순서를 업데이트해 정확히 가지고 있다는 의미입니다.

데이터를 일정한 순서대로 만드는 것을 '정렬'이라고 합니다. 이번에는 엑셀에서처럼 데이터를 오름차순 또는 내림차순으로 정리하는 것과 같은 리스트 데이터 정렬을 해보겠습니다.

정렬에서 주의할 점은 숫자 데이터와 문자열이 섞인 리스트는 정렬할 수 없다는 것입니다. 숫자와 문자는 서로 우선 순위가 없어서 둘을 비교해 정렬하는 것이 불가능하기 때문입니다.

① sorted( )
문자열, 리스트, 딕셔너리 등에 사용할 수 있는 명령어로, 내부 데이터를 지정한 순서대로 정리한 리스트를 새로 만들어줍니다.

정렬 기준
- 문자열은 기본 정렬 기준이 한 문자씩 숫자로 표기하는 국제 규격인 유니코드(A=65, B=66, …, a=97,…, ㄱ=12593, ㄴ=12596,…) 기준입니다.
- key=None이라고 '정렬의 기준이 따로 지정된 것이 없다.'는 의미가 기본으로 설정되어 있어 유니코드 기준이 되는 것이므로 기본 설정을 사용한다면 따로 입력할 필요가 없습니다.
- 정렬 기준을 바꾸고 싶다면 key=len처럼 문자열 길이 기준, key=str.lower와 같이 소문자로 바꾼 기준 등의 문자열 사용 기능을 데이터와 함께 입력해주면 됩니다.
- 이 책에서는 기본적인 정렬로 유니코드 기준만 실습하겠습니다.

정렬 방법
- 기본 설정은 오름차순입니다.
- 오름차순 정리는 reverse = False로 key처럼 명령어 안에 따로 입력하지 않아도 됩니다.
- 내림차순은 reverse = True라고 직접 입력해주어야 합니다.
- True와 False는 On/Off로 생각하면 되는데 reverse 기능을 켜고 끈다는 의미입니다. True와 False는 bool이라는 데이터 타입인데, 이는 Part 4에서 배우게 됩니다.
- sorted는 '정리가 된', '정렬이 된'이라는 의미이므로 지정한 순서대로 정리된 리스트(입력 데이터의 타입에 상관없이 실행 결과는 항상 리스트로 나옵니다.)를 준다고 생각하면 됩니다.

- 특정 데이터를 일정한 순서로 정리해 다른 변수에 넣어 작업할 때 사용합니다. 예를 들어 원본 데이터를 그대로 두고 순서대로 출력이나 반복 명령을 시키는 경우입니다.

오름차순 → sorted(데이터)

내림차순 → sorted(데이터, reverse=True)

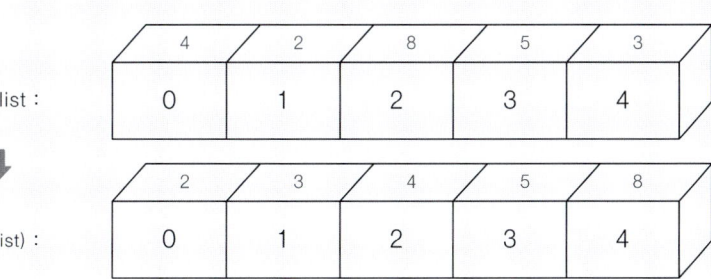

〈그림 3.1.9〉 리스트 정렬: sorted( )

```
In[1]: id_list = [4, 2, 8, 5, 3]

In[2]: id_list
Out[2]: [4, 2, 8, 5, 3]

In[3]: sorted(id_list)   # id_list를 오름차순으로 정리
Out[3]: [2, 3, 4, 5, 8]

In[4]: sorted(id_list, reverse=True)   # id_list를 내림차순으로 정리
Out[4]: [8, 5, 4, 3, 2]

In[5]: id_sorted = sorted(id_list)   # id_list를 오름차순으로 정리하여 새로운 변수에 저장

In[6]: id_sorted
Out[6]: [2, 3, 4, 5, 8]

In[7]: id_list   # 원본은 변동없이 유지됨
Out[7]: [4, 2, 8, 5, 3]
```

② sort( )
- 리스트의 내부 데이터를 지정한 순서대로 정렬합니다.
- 정렬 기준 및 방법은 sorted( )와 동일합니다.
- sorted( )처럼 새로운 리스트가 생기는 것이 아니라 기존 데이터가 변경됩니다.
- 데이터 자체가 변경되므로 리스트의 데이터가 항상 일정한 순서로 정리되어 있어야 할 때 사용합니다. 예를 들어 주식 가격 정보는 날짜 순으로 정확한 정리가 필요합니다.

오름차순 → 리스트.sort()

내림차순 → 리스트.sort(reverse=True)

```
In[1]: date = ['2021-01-04', '2021-01-02', '2021-01-05', '2021-01-03']

In[2]: date
Out[2]: ['2021-01-04', '2021-01-02', '2021-01-05', '2021-01-03']

In[3]: date.sort()   # date를 오름차순으로 정리

In[4]: date
Out[4]: ['2021-01-02', '2021-01-03', '2021-01-04', '2021-01-05']

In[5]: date.sort(reverse=True)   # date를 내림차순으로 정리

In[6]: date
Out[6]: ['2021-01-05', '2021-01-04', '2021-01-03', '2021-01-02']
```

2 리스트 내부 특정 데이터 개수 세기: count( )

- len( )은 리스트의 전체 데이터 개수를, count( )는 입력한 데이터가 몇 개 있는지를 셉니다.
- 문자열이나 숫자에 모두 사용 가능합니다.
- 데이터의 중복을 체크하거나 개수를 정리해야 할 때 사용합니다. 예를 들면 회차별 로또 1등 당첨 번호 중 가장 작은 값을 모아 리스트로 만들고 해당하는 수가 몇 번 나왔는지 정리할 때 사용할 수 있습니다.

리스트.count(데이터)

남은 4가지의 활용에는 공통으로 아래의 데이터를 사용할 것입니다. 리스트 내에 데이터가 길면 콤마(,) 다음에 Enter↵를 눌러 여러 줄로 데이터를 넣을 수 있습니다. 아래 코드처럼 데이터가 길 때 변수 선언을 에디터에 입력해 실행시킨 후 콘솔에서 각 기능들을 실습하면 편합니다. 물론 전부 콘솔에서 작업해도 상관없습니다.

```python
# 1. 에디터에서 데이터 만들기
# 멤버 이름 리스트
name_list = ['민기', '다희', '지우', '민준', '유이', '대욱',
             '선우', '민수', '연우', '채은', '민기', '재민',
             '지현', '서원', '선영', '하준', '현우', '유진']

# 로또 1등 당첨 번호의 회차별 첫 번째 번호 리스트
num_list = [1, 23, 1, 4, 7, 2, 4, 4, 3, 12,
            10, 1, 2, 9, 9, 3, 13, 14, 3, 2]
```

〈에디터에서 데이터 입력/실행〉

```
In[1]: name_list
Out[1]: ['민기', '다희', '지우', '민준', '유이', '대욱', '선우', '민수', '연우', '채은',
'민기', '재민', '지현', '서원', '선영', '하준', '현우', '유진']

In[2]: num_list
Out[2]: [1, 23, 1, 4, 7, 2, 4, 4, 3, 12, 10, 1, 2, 9, 9, 3, 13, 14, 3, 2]
```

〈콘솔에서 데이터 확인〉

```
In[3]: name_list.count('민기')
Out[3]: 2

In[4]: name_list.count('다희')
Out[4]: 1

In[5]: num_list.count(1)
Out[5]: 3
```

3 최댓값: max( )

최댓값을 알려주는 기능으로 문자열이든 숫자든 상관없이 오름차순으로 정렬했을 때 제일 마지막 값을 보여줍니다.

```
In[6]: max(name_list)
Out[6]: '현우'

In[7]: max(num_list)
Out[7]: 23
```

4 최솟값: min( )

최솟값을 알려주는 기능으로 오름차순으로 정렬했을 때 제일 첫 번째 값을 보여줍니다.

```
In[8]: min(name_list)
Out[8]: '다희'

In[9]: min(num_list)
Out[9]: 1
```

5 모든 데이터의 합: sum( )

- 숫자들로 만들어진 리스트의 내부 값 전체의 합을 구합니다.
- 리스트의 숫자 데이터로 바로 평균을 계산해주는 명령어는 없습니다. 리스트 내부 값들의 평균이 필요할 경우 len( ) 명령어로 데이터 개수를 전체 합으로 나눠서 평균을 구하면 됩니다.

```
In[10]: sum(num_list)
Out[10]: 127

In[11]: sum(num_list) / len(num_list)
Out[11]: 6.35
```

점점 더 많은 명령어들을 학습하는게 되는데 명령어를 모두 외우고 있으면 좋겠지만, 그게 어렵다면 어떤 기능을 하는 명령어가 있다는 정도만 알아두어도 큰 도움이 됩니다. 그래야 인터넷 검색 등을 통해 해결할 수 있기 때문입니다. 프로그래밍 중에 뭔가 기능이 필요하다고 생각되면 우선 검색으로 찾아보는 습관을 가지기 바랍니다. 아무리 찾아도 없을 경우 스스로 만드는 것입니다. 개발자의 덕목 중 하나가 검색을 통한 빠른 해답 찾기라는 말도 있습니다.

한 - 걸음 - 더

1 리스트를 만드는 또 다른 방법

리스트를 만들 때 대괄호를 사용했는데, 다른 데이터를 리스트로 변환해주는 명령어가 있습니다. 단순 문자열을 변환할 수도 있지만 복잡한 데이터를 리스트로 변환하면 쉽게 데이터를 조작(관리, 추가, 삭제)할 수 있어 상당히 많이 쓰이는 명령어입니다.

아래 문법에서 데이터는 하나만 넣을 수 있습니다.

list(데이터)

문자열을 넣으면 한 문자씩 분리된 리스트가 만들어집니다. In[5]의 range() 명령어는 반복문에서 다룰 예정이니 일단 참고만 하세요. 다음은 1부터 10 미만의 정수를 차례로 만들어서 리스트로 변환하는 예제입니다.

```
In[1]: list_a = list()   # 빈 리스트 만들기

In[2]: list_a
Out[2]: []

In[3]: list_b = list('문자들의 모임')   # 문자열을 리스트로 변환

In[4]: list_b
Out[4]: ['문', '자', '들', '의', ' ', '모', '임']

In[5]: list_c = list(range(1,10))   # 연속 숫자를 만들고 리스트로 변환

In[6]: list_c
Out[6]: [1, 2, 3, 4, 5, 6, 7, 8, 9]
```

2 리스트의 데이터 변경

잘못된 데이터가 리스트에 들어가면 프로그램이 원하는 방향으로 실행되지 않을 수도 있기 때문에 수정할 수 있어야 합니다. 리스트의 데이터를 수정하는 방법은 인덱싱이나 슬라이싱을 사용해 원하는 값을 대입해주면 됩니다. 간단하니 name_list로 바로 실습해보죠.

```
In[1]: name_list = ['민기', '다희', '지우', '민준', '유이']

In[2]: name_list
Out[2]: ['민기', '다희', '지우', '민준', '유이']

In[3]: name_list[4] = '대욱'    # 5번째 데이터 변경

In[4]: name_list
Out[4]: ['민기', '다희', '지우', '민준', '대욱']

In[5]: name_list[2:4] = ['선우', '민수']    # 3번째 ~ 4번째 데이터 변경

In[6]: name_list
Out[6]: ['민기', '다희', '선우', '민수', '대욱']
```

3 Spyder 활용

Spyder가 재실행되었을 때는 다시 실습할 데이터를 리스트 변수로 선언해야 한다고 했습니다. 왜 그런 것인지 자세히 알아보겠습니다.

① Spyder 재실행 시 모든 변수, 명령어 실행 결과 초기화

실습 후 Spyder를 껐다가 나중에 다시 켰을 경우를 가정해서 Spyder 화면을 보겠습니다. 다음의 그림에서와 같이 변수 탐색 창에 아무런 변수가 없습니다. 재실행에 의해 모든 상태가 초기화되었기 때문입니다.

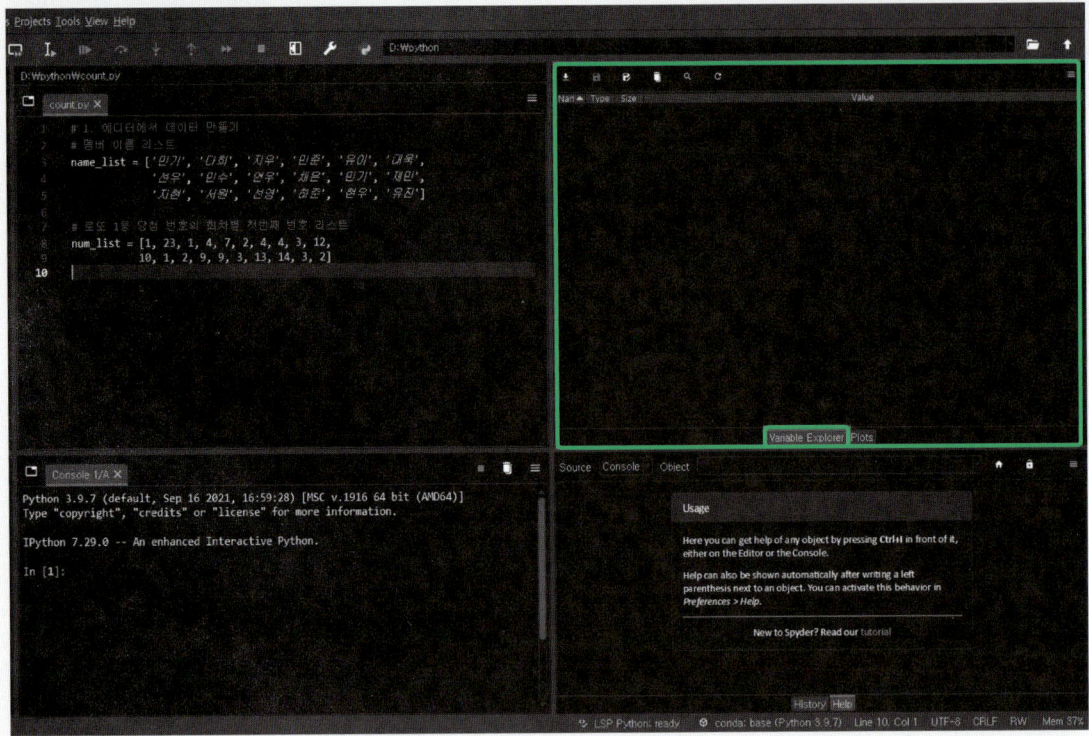

〈그림 3.1.10〉 Spyder 실행 화면

② 코드 실행으로 변수 생성

count( ) 실습으로 에디터에 만든 name_list와 num_list 변수 선언 코드를 'count.py'로 저장하고 실행하면 어떻게 바뀌는지 보겠습니다. 변수 탐색 창에 코드에서 선언된 리스트 변수 2개에 대한 이름(Name), 타입(Type), 데이터 개수(Size), 그리고 내부 값까지 나옵니다.

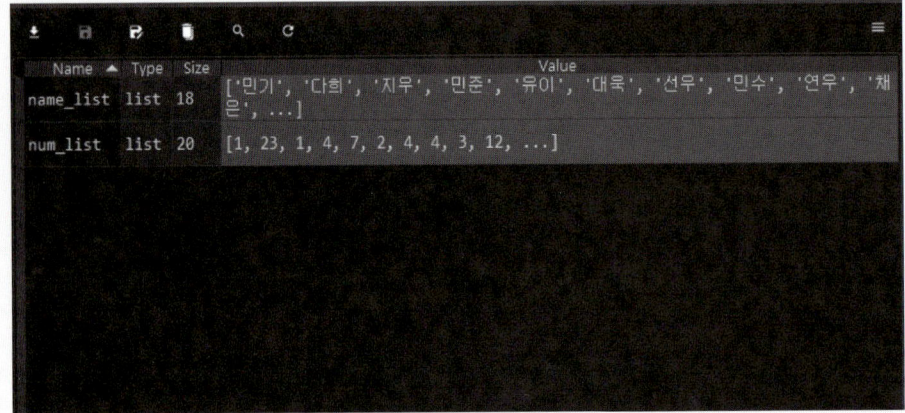

〈그림 3.1.11〉 Spyder 변수 탐색 창

③ 변수 선언 후 콘솔 사용

변수가 선언되고 변수 탐색 창에서 확인이 가능하면 콘솔에서 바로 변수를 사용할 수 있습니다. 그렇기 때문에 이 책에서 실습으로 계속 사용하는 데이터의 경우 Spyder 재실행 시 선언을 한번 해줘야 한다는 것입니다.

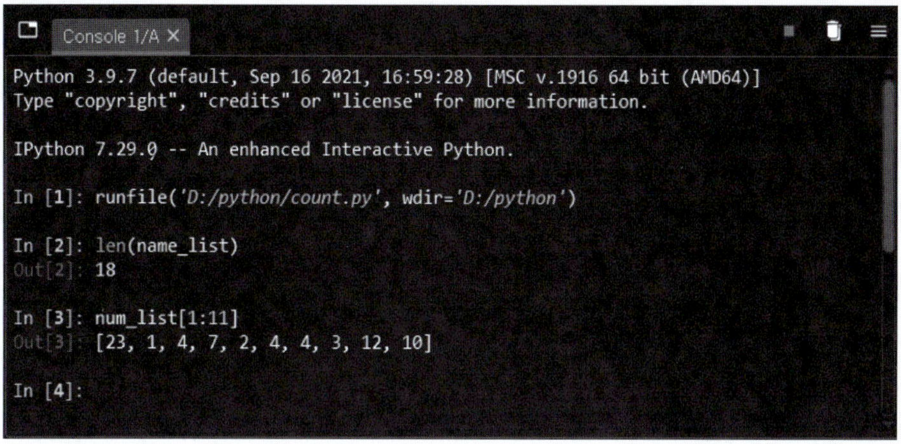

![Spyder 콘솔 사용 화면]

〈그림 3.1.12〉 Spyder 콘솔 사용

④ Spyder 초기화

마지막으로 변수가 너무 많아져서 모든 변수를 지우고 새로 시작하고 싶을 때는 Spyder를 재실행해도 되지만 메뉴의 [Consoles]에서 2가지 중 하나를 선택해도 됩니다.

- Restart kernel : Spyder를 제어하는 프로그램(kernel)의 재시작으로 전체 초기화합니다.
- Remove all variables : 변수만 모두 지우므로 변수 탐색 창만 초기화합니다.

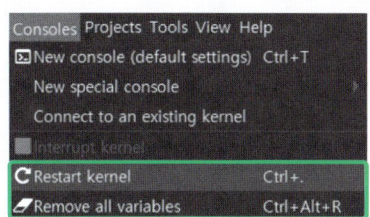

〈그림 3.1.13〉 Spyder 재시작

Chapter  데이터로 만드는 사전

모르는 단어가 있을 때 찾아보는 사전은 어떤 구조로 되어 있을까요? 모든 데이터들이 단어와 뜻 한 쌍으로 정리되어 있습니다. 파이썬에도 이렇게 사전처럼 데이터들을 정리할 수 있는 데이터 구조인 딕셔너리(Dictionary)가 있습니다. 리스트와 더불어 쉽게 데이터 저장과 사용이 가능한 파이썬의 사전에 대해 알아보겠습니다.

 >>> 사전 만들기

딕셔너리에서는 일반적인 사전의 '단어'와 '단어의 뜻'을 의미하는 '키(key)'와 '값(value)'이 한 쌍으로 정리됩니다. 딕셔너리 안에 열쇠(key)와 데이터(value)가 들어있는 상자가 있다고 상상해보세요. 상자는 오직 하나의 열쇠(key)로만 열 수 있고, 어떤 형태의 데이터든 넣을 수 있습니다.

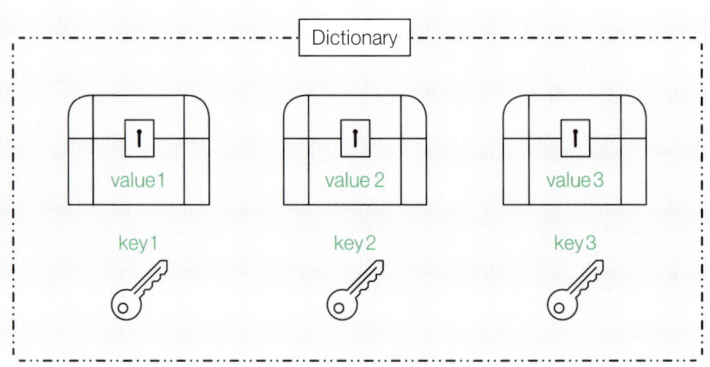

〈그림 3.2.1〉 파이썬의 딕셔너리

딕셔너리 만드는 방법은 다음과 같습니다.

① 중괄호({ })에 전체 데이터를 넣습니다.
② key와 value는 콜론(:)으로 한 쌍임을 표시하고, 콤마(,)를 사용해 다른 데이터를 계속 붙여서 추가할 수 있습니다.
③ key는 value를 나타내는 문자열이나 숫자로 넣고, value에는 단일 문자열부터 딕셔너리까지 다양한 데이터를 넣을 수 있습니다.
④ 리스트에서와 마찬가지로 데이터가 많아지면 콤마(,) 다음에 Enter⏎로 줄을 바꿔 입력 가능합니다.

딕셔너리 변수 = {key1 : value1, key2 : value2,…}

리스트로 만들었던 연락처 정보에서 이름과 ID를 하나의 딕셔너리로 members라는 변수를 만들면 타입이 dictionary의 약자인 dict로 딕셔너리임을 알 수 있습니다.

```
In[1]: members = {'이름' : ['민기', '다희', '지우', '민준', '유이'],
  ...: 'ID' : [4, 2, 8, 5, 3]}

In[2]: members
Out[2]: {'이름': ['민기', '다희', '지우', '민준', '유이'], 'ID': [4, 2, 8, 5, 3]}

In[3]: type(members)
Out[3]: dict
```

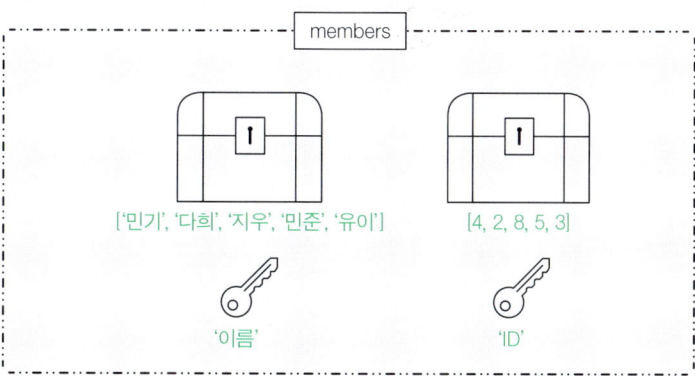

<그림 3.2.2> 딕셔너리 만들기

Section 02 >>> 사전 내용 보기

파이썬에서 딕셔너리는 원래 데이터 순서가 없는 데이터 구조입니다. key만 가지고 value를 찾을 수 있기 때문에 순서의 의미가 없습니다. 그런데 파이썬 3.7부터 딕셔너리를 만들 때 입력하는 데이터 순서로 key의 순서를 관리할 수 있게 되었습니다. 그래서 딕셔너리 변수 자체로는 리스트처럼 변수[0]이나 변수[1:3]처럼 인덱싱, 슬라이싱을 할 수는 없지만 key나 value를 리스트로 만들면 내부 데이터 찾기를 쉽게 할 수 있습니다.

1 key로 value의 데이터 확인

딕셔너리의 데이터를 하나씩 살펴보는 방법은 아래와 같이 인덱싱하는 것과 유사합니다. 인덱스 대신 key 값을 적어주면 해당하는 value를 확인할 수 있습니다.

딕셔너리[key]

members의 key인 '이름', 'ID'로 데이터를 확인해보겠습니다. key를 통해서 데이터까지 접근해 데이터가 리스트라면 인덱싱이나 슬라이싱 등이 가능합니다.

```
In[4]: members['이름']
Out[4]: ['민기', '다희', '지우', '민준', '유이']

In[5]: members['이름'][1]
Out[5]: '다희'

In[6]: members['ID']
Out[6]: [4, 2, 8, 5, 3]

In[7]: members['ID'][0:3]
Out[7]: [4, 2, 8]
```

2 key와 value 확인

딕셔너리에 들어있는 key와 value만 따로 확인 가능합니다. 딕셔너리에서 items라고 하면 key와 value 세트를 의미하는데, items( )로도 내부 데이터 확인이 가능합니다.

key 확인 → 딕셔너리.keys()

value 확인 → 딕셔너리.values()

key와 value 확인 → 딕셔너리.items()

```
In[8]: members.keys()
Out[8]: dict_keys(['이름', 'ID'])

In[9]: type(members.keys())
Out[9]: dict_keys

In[10]: members.values()
Out[10]: dict_values([['민기', '다희', '지우', '민준', '유이'], [4, 2, 8, 5, 3]])

In[11]: type(members.values())
Out[11]: dict_values

In[12]: members.items()
Out[12]: dict_items([('이름', ['민기', '다희', '지우', '민준', '유이']), ('ID', [4, 2, 8, 5, 3])])

In[13]: type(members.items())
Out[13]: dict_items
```

3 key로 리스트 활용

딕셔너리에서 key의 순서는 다음과 같이 딕셔너리를 만들 때 입력한 순서입니다. 딕셔너리 변수 자체를 리스트로 변환하면 key 값으로 리스트가 만들어집니다. 이것은 딕셔너리가 key를 기준으로 이에 해당하는 value를 저장한 구조이기 때문입니다.

```
In[14]: list(members.keys())    # 리스트로 변환
Out[14]: ['이름', 'ID']
```

```
In [15]: members_key = list(members.keys())  # key를 리스트로 변수에 저장

In [16]: members_key
Out[16]: ['이름', 'ID']

In [17]: list(members)  # 딕셔너리 자체를 리스트로 변환
Out[17]: ['이름', 'ID']
```

Section 03 >>> 사전에 단어 추가 및 삭제

사전을 만들어봤으니 이제 단어를 추가 또는 삭제해보겠습니다.

1 데이터 추가

딕셔너리는 항상 key와 value가 쌍으로 움직인다고 생각해야 합니다. 그래서 새로운 데이터도 key와 value를 같이 적어 입력하면 됩니다. value들은 서로 독립적이기 때문에 데이터 타입과 길이가 같지 않아도 됩니다.

```
In [1]: members
Out[1]: {'이름': ['민기', '다희', '지우', '민준', '유이'], 'ID': [4, 2, 8, 5, 3]}

In [2]: members['모임 분류'] = '친구'  # '모임 분류' key 추가

In [3]: members
Out[3]: {'이름': ['민기', '다희', '지우', '민준', '유이'], 'ID': [4, 2, 8, 5, 3], '모임 분류': '친구'}

In [4]: members['입력 날짜'] = '2021-05-01'  # '입력 날짜' key 추가

In [5]: members
Out[5]:
{'이름': ['민기', '다희', '지우', '민준', '유이'],
```

```
 'ID': [4, 2, 8, 5, 3],
 '모임 분류': '친구',
 '입력 날짜': '2021-05-01'}

In[6]: members['일정'] = []   # '일정' key 추가

In[7]: members
Out[7]:
{'이름': ['민기', '다희', '지우', '민준', '유이'],
 'ID': [4, 2, 8, 5, 3],
 '모임 분류': '친구',
 '입력 날짜': '2021-05-01',
 '일정': []}
```

Quiz 3-3 members에 이름이 '선우', ID가 6인 멤버를 append로 추가해보세요.

2 데이터 삭제

다음은 데이터 삭제입니다. 필요 없게 된 데이터를 삭제할 때는 리스트의 데이터 삭제에서 사용했던 del 명령어를 사용합니다.

```
In[8]: del members['일정']

In[9]: members
Out[9]:
{'이름': ['민기', '다희', '지우', '민준', '유이'],
 'ID': [4, 2, 8, 5, 3],
 '모임 분류': '친구',
 '입력 날짜': '2021-05-01'}
```

Section 04 >>> 사전 활용

딕셔너리를 어떻게 하면 잘 활용할 수 있을지 활용 방법에 대해 이야기해보려고 합니다.

1 기본적인 딕셔너리 활용

데이터를 key로 구분해서 분류하는 구조이기 때문에 여러 데이터들로 변수를 만드는 경우 발생할 수 있는 단점들을 해결할 수 있습니다. 데이터를 너무 많이 담으면 처리가 느려질 수도 있으니 필요한 데이터만 뽑아 단순한 데이터 타입으로 변환해 활용하면 효과적입니다.

2 웹 크롤링과 같은 자료 수집 및 분석에 활용

웹 크롤링을 할 때는 받을 데이터를 미리 딕셔너리로 만들어 놓고 데이터를 추가해 최종 데이터를 만드는 방법을 주로 사용합니다. 이렇게 딕셔너리로 데이터를 만들면 나중에 공부할 DataFrame에 바로 적용해 분석에도 활용을 할 수 있어 유용합니다.

아래는 실습 코드가 아닌 중고 매물 검색을 예로 든 대략적인 활용 방법입니다.

```python
"""
등록 날짜, 등록 게시물 번호, 제목, 링크URL을 받아
data에 저장 후 여러 기능에 사용
"""
# 1. 딕셔너리 생성
data = {'date' : [],
        'num' : [],
        'title' : [],
        'url' : []}

# 2. 크롤링한 데이터 저장
data['date'].append(데이터)
data['num'].append(데이터)
data['title'].append(데이터)
data['url'].append(데이터)

# 3. 메시지 전송
sendmessage(message)

# 4. 데이터프레임으로 변환
pd.DataFrame(data)
```

한 - 걸음 - 더

또 다른 데이터 구조

리스트와 딕셔너리 외에 튜플(Tuple)이라는 데이터 구조가 있습니다. 튜플은 여러 개의 데이터를 순서와 함께 관리하여 리스트와 비슷하지만 빠르다는 장점이 있습니다. 다음은 튜플의 특징입니다.

- 튜플을 만들 때는 소괄호로 데이터들을 묶어줍니다.
- 리스트와 동일하게 인덱싱, 슬라이싱이 가능합니다.
- 내부 데이터의 추가, 삭제, 변경이 불가능합니다.

내부 데이터 변경이 불가능하다는 단점이 있어서 직접 만들어 사용하는 경우는 많지 않습니다. 그런데 앞으로 여러 명령어들을 사용하다 보면 튜플로 결과 값이 나올 때가 있을 거예요. 그때 해당 결과를 다른 곳에 사용하려고 하면 데이터 변경이 안 된다는 점을 알고 있어야 합니다. 만일 데이터 변경이 필요하면 리스트로 변환해야 합니다. 리스트가 튜플보다 느리다고는 하지만 우리가 프로그래밍 하면서 리스트가 느려서 못 쓰겠다고 말할 일은 아마 없을 것입니다.

Project

02 생활 속 파이썬 활용 2

요즘은 스마트폰에서도 파이썬을 실행할 수 있습니다. 본인만의 프로그램을 만들어 어디에서든 사용할 수가 있는 것이죠. 특히 가족과 함께할 수 있다면 더욱 의미 있지 않을까요? 이번에는 스마트폰 앱에서 활용할 수 있는 프로그램에 도전해보겠습니다.

Section 01 >>> 가족 단합 대회 종목 고르기

우리 가족은 보드게임이나 비디오게임을 다 같이 하곤 하는데 아이들이 자라면서 점점 자신의 의사표현도 확실해져 하나를 정하기가 어려울 때가 많습니다.

매번 사다리 타기를 할 수도 없고, 가위바위보는 오빠만 이긴다는 딸아이의 불만에 다 같이 모여 세부 항목을 정한 후 종목만 입력하면 세부 항목 중 하나를 정해주는 프로그램을 만들기로 했습니다.

〈그림 3.3.1〉 가족 단합 게임

종목	세부 항목
운동	축구, 농구, 캐치볼, 탁구, 자전거, 등산
외식	치킨, 돼지갈비, 삼겹살, 닭갈비, 양꼬치, 김치찌개, 회
보드게임	피라미스, 랫어탯캣, 아보카도양, 큐윅스, 도블, 위그아웃
비디오게임	스타워즈, MLB, 콜오브듀티, 위닝일레븐, 레이싱게임

〈표 3.3.1〉 종목별 세부 항목

복잡하게 구현되지는 않지만 조금 생각해야 할 부분이 있는 활용입니다. 기본 작동은 역시 배운 내용을 토대로 만들 수 있도록 했습니다.

Section 02 >>> 프로그램 작동 순서 계획

1 프로그램 목표

종목을 입력하면 해당 종목에 있는 세부 항목 중 하나를 랜덤으로 골라 출력합니다.

2 입력과 출력

- 사용자가 선택하는 종목과 함께 랜덤으로 고를 세부 항목도 미리 데이터를 만들어야 합니다.
- 사용자가 고를 수 있도록 종목을 초기에 출력하고, 마지막으로 최종 결과를 출력합니다.

입력	출력
• 종목별 세부 항목 데이터 • 사용자 종목 입력	• 종목 출력 • 최종 결과 출력

〈표 3.3.2〉 프로그램 입력과 출력

3 입출력 처리 방법 구상

여기에서 제일 복잡한 구현이 아마도 최종 결과 출력일 것입니다. 먼저 리스트에서 하나의 데이터를 랜덤으로 선택해야 합니다. 일단 random.randint( )를 사용해 인덱스를 하나 뽑아내고, 그 인덱스의 데이터를 출력하면 됩니다. 복잡하다고 생각할 수 있지만 천천히 생각하면서 따라 해보기 바랍니다.

- 입력하는 값을 key로 하여 value인 세부 항목 리스트를 확인합니다.
- 리스트의 길이를 구합니다.
- 1부터 리스트의 길이까지 숫자 중 정수 하나를 랜덤으로 뽑습니다.
- 랜덤으로 나온 정수에 1을 뺀 값을 인덱스로 하여 해당 데이터 출력합니다. 리스트의 인덱스는 0부터 리스트의 길이 - 1까지 있기 때문입니다.

구분	항목	구현 방법
입력	종목별 세부 항목 데이터	4가지 종목을 대분류로 할 경우 각기 다른 세부 항목이 있으므로 딕셔너리 형태로 변수 하나를 만들어 저장
	사용자 종목 입력	input()으로 종목을 번호로 입력 받고 정수로 변환
출력	종목 출력	사용자 종목 입력 시 대분류만 출력
	최종 결과 출력	입력 종목의 value에서 인덱스를 랜덤으로 뽑아 인덱싱한 값 출력

〈표 3.3.3〉 구현 방법 구상

4 동작 순서 계획

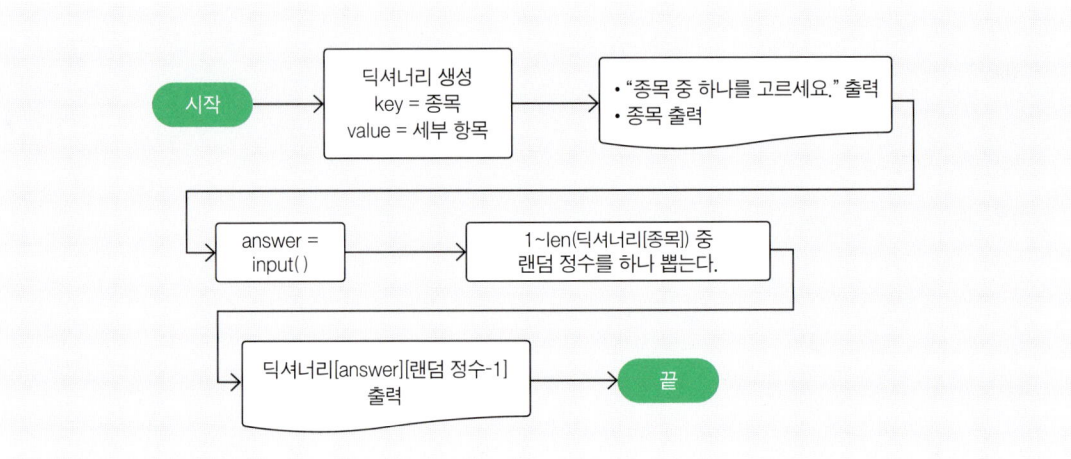

〈그림 3.3.2〉 프로그램 동작 순서

Section 03 ≫ 단계별 프로그램 완성

1 필요한 모듈 불러오기

random.randint( )를 사용하기로 했으니 random 모듈을 불러옵니다.

```
# 1. random 모듈 불러오기
import random
```

〈project_2_basic〉 # 1

2 딕셔너리로 데이터 저장

종목 이름을 key, 세부 항목을 value로 해서 family_game이라고 딕셔너리를 만듭니다.

```
# 2. 딕셔너리로 데이터 저장
family_game = {'운동' : ['축구', '농구', '캐치볼', '탁구', '자전거', '등산'],
               '외식' : ['치킨', '돼지갈비', '삼겹살', '닭갈비', '양꼬치', '김치찌개', '회'],
               '보드게임' : ['피라미스', '랫어탯캣', '아보카도양', '큐웍스', '도블', '위그아웃'],
               '비디오게임' : ['스타워즈', 'MLB', '콜오브듀티', '위닝일레븐', '레이싱게임']}
```

〈project_2_basic〉 # 2

3 안내 문구 출력

번호는 딕셔너리에 저장한 종목 순서로 넘버링을 합니다.

```
# 3. 안내 문구 및 번호와 종목 출력
print("""아래 종목 중 하나를 골라 번호를 입력하세요.
      1. 운동
      2. 외식
      3. 보드게임
      4. 비디오게임
      """)
```

〈project_2_basic〉 # 3

4 선택 종목 번호 입력

```
# 4. 종목 번호 입력
# 입력이 숫자로 된 문자열이므로 정수로 변환
answer = int(input('입력 번호 : '))
```

⟨project_2_basic⟩ # 4

5 랜덤 정수 뽑기

일단 입력을 번호로 받았기 때문에 종목 이름은 모르는 상태입니다. 번호에 맞는 종목 이름을 알기 위해서는 딕셔너리 family_game의 key 값을 리스트로 만들어 인덱싱(번호 1부터 시작했으니 1 작은 수의 위치를 인덱싱)하면 됩니다.

그 다음 종목 이름으로 세부 항목의 길이(리스트의 데이터 개수)를 가지고 랜덤으로 정수를 하나 뽑습니다. idx는 index의 약자이며 인덱스를 나타내는 변수로 자주 사용합니다.

```
# 5. 랜덤 정수 뽑기
# list(family_game) = ['운동', '외식', '보드게임', '비디오게임']
# 입력된 번호보다 1 작은 수로 인덱싱하여 정확한 종목 이름을 key_name에 저장
key_name = list(family_game)[answer-1]

# 1부터 해당 종목의 세부 항목 개수까지 중 하나를 정수로 뽑는다.
idx = random.randint(1, len(family_game[key_name]))
```

⟨project_2_basic⟩ # 5

6 결과 출력

랜덤 정수보다 1 작은 수로 인덱싱하여 결과를 출력합니다.

```
# 6. 랜덤 정수 -1로 인덱싱하여 결과 출력
print(family_game[answer][idx-1])
```

⟨project_2_basic⟩ # 6

5에서 랜덤을 idx = random.randint(0, len(family_game[key_name])-1)로 해도 됩니다. 그렇게 하면

6에서는 family_game[answer][idx]를 출력하도록 해야 합니다.

7 전체 코드와 실행 결과

```python
# 1. random 모듈 불러오기
import random

# 2. 딕셔너리로 데이터 저장
family_game = {'운동' : ['축구', '농구', '캐치볼', '탁구', '자전거', '등산'],
                '외식' : ['치킨', '돼지갈비', '삼겹살', '닭갈비', '양꼬치', '김치찌개', '회'],
                '보드게임' : ['피라미스', '랫어탯캣', '아보카도양', '큐윅스', '도블', '위그아웃'],
                '비디오게임' : ['스타워즈', 'MLB', '콜오브듀티', '위닝일레븐', '레이싱게임']}

# 3. 안내 문구 및 번호와 종목 출력
print("""아래 종목 중 하나를 골라 번호를 입력하세요.
    1. 운동
    2. 외식
    3. 보드게임
    4. 비디오게임
    """)

# 4. 종목 번호 입력
# 입력이 숫자로 된 문자열이므로 정수로 변환
answer = int(input('입력 번호 : '))

# 5. 랜덤 정수 뽑기
# list(family_game) = ['운동', '외식', '보드게임', '비디오게임']
# 입력된 번호보다 1 작은 수로 인덱싱하여 정확한 종목 이름을 key_name에 저장
key_name = list(family_game)[answer-1]

# 1부터 해당 종목의 세부 항목 개수까지 중 하나를 정수로 뽑는다.
idx = random.randint(1, len(family_game[key_name]))

# 6. 랜덤 정수 -1로 인덱싱하여 결과 출력
print(family_game[key_name][idx-1])
```

〈project_2_basic〉

```
아래 종목 중 하나를 골라 번호를 입력하세요.
    1. 운동
    2. 외식
    3. 보드게임
    4. 비디오게임

입력 번호 : 1
농구
```

〈실행 결과 1〉

```
아래 종목 중 하나를 골라 번호를 입력하세요.
    1. 운동
    2. 외식
    3. 보드게임
    4. 비디오게임

입력 번호 : 3
피라미스
```

〈실행 결과 2〉

이 책에서 공부한 내용만으로도 가족이 즐겁게 단합할 수 있게 되었습니다. 이 정도로도 충분히 쓸 수 있겠지만 입력 시 발생할 수 있는 오류를 해결하는 기능과 랜덤으로 세부 항목을 뽑는 기능을 바꿔 업그레이드를 해보겠습니다.

Section 04 >>> 프로그램 업그레이드

1 숫자 입력 실수 방지

입력 안내 문구에 '번호'를 입력하라고 했지만 잘못 입력하는 경우도 있습니다.

- 번호가 아닌 종목 이름을 한글로 입력
- 아무것도 입력하지 않고 Enter↵ 누르기
- 1, 2, 3, 4가 아닌 다른 번호 입력

첫 번째와 두 번째 예에 대해서는 초급자가 처리하기에는 조금 어려우니 마지막 예시로 번호는 제대로 입력한다는 전제하에 잘못 입력하는 실수를 막아보도록 하겠습니다.

숫자 입력 실수를 방지하는 방법은 다음과 같은 순서입니다.

① 번호를 입력 받아 정수로 변환합니다.
② 정수가 1 이상 4 이하인지 확인합니다(4대신 len(family_game)이라고 해도 됩니다).
③ 조건이 맞으면 다음 과정의 코드를 진행합니다.
④ 조건이 맞지 않으면 다시 입력을 받습니다.

이제 입력한 숫자가 맞는지 확인하는 조건문과 입력을 계속 받는 반복문이 필요합니다. 조건문은 첫 프로젝트에서 사용해봤지만 반복문은 처음입니다. 지금은 일단 쓰임새만 익히고 다음 Part에서 조건문, 반복문을 공부해보도록 하겠습니다.

```python
# 4. 종목 번호 입력
# 숫자만 입력을 한다는 전제
# 1 ~ 4가 아닌 숫자가 입력되면 다시 입력 받기
# 1 ~ 4의 숫자이면 다음 코드 진행

while True:  # 무한 반복문
    # 숫자로 된 문자열이므로 정수로 변환
    answer = int(input('입력 번호 : '))

    if answer >= 1 and answer <= 4 :   # 입력한 숫자가 1 이상 4 이하인 조건
        break                           # 조건을 만족하면 반복문을 빠져나감

    print('번호를 다시 입력하세요.')    # 조건에 맞지 않으면 재입력 문구 출력
```

〈project_2_upgrade〉 # 4

② 랜덤 결과 뽑기

Part 2에서 random을 사용했던 random.randint( )로는 리스트의 데이터를 랜덤으로 뽑기가 복잡합니다. 사실 리스트에서 랜덤으로 데이터 하나를 뽑는 건 random.choice( )로 간단히 해결할 수 있습니다.

random.choice(리스트)

그럼 마지막 결과 출력 부분을 수정해보겠습니다.

```
# 5. 입력한 번호로 종목명 알아내기
# list(family_game) = ['운동', '외식', '보드게임', '비디오게임']
# 입력된 번호보다 1 작은 수로 인덱싱하여 정확한 종목 이름을 key_name에 저장
key_name = list(family_game)[answer-1]

# 6. 랜덤으로 결과 출력
# random.choice()로 리스트에서 랜덤으로 데이터 하나 선택
print(random.choice(family_game[key_name]))
```

〈project_2_upgrade〉 # 5, # 6

업그레이드가 완료되었습니다. 그럼 최종 코드와 함께 실행 결과를 보겠습니다.

```
# 1. random 모듈 불러오기
import random

# 2. 딕셔너리로 데이터 저장
family_game = {'운동' : ['축구', '농구', '캐치볼', '탁구', '자전거', '등산'],
               '외식' : ['치킨', '돼지갈비', '삼겹살', '닭갈비', '양꼬치', '김치찌개', '회'],
               '보드게임' : ['피라미스', '랫어탯캣', '아보카도양', '큐윅스', '도블', '위그아웃'],
               '비디오게임' : ['스타워즈', 'MLB', '콜오브듀티', '위닝일레븐', '레이싱게임']}

# 3. 안내 문구 및 번호와 종목 출력
print("""아래 종목 중 하나를 골라 번호를 입력하세요.
    1. 운동
    2. 외식
    3. 보드게임
    4. 비디오게임
    """)

# 4. 종목 번호 입력
# 숫자만 입력을 한다는 전제
# 1 ~ 4가 아닌 숫자가 입력되면 다시 입력 받기
# 1 ~ 4의 숫자이면 다음 코드 진행
```

```python
    while True:                   # 무한 반복문
        # 숫자로 된 문자열이므로 정수로 변환
        answer = int(input('입력 번호 : '))

        if answer >= 1 and answer <= 4 :   # 입력한 숫자가 1 이상 4 이하인 조건
            break                          # 조건을 만족하면 반복문을 빠져나감

        print('번호를 다시 입력하세요.')    # 조건에 맞지 않으면 재입력 문구 출력

    # 5. 입력한 번호로 종목명 알아내기
    # list(family_game) = ['운동', '외식', '보드게임', '비디오게임']
    # 입력된 번호보다 1 작은 수로 인덱싱하여 정확한 종목 이름을 key_name에 저장
    key_name = list(family_game)[answer-1]

    # 6. 랜덤으로 결과 출력
    # random.choice()로 리스트에서 랜덤으로 데이터 하나 선택
    print(random.choice(family_game[key_name]))
```

〈project_2_upgrade〉

```
아래 종목 중 하나를 골라 번호를 입력하세요.
        1. 운동
        2. 외식
        3. 보드게임
        4. 비디오게임

입력 번호 : 2
돼지갈비
```

〈실행 결과 1〉

```
아래 종목 중 하나를 골라 번호를 입력하세요.
        1. 운동
        2. 외식
        3. 보드게임
        4. 비디오게임

입력 번호 : 4
콜오브듀티
```

〈실행 결과 2〉

요약 정리

1. 리스트(List)

① 개념
- 여러 데이터를 모아서 만든 목록으로 입력한 순서대로 인덱스가 지정됩니다.
- 순서는 인덱스 0부터 시작합니다(파이썬의 인덱스 규칙).
- 복용 순서에 맞게 알약을 보관하는 케이스를 연상시킵니다.

② 만들기
- 리스트 변수 = [데이터1, 데이터2, 데이터3, …]
- 데이터로는 어떤 타입도 가능(혼합도 무관함)합니다.

③ 사용하기
- 데이터 개수 확인 : len(리스트)
- 인덱싱, 슬라이싱 가능
- 데이터의 인덱스 확인 : 리스트.index(데이터)
- 데이터 정렬 : sorted( )는 새로운 리스트가 만들어지지만, sort( )는 리스트 원본 데이터가 변경됩니다.

명령어	오름차순	내림차순
sorted( )	sorted(데이터)	sorted(데이터, reverse=True)
sort( )	리스트.sort( )	리스트.sort(reverse=True)

- 데이터 추가

명령어	특징	사용
append( )	리스트 맨 뒤에 덧붙임	리스트.append(데이터)
insert( )	원하는 위치에 추가	리스트.insert(인덱스, 데이터)

- 데이터 삭제

del 리스트[인덱스], 리스트.remove(데이터), 리스트.pop(인덱스)

- 추가 기능

기능	사용
데이터 개수 확인	리스트.count(데이터)
최대값 구하기	max(리스트)
최소값 구하기	min(리스트)
전체 합 구하기	sum(리스트)

- 데이터 변경 : 리스트[인덱스] = 데이터

2. 딕셔너리(Dictionary)

① 개념
- 데이터를 key와 value의 쌍(묶음)으로 정리할 수 있습니다.
- 입력했던 순서대로 저장되어 key나 value를 리스트로 변환해 사용이 용이합니다.
- 딕셔너리 내부에 열쇠(key)와 데이터(value)가 들어있는 상자를 연상시킵니다.

② 만들기
- 딕셔너리 변수 = {key1 : value1, key2 : value2, key3 : value3, … }
- 데이터로는 어떤 타입도 가능(혼합도 무관함)합니다.

③ 사용하기
- 딕셔너리[key]로 해당 데이터를 확인할 수 있습니다.
- key와 value를 리스트로 변환해 활용이 가능합니다.
- 데이터 추가, 삭제가 가능합니다.

기능	사용
key 확인	딕셔너리.keys( )
value 확인	딕셔너리.values( )
key, value 세트로 확인	딕셔너리.items( )
key를 리스트로 변환	list(딕셔너리), list(딕셔너리.keys( ))
데이터 추가	딕셔너리[신규 key] = 데이터
데이터 삭제	del 딕셔너리[key]

PART
4

프로그래밍으로 만드는
우리의 일상

우리의 일상은 단순하지 않아서 변수(여기에서 변수는 어떤 상황을 변화시키는 요인을 뜻합니다.)가 생기거나, 선택이 필요한 순간도 있을 것이고 반복되는 일도 많이 있습니다. 프로그램 역시도 사용 환경에 따라 여러 상황을 만날 수 있기 때문에 프로그래밍 단계에서부터 이런 복잡한 상황에 대한 대처가 필요합니다. 여러 상황을 고려해 프로그램의 동작을 제어(제어문)할 수 있는 조건문과 반복문을 통해 좀 더 지능이 높아진 프로그램을 만들어보도록 하겠습니다.

학습 목표

- 불리언(Boolean)이라는 데이터 타입을 이해합니다.
- 조건문을 만들기 위한 조건식을 만들 수 있습니다.
- 조건문을 구조에 맞게 만들 수 있습니다.
- 반복문의 종류와 원리를 이해하고 상황에 맞게 선택해 사용할 수 있습니다.
- 코드 실행을 원하는 횟수로 반복시키고 중단할 수 있습니다.

Chapter

01 프로그램 세상도 선택의 연속

이번 장에서는 프로그램에서 여러 조건을 나눠 처리할 수 있도록 하는 조건문에 대해 알아보겠습니다. 조건문은 프로그램 내부에서 데이터를 비교한 결과(조건)에 따라 명령을 다르게 처리하는 기능, 프로그램 실행 시 발생할 수 있는 에러를 사전에 차단하는 기능으로 사용할 수 있습니다.

Section 01 >>> 진실 혹은 거짓, '말해! Yes or No!'

조건문(모든 프로그래밍 언어에서 공통으로 if를 사용합니다.)은 if로 시작하는데, 영어로 if가 '만약 ~라면'이라는 뜻으로 사용되는 것과 같은 의미입니다. 여기서 '~라면'은 다르게 표현하면 '~라는 조건을 만족하면'이라고도 할 수 있습니다.

조건을 만족한다는 것을 파이썬에서는 참 또는 진실이라는 의미로 True라 표현하고 반대의 의미는 False라고 하는데, 이 2가지의 의미를 담은 '불(Bool)' 또는 '불리언(Boolean, 영국의 수학자 겸 논리학자인 조지 불(George Boole)의 이름에서 따온 단어)'이라는 데이터 타입이 있습니다. 조건식은 이 조건이 만족하느냐의 질문이 되고, 결과는 Yes나 No의 의미도 됩니다.

Bool은 여러 값이 들어갈 수 없고 첫 글자를 대문자로 쓴 True가 아니면 False만 들어갈 수 있는데, 이미 Part 3에서 리스트를 정렬할 때도 사용해본 적이 있습니다. 변수를 Bool 타입으로 True나 False를 넣어 저장도 가능합니다.

참 → 변수 = True

거짓 → 변수 = False

type( )을 사용하면 데이터의 타입은 bool로 나오고 아래 In[7]의 true처럼 첫 글자를 소문자로 쓰면 일반적인 변수라고 생각하면 됩니다(실습에서는 true로 정의된 값이 없어 NameError 발생). 참고로 True와 False는 예약어이기 때문에 변수로 사용하면 안 됩니다.

```
In[1]: result = True

In[2]: result
Out[2]: True

In[3]: type(result)
Out[3]: bool

In[4]: time_chk = False

In[5]: time_chk
Out[5]: False

In[6]: type(time_chk)
Out[6]: bool

In[7]: time_chk = true
Traceback (most recent call last):

   File "<ipython-input-11-19e43c3696c4>", line 1, in <module>
     time_chk = true

NameError: name 'true' is not defined


In[8]: time_chk = True

In[9]: time_chk
Out[9]: True
```

Section 02 >>> 저울질하기

Bool은 두 데이터를 비교할 때와 여러 조건끼리 합쳐서 만든 조건을 비교할 때의 결과로 사용됩니다. 파이썬에서 두 데이터를 비교할 때는 비교 연산자, 여러 조건들을 합쳐서 하나의 조건으로 만들 때는 논리 연산자라는 기호를 사용합니다. 이 두 연산자에 대해 알아보겠습니다.

1 비교 연산자

두 데이터에 대해서 비교할 때 사용하는 기호로 해당 조건이 맞으면 True, 틀리면 False가 됩니다. 여기에서 A와 B는 데이터라고 생각하면 됩니다. 변수를 선언하거나 값을 변경할 때 사용하는 등호 '='는 파이썬에서 '같다'의 의미가 아님을 알 수 있습니다.

연산자	의미
A > B	A가 B보다 크다.
A >= B	A가 B보다 크거나 같다.
A < B	A가 B보다 작다.
A <= B	A가 B보다 작거나 같다.
A == B	A와 B는 같다.
A != B	A와 B는 같지 않다/다르다.

〈표 4.1.1〉 비교 연산자

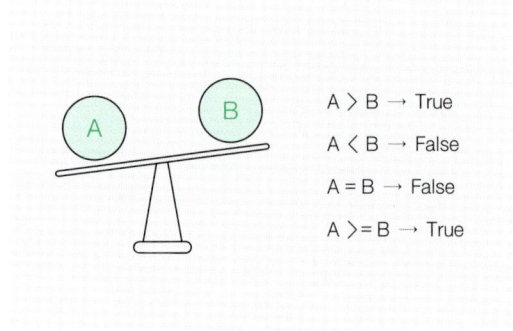

〈그림 4.1.1〉 비교 연산자 사용 결과

아래 표와 같이 실제 숫자로 만든 비교 예시와 결과로 정확히 비교 연산자의 개념을 이해해보겠습니다. 본인의 의도대로 조건문이 작동하게 하려면 입력하는 조건이 참인지 거짓인지를 정확히 알고 만들어야 합니다.

비교	결과	비교	결과
4 > 2	True	6 > 6	False
4 >= 2	True	6 >= 6	True
4 < 2	False	6 < 6	False
4 <= 2	False	6 <= 6	False
4 == 2	False	6 == 6	True
4 != 2	True	6 != 6	False

〈표 4.1.2〉 비교 연산 결과

2 논리 연산자

논리 연산자는 여러 조건을 합쳐 하나의 조건으로 만들 수 있는 연산자입니다. 여러 조건이라고 하면 비교 연산자의 조건도 될 수 있고 논리 연산자의 조건도 될 수 있는데, 쉽게 말해 and 연산자의 경우 '이 조건도 맞고, 저 조건도 맞다.'라는 여러 조건이 동시에 만족되어야 True가 되는 것입니다. 아래 표에서의 A와 B는 조건을 비교한 식을 나타냅니다. 논리 연산자는 모두 소문자를 사용합니다.

연산자	의미
A and B	A 조건과 B 조건 둘 다 참이어야 참이 된다.
A or B	A 조건이나 B 조건 둘 중 하나라도 참이면 참이 된다.
not A	A 조건 결과의 반대

〈표 4.1.3〉 논리 연산자

논리 연산	결과
(4 > 2) and (6 == 6)	True
(4 < 2) and (6 < 6)	False
(4 > 2) or (6 == 6)	True
(4 < 2) or (6 < 6)	False
not (4 > 2)	False
not (6 != 6)	True

〈표 4.1.4〉 논리 연산 결과

Section 03 >>> 짜장면이냐? 짬뽕이냐? 그것이 문제로다!

이제 조건문을 만들 준비가 다 되었습니다. 조건문은 if를 사용하기 때문에 if 문이라고도 부릅니다. 조건문을 만드는 기본 구조는 다음과 같습니다. 조건식은 비교 연산과 논리 연산으로 만든 조건을 의미합니다.

```
if 조건식1:
    실행 코드 1
    실행 코드 2
     ⋮
elif 조건식2:
    실행 코드 3
    실행 코드 4
     ⋮
else:
    실행 코드 5
    실행 코드 6
     ⋮
```

'만약에 조건식1을 만족하면 실행 코드 1, 2를 실행, 그렇지 않고 조건식2를 만족하면 실행 코드 3, 4를 실행, 모든 조건들이 아니라면 실행 코드 5, 6을 실행하라.'는 의미입니다.

그럼 조건문 사용에 필요한 문법을 알아보겠습니다.

① 조건문은 if로 시작합니다.

② if, elif, else의 조건을 입력하는 코드의 끝은 콜론(:)으로 끝나야 됩니다.

③ 조건들의 아래에 들어가는 실행 코드는 꼭 들여쓰기를 해야 합니다. 들여쓰기는 앞에 4칸을 빈 칸(탭으로 한번에 또는 스페이스 바를 이용해 네 번 입력)으로 띄우는 것으로, 들여쓰기를 하기 전의 코드와 같은 블록(다른 언어에서는 중괄호로 묶어 표현하는데, 파이썬은 그런 입력 없이 들여쓰기로 블록을 구분) 또는 문단이라는 것을 알려주는 파이썬에서 중요한 코드 입력 규칙입니다. 이는 코드를 읽을 때 구분을 쉽게 하기 위한 목적도 있습니다. 쉽게 세로로 줄 맞춤 한다고 생각하면 되겠습니다. 대부분의 IDE에서는 들여쓰기가 필요한 부분에서 자동으로 들여쓰기를 해줍니다.

④ 조건식의 조건이 만족(True)하면 다음 줄에 들여쓰기가 된 코드를 실행합니다.

⑤ if에 사용한 조건 외에 다른 조건을 추가할 때는 else if의 약자로 elif를 쓰고, 조건에 따라 여러 개의 elif 조건이 추가될 수도 있습니다.

〈그림 4.1.2〉 조건문의 들여쓰기

⑥ 어느 조건에도 포함되지 않는 나머지의 조건은 별도로 조건식 없이 else를 사용합니다.

⑦ 조건이 만족하면 다음 줄의 실행 코드를 실행하고 조건문을 끝냅니다(조건문을 빠져나간다고 표현).

⑧ 조건은 순서대로 체크하는데 조건이 만족하지 않으면 다음 조건 체크로 넘어갑니다. 다음에 체크할 조건이 없으면 조건문이 끝납니다.

⑨ 조건을 하나만 쓸 경우는 elif나 else 조건은 없어도 됩니다.

⑩ 조건식 1개에 실행 코드 1개로 끝난다면 if 조건식 1 : 실행 코드 1로 한 줄 코드 작성이 가능합니다.

우리가 일상에서 많이 하는 고민을 파이썬을 통해 해결해볼까요? 업무나 인생의 중요한 선택을 파이썬으로 하기에는 너무나 부담이니 메뉴 추천해주기를 한번 해보겠습니다. 답도 없고 엄청난 고민과 다툼도 생길 수 있는 나름 중요한 선택이죠. '고민하느니 둘 다 먹는다.'라는 사람도 있을 정도로 인류 최대의 고민! 짜장면 vs 짬뽕, 양념치킨 vs 후라이드 치킨, 물냉면 vs 비빔냉면 등 무수히 많습니다.

〈그림 4.1.3〉 메뉴 선택의 고민

아마도 이런 고민의 시작은 짜장면이냐, 짬뽕이냐의 선택이지 않았을까요? 그럼 이 고민을 해결할 간단한 조건문을 만들어보겠습니다. 비가 올 확률만으로 메뉴를 추천하는 것을 프로그램 목표로 잡고 크롤링으로 받은 자료에서 비가 올 확률이 60%가 넘으면 짬뽕, 아니면 짜장면을 추천하도록 코드를 만들어보겠습니다. 예시는 비가 올 확률이 70%일 때입니다.

이번 Part의 실습 대부분은 들여쓰기를 중요하게 사용해야 하므로 Spyder 에디터로 실습하도록 하겠습니다.

```
rain = 70    # 크롤링으로 받은 자료에서 비가 올 확률

if rain >= 60:                    # 비가 올 확률이 60% 이상이면
    print('오늘의 메뉴 : 짬뽕')    # 짬뽕 출력
else:                             # 비가 올 확률이 60% 미만이면
    print('오늘의 메뉴 : 짜장면') # 짜장면 출력
```

〈코드 4.1.1〉

```
오늘의 메뉴 : 짬뽕
```

〈실행 결과〉

비가 올 확률을 미리 받아 변수 rain에 70으로 넣어 저장했다고 가정합니다. 첫 번째 조건인 'rain이 60보다 크거나 같다'가 True가 되어 조건식을 만족했습니다. 만일에 rain이 59면 else 조건의 만족으로 짜장면이 출력될 것입니다. 그럼 직접 rain에 59를 넣어 실행해보고 짜장면이 나오는지 확인합니다.

이제는 조건을 조금 더 세분화시켜서 코드를 만들어보겠습니다. 조건을 추가해 비가 올 확률이 30% 이상 60% 미만이면 짬짜면을 추천하는 것입니다. 조건문이 제대로 실행되는지 확인하기 쉽게 rain을 input()으로 받아 실행하는 것으로 변경하면 아래 코드처럼 수정됩니다.

```
# 비가 올 확률을 입력받는다. 문자열이니 int로 변환
rain = int(input('비가 올 확률을 입력하세요~ : '))

if rain >= 60:                    # 조건1 : 비가 올 확률이 60% 이상
    print('오늘의 메뉴 : 짬뽕')    #         짬뽕 출력
elif rain >= 30:                  # 조건2 : 비가 올 확률이 30% 이상
    print('오늘의 메뉴 : 짬짜면')  #         짬짜면 출력
else:                             # 조건3 : 그 외 조건
    print('오늘의 메뉴 : 짜장면') #         짜장면 출력
```

〈코드 4.1.2〉

```
비가 올 확률을 입력하세요~ : 60
오늘의 메뉴 : 짬뽕
```

〈실행 결과 1〉

```
비가 올 확률을 입력하세요~ : 40
오늘의 메뉴 : 짬짜면
```

〈실행 결과 2〉

```
비가 올 확률을 입력하세요~ : 29
오늘의 메뉴 : 짜장면
```

〈실행 결과 3〉

조건2는 비가 올 확률이 30% 이상에서 60% 미만이기 때문에 정확하게 코드로 나타내면 rain >= 30 and rain < 60이어야 합니다. 그런데 해당 코드에서 rain >= 30만 사용한 이유는 조건1이 만족하지 않아서 조건2로 넘어왔다는 것인데 rain이 몇인지는 몰라도 60 미만은 확실하기 때문에 30 이상이라는 조건만 넣은 것입니다. 동일한 실행 결과가 나오는 것이면 짧은 코드가 더욱 효율적이기 때문이죠.

Section 04 》》》 복잡한 고민도 간단하게 해결

비가 올 확률만 가지고 결정하는 것이 아쉬워서 좀 더 많은 조건들을 가지고 메뉴를 추천할 수 있도록 해보겠습니다. 복잡한 조건이니 우선 순위도 정해야 하고 빈틈없게 만들기 위해서 순서도를 그려 조건들을 분류해보고 코드로 입력하고자 합니다.

판단의 기준은 총 3가지로 스트레스, 비가 올 확률, 요일로 정했습니다. 세부 조건은 다음과 같습니다.

① 스트레스를 우선 순위의 기준으로 하여 스트레스가 높으면 무조건 짬뽕

② 스트레스가 낮은 경우
• 비가 올 확률이 60% 이상이면 짬뽕
  → 스트레스 낮다 and 비가 올 확률 60% 이상

- 비가 올 확률이 30% 이상 60% 미만이면 짬짜면
  → 스트레스 낮다 and 비가 올 확률 30% 이상 and 비가 올 확률 60% 미만
- 비가 올 확률이 30% 미만일 때 주말이면 짬뽕
  → 스트레스 낮다 and 비가 올 확률 30% 미만 and 주말
- 비가 올 확률이 30% 미만일 때 주중이면 짜장면
  → 스트레스 낮다 and 비가 올 확률 30% 미만 and 주중

이런 식으로 만든 조건을 순서도로 정리하면 다음의 그림과 같습니다.

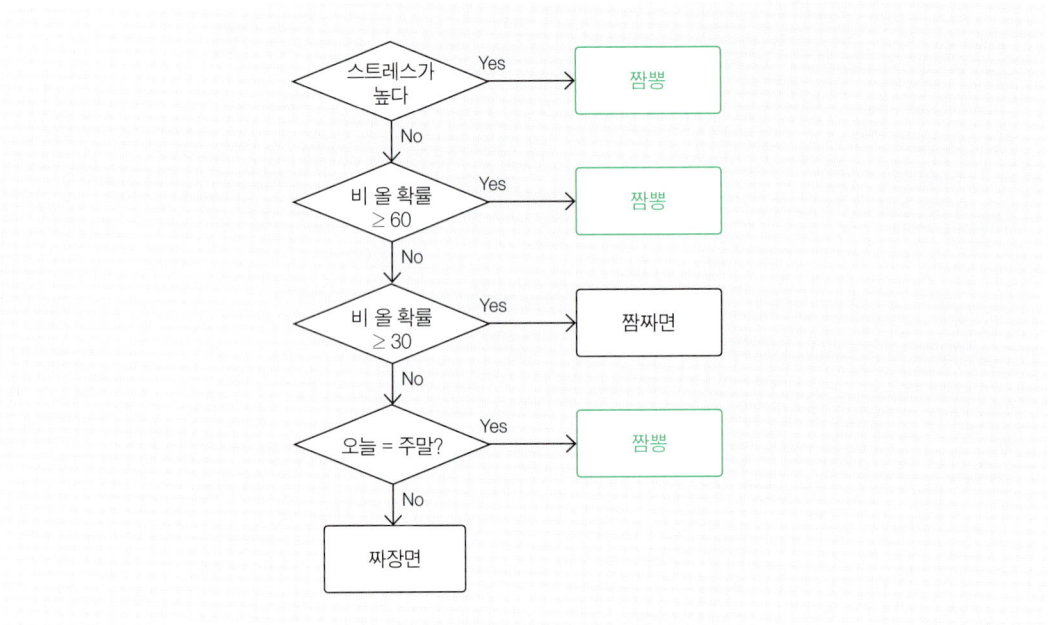

〈그림 4.1.4〉 메뉴 추천 조건문 순서도

3가지의 기준을 일일이 입력하면서 확인하기 힘드니 랜덤으로 기준 값을 정하도록 하겠습니다. 스트레스의 높음 여부와 요일은 2가지 중 하나이기 때문에 random.choice( )로 리스트에서 랜덤으로 뽑고, 비가 올 확률은 random.randint( )로 0부터 100까지의 정수 하나를 뽑도록 했습니다.

```
# 1. 각 판단 기준에 대한 값들을 랜덤으로 정함
import random  # random 모듈 호출
```

```python
# 스트레스 높음 여부(True : 높음, False : 낮음)
stress = random.choice([True, False])

# 비가 올 확률(0~100 중 정수 하나)
rain = random.randint(0,100)

# 요일('주중', '주말')
weekday = random.choice(['주중', '주말'])

print(f'스트레스 : {stress}, 비가 올 확률 : {rain}%, 요일 : {weekday}')
```

〈코드 4.1.3〉 # 1

순서도에서는 간단해 보였을지 모르겠지만 실제 코드로는 조건문이 3단계로 포함되어야 합니다. 한번 실습해보고 바로 이해가 되지 않을 수도 있으니 순서도와 코드를 여러 번 보고 구조를 파악해보기 바랍니다.

```python
# 2. 순서도에 따라 각 조건을 코드로 입력
if stress == True:                    # 조건1 : 스트레스가 높다.
    print('오늘의 메뉴 : 짬뽕')        #         짬뽕 출력
else:                                  # 조건2 : 스트레스가 낮다.
    if rain >= 60:                    # 조건3 : 비가 올 확률 60% 이상
        print('오늘의 메뉴 : 짬뽕')    #         짬뽕 출력
    elif rain >= 30:                  # 조건4 : 비가 올 확률 30% 이상
        print('오늘의 메뉴 : 짬짜면')  #         짬짜면 출력
    else:                              # 조건5 : 비가 올 확률 30% 미만
        if weekday == '주말':         # 조건6 : 주말
            print('오늘의 메뉴 : 짬뽕') #         짬뽕 출력
        else:                          # 조건7 : 주중
            print('오늘의 메뉴 : 짜장면') #      짜장면 출력
```

〈코드 4.1.3〉 # 2

들여쓰기는 코드의 블록을 나타내는 규칙이라고 했는데, 블록을 나눠서 구분하면 다음의 그림과 같습니다.

```
                                              ┌─ 조건문 블록 1 ─┐
if stress == True:
    print('오늘의 메뉴 : 짬뽕')
else:                           ┌─ 조건문 블록 2 ─┐
    if rain >= 60:
        print('오늘의 메뉴 : 짬뽕')
    elif rain >= 30:
        print('오늘의 메뉴 : 짬짜면')
    else:                       ┌─ 조건문 블록 3 ─┐
        if weekday == '주말':
            print('오늘의 메뉴 : 짬뽕')
        else:
            print('오늘의 메뉴 : 짜장면')
```

〈그림 4.1.5〉 조건식의 블록 구분

〈코드 4.1.3〉을 4회 실행한 결과를 보면 각각 다음과 같습니다.

```
스트레스 : True, 비가 올 확률 : 60%, 요일 : 주중
오늘의 메뉴 : 짬뽕
```

〈실행 결과 1〉

```
스트레스 : False, 비가 올 확률 : 60%, 요일 : 주중
오늘의 메뉴 : 짬뽕
```

〈실행 결과 2〉

```
스트레스 : False, 비가 올 확률 : 40%, 요일 : 주중
오늘의 메뉴 : 짬짜면
```

〈실행 결과 3〉

> 스트레스 : False, 비가 올 확률 : 20%, 요일 : 주중
> 오늘의 메뉴 : 짜장면

〈실행 결과 4〉

조건문이 복잡해서 한번에 작업하기 힘들다면 판단 기준을 랜덤이 아닌 직접 입력하고, 조건문은 순서도의 제일 윗부분부터 하나씩 추가하면서 코드를 완성하면 됩니다. 판단 기준을 직접 입력하라는 말은 아래 코드와 같이 랜덤 부분을 삭제하고 하나의 값을 직접 변수에 저장한다는 의미입니다.

```python
# 스트레스 높음 여부(True : 높음, False : 낮음)
stress = False

# 비가 올 확률(0~100 중 정수 하나)
rain = 25

# 요일('주중', '주말')
weekday = '주중'
```

Quiz 4-1

- 〈코드 4.1.3〉은 제시된 조건을 정확히 코드로 구현했지만 사실 간단하게 만들 수 있습니다. 나올 수 있는 확률이 낮은 조건 순서대로 조건식을 만들고 나머지는 확률이 가장 높은 조건으로 만들면 됩니다.
- 〈코드 4.1.3〉을 간단하게 만들기 위한 조건문 코드의 나머지 네 줄을 완성해보세요.

```python
if stress == False and rain < 30 and weekday == '주중':
    print('오늘의 메뉴 : 짜장면')



```

한 - 걸음 - 더

1 연산자를 이용한 bool type 변수 만드는 방법

bool type은 True, False 2가지 데이터를 가지는데, 변수를 선언할 때 비교 연산자나 논리 연산자를 이용해 그 결과를 바로 변수에 저장할 수 있습니다. 아래처럼 두 변수의 비교 연산 결과를 바로 변수에 저장하면 bool type으로 저장되어 결과가 True인지 False인지 확인하는 다른 조건문에 사용이 가능합니다.

```
In[1]: data_a = 40

In[2]: data_b = 50

In[3]: result_a = data_a > data_b

In[4]: result_b = data_a <= data_b

In[5]: print(result_a, result_b)
False True

In[6]: print(type(result_a), type(result_b))
<class 'bool'> <class 'bool'>
```

2 리스트 안에 데이터가 있는지 확인하는 연산자

데이터가 리스트 안에 있는지 확인하는 조건문에 많이 사용하는 연산자입니다. 영어 뜻 그대로 사용하는 것이라 바로 의미를 파악할 수 있습니다.

연산자	의미
데이터 in 리스트	데이터가 리스트 안에 있다.
데이터 not in 리스트	데이터가 리스트 안에 있지 않다(없다.)

〈표 4.1.5〉 in / not in 연산자

Chapter  반복되는 일상의 해결

파이썬의 또다른 제어문인 반복문은 말 그대로 코드 실행을 여러 번 반복할 때 사용합니다. 반복문은 아래 그림과 같이 2가지 문법으로 나뉩니다. 이번 장에서는 두 반복문의 개념을 정확히 이해하고 상황에 맞게 적절한 반복문을 쓸 수 있도록 공부해보겠습니다.

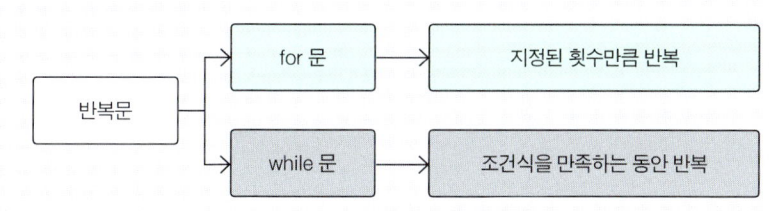

〈그림 4.2.1〉 반복문의 분류

Section 01 >>> 배달의 고수

개업한 지 얼마되지 않은 어느 음식점의 일상을 상상해볼까요? 아직 유명하지는 않지만 배달 주문이 몇 건씩 있습니다. 여러분이 이 음식점의 배달 직원으로 일을 도와주게 되어 배달 일을 하다 보니 배달을 출발할 때 배달 음식이 뭔지 주방의 모니터 화면에 출력되는 프로그램이 있으면 좋겠다는 생각이 들었습니다. 파이썬으로 실력 발휘를 해볼 기회가 온 것이죠.

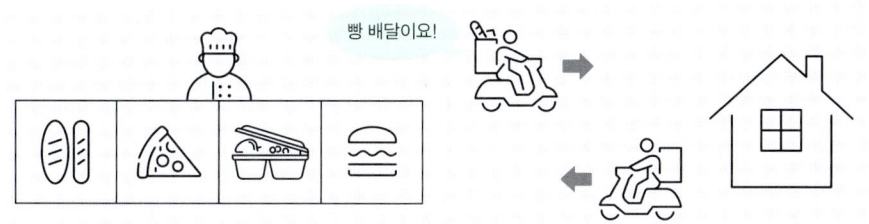

〈그림 4.2.2〉 음식점의 반복 일상

먼저 주문 받은 음식이 조리되어 배달 준비가 완료되면 food_list에 추가합니다.

```
# 1. 배달 준비 완료된 음식 목록
food_list = ['빵', '피자', '도시락', '햄버거']
```

〈코드 4.2.1〉 # 1

그리고 배달을 출발하면서 리스트의 음식을 순서대로 하나씩 print( )에 넣어 출력했습니다. 결과는 성공이었습니다.

```
# 2. 음식 이름을 하나씩 출력
print(food_list[0])
print(food_list[1])
print(food_list[2])
print(food_list[3])
```

〈코드 4.2.1〉 # 2

```
빵
피자
도시락
햄버거
```

〈실행 결과〉

그런데 음식점의 인기가 치솟으면서 주문량이 점점 늘기 시작했습니다. 하루에 4~5건의 주문이 있었을 때는 〈코드 4.2.1〉의 방법이 문제가 되지 않았는데 주문이 40~50건으로 늘어나니 일일이 출력하기가 어려워졌습니다. 그 예로 20건 주문이 있을 때 코드를 보시죠.

```
food_list = ['빵', '피자', '도시락', '햄버거', '볶음밥', '라면', '피자', '피자',
             '햄버거', '라면', '피자', '도시락', '햄버거', '빵', '피자', '도시락',
             '햄버거', '볶음밥', '라면', '볶음밥']
```

```
print(food_list[0])
print(food_list[1])
print(food_list[2])
print(food_list[3])
print(food_list[4])
# - 중간 생략 -
print(food_list[17])
print(food_list[18])
print(food_list[19])
```

〈코드 4.2.2〉

음식의 개수만큼 출력 코드를 계속 써야 하는 너무나 단순하고 반복적인 작업이죠? 배달하기도 바쁜데 배달 음식 출력이라는 일이 하나 더 생긴 것 같아 고민에 빠졌습니다. 이 코드를 어떻게 하면 효율적으로 만들 수 있을까요?

이런 상황을 해결하기 위해서는 반복 작업의 고수 for 문을 이용하는 것입니다. for 문은 반복 횟수를 지정하고 코드를 반복 실행하는 문법입니다. 여기서 반복 횟수는 for 문에서 사용하는 데이터의 개수가 됩니다. 즉 for 문의 구조에 들어가는 데이터 집합의 길이만큼 반복 실행된다는 의미입니다.

데이터 집합에는 아래 그림과 같이 리스트나 딕셔너리를 넣을 수 있고, 숫자로 된 리스트를 임시로 만들어 사용할 수 있습니다. 먼저 리스트와 딕셔너리의 내부 데이터를 하나씩 사용해 데이터를 반복 처리하는 방법에 대해 알아보겠습니다. 문자열 자체도 한 문자씩 사용하면서 반복이 가능하지만 활용도가 낮아 여기에서는 제외했습니다. 2가지 활용을 익히고 나면 문자열 반복은 자연스럽게 알 수 있기 때문입니다.

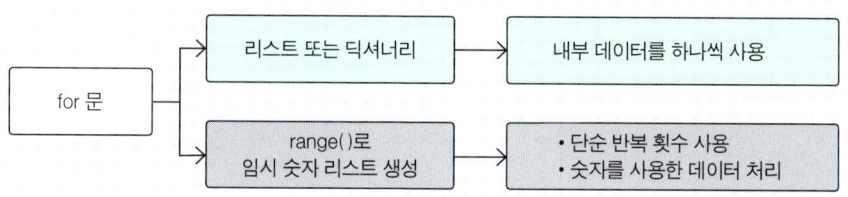

〈그림 4.2.3〉 for 문의 데이터 집합 활용

for 문의 기본 구조는 다음과 같습니다.

```
for 변수 in 데이터 집합:
    반복 실행 코드 1
    반복 실행 코드 2
             ⋮
```

'데이터 집합 안의 데이터를 순서대로 하나씩 변수에 넣고 코드를 실행하라.'는 의미입니다.

결국 for 문은 데이터 집합 안에 있는 데이터를 변수에 넣고 내부의 코드 실행을 반복하는 문법입니다. for는 사전적으로 어떤 의미일까요? for 문의 변수에 넣을 데이터가 남아있는 동안 반복한다고 해서 '~ 동안'이라는 의미로 생각하는 것이 제일 이해가 쉬울 것입니다. 이 구조의 반복문은 '데이터 집합을 순회한다.'라고도 표현합니다.

for 문의 구조도 영어 문장을 읽는 느낌이라 한 눈에 코드를 분석하고 사용하기가 쉽습니다. 하지만 사용에 주의해야 할 점이 있습니다.

① for 문의 마지막은 콜론(:)으로 끝나야 합니다.

② 들여쓰기를 통해 작성된 코드를 반복 실행하므로 들여쓰기에 주의해야 합니다.

③ 보통의 for 문에서 사용하는 변수의 이름은 특별히 이름을 지정할 필요가 없을 경우 i를 많이 사용하는데 어떤 이름의 변수를 써도 상관없습니다. 단, 변수 이름의 규칙을 따라야 하고, 프로그램 내에서 사용 중인 다른 변수와 같은 이름을 사용하지 않도록 주의해야 합니다.

④ for 문의 변수에 리스트나 딕셔너리의 데이터가 저장되지만 반복 실행 코드에서 이 변수를 꼭 사용하지 않아도 됩니다.

⑤ 예제에서는 이해를 쉽게 하기 위해 반복 실행 코드를 print만 사용했으나 원하는 코드를 넣어서 반복하면 됩니다.

다음의 순서도를 보면 for 문의 작동 순서를 쉽게 이해할 수 있을 것입니다.

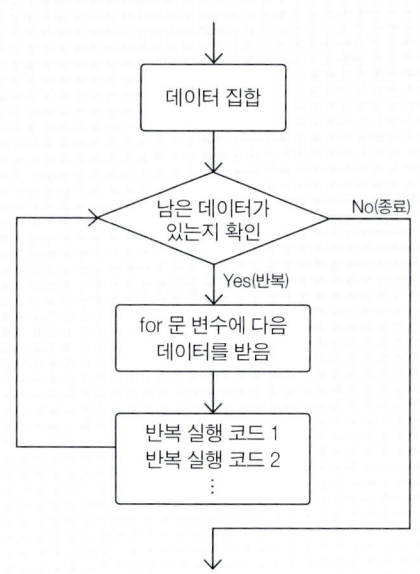

〈그림 4.2.4〉 for 문 순서도

그럼 지금부터 리스트와 딕셔너리를 이용해 반복문을 만드는 코드 연습을 해보겠습니다.

1 리스트를 이용한 for 문

for 문의 기본 구조에 맞게 〈코드 4.2.2〉를 for 문으로 만들어 반복 출력하면 다음과 같이 코드가 간단해집니다.

```
food_list = ['빵', '피자', '도시락', '햄버거', '볶음밥', '라면', '피자', '피자',
             '햄버거', '라면', '피자', '도시락', '햄버거', '빵', '피자', '도시락',
             '햄버거', '볶음밥', '라면', '볶음밥']

# 변수 : carrier
# 리스트 : food_list
# 반복 실행 코드 : print(carrier)
for carrier in food_list:
    print(carrier)
```

〈코드 4.2.3〉

```
빵
피자
도시락
햄버거
볶음밥
라면
피자
피자
햄버거
라면
피자
도시락
햄버거
빵
피자
도시락
햄버거
볶음밥
라면
볶음밥
```

〈실행 결과〉

〈코드 4.2.2〉보다 훨씬 간단하게 해결되었습니다. food_list에는 0번째부터 19번째까지 총 20개의 데이터가 있었고, for 문에서 food_list 데이터를 하나씩 carrier에 저장해 print(carrier)의 명령이 20번 반복된 것입니다.

오른쪽의 〈그림 4.2.5〉처럼 주문 음식 배달을 파이썬 코드로 떠올려보기 바랍니다.

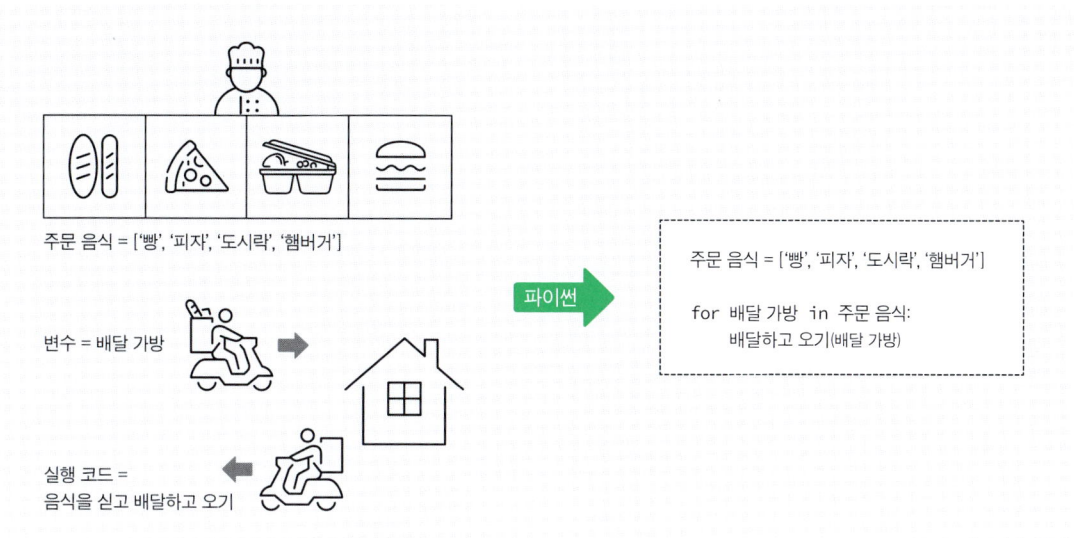

〈그림 4.2.5〉 일상을 파이썬 코드로

음식 4가지가 저장된 리스트인 주문 음식 중 하나를 변수 배달 가방에 담아 배달하고 오는 실행 코드를 반복합니다. 주문 음식에 총 4가지의 음식이 있기 때문에 총 4회의 배달 업무를 반복하게 됩니다. for 문을 통한 반복문을 알게 된 여러분은 배달할 음식이 아무리 많아도 편하게 음식 출력을 하고 배달에 집중하는 배달의 고수가 될 수 있습니다.

반복	변수 carrier	실행 코드	
1	빵	빵 배달이요!	
2	피자	피자 배달이요!	
3	도시락	도시락 배달이요!	
4	햄버거	햄버거 배달이요!	

〈표 4.2.1〉 반복 횟수별 결과

2 딕셔너리를 이용한 for 문

이 음식점은 여러 사람들의 입맛을 사로잡기 위해 메뉴 개발에 힘쓴 결과 한식, 양식, 중식, 일식 메뉴를 5개씩 개발하게 되었습니다. 음식 분류를 key로 하고 해당 분류에 속하는 음식을 value로 해서 딕셔너리 menu를 만들고 for 문으로 반복 출력하면 어떤 결과가 나올까요?

```python
# 1. 딕셔너리 변수명을 그대로 반복문 데이터로 사용
menu = {'한식' : ['된장찌개', '김치찌개', '비빔밥', '갈비탕', '육개장'],
        '양식' : ['피자', '햄버거', '돈까스', '파스타', '샌드위치'],
        '중식' : ['짜장면', '짬뽕', '볶음밥', '탕수육', '깐풍기'],
        '일식' : ['초밥', '메밀소바', '라멘', '규동', '오코노미야끼']}

for food in menu:
    print(food)

print() # 실행 결과 구분을 위한 빈 라인 출력
```

〈코드 4.2.4〉 #1

```
한식
양식
중식
일식
```

〈실행 결과〉

실행 전 예상했던 menu의 모든 데이터들이 출력되지 않고, menu의 key만 출력되었습니다. 이것은 딕셔너리를 리스트로 변환할 때와 마찬가지로 딕셔너리가 key를 기준으로 데이터가 저장되어 있는 구조이기 때문입니다. 아래와 같이 별도로 key만 읽게 하는 코드와 동일한 결과가 나옵니다.

```python
# 2. 딕셔너리의 key를 데이터로 사용
for food in menu.keys():
    print(food)

print()
```

〈코드 4.2.4〉 #2

딕셔너리의 value를 읽기 위해서는 menu.keys( )를 menu.values( )로 바꿔주면 됩니다.

```
# 3. 딕셔너리의 value를 데이터로 사용
for food in menu.values():
    print(food)

print()
```

〈코드 4.2.4〉 # 3

```
['된장찌개', '김치찌개', '비빔밥', '갈비탕', '육개장']
['피자', '햄버거', '돈가스', '파스타', '샌드위치']
['짜장면', '짬뽕', '볶음밥', '탕수육', '깐풍기']
['초밥', '메밀소바', '라멘', '규동', '오코노미야끼']
```

〈실행 결과〉

리스트 반복에서와 마찬가지로 딕셔너리의 데이터 중 value가 리스트로 되어 있는 key만 for 문으로 반복할 수도 있습니다.

```
# 4. 딕셔너리의 key에 해당하는 value를 데이터로 사용
for food in menu['한식']:
    print(food)

print()
```

〈코드 4.2.4〉 # 4

```
된장찌개
김치찌개
비빔밥
갈비탕
육개장
```

〈실행 결과〉

마지막으로 딕셔너리를 이용한 반복문에서 key와 value를 동시에 변수로 저장해 원하는 작업을 반복하는 경우도 있습니다. 이런 경우 for 문에서 딕셔너리 데이터를 저장하는 변수를 2개로 하고 딕셔너리.items( )를 읽도록 하면 가능합니다. 이때 변수는 보통 i와 j, x와 y, key와 value 등을 많이 사용하는데 데이터 특징에 따라 이름을 정하면 됩니다.

```
# 5. 딕셔너리의 key와 value를 동시에 읽음
for key, value in menu.items():
    print(key, value)

print()
```

<코드 4.2.4> # 5

```
한식 ['된장찌개', '김치찌개', '비빔밥', '갈비탕', '육개장']
양식 ['피자', '햄버거', '돈가스', '파스타', '샌드위치']
중식 ['짜장면', '짬뽕', '볶음밥', '탕수육', '깐풍기']
일식 ['초밥', '메밀소바', '라멘', '규동', '오코노미야끼']
```

<실행 결과>

지금까지 리스트와 딕셔너리 안에 저장된 데이터들을 읽어 변수에 저장하고 코드를 반복 실행하는 방법에 대해 알아보았습니다. 여러 예시들을 통해 똑같은 코드를 여러 번 사용하지 않고 짧고 효과적으로 만들 수 있도록 반복해서 연습해보기 바랍니다. 반복 연습은 눈으로만 보거나 저절로 되는 것이 아니라 직접 코드를 입력해봐야 합니다.

Section 02 >>> 단체 주문 받기에 도전

다음은 for 문의 데이터 집합을 사용하는 방법 중 두 번째인 range( ) 명령을 이용해서 숫자 리스트를 임시로 만들어 반복하는 방법입니다. 입력한 범위만큼 숫자가 만들어지는 것이므로 for 문의 변수가 시작 숫자부터 끝 숫자까지 증가하는 동안 반복하라는 의미로 for 문을 이해하면 됩니다. range( )에 숫자 하나만 입력하면 그 숫자만큼 반복 실행되는데 <코드 4.2.5>를 한번 보시죠.

〈그림 4.2.6〉 복잡한 주문도 for 문으로 해결

```
print('주문 접수!')

for i in range(10):
    print('짬뽕')
```

〈코드 4.2.5〉

```
주문 접수!
짬뽕
짬뽕
짬뽕
짬뽕
짬뽕
짬뽕
짬뽕
짬뽕
짬뽕
짬뽕
```

〈실행 결과〉

반복 실행 코드에서 변수 i를 사용하지는 않았고, '짬뽕'이 10회 출력된 것을 볼 수 있습니다. 코드를 살펴보면 range(10)으로 반복 횟수가 정해진 것으로 생각해볼 수 있는데, range( )를 사용하는 for 문의 구조는 다음과 같습니다.

```
for 변수 in range(끝 숫자 + 1):
    반복 실행 코드 1
    반복 실행 코드 2
        ⋮
```

'변수에 0을 넣고 시작해서 1씩 증가해 끝 숫자가 될 때까지 코드를 실행하라.'는 의미입니다. 결국 ( ) 안에 입력한 숫자만큼 코드가 반복 실행된다는 말입니다. 여기에서 데이터 집합은 range( )에 의해서 0부터 끝 숫자까지의 범위를 갖는 리스트로 나타납니다.

1 range( )를 이용한 for 문

range( )는 range(시작 숫자, 끝 숫자+1, 간격)의 기본 형태로 시작 숫자부터 끝 숫자까지 간격별로 증가하는 숫자들을 만들어주는 기능을 합니다. 범위의 마지막을 '끝 숫자+1'로 하는 이유는 슬라이싱에서와 마찬가지입니다. 시작 숫자는 0으로 할 경우, 간격은 1로 할 경우에 생략 가능합니다.

- range(5) → range(0, 5, 1) → 0, 1, 2, 3, 4
- range(3, 8) → range(3, 8, 1) → 3, 4, 5, 6, 7
- 숫자가 저장된 변수 사용 가능 → <코드 4.2.6> # 4에서 확인

<코드 4.2.6>은 range( ) 예시를 통한 반복문의 실습 예제들입니다. 직접 여러 조건들을 만들어 실습해 보기 바랍니다.

range( )로만 출력하면 리스트로 결과가 나오지 않습니다. 리스트로 출력하거나 다른 변수로 저장하기 위해서는 list( )로 변환해주어야 합니다.

```
# 1. range() 출력
print(range(2,8))
print(list(range(2,8)))

print()
```

<코드 4.2.6> # 1

```
range(2,8)
[2, 3, 4, 5, 6, 7]
```

〈실행 결과〉

```
# 2. i를 0부터 3까지 1씩 증가
for i in range(4):
    print(i)

print()
```

〈코드 4.2.6〉 # 2

```
0
1
2
3
```

〈실행 결과〉

```
# 3. i를 2부터 12까지 3씩 증가
for i in range(2,13,3):
    print(i)

print()
```

〈코드 4.2.6〉 # 3

```
2
5
8
11
```

〈실행 결과〉

```
# 4. i를 a부터 b-1까지 1씩 증가
a = 3
b = 7
for i in range(a, b):
    print(i)
```

〈코드 4.2.6〉 # 4

```
3
4
5
6
```

〈실행 결과〉

for 문의 변수를 사용하지 않고 내부 코드 실행만 반복하는 경우라면 간단하게 반복하고 싶은 횟수만 range( )에 입력하면 됩니다. 하지만 변수에 정확한 수를 넣어 계산을 실행시키는 코드라면 시작 숫자와 끝 숫자를 정확히 입력해야 합니다. 예를 들어, 구구단 5단을 계산하는 코드라고 하면 5에 곱해지는 수는 1부터 9까지이므로 range(1,10)으로 해서 변수를 1부터 9까지 반복 증가시켜야 합니다.

```
num = 5

for i in range(1,10):
    print('{} * {} = {}'.format(num, i, num*i))
```

〈코드 4.2.7〉

```
5 * 1 = 5
5 * 2 = 10
5 * 3 = 15
5 * 4 = 20
5 * 5 = 25
5 * 6 = 30
5 * 7 = 35
5 * 8 = 40
5 * 9 = 45
```

〈실행 결과〉

2 숫자 리스트를 이용한 for 문

range( )로 만들 수 없는 불규칙한 숫자 범위를 반복해서 실행해야 할 필요가 있는 경우에는 숫자 리스트를 사용하면 됩니다. 연속적인 숫자 범위라면 그냥 range( )를 쓰는 것이 편합니다.

- 직접 숫자 리스트를 만들어 for 문 데이터 집합에 입력합니다.
- for 문이 실행되기 전에 리스트 변수로 만들어 for 문에 사용합니다.

```
# 1. 직접 숫자 리스트 사용
for i in [0, 1, 2, 3]:
    print(i)

print()
```

〈코드 4.2.8〉 # 1

```
0
1
2
3
```

〈실행 결과〉

```
# 2. 불규칙한 숫자 리스트 사용
for i in [1, 4, 5, 8, 14]:
    print(i)

print()
```

〈코드 4.2.8〉 # 2

```
# 3. 불규칙한 숫자 리스트 변수 사용
a = [1, 4, 5, 8, 14]
for i in a:
    print(i)
```

〈코드 4.2.8〉 # 3

```
1
4
5
8
14
```

〈실행 결과〉

그럼 주문을 받아 주문 수량만큼 음식 이름을 주방의 모니터 화면에 출력해 요리 준비를 할 수 있도록 해볼까요? 주문은 짜장면 세 그릇, 짬뽕 두 그릇, 치킨 다섯 마리입니다.

① 주문 음식에 따라 주문 수량이 다를 수 있기 때문에 저장 후 사용을 편하게 할 수 있도록 order_menu를 딕셔너리로 저장합니다. order_menu의 key인 음식을 변수에 넣고 그 음식의 주문 수량만큼 반복 출력하기 위해서는 for 문을 이중으로 사용할 예정입니다. '음식 → 음식의 주문 수량 → 수량만큼 음식 이름 출력 → 다음 음식 → 음식의 주문 수량 → …' 과 같이 반복합니다.

② 딕셔너리의 key인 주문 음식들을 차례로 food로 받을 수 있도록 반복문을 만듭니다.

③ 음식별 주문 수량만큼 음식 이름을 반복 출력하려면 range( )에 key의 value를 입력한 반복문을 만들어야 합니다. 반복문이 시작되면 첫 for 문에서 food에 '짜장면'이 저장되고, 두 번째 for 문에서 i에는 order_menu['짜장면'] 인 3이 들어가서 '짜장면'이 3회 출력되도록 하는 것입니다.

④ 음식 이름을 반복 출력합니다.

시작하기 전에 다음과 같은 표를 만들어 위의 순서대로 실행된다면 단계별로 어떤 변수에 어떤 값이 들어가고, 결과는 어떻게 나올지 미리 생각해보는 것도 도움이 됩니다.

1차 for 문 반복 횟수	변수 food	2차 for 문 반복 횟수	변수 i	출력
1	'짜장면'	1	0	짜장면
		2	1	짜장면
		3	2	짜장면
2	'짬뽕'	1	0	짬뽕
		2	1	짬뽕
3	'치킨'	1	0	치킨
		2	1	치킨
		3	2	치킨
		4	3	치킨
		5	4	치킨

〈표 4.2.2〉 반복 횟수별 결과 예상

```python
# 1. 딕셔너리로 주문 음식별 주문 수량 저장
order_menu = {'짜장면' : 3,
              '짬뽕' : 2,
              '치킨' : 5}

# 2. 딕셔너리의 key들을 차례로 food에 저장 반복
for food in order_menu.keys():

    # 3. food 값에 해당하는 주문 수량을 range()에 입력하여 반복
    for i in range(order_menu[food]):

        # 4. 음식 이름 출력복
        print(food)
```

〈코드 4.2.9〉

```
짜장면
짜장면
짜장면
짬뽕
짬뽕
치킨
치킨
치킨
치킨
치킨
```

〈실행 결과〉

for 문이 2회 사용되어 어려울 수 있는데, 결과가 어떻게 나와야 하는지 또는 〈표 4.2.2〉처럼 단계별로 어떤 순서로 프로그램이 실행되어야 하는지를 미리 생각하면 어떤 반복이 우선되어야 하는지 결정할 수 있습니다. 한번에 제대로 해서 정상 작동하는 코드를 만들기란 아직은 어려울 수 있으니 차근차근 해보기 바랍니다.

Section 03 》》》 안 되면 될 때까지…

우리의 코딩 실력이 점점 쌓여 이제는 인터넷 홈페이지도 만들 수 있는 실력이 되었다고 생각해보죠. 실제로 언제 가능할지 모를 만큼 멀게 느껴질 수도 있지만 사실 그럴 날이 멀지 않았습니다. 홈페이지에 들어가기 위해서는 아이디와 비밀번호를 입력해야 하는데, 이때 비밀번호가 맞는지 체크해서 로그인되도록 처리하는 부분을 직접 만들려면 어떻게 해야 할까요? 갑자기 개발자가 하는 코딩을 해보라고 하는 것 같아 놀랐다면 그럴 필요 없습니다. 지금까지 책을 통해 연습했다면 충분히 만들 수 있다고 장담합니다.

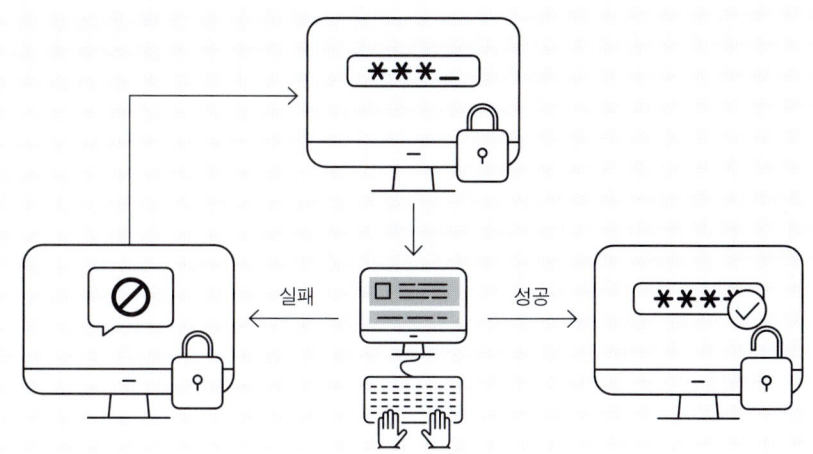

〈그림 4.2.7〉 로그인 비밀번호 입력

실행 조건은 다음과 같습니다.

- 접속하려는 사람의 비밀번호는 '1234'입니다.
- 비밀번호 입력은 input('비밀번호 : ')로 받습니다.
- 입력한 비밀번호가 맞으면 '로그인 성공'을 출력, 틀리면 '로그인 실패'를 출력합니다.
- 아직 반복문 탈출 방법을 배우지 않았으니 비밀번호가 맞아도, 맞지 않아도 무조건 3회 입력을 받습니다.

조건을 보니 실행되는 횟수가 3회네요. 그럼 생각할 것도 없이 for 문으로 3회 반복하도록 만들면 됩니다.

```python
password = '1234'  # 접속자 비밀번호

# 3회 반복 for 문
for i in range(3):
    answer = input('비밀번호 : ')  # 비밀번호를 입력 받음

    # 입력된 비밀번호 확인
    if answer == password:
        print('로그인 성공')  # 로그인 성공 메시지 출력
    else:
        print('로그인 실패')  # 로그인 실패 메시지 출력
```

〈코드 4.2.10〉

```
비밀번호 : 123
로그인 실패

비밀번호 : 1234
로그인 성공

비밀번호 : 123456
로그인 실패
```

〈실행 결과〉

많은 사람들이 여러 웹 사이트에 가입해 이용하고 있다 보니 비밀번호가 생각나지 않아 당황스러울 때가 꽤 많습니다. 앞의 예시처럼 3회만 입력 받는 방식은 가혹할 수 있다는 것이죠. 한번만 더 입력해보면 될 것 같은데 비밀번호 찾기를 위한 인증에 인증을 해야 하고 비밀번호를 초기화하기도 해야 하니 말입니다. 그래서 얼마든지 비밀번호를 입력하라고 입력 횟수에 제한이 없도록 만들어보겠습니다. 이번에는 이 문제를 어떻게 풀어야 할까요?

리스트나 딕셔너리 같은 데이터를 사용하거나 숫자로 범위를 주는 방식처럼 반복할 횟수가 미리 정해져 있는 경우는 for 문을 사용해 반복문을 만들면 됩니다. 하지만 반복 횟수가 정해져 있지 않은 상황에서는 while 문을 사용해 지정한 조건을 만족하는 동안 반복 실행되도록 할 수 있습니다. while 문의 구조를 보면 for 문에 비해 단순해 보입니다. 하지만 코드가 복잡해질 수도 있고 조건에 대한 생각도 잘해야 하는 문법입니다.

```
while (조건식):
    반복 실행 코드1
    반복 실행 코드2
        ⋮
```

'조건식을 만족하는 동안 코드를 반복 실행하라.'는 의미입니다. 조건식의 만족 여부에 따라 코드가 실행(조건식이 참일 경우)되거나 종료(조건식이 거짓일 경우)되므로 조건을 잘 생각해서 작성해야 합니다.

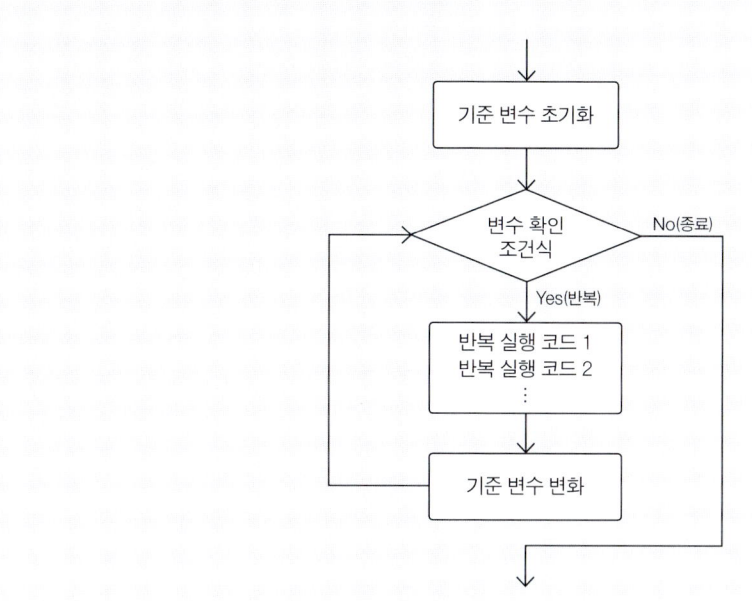

〈그림 4.2.8〉 while 문 순서도

〈그림 4.2.8〉의 순서도에서 기준 변수 초기화와 기준 변수 변화는 조건에 따라 필요하지 않을 수도 있어 기본 구조에서는 제외했습니다. 여기서 기준 변수란 반복을 결정짓는 기준이 되는 변수를 의미합니다. while 문은 '최초로 조건식이 만족하는지 확인 → 참이면 반복 코드 실행 → 기준 변수 변화'의 순서로 계속 반복됩니다. 조건 확인 시 조건이 거짓이면 반복 코드는 실행되지 않고 종료됩니다. while 문은 조건식이 있어 반복문을 만들 때의 주의점이 for 문보다 많습니다.

① while 문의 마지막도 for 문과 동일하게 콜론(:)으로 끝나야 합니다.
② 들여쓰기를 통해 작성된 코드를 반복하므로 들여쓰기에 주의해야 합니다.
③ 반복 실행/종료를 결정하는 조건식이 있어야 합니다.
④ 조건식은 소괄호 안에 쓰는 것이 가독성에 좋으나 단순한 조건이면 소괄호를 빼도 됩니다.
⑤ 조건식에서 확인하는 기준 변수가 처음 사용된다면 while 문 이전에 변수를 만들어야(초기화나 임의의 값 저장) 합니다.
⑥ 조건식의 기준 변수가 변할 수 있는 구조가 되어야 합니다. 그렇지 않을 경우 반복문이 끝나지 않고 계속 반복(무한 루프)될 수도 있습니다. 무한 루프가 발생하면 프로그램이 끝나지 않는데, 이때는 Ctrl + C를 누르거나 에디터에 따른 실행 정지(에디터마다 다름), 이것도 안 되면 그냥 에디터를 껐다가 재실행해야 합니다.
⑦ 조건식을 잘못 지정할 경우 반복문 자체가 실행되지 않거나 무한 루프가 발생할 수 있어 주의해야 합니다.

while 문도 반복 횟수를 지정할 수 있지만 for 문보다는 복잡한 구조라 반복 횟수를 지정할 때는 for 문을 쓰는 것을 추천합니다. for 문으로 짬뽕을 10회 외치는 〈코드 4.2.5〉를 while 문으로 바꿔보면 아래 〈코드 4.2.11〉과 같이 for 문보다 복잡한 구조로 만들어야 하기 때문입니다. 조건에 사용할 기준 변수(cnt)를 초기 값으로 만들고, 반복 실행 조건(cnt < 10)과 함께 변수 값을 증가(cnt+=1)시켜야 합니다. 여기서 cnt를 while 문 이전에 만들지 않았다면 처음 while 문 시작 시 조건문 확인에서 'cnt가 정의되지 않았다.'는 에러(NameError) 메시지가 나오고 프로그램이 중단됩니다.

```
print('주문 접수!')

cnt = 0              # 변수 초기화(cnt : 횟수를 나타내는 변수, count의 약자)
while (cnt < 10):    # 조건식
    print('짬뽕')    # 반복 실행할 코드
    cnt += 1         # 조건식을 사용하는 변수 변화(1씩 증가) cnt = cnt + 1과 동일
```

〈코드 4.2.11〉

이제 반복 횟수를 지정하는 방법은 while 문보다 for 문을 쓰는 것이 효율적이라는 것을 이해했을 것입니다. 그렇다면 조건식으로 반복하는 while 문은 과연 언제 사용하는 것일까요? while 문 사용이 for 문보다 효율적인 조건은 다음과 같습니다.

① 반복 횟수가 정해져 있지 않아 반복의 기준이 반복 횟수가 아닌 경우
② 일단 무한 반복을 시킨 상태에서 내부에 반복 종료 조건을 만드는 경우

위 조건들의 의미가 아직 이해되지 않을 테니 하나씩 예를 들어 살펴보겠습니다.

1 반복 실행의 조건이 횟수가 아닌 경우의 while 문 사용

이 조건은 〈코드 4.2.10〉을 비밀번호 입력 횟수 제한없이 비밀번호가 맞을 때까지 계속 입력을 받는 로그인 방식으로 바꾸는 경우일 것입니다. 이 경우는 반복 횟수를 미리 정할 수 없습니다. 비밀번호를 아는 사람은 한 번, 생각나지 않는 사람은 입력하다가 힘들 때까지 입력할 수 있기 때문입니다.

이럴 때 〈코드 4.2.12〉와 같이 while 문을 사용해 조건식으로 입력 받은 비밀번호(기준 변수)를 미리 저장된 비밀번호와 비교하도록 하면 됩니다. 이렇게 하면 반복의 기준이 반복 횟수가 아니라 입력한 비밀번호가 반복 기준이 되는 것이죠. 두 변수가 다르면 계속 입력 요청을 하고, 같으면 로그인에 성공하여 반복문이 끝납니다.

여기서 조건식을 answer == password라고 했다면 어떻게 실행되었을까요? password와 answer가 저

장되고 whlie 문으로 넘어와서 처음 조건식을 확인하면 answer는 ' '로 공백이고 password는 '1234'이기 때문에 둘은 같지 않아 조건식이 거짓이 되어 while 문이 시작되지도 않고 프로그램이 끝나버립니다. 이런 이유로 인해 조건식을 잘 정해야 한다는 것입니다. 반복이 실행되거나 종료될 수 있는 조건식이 어떤 것인지를 고민해야 하는 이유입니다.

```python
password = '1234'   # 아이디에 맞게 미리 저장된 비밀번호

answer = ''         # answer 초기화(없을 경우는 에러 발생)

# 입력한 비밀번호가 저장된 비밀번호와 다를 때 while 반복
# 즉, 비밀번호가 맞으면 반복문 종료
while (answer != password):
    answer = input('비밀번호 : ') # 비밀번호 입력(answer 변수 변화)

# 반복문 종료 후 실행
print('로그인 성공')               # 로그인 성공 메시지 출력
```

〈코드 4.2.12〉

```
비밀번호 : 123

비밀번호 : 123456

비밀번호 : 1234
로그인 성공
```

〈실행 결과〉

while 문 시작 전에 answer = ' ' 부분이 필요한 이유는 while 문이 시작하면서 조건식에서 answer를 확인하고 있기 때문입니다. 초기화하지 않으면 answer가 뭔지 모르는 상태에서 while 문의 조건식인 answer와 password가 같은지 다른지를 확인하려고 하니 에러가 발생하는 것입니다.

다음은 기준 변수가 변하도록 만드는 코드가 무엇인지 살펴보겠습니다. 반복 실행 코드에서 비밀번호 입력 요청과 함께 입력 값을 answer에 저장함으로써 answer 값이 입력에 따라 계속 변할 수 있도록 했습니다.

〈코드 4.2.12〉는 단점이 하나 있습니다. 비밀번호를 계속 틀리게 입력하면 반복문이 종료되지 않는다

는 것이죠. 이 점은 다음 조건과 함께 업그레이드 예정입니다. 일부러 잘못 입력하지 말고 일단 로그인을 성공시켜 종료한 후 다음을 진행해보시죠.

Quiz 4-2

〈코드 4.2.12〉에서 입력받은 비밀번호가 틀렸을 경우 그냥 "비밀번호 : " 입력으로 넘어가지 않고, "비밀번호가 틀렸습니다."라고 출력한 뒤에 비밀번호 입력을 받고 싶을 때를 생각해보겠습니다. while 문 반복 실행 코드 두 번째 줄에 print('비밀번호가 틀렸습니다.')를 입력하면 예상했던 결과가 나오지 않을 것입니다. 그 이유를 생각해보고 아래의 실행 결과처럼 나오도록 해결해보세요.

〈실행 결과〉
비밀번호 : 123
비밀번호가 틀렸습니다.

비밀번호 : 123456
비밀번호가 틀렸습니다.

비밀번호 : 1234
로그인 성공

2 무한 반복으로 while 문 사용

무한 반복은 while 문 조건식에 1이나 True만 입력하면 됩니다(True는 1로, False는 0으로 표현할 수 있습니다). while 문은 조건식을 만족(참 or True)하는 동안 계속 반복하게 되는데 이는 조건식에 True를 사용했기 때문입니다. 단, 무한 반복에 주의해야 하는데 while 문 내에 if 문으로 조건을 만들어 break로 반복을 종료할 수 있도록 해야 합니다. break는 if 문과 함께 사용하여 조건 만족 시 반복을 종료시키는 명령어로 다음 섹션 '반복 일상의 탈출 암호'에서 알아보기로 하겠습니다.

여기에서는 무한 반복 외에도 〈코드 4.2.12〉를 업그레이드해보겠습니다.

- 비밀번호 입력 실패 횟수를 3회로 제한(실패 횟수를 저장할 변수 : fail_cnt)
- 비밀번호가 맞으면 '로그인 성공'이라고 출력하고 반복문 종료
- 입력한 비밀번호가 맞지 않으면 '몇 회 로그인 실패'라고 출력하고 실패 횟수 1 증가와 함께 비밀번호 계속 입력 받음
- 누적 입력 실패 3회면 비밀번호가 초기화 되었다고 출력하고 반복문 종료

```
password = '1234'    # 아이디에 맞게 미리 저장된 비밀번호

fail_cnt = 0         # 비밀번호 입력 실패 횟수 초기화

# while 조건문 자체가 참(True)이므로 무조건 반복
while True:
    answer = input('비밀번호 : ')  # 비밀번호 입력(answer 변수 변화)

    # 입력된 비밀번호 확인
    if answer == password:
        print('로그인 성공')   # 로그인 메시지 출력
        break                 # 반복문 종료

    else:
        fail_cnt += 1         # 실패 횟수 1 증가

        # 입력 실패 3회 시 종료를 위한 조건문
        if fail_cnt == 3:
            print('%s회 로그인 실패로 비밀번호가 초기화되었습니다.'%(fail_cnt))
            break             # 반복문 종료

        else:
            print('%s회 로그인 실패'%(fail_cnt))  # 로그인 실패 메시지 출력
```

〈코드 4.2.13〉

```
비밀번호 : 123123
1회 로그인 실패

비밀번호 : 1234
로그인 성공
```

〈실행 결과 1〉

```
비밀번호 : 123
1회 로그인 실패

비밀번호 : 123456789
```

> 2회 로그인 실패
>
> 비밀번호 : 12678
> 3회 로그인 실패로 비밀번호가 초기화되었습니다.

〈실행 결과 2〉

자신의 코드 내에서 반복문이 필요한 경우 for 문이나 while 문 둘 중 어떤 것을 사용해도 상관없습니다. while 문이 효율적이라고 설명한 두 조건 이외에는 for 문이 훨씬 간단하게 쓰일 수 있습니다. 특히나 반복 횟수를 지정해야 하는 경우에 대해서는 for 문을 우선 고려하기를 추천합니다. 실생활에서 여러 프로그램을 만들어봤지만 while 문은 for 문에 비해 사용 빈도가 적은 편입니다. 반복 코드 실행이 필요할 때는 우선적으로 for 문을 만들어보고 안 되면 while 문을 활용하는 것이 좋은 방법일 수 있습니다.

Section 04 ≫ 반복 일상의 탈출 암호

〈코드 4.2.13〉에서 미리 사용했던 반복문 탈출을 위한 break와 함께 continue에 대해서도 알아보겠습니다. 반복문의 중간에 사용해서 원하는 조건이 만족되었을 때 반복문을 종료(break)하거나, 다음 차례의 반복(continue)을 할 수 있도록 합니다.

영어의 사전적인 의미로 해석해보면 break는 '중단시키다', '끝내다'의 의미로 반복문을 바로 종료합니다. continue는 '계속하다'의 의미로 다음 횟수의 반복문을 진행합니다. 이 둘의 공통점은 해당 명령어 다음에 있는 반복 실행 코드들이 실행되지 않는다는 점입니다.

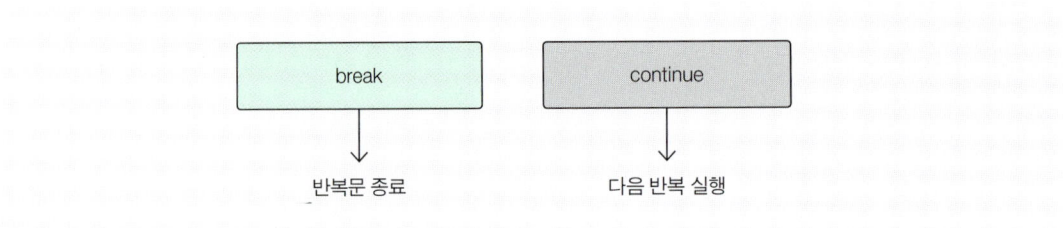

〈그림 4.2.9〉 반복문 탈출 분류

break를 통한 탈출은 while 문에서 사용해봤으니 continue에 대해서 알아보겠습니다. continue는 반복문 코드에서 어떠한 조건만 반복 실행에서 제외시키고 싶을 때 사용합니다. 앞에서 설명한 〈코드 4.2.3〉(163쪽 참조)은 배달의 고수가 배달 음식을 주방 모니터 화면에 출력하는 프로그램이었습니다. 그런데 음식 중에 '라면'은 배달하는 동안 면이 불어 고객들의 항의가 많아 배달하지 않고 음식점에 직접 가야 먹을 수 있도록 바꾸었다고 해보죠. 그럼 조리된 음식 중 '라면'이 있으면 배달을 가지 않으면 되니 화면에 출력되지 않도록 프로그램을 변경해야 합니다.

```python
food_list = ['빵', '피자', '도시락', '햄버거', '볶음밥', '라면', '피자', '피자',
             '햄버거', '라면', '피자', '도시락', '햄버거', '빵', '피자', '도시락',
             '햄버거', '볶음밥', '라면', '볶음밥']

# 변수 : carrier
# 리스트 : food_list
# 반복 실행 코드 : print(carrier)
for carrier in food_list:
    if carrier == '라면': continue
    print(carrier)
```

〈코드 4.2.14〉

```
빵
피자
도시락
햄버거
볶음밥
피자
피자
햄버거
피자
도시락
햄버거
빵
피자
도시락
햄버거
볶음밥
볶음밥
```

〈실행 결과〉

반복문이 실행되다가 carrier가 '라면'인 조건이 되면 continue에 의해서 다음 반복으로 넘어가도록 했습니다. 전체 20회 반복에서 3회 제외된 것입니다.

특정한 조건을 만족할 때 continue로 다음 반복이 진행되도록 한다고 아무렇게나 사용하면 비효율적일 수도 있습니다. 아래 1부터 10까지의 숫자 중 짝수만 출력하는 예제를 보면 굳이 continue를 사용하지 않고 조건문만 잘 써도 가능합니다.

	continue 사용	continue 미사용

코드	`i = 0`
	
	`while i < 10:`
	    `i += 1` # i 1씩 증가
	
	    `if i % 2 != 0:` # i가 홀수면
	        `continue` # 다음 반복으로
	
	    `print(i)` # i 출력
		`i = 0`
		
		`while i < 10:`
		    `i += 1` # i 1씩 증가
		
		    `if i % 2 == 0:` # i가 짝수면
		        `print(i)` # i 출력

실행 결과	2 4 6 8 10	

〈표 4.2.3〉 비효율적인 continue 사용 예시

아무리 보아도 continue를 사용하지 않는 방법이 더 간단하고 이해하기 쉽습니다. 짝수만 출력하는 프로그램의 조건문이 '홀수면 다음으로 넘어가라'보다는 '짝수면 출력하라'가 더 쉽지 않을까요? 1부터 10까지 총 10회 반복하는 반복문의 절반을 continue로 그냥 넘기는 것은 비효율적이기 때문입니다.

for 문과 while 문에 각각 break와 continue가 포함되어 있는 순서도는 〈그림 4.2.10〉과 같이 표현할 수 있습니다. 처음에는 익숙하지 않아도 for 문과 while 문의 기본 순서도도 같이 포함되어 있으니 이 책을 읽은 후나 어느 정도 기초에 자신이 생겼다고 생각되면 다시 한 번 보기 바랍니다.

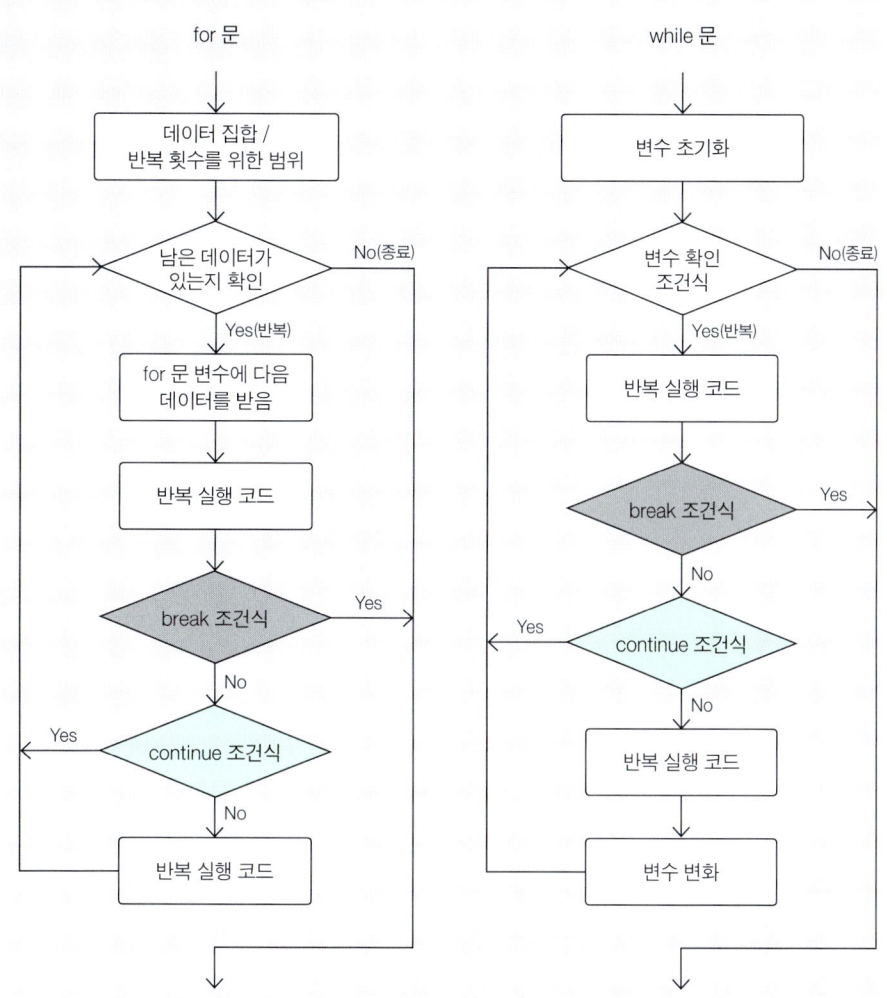

〈그림 4.2.10〉 break와 continue를 포함한 반복문 순서도

파이썬의 반복문은 간단한 구조와 함께 단순히 숫자를 반복 증가/감소시키는 반복문만이 아니라 리스트나 딕셔너리 같은 데이터를 반복문에 쉽게 활용할 수 있다는 점에서 다른 프로그래밍 언어보다 활용도가 높습니다. 조건문과 더불어 반복문 활용에 익숙해질수록 우리 생활을 편리하게 하는 프로그램을 만드는 데 한 걸음 더 다가갈 수 있으니 현실을 어떻게 하면 파이썬 코드로 바꿀 수 있을지에 대해서도 틈나는 대로 고민해보기 바랍니다.

한 - 걸음 - 더

1 Spyder에서 실행 중 강제 종료

for 문으로 반복문을 만들 경우는 반복의 횟수가 이미 정해진 상태지만, while 문을 사용할 경우는 조건을 잘못 입력하거나 무한 반복문에서 탈출 조건이 없는 경우는 말 그대로 네버엔딩으로 반복문이 실행됩니다. 이럴 경우는 강제로 코드 실행을 종료해야 하는데 그 방법에 대해 알아보겠습니다.

① Ctrl + C를 입력
② 콘솔 창 우측 정지 버튼 클릭

Spyder의 경우 콘솔 창에 결과가 계속 반복 실행될 텐데 창을 클릭한 후 Ctrl + C를 입력하면 Keyboard Interrupt로 실행이 종료됩니다. 간단하게 무한 반복문을 만들어 실행시킨 후에 종료하면 다음과 같이 출력됩니다.

```
while True:
    print('무한 반복문 실행')
```

〈무한 반복문〉

위 2가지 방법 중 하나로 종료해도 안 된다면 그냥 프로그램을 강제로 종료하면 됩니다. Spyder에서 코드는 실행과 동시에 저장하기 때문에 저장이 안 될 위험은 없습니다.

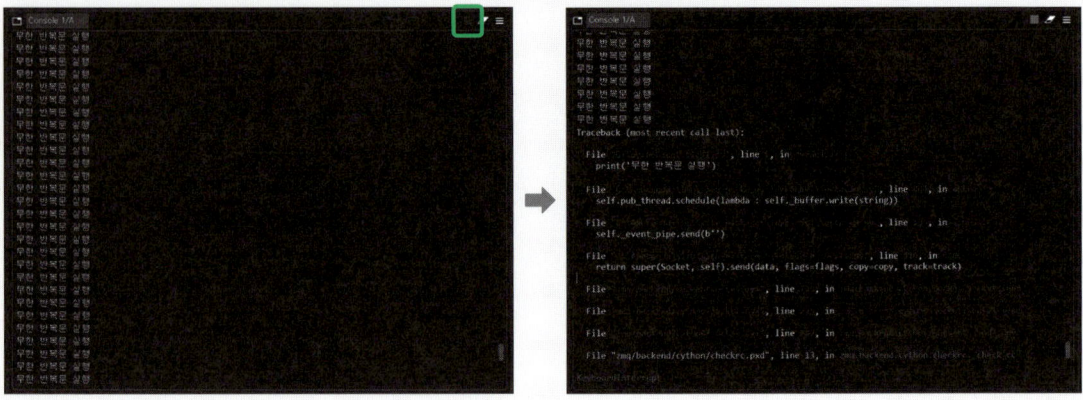

〈그림 4.2.11〉 무한 반복 강제 종료

2 리스트 내포(List Comprehension)

뭔가 어려운 용어 같아 보이지만 의미를 파악해보면 그리 어렵지 않을 것입니다.

- 내포 : 어떤 성질이나 뜻 따위를 속에 품는 것을 의미. 유의어로는 암시, 포함, 함축
- comprehension : 이해, 이해력, 포함

여기서 comprehension은 '포함'의 뜻으로 사용됩니다. 그래서 for 문이나 if 문을 포함해 간단하게 리스트를 만들 수 있도록 표현한 식을 말합니다. 쉽게 말해 반복문과 조건문을 사용해 한 줄로 리스트를 만들 수 있다는 의미입니다. 꼭 이렇게 표현해서 리스트를 만들 필요는 없지만 이런 방식을 '파이썬스럽다'라고 이야기합니다. 한마디로 간결하다는 뜻입니다.

3가지의 대표적인 유형에 적용되는 공통 사항은 다음과 같습니다.

- 대괄호 대신 list( )를 사용해도 됩니다.
- 저장할 값에는 데이터 값 하나 또는 식을 넣을 수 있습니다.

① [저장할 값 for 변수 in 데이터]

- 의미

데이터 값을 하나씩 변수에 넣고 저장할 값을 리스트에 하나씩 추가합니다.

- 예시

0이 10개인 리스트를 만듭니다.

기본 문법 사용	`result = []`
	`for i in range(10):`
	    `result.append(0)`

리스트 내포 사용	`result = [0 for i in range(10)]`
실행 결과	`[0, 0, 0, 0, 0, 0, 0, 0, 0, 0]`

1부터 10까지 들어간 리스트를 만듭니다.

기본 문법 사용	`result = []`
	`for i in range(1,11):`
	    `result.append(i)`

리스트 내포 사용	`result = [i for i in range(1,11)]`
실행 결과	`[1, 2, 3, 4, 5, 6, 7, 8, 9, 10]`

숫자 리스트의 각 데이터 배수로 리스트를 만듭니다.

기본 문법 사용	`a = [1,2,3,4,5]`
	
	`result = []`
	`for i in a:`
	　　`result.append(i*2)`

리스트 내포 사용	`a = [1,2,3,4,5]`
	
	`result = [i*2 for i in a]`

실행 결과	`[2, 4, 6, 8, 10]`

② [저장할 값 for 변수 in 데이터 if 조건]

• 의미

데이터 값을 하나씩 변수에 넣고 변수가 조건을 만족하면 저장할 값을 리스트에 하나씩 추가합니다.

• 예시

status의 값이 '뒷면'일 때 result에 1을 추가합니다.

기본 문법 사용	`status = ['앞면', '앞면', '뒷면', '앞면', '뒷면']`
	
	`result = []`
	`for i in status:`
	　　`if i == '뒷면':`
	　　　　`result.append(1)`

리스트 내포 사용	`status = ['앞면', '앞면', '뒷면', '앞면', '뒷면']`
	
	`result = [1 for i in status if i=='뒷면']`

실행 결과	`[1, 1]`

③ [저장할 값1 if 조건 else 저장할 값2 for 변수 in 데이터]

• 의미

데이터 값을 하나씩 변수에 넣고 변수가 조건을 만족하면 저장할 값 1을, 만족하지 않으면 저장할 값 2를 리스트에 하나씩 추가합니다. ②에서 if 문에 else 조건이 필요할 때 ③과 같이 사용합니다.

- 예시

status의 값이 '앞면'이면 1, '뒷면'이면 0을 result에 추가합니다.

기본 문법 사용	```
	status = ['앞면', '앞면', '뒷면', '앞면', '뒷면']
	
	result = []
	for i in status:
	    if i == '앞면':
	        result.append(0)
	    else:
	        result.append(1)
	``

리스트 내포 사용	``` status = ['앞면', '앞면', '뒷면', '앞면', '뒷면'] result = [0 if i=='앞면' else 1 for i in status] ```
실행 결과	`[0, 0, 1, 0, 1]`

3 반복문에서 활용도 높은 기능

① zip( )

데이터 개수가 같은 리스트 2개를 묶어주는 기능입니다. for 문의 데이터 집합 부분에 사용해 2개의 변수에 담아 반복문 코드를 실행할 수 있습니다.

```python
# 1. zip()
print('zip() 활용')
a = [1,2,3,4,5]

status = ['앞면', '앞면', '뒷면', '앞면', '뒷면']

for i, j in zip(a, status):
    print(i, j)

print()
```

〈코드 4.2.15〉 # 1

```
zip( ) 활용
1 앞면
2 앞면
3 뒷면
4 앞면
5 뒷면
```

〈실행 결과〉

② enumerate( )

리스트나 문자열을 사용해 인덱스와 함께 데이터를 받을 수 있어 for 문에서 인덱스와 데이터 값을 두 변수에 넣어 코드 실행을 할 수 있습니다.

```
# 2. enumerate()
print('enumerate() 활용')
for i, data in enumerate(status):
    print(i, data)
```

〈코드 4.2.15〉 # 2

```
enumerate() 활용
0 앞면
1 앞면
2 뒷면
3 앞면
4 뒷면
```

〈실행 결과〉

Project

생활 속 파이썬 활용 3

우리는 과연 파이썬으로 수학 문제를 풀 수 있을까요? 대부분의 수학 문제는 설명 부분이 문제를 푸는 알고리즘을 나타내고 있기 때문에 그 부분을 파이썬 코드로 바꿔 실행되도록 하면 얼마든지 해결할 수 있습니다. 정말 가능한지 함께 풀어볼까요?

Section 01 >>> 수학 문제 풀어보기

아들이 초등학생이던 어느 날이었습니다. 식탁에 앉아 열 손가락을 접었다 폈다 반복하면서 심각한 표정을 짓다가 방에서 트럼프 카드까지 가져와 앞면, 뒷면으로 뒤집고 있길래 뭘 하냐고 물었습니다. 마술 연습을 하는 줄 알았는데 수학 문제를 풀고 있다는 것입니다. 무슨 문제가 아들을 그렇게 괴롭히고 있었을까요?

〈카드 뒤집기 게임〉

① 1번부터 10번까지 번호가 적힌 카드 10장이 테이블 위에 모두 앞면이 보이게 놓여 있다.

② 10회 동안 횟수에 해당하는 번호의 배수가 적힌 카드를 반대로 놓는다.

  • 첫 번째는 1의 배수인 모든 카드를 뒷면으로 바꿨다.
  • 두 번째는 2의 배수인 2번, 4번, 6번, 8번, 10번 카드를 뒤집었다.
  즉 횟수에 해당하는 번호의 배수인 카드가 뒷면이면 앞면으로, 앞면이면 뒷면으로 바꾼다.

③ 게임을 모두(10회) 마친 다음 마지막으로 뒷면인 카드는 모두 몇 장인가?

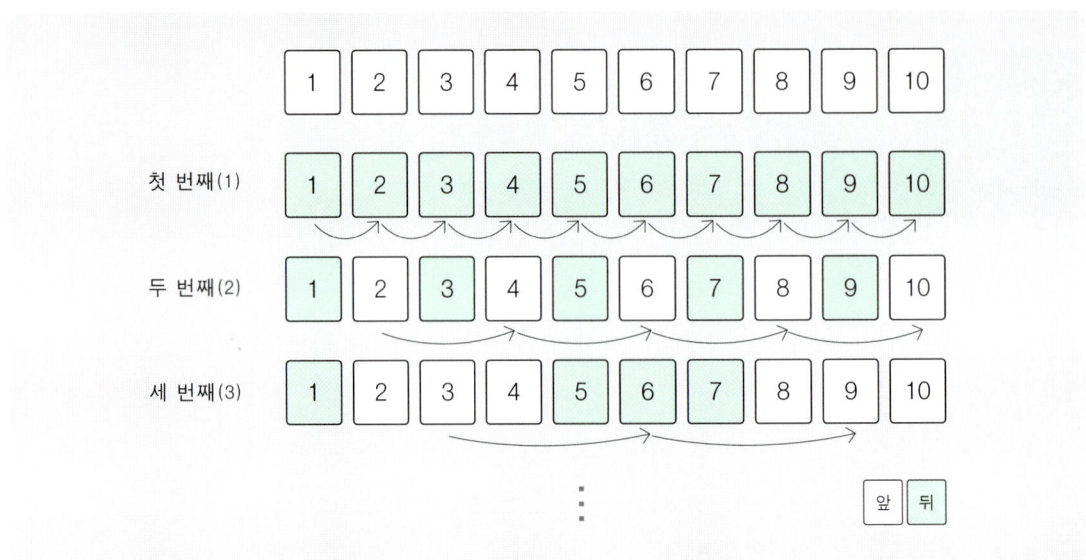

<그림 4.3.1> 카드 뒤집기 문제

보기를 읽자마자 당황스러웠지만 티를 내지 않고 자연스럽게 같이 카드를 뒤집어주었습니다. 함께 문제를 해결하고 나서 아들이 문제의 원리를 이해했는지 알고 싶어 "카드가 100장이고, 이 문제와 똑같은 방법으로 100회 뒤집기 게임을 하면 마지막에 몇 장이 뒷면일까?"라고 추가 문제를 내주었습니다.

아들이 아직은 완벽하게 이해하지 못한 상태로 보여서 이번에는 파이썬으로 이 문제를 같이 풀어보기로 했습니다. 수학의 원리를 깨우치는 것도 중요하지만 컴퓨터를 이용해 문제를 해결하는 방법도 알려주고 싶었죠.

Section 02 >>> 프로그램 작동 순서 계획

1 프로그램 목표

정해진 규칙에 따라 100장의 카드로 게임을 한 후 마지막에 뒷면인 카드가 몇 장인지 출력합니다.

② 입력과 출력

입력	출력
• 카드 100장 • 카드의 상태(앞면, 뒷면) • 게임의 횟수 번호(1~100)	게임이 끝난 후 뒷면인 카드의 개수

〈표 4.3.1〉 프로그램 입력과 출력

③ 입출력 처리 방법 구상

① 카드 100장
1부터 100까지의 카드 상태를 확인해야 하므로 for 문으로 1부터 100까지 반복합니다.

② 카드의 상태
- 게임의 횟수에 따라 카드의 상태를 바꿔줘야 하는데, 이전의 상태를 알아야 반대로 바꿀 수 있기 때문에 100장의 카드 상태가 저장되어 있어야 합니다.
- 상태가 앞면, 뒷면만 있으니 0과 1이나 True/False와 같이 bool과 같은 형태면 됩니다.
  → 0과 1로 이루어진 데이터 100개를 리스트로 만듭니다.

③ 게임의 횟수 번호
횟수 번호의 배수에 따라 카드 상태를 바꾸므로 for 문으로 1부터 100까지 반복합니다.

④ 상태가 뒷면인 카드의 개수
입력이 0이나 1이 100개 있는 리스트이니 뒷면을 1로 하고, 리스트의 데이터 총 합계를 구하면 상태가 뒷면인 카드의 개수가 나옵니다.

구분	항목	구현 방법
입력	카드 100장	for 문으로 1부터 100까지 반복
	카드 상태(앞면, 뒷면)	앞면이 0, 뒷면은 1로 하는 데이터 개수가 100개인 리스트
	게임의 횟수 번호	for 문으로 1부터 100까지 반복
출력	게임 완료 후 상태가 뒷면인 카드의 개수	입력 리스트를 sum( )으로 총합을 계산

〈표 4.3.2〉 구현 방법 구상

4 동작 순서 계획

이번 프로그램은 반복문과 조건문이 많이 중복되어 순서도를 그리면 상당히 복잡해집니다. 그래서 다음의 그림과 같이 대략적인 실행 순서만 계획해봅니다.

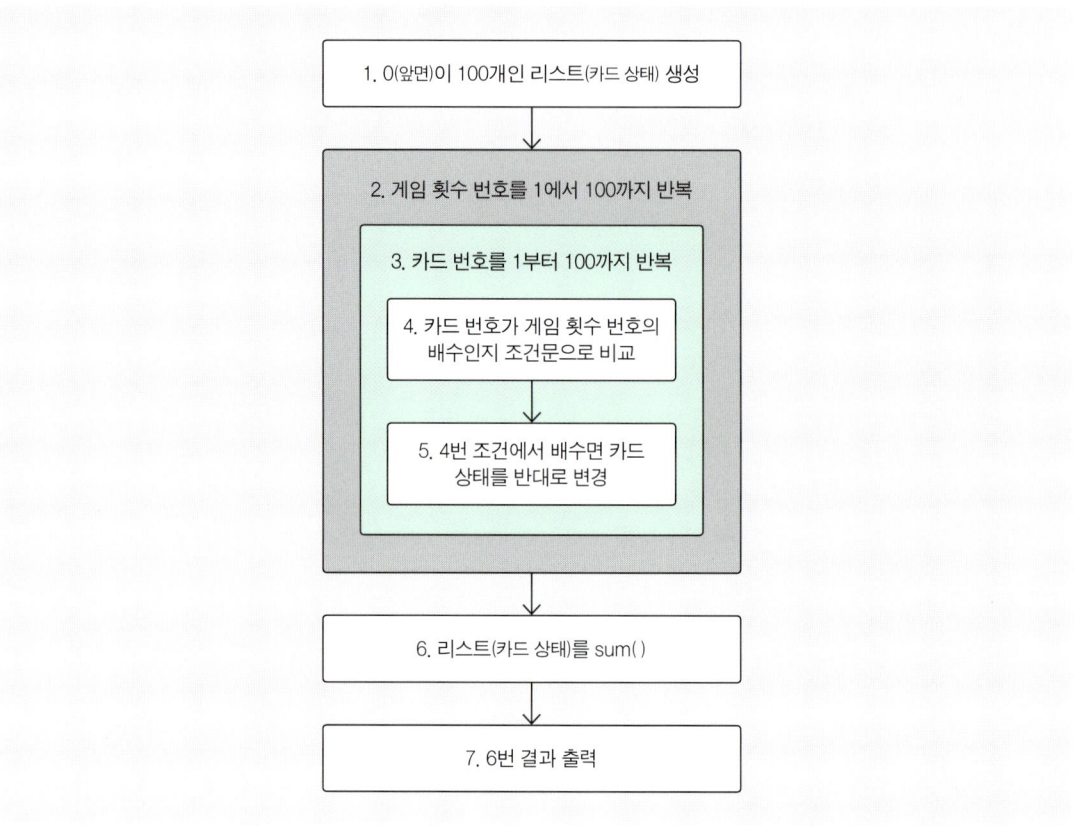

<그림 4.3.2> 프로그램 동작 순서

Section 03 >>> 단계별 프로그램 완성

1 카드 100장의 앞/뒷면 상태 리스트 선언

처음에 모든 카드가 다 앞면인 상태로 시작해서 첫 번째 게임에서 모든 카드를 뒤집은 상태로 만들 수 있도록 0을 100번 추가합니다.

```
# 1. 카드 상태 저장 변수를 리스트로 만들기
card_status = []            # 변수를 빈 리스트로 먼저 만들기
for i in range(100):        # 100번 반복을 위한 for 문
    card_status.append(0)   # 카드가 앞면인 상태를 0으로 하여 추가
```

〈project_3_basic〉 # 1

이 방법 외에 리스트에 똑같은 값을 반복해서 넣는 방법을 써보겠습니다.

① 리스트 내포

```
card_status = [0 for i in range(100)]
```

② 리스트 곱하기

```
card_status = [0] * 100
```

② 게임 횟수를 번호순으로 1번부터 100번까지 반복

게임 횟수 번호마다 카드 번호를 1~100까지 확인하는 순서이기 때문에 반복문은 게임 횟수 번호부터 먼저 만들어야 합니다.

```
for game_num in range(1, 101):    # 2. 게임 횟수 번호를 1부터 100까지 반복
```

〈project_3_basic〉 # 2

③ # 2의 for 문 안에서 카드 번호를 1부터 100까지 반복

```
    for card_num in range(1, 101):  # 3. 카드 번호를 1부터 100까지 반복
```

〈project_3_basic〉 # 3

4 # 3의 for 문 내부에서 카드 번호가 게임 횟수 번호의 배수인지 확인

한 숫자가 다른 숫자의 배수인지 확인하는 방법은 어떤 것이 있을까요? 카드의 번호를 횟수 번호로 나눠 나머지가 0이면 카드 번호가 횟수 번호의 배수가 되는 것입니다.

```
            # 4. 카드 번호가 게임 횟수 번호의 배수 인지 확인
            if card_num % game_num == 0:  # 나눈 나머지가 0인지(배수) 확인
```

⟨project_3_basic⟩ # 4

5 카드 상태를 확인하고 반대로 변경

카드 상태가 저장된 리스트 card_status에서 지금 카드 번호의 위치에 있는 숫자(상태)를 확인해 0이면 1로, 1이면 0으로 바꿉니다. 카드 상태를 확인하는 리스트 인덱싱에서 card_num에 1을 빼주는 이유는 이미 알고 있겠지만 리스트는 인덱스가 0부터 시작하기 때문입니다(카드 번호는 1부터 시작).

```
                # 5. 카드 상태를 확인하고 반대로 바꾸기
                if card_status[card_num-1] == 0:  # 상태가 0(앞면)이면
                    card_status[card_num-1] = 1    # 상태를 1(뒷면)로 바꿈
                else:                              # 상태가 1(뒷면)이면
                    card_status[card_num-1] = 0    # 상태를 0(앞면)으로 바꿈
```

⟨project_3_basic⟩ # 5

6 최종으로 뒷면인 카드의 개수 출력

카드가 뒷면이면 카드의 상태가 1이라고 했으므로 card_status 내부 데이터들의 전체 합을 구하면 간단하게 확인할 수 있습니다.

```
# 6. 결과 출력
print(sum(card_status))  # 리스트 합(sum) 출력
```

⟨project_3_basic⟩ # 6

7 전체 코드와 실행 결과

```python
# 1. 카드 상태 저장 변수를 리스트로 만들기
card_status = []              # 변수를 빈 리스트로 먼저 만들기
for num in range(100):        # 100번 반복을 위한 for 문
    card_status.append(0)     # 카드가 앞면인 상태를 0으로 하여 추가

# 게임 번호, 카드 번호 반복하며 사물함 상태 바꾸기 시행
for game_num in range(1, 101):        # 2. 게임 횟수 번호를 1부터 100까지 반복
    for card_num in range(1, 101):    # 3. 카드 번호를 1부터 100까지 반복

        # 4. 카드 번호가 게임 횟수 번호의 배수인지 확인
        if card_num % game_num == 0:  # 나눈 나머지가 0인지(배수) 확인

            # 5. 카드 상태를 확인하고 반대로 바꾸기
            if card_status[card_num-1] == 0:  # 상태가 0(앞면)이면
                card_status[card_num-1] = 1   # 상태를 1(뒷면)로 바꿈
            else:                             # 상태가 1(뒷면)이면
                card_status[card_num-1] = 0   # 상태를 0(앞면)으로 바꿈

# 6. 결과 출력
print(sum(card_status))       # 리스트 합(sum) 출력
```

〈project_3_basic〉

```
10
```

〈실행 결과〉

프로그램 실행 결과 100번의 뒤집기 게임이 끝난 후 총 10장의 카드가 뒷면인 상태인 것으로 확인되었습니다.

Section 04 >>> 프로그램 업그레이드

뒷면 상태인 카드가 몇 장인지는 리스트 데이터의 합을 계산하는 sum( )을 사용했는데, 여기서 궁금한 점이 생겼습니다. 과연 몇 번 카드들이 뒷면일까요? 뒷면인 카드의 번호를 리스트(result)로 출력하도록 업그레이드 해보겠습니다.

최종으로 〈project_3_basic〉이 실행되고 나면 card_status가 마지막 카드의 상태로 저장되어 있습니다. 이 중 값이 1인 카드의 번호를 찾아 새로운 리스트에 추가하고 출력하면 됩니다. 말로 하면 쉬워 보이지만 리스트의 자리 번호와 카드 번호를 잘못 사용하면 전혀 다른 결과가 나올 수 있으니 카드 번호를 따로 증가시키는 코드를 만들어 다음과 같은 순서로 진행하면 됩니다.

① 결과를 저장할 리스트 result를 빈 리스트로 만듭니다.
② 리스트에 저장할 카드 번호를 변수 card_num으로 해서 1로 초기화합니다.
③ for 문으로 card_status를 하나씩 읽어 값이 1이면 result에 추가합니다.
④ 조건문으로 확인이 끝나면 card_num을 1 증가시킵니다.
⑤ for 문이 끝나고 나면 result를 출력합니다.

〈project_3_basic〉의 마지막 부분에 이어서 코드를 만들어보겠습니다.

```python
# 7. 업그레이드(최종으로 뒷면인 카드 번호 출력)
result = []           # A. 빈 리스트 만들기

card_num = 1          # B. 카드 번호를 1로 초기화

for status in card_status:         # C. 카드 상태 리스트 데이터 반복
    if status == 1:                #    카드 상태가 뒷면인지 확인
        result.append(card_num)    #    뒷면이면 결과 리스트에 카드 번호 추가
    card_num += 1                  #    카드 번호 1 증가

print(result)                      # D. 결과 출력
```

〈project_3_upgrade〉 # 7

```
[1, 4, 9, 16, 25, 36, 49, 64, 81, 100]
```

〈실행 결과〉

Quiz 4-3 〈project_3_upgrade〉 # 7의 코드에서 enumerate( )를 사용해 카드 번호를 나타내는 변수 card_num을 사용하지 않고 구현 가능하도록 수정해보세요.

요약 정리

1. 조건문

① bool type
- True와 False 두 가지만 있으며, 첫 글자는 대문자
- True : 참, Yes
- False : 거짓, No

② 비교 연산자

연산자	의미
A > B	A가 B보다 크다.
A >= B	A가 B보다 크거나 같다.
A < B	A가 B보다 작다.
A <= B	A가 B보다 작거나 같다.
A == B	A와 B는 같다.
A != B	A와 B는 같지 않다/다르다.

③ 논리 연산자

연산자	의미
A and B	A 조건과 B 조건 둘 다 참이어야 참이 된다.
A or B	A 조건이나 B 조건 둘 중 하나라도 참이면 참이 된다.
not A	A 조건 결과의 반대다.

④ 조건문의 기본 구조

```
if 조건식1:
    실행 코드 1
    실행 코드 2
```

⋮
elif 조건식2:
    실행 코드 3
    실행 코드 4
⋮
else:
    실행 코드 5
    실행 코드 6
⋮

2. 반복문

① 반복문의 기본 구조
- for 문 + 리스트/딕셔너리

    for 변수 in 리스트/딕셔너리:
        반복 실행 코드

- for 문 + range( )

    for 변수 in range(시작 숫자, 끝 숫자+1, 간격):
        반복 실행 코드

- while 문

    조건식 변수 초기화
    while (조건식):
        반복 실행 코드
        조건식 변수 변화

② 반복문 선택의 기준
- 리스트나 딕셔너리와 같은 데이터 집합을 사용한 반복 → for 문 + 리스트/딕셔너리

- 반복 횟수만 입력해서 반복 → for 문 + range(반복 횟수)
- 숫자의 범위를 사용한 반복 → for 문 + range(시작 숫자, 끝 숫자+1, 간격)
- 반복 횟수를 모르는 반복 → while 문
- 무한 반복시키고 내부에 종료 조건 사용 → while 문
- 위 내용 이외의 경우 → for 문을 먼저 고려

③ 반복문 탈출
- 완전히 반복문을 종료하는 조건을 만들 때(반복문을 빠져나온다고 표현) → break
- 반복문에서 코드 실행을 제외할 조건을 만들어 이후의 코드는 생략하고 바로 다음의 반복이 계속되도록 만들 때 → continue

④ while 문을 사용할 때 조건 설정이 어려운 경우
- while True: 로 해서 무조건 반복 while 문 만들기
- 실행 코드에 조건문 + 탈출 명령어로 while 문을 끝내는 조건 추가

PART 5

파이썬의 화룡점정

제어문까지의 문법만으로도 원하는 활용이 가능하지만 완성된 기능을 코드 내에서 여러 번 사용하거나, 다른 프로그램에서 동일한 기능을 쓰고 싶을 때는 코드 복사만으로는 한계가 있습니다. 기능의 수정이나 개선이 필요한 경우 모든 코드를 열어 확인해야 하기 때문입니다. 이번 Part에서는 파이썬 기본 문법의 완성을 위한 마지막 점을 찍어보도록 하겠습니다.

학습 목표

- 함수의 필요성과 개념을 이해합니다.
- 기존 코드의 기능을 함수로 만들 수 있습니다.
- 클래스의 필요성과 개념을 이해합니다.
- 클래스의 구조를 이해하고 만들 수 있습니다.

Chapter 01

파이썬에 자판기가?

프로그램 내에서 자주 사용하게 되는 기능은 별도로 정의해 놓고 관리할 수 있습니다. 코드 어디에서든 기능을 불러 쓸 수 있고 정의한 부분만 수정하면 전체에 반영됩니다. 변수 사용의 필요성과도 비슷하다고 할 수 있습니다. 이렇게 기능을 정의해 놓고 사용하는 것을 함수(Function)라고 부르는데, 앞에서 많이 사용했던 print( )도 파이썬에 내장된 기본 함수인 것입니다.

Section 01 >>> 자판기 작동의 원리 생각해보기

주변에서 많이 볼 수 있는 자판기를 생각해보겠습니다. 자판기는 원하는 상품에 해당하는 금액의 돈을 넣고 선택하면 상품이 나옵니다.

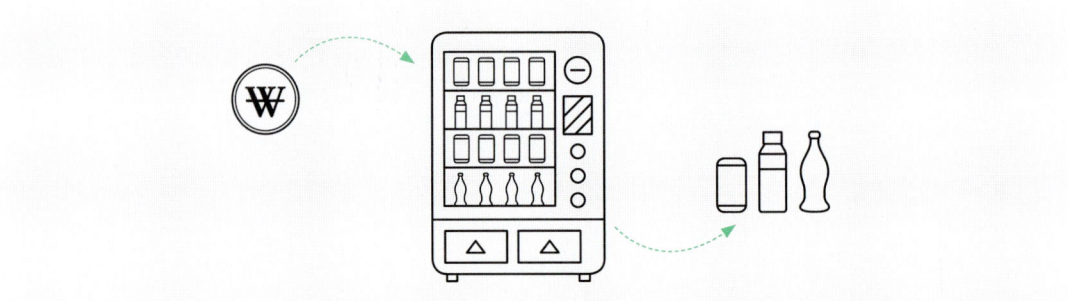

〈그림 5.1.1〉 음료 자판기 작동

우리는 정확히 자판기 안에서 어떤 세부적인 동작들이 이루어지는지 잘 모르지만 돈을 넣으면 상품이 나온다는 것은 알고 있습니다. 파이썬에서 함수를 만든다는 것은 이렇게 자판기 하나를 만드는 것과 같다고 할 수 있습니다. 다음과 같이 print( )의 괄호에 넣을 문자열이 함수 print( )에 입력되고, 화면에 문자열이 디스플레이되는 것이 print( )의 출력인 것입니다.

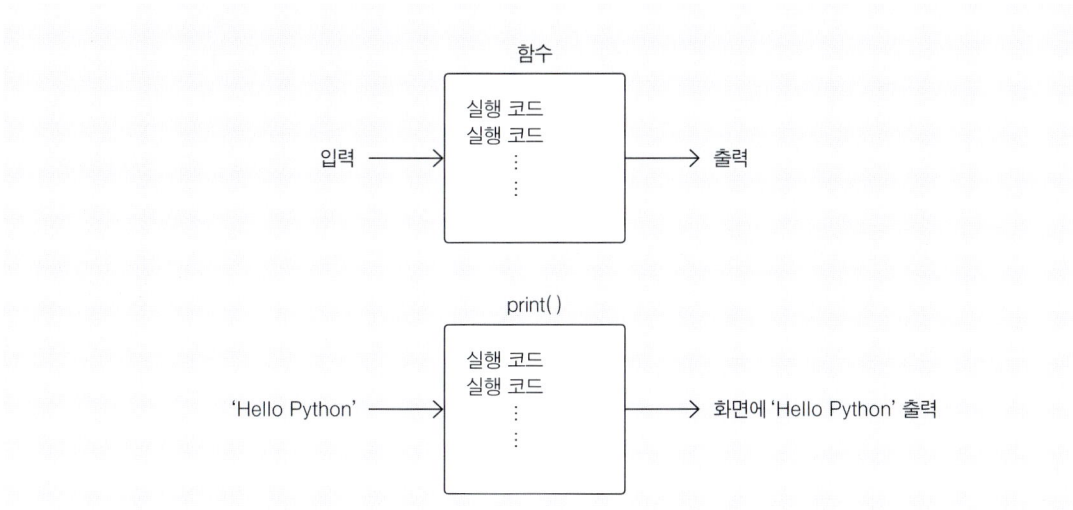

<그림 5.1.2> 함수의 입력과 출력

Section 02 >>> 프로그램 속에 자판기 만들기

파이썬에서 함수 만드는 것을 '함수를 정의한다'라고 표현합니다. 그래서 함수를 만드는 문법의 시작은 define의 앞글자인 def를 사용합니다. 파이썬에 있는 내장 함수들의 내부 실행 코드는 잘 모르지만 우리가 정의하는 함수는 직접 원하는 기능으로 만들어 넣을 수 있습니다.

```
def 함수 이름(변수1, 변수2):
    실행 코드 1
    실행 코드 2
        ⋮
```

'변수에 데이터를 받아서 내부 코드들을 실행한다.'는 의미입니다. 이 함수를 사용할 때는 정의한 대로 함수 이름과 데이터를 입력해주면 됩니다.

함수를 만드는 규칙은 다음과 같습니다.

① 함수의 이름도 변수의 이름을 만드는 규칙과 동일하게 적용됩니다.

② 함수의 정의에서 사용되는 변수는 수학 함수에서도 사용하는 매개 변수, 파라미터(Parameter)라고도 불립니다.

- 화면에 데이터를 출력하는 함수 print( )를 사용한다고 하면 괄호 안에 넣는 변수나 문자열 등의 값이 매개 변수에 전달되어 함수 내의 코드에 사용됩니다.
- 매개 변수는 실행 코드에서 사용하지 않으면 생략해도 되고, 여러 변수가 필요하면 콤마(,)로 구분해 적습니다.
- 매개 변수가 없으면 별다른 입력 값 없이 빈 괄호를 사용해서 함수를 쓸 수 있습니다.

③ 함수 정의의 마지막은 콜론(:)으로 끝내고 다음 줄부터는 들여쓰기를 합니다.

④ 파이썬은 맨 윗줄부터 순서대로 코드가 실행되는 스크립트 언어이기 때문에 함수를 사용하려는 위치보다 이전에 함수 선언을 해야 합니다. 그렇지 않으면 선언되지 않는 변수를 사용하는 것과 마찬가지로 NameError가 발생합니다.

코드 내에서 함수를 사용하는 방법은 print( )를 사용하는 방법과 동일합니다. 함수를 사용하는 것을 보통 '호출한다'라고 표현하는데, 함수 이름을 쓰고 매개 변수가 필요한 함수면 정의한 순서와 개수에 맞게 전달해야 합니다. 만일 매개 변수로 이름과 금액 순서로 데이터를 받아 사용하는 함수인데 전달을 거꾸로 하면 원하는 실행이 이루어지지 않는 것입니다.

함수 이름(데이터1, 데이터2)

함수를 모르는 상황에서 콜라를 3회 출력, 사이다를 2회 출력하는 코드를 만든다고 하면 아래와 같은 코드였을 것입니다.

```python
# 1. 함수 미사용 시
for i in range(3):
    print('음료수 : 콜라')

for i in range(2):
    print('음료수 : 사이다')
```

〈코드 5.1.1〉 # 1

```
음료수 : 콜라
음료수 : 콜라
음료수 : 콜라
음료수 : 사이다
음료수 : 사이다
```

〈실행 결과〉

음료수를 출력하는 기능이 동일하게 계속 반복됩니다. 음료수의 종류와 반복 횟수만 달라지는 형식이죠. 이렇게 반복되는 기능에 대해서 함수로 만들면 코드는 간단해지고 기능 사용도 편리해지는데, 단계별로 함수를 사용하면서 앞의 코드를 개선해보겠습니다.

첫 번째 기본 자판기는 물만 뽑을 수 있게 만들었습니다.

```python
# 2. 기본 함수 선언
def machine_1():
    print('음료수 : 물')

# 함수 호출
machine_1()
```

〈코드 5.1.1〉 # 2

```
음료수 : 물
```

〈실행 결과〉

두 번째 자판기는 원하는 음료수를 뽑을 수 있는데, 원하는 음료수를 데이터로 전달해주어야 합니다.

```python
# 3. 매개 변수 사용 함수_1
def machine_2(beverage):
    print('음료수 :', beverage)

machine_2('콜라')
```

〈코드 5.1.1〉 # 3

```
음료수 : 콜라
```

〈실행 결과〉

세 번째 자판기는 원하는 음료수의 선택과 수량을 전달할 수 있습니다.

```
# 4. 매개 변수 사용 함수_2
def machine_3(beverage, qty):
    for i in range(qty):
        print('음료수 :', beverage)

machine_3('사이다', 2)
```

〈코드 5.1.1〉 # 4

```
음료수 : 사이다
음료수 : 사이다
```

〈실행 결과〉

함수 사용은 코드 여러 부분에서 동일 기능을 사용할 때 외에 코드를 간결하게 바꾸는 효과도 있습니다. 미리 선언된 함수를 호출하는 코드만으로도 기능을 알아볼 수 있으니 깔끔하게 정리된다는 이야기입니다. 오른쪽은 웹 사이트의 게시판 크롤링을 하는 프로그램 구조인데, 기능별로 코드 초반에 선언하고 나면 실제 실행되는 코드 부분은 함수 호출만 있어서 간단해 보입니다. 해당 기능에 이상이 생기면 함수 선언 쪽에 가서 디버깅을 하면 되는 것이죠.

```
def 데이터_저장():
    실행 코드
        ⋮

def 데이터_체크():
    실행 코드
        ⋮

def 크롤링():
    실행 코드
        ⋮

크롤링()
데이터_체크()
데이터_저장()
```

처음 만들었던 콜라 3회 출력, 사이다 2회 출력을 machine_3( ) 함수 호출로 만들어보겠습니다.

```
# 5. # 1을 함수 사용으로 변경
machine_3('콜라', 3)
machine_3('사이다', 2)
```

〈코드 5.1.1〉 # 5

Section 03 >>> 자판기 내부 들여다보기

어렸을 때의 일입니다. 친구들과 도서관에서 반숙, 완숙 등 선택에 따라 삶은 달걀이 나오는 자판기를 보고 친구들끼리 '자판기 안에 사람이 들어가서 달걀을 삶고 있다가 주는 것 아니냐'며 자판기를 앞뒤로 살펴봤던 일이 생각나네요.

진짜 그 안에 사람이 있다 해도 우리가 볼 수 없는 것처럼 함수 내부에서 사용되는 변수는 외부에서 확인할 수 없습니다. 따라서 함수를 사용하게 되면 변수 사용에 주의해야 합니다.

지금부터 함수 내/외부에서 변수를 사용해 코드를 만들어보겠습니다. 함수 내부에 들여쓰기로 입력된 코드가 아닌 코드는 함수 외부 코드 또는 메인 코드라고 표현합니다.

아래 코드를 살펴보면 물을 3병 선택했는데, 자판기에 남은 수량이 2병만 있어 물 2병이 출력되었습니다. 어떻게 작동한 것일까요?

```
def machine(beverage, qty):
    qty = 2 # 자판기에 남은 수량
    
    for i in range(qty):
        print('음료수 :', beverage)

select = '물'
qty = 3

machine(select, qty)

print('주문 수량 확인 :', qty)
```

〈코드 5.1.2〉

```
음료수 : 물
음료수 : 물
주문 수량 확인 : 3
```

〈실행 결과〉

함수 외부의 메인 코드와 함수 내부의 코드를 분리해 변수들에 값이 전달되는 것을 비교해보겠습니다.

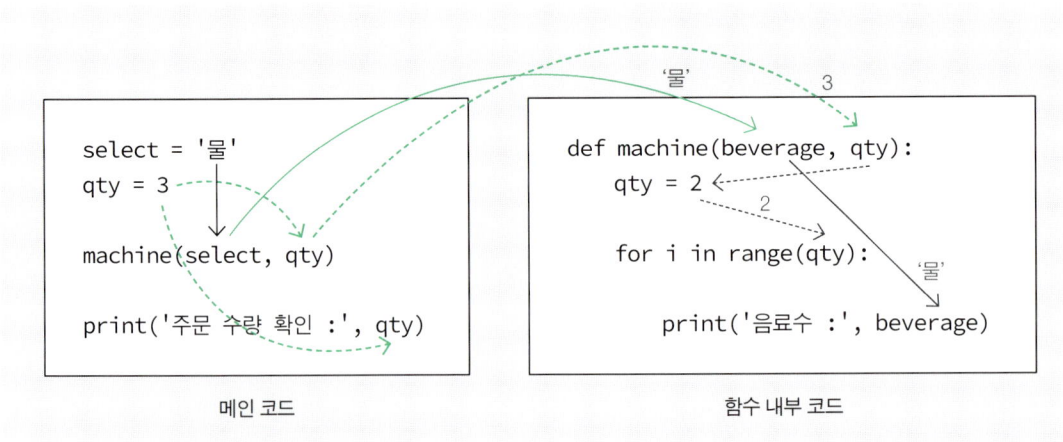

〈그림 5.1.3〉 함수 내/외부 변수 비교

메인 코드에서는 select에 물, qty에 3이 함수에 전달되었습니다. 그런데 함수 내부에서는 qty에 2가 다시 저장되면서 물이 두 번 나온 것입니다. 메인 코드에서 마지막에 qty를 출력하면 메인에 저장되었던 3이 출력됩니다. 함수 내부에서는 메인에서 사용하는 변수와 동일한 이름을 쓰더라도 내부에서만 영향을 미치는 별도의 변수인 것입니다. 그리고 외부에서는 이 내부 변수를 확인할 수가 없습니다. 위 예제 코드를 통해 2가지를 확인할 수 있습니다.

1 함수 호출 시에 전달하는 데이터의 이름

함수 정의에 쓴 매개 변수는 함수 안에서만 사용하겠다는 의미이므로, 함수를 호출하는 메인에서 전달하는 변수의 이름과 같을 필요는 없습니다. 호출할 때 전달하는 데이터가 매개 변수의 순서와 개수가 맞기만 하면 됩니다. 이 코드에서 machine 함수를 호출할 때 수량, 선택 음료의 순서로 전달하거나 전달을 하나만 하면 안 된다는 의미입니다.

2 함수 외부와 내부의 변수 차이

함수 외부(메인)에서 선언되고 사용되는 변수를 전역 변수(Global Variable)라 하고, 함수 내부에서 사용되는 변수를 지역 변수(Local Variable)라고 합니다. 전역 변수는 코드 어디서든 사용할 수 있는 변수이기 때문에 함수 내에서 변경할 수도 있지만 지역 변수는 함수 내에서만 사용하기 때문에 외부에서 확인할 수 없습니다.

그럼 전역 변수를 함수 내에서 사용하는 코드를 만들어보겠습니다. 물의 가격이 1000원이라 물이 나올 때마다 전역 변수인 my_money에서 1000원을 빼는 함수입니다. 그런데 다음과 같이 함수 내에서는 바로 전역 변수를 수정할 수가 없습니다.

```python
def machine(beverage, qty):
    price = 1000  # 지역 변수

    for i in range(qty):
        print('음료수 :', beverage)
        my_money = my_money - price  # my_money -= price와 동일


select = '물'
qty = 3
my_money = 5000

print('보유 금액 :', my_money)

machine(select, qty)

print('남은 금액 :', my_money)
```

〈전역 변수 사용 오류가 발생하는 코드 예시〉

함수 내의 my_money를 지역 변수로 인식하고 이전 값이 얼마인지 선언되지 않았다고 인식해 UnboundLocalError가 발생합니다. 전역 변수는 함수 내에서 바로 수정할 수 없기 때문에 지역 변수로 인식하는 것입니다.

〈코드 5.1.3〉과 같이 전역 변수를 함수 내에서 수정하고자 하면 전역 변수임을 미리 알려주어야 합니다. 수정하지 않고 읽기만 한다면 global로 전역 변수를 사용한다고 알리지 않아도 됩니다.

```
def machine(beverage, qty):
    price = 1000  # 지역 변수

    global my_money  # 전역 변수 사용 선언

    print(select)  # 전역 변수 읽기는 global 선언 없이 가능

    for i in range(qty):
        print('음료수 :', beverage)
        my_money = my_money - price  # my_money -= price와 동일


select = '물'        # 전역 변수
qty = 3             # 전역 변수
my_money = 5000     # 전역 변수

print('보유 금액 :', my_money)

machine (select, qty)

print('남은 금액 :', my_money)
```

〈코드 5.1.3〉

```
보유 금액 : 5000
물
음료수 : 물
음료수 : 물
음료수 : 물
남은 금액 : 2000
```

〈실행 결과〉

전역 변수와 지역 변수를 정리하면 다음 표와 같습니다. 함수가 많아지고 여러 부분에서 변수들을 사용하면 생각하지 못했던 변수에 문제가 생길 수 있으니 수정하지 않아도 함수 내에서는 global로 선언해주는 것이 안전한 방법일 수 있습니다.

추가로 함수 내에 전역 변수가 아닌 지역 변수를 global로 선언하면 전역 변수처럼 사용이 가능합니다.

기능		전역 변수	지역 변수
함수 외부	읽기	O	X
	수정	O	X
함수 내부	읽기	O	O
	수정	△ (global로 선언 시 가능)	O

〈표 5.1.1〉 변수의 기능 구분

코드 내에서 변수가 전역 변수와 지역 변수 중 어디에 속하는지 확인할 수 있습니다.

① **globals( )**

현재 실행되고 있는 코드의 전역 변수들이 딕셔너리로 저장됩니다.

- 직접 코드에서 선언한 변수 외에도 익숙한 내장 함수들도 모두 확인이 가능합니다.
- 전역 변수로 생성되는 순서대로 저장되어 있습니다.

```
In[1]: globals()
Out[1]:
{'__name__': '__main__',
    ⋮
 'len': <function len(obj, /)>,
 'locals': <function locals()>,
 'max': <function max>,
 'min': <function min>,
    ⋮
 'print': <function print>,
    ⋮
 'sorted': <function sorted(iterable, /, *, key=None, reverse=False)>,
 'sum': <function sum(iterable, /, start=0)>,
    ⋮
 'enumerate': enumerate,
    ⋮
 'vending': <function __main__.vending(beverage, qty)>,
 'select': '물',
 'qty': 3,
 'my_money': 2000}
```

〈코드 5.1.3〉을 실행한 후 콘솔에서 전역 변수 확인

② locals( )

코드의 지역 변수들이 딕셔너리로 저장됩니다.

- 코드의 어느 부분에서 출력하느냐에 따라 다른 값이 나옵니다. 메인 코드에서 지역 변수들을 출력하면 전역 변수가 메인 코드에서는 지역 변수를 의미하므로 앞에서 전역 변수를 출력한 결과와 똑같은 결과가 나옵니다.
- <코드 5.1.3>의 경우 machine( ) 함수 내에서 locals( )를 출력해야 다음과 같이 함수 내에서만 사용 가능한 지역 변수들이 출력됩니다.

```
보유 금액 : 5000
물
음료수 : 물
음료수 : 물
음료수 : 물
{'beverage': '물', 'qty': 3, 'price': 1000, 'i': 2}
남은 금액 : 2000
```

<코드 5.1.3>의 machine( ) 함수 내에서 locals( )를 출력한 결과

Quiz 5-1 <코드 5.1.3>의 코드를 수정해 위와 같은 결과가 나오도록 해보세요. locals( )를 출력하는 코드만 한 줄 추가하면 됩니다.

Section 04 >>> 고장난 자판기 고치기

지금까지의 함수를 사용한 예제는 자판기로 비유하면 상품이 밖으로 나오지 않은 것입니다. 함수 내부에서 출력은 되었지만 내부에 있는 변수는 외부에서 사용하지 못하기 때문입니다. 이 고장난 자판기를 고쳐보도록 하겠습니다.

```
def 함수 이름(매개 변수):
    실행 코드 1
    실행 코드 2
         ⋮
    return 반환 데이터
```

'함수 호출 시 전달받은 데이터를 매개 변수로 내부 코드들을 실행하고 반환 데이터를 다시 돌려준다.'는 의미입니다. 반환 데이터에는 값 자체를 넣을 수도 있고, 데이터가 저장된 변수를 넣을 수도 있습니다.

이렇게 하면 반환되어 돌아오는(return) 값이 있다는 것인데, 우리는 이미 이런 함수를 사용해봤습니다. 대표적으로 문자열에서 len( )은 문자의 개수가 반환되었고, type( )은 데이터 타입이 반환되었던 것입니다. 반환하는 데이터의 개수에 맞게 외부 코드에서도 반환을 받아 저장할 변수를 적어주어야 합니다.

변수 = 함수 이름(데이터)

그럼 〈코드 5.1.3〉을 전역 변수를 사용하지 않고, 보유 금액을 반환받아 my_money에 저장하도록 바꿔보겠습니다. 복잡한 계산이 되도록 가격과 수량을 변경했습니다.

```python
def machine(money, beverage, qty):
    price = 1460
    
    for i in range(qty):
        print('음료수 :', beverage)
        money -= price   # money = money - price와 동일
    
    return price, money  # price와 money를 반환


select = '콜라'
qty = 4
my_money = 10000

print('보유 금액 :', my_money)

# 반환되는 price와 money를 price와 my_money로 받아서 저장
price, my_money = machine(my_money, select, qty)

print('가격 : %s' % price)
print('남은 금액 :', my_money)
```

〈코드 5.1.4〉

```
보유 금액 : 10000
음료수 : 콜라
음료수 : 콜라
음료수 : 콜라
음료수 : 콜라
가격 : 1460
남은 금액 : 4160
```

〈실행 결과〉

함수 machine( )은 다음과 같이 작동합니다.

① 매개 변수는 money로 자판기 이용 전의 금액과 beverage로 음료, qty로 수량을 받습니다.
② 금액으로 사용할 지역 변수로 price에 1460을 저장합니다.
③ 주문한 수량 qty만큼 반복해서 beverage를 출력하고 money에서 price를 빼줍니다.
④ 반복문이 끝나면 price와 money를 리턴(반환)합니다.

함수를 만들 때는 어떤 값을 매개 변수로 받아 사용하고 어떤 값을 반환할지 잘 계획해야 합니다. 매개 변수 자체가 없어도 되는지, 반환 값 없이 작동시킬지 등 프로그램을 만들 때와 동일하게 입력, 출력 및 동작 순서까지 생각해보도록 합시다. 함수 하나도 작은 프로그램과 같기 때문입니다.

한 - 걸음 - 더

1 함수에 전달하는 데이터의 정확한 표현

함수 정의에 사용하는 변수를 매개 변수라고 했습니다. 함수를 호출할 때는 이 매개 변수에 해당하는 값을 전달해야 하는데, 이 값을 인수(Argument)라고 합니다. 흔히 인자라고도 부르는데 인수가 정확한 표현입니다. 함수를 호출할 때는 함수에 정의된 매개 변수에 맞게 인수를 전달해주어야 합니다.

함수의 정의와 사용에 대한 문법을 정리하면 다음과 같습니다.

함수 정의	def 함수 이름(매개 변수):
	    실행 코드 1
	    실행 코드 2
	        ⋮

함수 사용	함수 이름(인수)

2 함수 내부에서 전역 변수 선언

함수 내부에서 사용할 용도로 만든 변수도 global로 선언하면 함수 내부에서 선언되었지만 전역 변수가 되어 외부에서도 사용이 가능합니다. 아래 코드는 〈코드 5.1.4〉에서 machine() 함수를 통해 price를 반환받았던 것을 지우고, 함수 내부에서 global로 price를 전역 변수로 선언했습니다. 코드에서 보이는 것처럼 함수 외부에서 사용 가능한 것을 확인할 수 있습니다.

```python
def machine(money, beverage, qty):
    global price  # price를 전역 변수로 선언
    price = 1460

    for i in range(qty):
        print('음료수 :', beverage)
        money -= price  # money = money - price와 동일

    return money  # money를 반환
```

```
select = '콜라'
qty = 4
my_money = 10000

print('보유 금액 :', my_money)

# 반환되는 money를 my_money로 받아서 저장
my_money = machine(my_money, select, qty)

# 함수 내부에서 전역 변수로 선언한 price 사용 가능
print('가격 : %s' % price)
print('남은 금액 :', my_money)
```

〈코드 5.1.5〉

```
보유 금액 : 10000
음료수 : 콜라
음료수 : 콜라
음료수 : 콜라
음료수 : 콜라
가격 : 1460
남은 금액 : 4160
```

〈실행 결과〉

3 기본 매개 변수 사용(default parameter)

리스트의 데이터를 정렬하는 함수는 sort( )인데, 이 함수의 매개 변수는 key와 reverse가 있습니다. sort의 정의는 다음과 같습니다.

$$sort(key=None, reverse=False)$$

매개 변수 key는 정렬의 기준에 해당하는 별도의 함수를 넣을 수 있고, reverse는 True나 False를 넣어 정렬 방법을 지정할 수 있습니다. 그런데 sort 함수는 key=None으로 reverse=False로 정의되어 있습니다. 별도의 인수 없이 함수를 호출하면 함수 정의에서 매개 변수에 지정한 값으로 함수가 작동한다는 것입니다. 그래서 '문자열 리스트.sort( )'라고 하면 유니코드 기준의 오름차순으로 정렬되는 것입니다. 인수를 전달하면 기본 값 대신 전달한 값이 적용됩니다. 추가로 호출할 때 직접 매개 변수명을 입력해 값을 넣어주면 매개 변수의 순서를 지키지 않아도 됩니다.

아래는 〈코드 5.1.5〉를 수정한 코드인데 하나씩 살펴보겠습니다.

① 매개 변수 기본 값 적용

- 매개 변수 중 beverage 하나만 '물'로 기본 값 설정을 했는데, 이렇게 매개 변수 전체가 기본 값을 지정하지 않은 경우는 기본 값을 지정하는 매개 변수를 뒤쪽에 입력합니다.
- beverage를 다른 값으로 넣고 싶으면 인수로 값을 넣으면 됩니다.

② 인수 전달

함수 호출 시 인수 값만 적는 것이 아니라 '매개 변수=인수 값'의 형태로 입력하면 매개 변수의 순서를 지키지 않아도 됩니다.

```python
# beverage는 물을 기본 값으로 사용하도록 함수 선언
def machine(money, qty, beverage='물'):  # 함수 선언 수정
    global price
    price = 1460
    
    for i in range(qty):
        print('음료수 :', beverage)  # 전달된 인수가 없어 기본 값 사용
        money -= price
    
    return money


select = '콜라'
qty = 4
my_money = 10000

print('보유 금액 :', my_money)

# 매개 변수에 직접 값을 입력할 경우 순서 상관없음
my_money = machine(qty=qty, money=my_money)  # 인수 전달 방법 수정

print('가격 : %s' % price)
print('남은 금액 :', my_money)
```

〈코드 5.1.6〉

```
보유 금액 : 10000
음료수 : 물
음료수 : 물
음료수 : 물
음료수 : 물
가격 : 1460
남은 금액 : 4160
```

〈실행 결과〉

4 나만의 모듈 만들기

기본 문법까지 공부한 다음에 여러 활용을 하다 보면 자주 사용하게 되는 기능이 생기기 마련입니다. 이런 기능들은 별도로 py 파일로 만들어 놓고 모듈처럼 사용하면 새로운 프로그램 개발도 쉽게 할 수 있고, 기능 업그레이드나 코드를 수정하기에도 수월합니다. 모듈은 여러 가지 기능들을 모아서 만든다고 했는데, 기능이라고 표현한 함수만이 아니라 변수나 뒤에서 설명하게 될 클래스 등을 모아 사용할 수도 있습니다.

프로젝트로 만들었던 프로그램 중 몇 가지 기능을 모아서 모듈로 만들어보겠습니다. 입력을 완료한 뒤에 my_function.py로 저장합니다. 〈my_function.py〉는 함수들만 정의한 코드이기 때문에 이 파일 자체로는 실행되는 결과가 없습니다.

① 랜덤으로 n개의 숫자를 뽑고 합을 구해서 반환(Project 1, 085쪽 참조)
② 특정 값으로 n개의 데이터를 가지는 리스트 반환(Project 3, 193쪽 참조)
③ 리스트 내에 원하는 값이 있는 위치 반환(Project 3, 193쪽 참조)

각 함수마다 입력으로 필요한 데이터와 출력 데이터를 함수의 기능에 맞게 선정해야 합니다. 첫 번째 함수의 경우 n개라는 입력이 필요하고, 출력인 결과는 랜덤 숫자가 들어간 리스트와 총합이 좋을 것 같네요. 랜덤 숫자는 몇 개가 될지 모르지만 리스트 형태로 반환하면 인덱싱을 통해 그 값을 활용할 수 있기 때문입니다.

```
# 1. n개의 랜덤 정수와 총합 계산
import random  # random 모듈 호출

def random_num(n):
```

```
    result = []  # 랜덤 정수를 넣을 빈 리스트

    for i in range(n):  # n번의 랜덤 정수를 리스트에 추가
        result.append(random.randint(1, 10))

    total_sum = sum(result)  # 총합 계산

    return result, total_sum  # 랜덤 정수 리스트와 총합 반환
```

〈my_function〉 # 1

다음 함수는 원하는 값 x를 n개의 데이터로 가지는 리스트 함수를 만들기 위해 x와 n을 매개 변수로 하고 결과 리스트를 반환하면 됩니다.

```
# 2. x의 값을 n개의 데이터로 가지는 리스트 반환
def list_make(x, n):
    result = []         # 결과가 저장될 리스트
    for i in range(n):  # x 추가를 n번 반복
        result.append(x)

    return result  # 리스트 반환
```

〈my_function〉 # 2

아래의 경우는 리스트 data와 확인할 값 value를 전달받아 값이 들어있는 위치를 데이터로 하는 리스트를 새로 만들어 반환합니다.

```
# 3. 리스트 내에 특정한 값이 있는 위치를 리스트로 반환
def pos_check(data, value):
    result = []    # 결과가 저장될 리스트

    idx = 1  # 초기화

    for i in data:  # 전달받은 리스트 데이터 확인
        if i == value:  # 특정한 값(value)과 같은지 비교
```

```
        result.append(idx)
    idx += 1 # 1씩 증가

    return result # 리스트 반환
```

`<my_function>` # 3

저장한 후에 같은 폴더에서 새 파일을 만들어 아래와 같이 my_function 모듈을 import한 다음 각 함수의 매개 변수에 맞는 데이터를 전달해 호출해보겠습니다. 모듈은 py 파일이므로 파일명이 모듈명이라고 생각하면 됩니다. 모듈인 my_function 안에 있는 함수를 호출하려면 my_function.을 앞에 붙여야 합니다.

① 모듈 import

```
import 모듈
import 모듈1, 모듈2, …
```

② 모듈 내의 변수, 함수, 클래스 사용

```
모듈.변수
모듈.함수()
모듈.클래스()
```

```
import my_function # my_function 모듈 import

# 1. 4개의 랜덤 정수와 총합 계산
num_list, num_sum = my_function.random_num(4)
print('random_num :', num_list, num_sum)

# 2. 5를 20개의 데이터로 가지는 리스트 반환
data = my_function.list_make(5, 20)
print('list_make :', data)
```

```
# 3. 리스트 내에 2가 있는 위치를 리스트로 반환
a_list = [2, 4, 6, 2, 2, 5, 6, 2, 6, 3, 6, 2, 2]
result = my_function.pos_check(a_list, 2)
print('pos_check :', result)
```

〈코드 5.1.7〉

```
random_num : [10, 3, 6, 7] 26
list_make : [5, 5, 5, 5, 5, 5, 5, 5, 5, 5, 5, 5, 5, 5, 5, 5, 5]
pos_check : [1, 4, 5, 8, 12, 13]
```

〈실행 결과〉

5 모듈 import 방법

파이썬의 기본 모듈이나 별도로 만든 모듈을 쓰기 위해서는 import를 해야 하는데, 전체를 다 가져올 수도 있고 모듈에서 필요한 함수만 가져올 수도 있습니다. 추가로 모듈이나 함수를 간략한 문자로 별칭을 만들어 사용하는 것도 가능합니다. 앞의 my_function을 예로 들어 보면 아래와 같이 조건별로 import 방식을 다르게 하면 됩니다.

① my_function을 import

```
import my_function
```

• 사용 방법

```
my_function.list_make(데이터, 개수)
```

```
my_function.pos_check(리스트, 데이터)
```

② my_function의 특정 함수만 import

```
from my_function import list_make
```

```
from my_function import list_make, pos_check
```

- 사용 방법

```
list_make(데이터, 개수)
```

```
pos_check(리스트, 데이터)
```

③ my_function의 모든 함수를 따로 import

```
from my_function import *
```

- 사용 방법

```
list_make(데이터, 개수)
```

```
pos_check(리스트, 데이터)
```

④ 모듈이나 함수 import 시 별도 이름(alias, 별명, 별칭) 사용

```
import my_function as mf
```

• 사용 방법

mf.list_make(데이터, 개수)

mf.pos_check(리스트, 데이터)

Chapter

파이썬으로 만드는 공장

이번 장에서는 여러 종류의 자판기를 만들고 관리하는 프로그램을 만들면서 기본 문법의 마지막 개념인 클래스(Class)에 대해 이해해보고자 합니다. 내용이 어렵지만 최근 많은 프로그래밍 언어들이 사용하는 개념이고, 파이썬으로 GUI(Graphical User Interface, 컴퓨터와 대화하는 방식이 마우스로 화면에 있는 메뉴를 선택하거나 버튼을 누르는 형태로 대부분의 프로그램들이 GUI 프로그램입니다.) 프로그램을 만들기 위해서는 클래스의 구조를 알아야 하므로 차근차근 공부해보도록 하겠습니다.

Section 01 >>> 자판기 공장 운영

아래 그림과 같은 조건으로 자판기 만드는 회사를 운영한다고 가정하겠습니다. 이 자판기는 어디에 설치되든지 회사에서 원격으로 모든 작동과 관리가 가능합니다. 첫 번째 모델을 만들어 코드를 테스트해보겠습니다.

〈그림 5.2.1〉 자판기 원격 관리

- 자판기의 기능 → machine( )
  - 자판기의 타입을 전달받아 작동을 시작하고 자판기의 아이템 출력
  - 사용자가 선택하는 아이템과 수량 입력
  - 입력받은 수량만큼 아이템 출력
- 자판기 타입별로 아이템을 정리한 딕셔너리 생성, 다른 자판기를 만들 때도 사용하기 위해서 전역 변수로 생성 → items
- 자판기 타입 → item_type

1 필요한 자판기 함수 선언

① 자판기의 타입을 입력으로 받습니다.
② 전역 변수인 items를 사용하기 위해서 global items를 선언합니다. items 내용을 읽기만 하는 용도라 global 선언이 필수는 아닙니다.
③ 입력으로 받은 machine_type을 key로 해서 items의 value를 item_list에 저장하고 출력합니다.
④ 아이템과 수량을 입력으로 받아 수량만큼 아이템을 반복 출력합니다.

```python
# 1. 자판기 함수 생성
def machine(machine_type):
    global items  # 전역 변수 items 사용 선언

    item_list = items[machine_type]

    print('상품 안내 :', item_list)

    item = input('상품을 입력해주세요. : ')
    qty = int(input('수량을 입력해주세요. : '))

    print()

    # 선택한 아이템 출력
    for i in range(qty):
        print('선택하신 상품 :', item)
```

〈코드 5.2.1〉 # 1

2 자판기 타입과 타입별 아이템을 정리 딕셔너리 items에 저장

```
# 2. 자판기의 아이템 관련 데이터 저장
items = {'음료' : ['물', '콜라', '사이다', '우유', '주스']}

machine_type = '음료'
```

〈코드 5.2.1〉 # 2

3 자판기 작동

① 자판기 타입을 인수로 전달해 해당 아이템을 디스플레이합니다.
② 아이템과 수량을 선택하여 입력합니다.
③ 수량만큼 아이템을 출력합니다.

```
# 3. 자판기 작동
machine(machine_type)
```

〈코드 5.2.1〉 # 3

```
상품 안내 : ['물', '콜라', '사이다', '우유', '주스']

상품을 입력해주세요. : 사이다

수량을 입력해주세요. : 2

선택하신 상품 : 사이다
선택하신 상품 : 사이다
```

〈실행 결과〉

드디어 테스트가 끝나고 첫 번째 자판기를 완성해 판매했습니다. 다음으로 다양한 상품을 추가해 자판기를 만들고 여러 자판기를 원격 제어하는 데 문제가 없도록 업그레이드하려고 합니다. 그런데 여러 자판기가 동시에 작동했을 경우 machine 함수의 매개 변수에 다른 자판기 데이터가 전달되면 오작동이 일어날 수도 있습니다. 이에 자판기별로 함수를 만들어 서로 작동에 영향을 주지 않도록 하는 방법으로 다음과 같이 업그레이드하기로 했습니다.

〈그림 5.2.2〉 자판기 판매 증가

① 자판기마다 함수를 별도로 정의합니다.
　　machine1( ), machine2( ), …

② 자판기 관리용 데이터를 업그레이드합니다.
- 자판기 타입과 설치 위치를 중요 데이터로 관리하면서 자판기 번호별로 저장할 수 있도록 리스트로 변수를 만들어 저장합니다.
- 각각의 아이템은 자판기별 함수 내부에 직접 입력해서 저장합니다.

③ 자판기 작동을 업그레이드합니다.
- 설치된 곳에서 자판기 사용자가 버튼을 누르면 해당 자판기가 작동합니다.
- 별도 리스트로 관리하는 자판기 타입과 설치 위치를 함수에 전달해 실행합니다.
- 아이템 선택 및 수량 입력 오류가 없을 때만 출력되도록 조건문을 추가합니다.

```python
# 1. 자판기마다 별도로 함수를 정의함
# machine1 : 음료 자판기
def machine1(machine_type, machine_location):
    item_list = ['물', '콜라', '사이다', '우유', '주스']
    
    print('자판기 타입 :', machine_type)
    print('설치 위치 :', machine_location)
    print('상품 안내 :', item_list)
    
    item = input('상품을 입력해주세요. : ')
    qty = int(input('수량을 입력해주세요. : '))
```

```
        print()

        # 선택한 아이템 출력
        if (item in item_list) and (qty != 0):
            for i in range(qty):
                print('선택하신 상품 :', item)
        else:
            print('잘못된 입력입니다.')
        print()

# machine2 : 라면 자판기
def machine2(machine_type, machine_location):
    item_list = ['A라면', 'B라면', 'C라면', 'D라면']

    print('자판기 타입 :', machine_type)
    print('설치 위치 :', machine_location)
    print('상품 안내 :', item_list)

    item = input('상품을 입력해주세요. : ')
    qty = int(input('수량을 입력해주세요. : '))

    print()

    # 선택한 아이템 출력
    if (item in item_list) and (qty != 0):
        for i in range(qty):
            print('선택하신 상품 :', item)
    else:
        print('잘못된 입력입니다.')
    print()

# 2. 데이터 관리
machine_type = ['음료', '라면']
machine_location = ['서울 종로구', '서울 마포구']

# 3. 자판기 작동
machine1(machine_type[0], machine_location[0])
machine2(machine_type[1], machine_location[1])
```

〈코드 5.2.2〉

```
자판기 타입 : 음료
설치 위치 : 서울 종로구
상품 안내 : ['물', '콜라', '사이다', '우유', '주스']

상품을 입력해주세요. : 우유

수량을 입력해주세요. : 2

선택하신 상품 : 우유
선택하신 상품 : 우유

자판기 타입 : 라면
설치 위치 : 서울 마포구
상품 안내 : ['A라면', 'B라면', 'C라면', 'D라면']

상품을 입력해주세요. : B라면

수량을 입력해주세요. : 1

선택하신 상품 : B라면
```

〈실행 결과〉

원격 제어 자판기가 인기를 얻어 주문량이 점점 많아지자 매출이 증가해 좋기는 하지만 그만큼 프로그램에 변수와 함수도 점점 많아지고 있는 상황이 되었습니다. 단순히 자판기의 수만 늘어나는 것이 아니라 고객들의 서로 다른 요구사항에 맞춘 기능을 제공하거나, 자판기 작동 순서의 개선이 필요하다면 프로그램이 복잡해지기 시작하겠죠.

다음 섹션으로 넘어가기 전에 이런 상황을 해결할 대략적인 해결 방법을 한번 고민해보기 바랍니다.

Section 02 ▶▶▶ 주문량 폭주에 대한 해결책

주문량이 많아짐에 따라 늘어나는 변수와 함수들에 대한 해결책은 클래스(class)를 이용하는 것입니다. 클래스는 유사한 속성, 특징들을 묶어 놓은 것으로 한글로는 '부류'를 의미합니다.

속성에 해당하는 변수들과 기능인 함수들을 모아서 만든 하나의 클래스를 가지고 해당 부류에 속하는 새로운 데이터들을 만들어내는 것인데, 이 새로운 데이터들은 클래스를 통해 만들어진 인스턴스(instance)라고 부릅니다. 개념적으로만 정의되고 구상된 클래스를 가지고 구체적인 예로 만든 것이라는 의미입니다.

우리가 실제로 확인할 수 있는 클래스와 인스턴스의 관계에 대한 예시는 다음과 같습니다.

클래스		인스턴스
이름	특징 또는 기능	
가수	• 노래를 한다. • 춤을 춘다.	아이유, 폴킴, 기리보이
집	• 비, 눈, 바람을 막아준다. • 쉬거나 잘 수 있는 방이 있다.	○○아파트, ○○빌라
음료수	• 사람이 마실 수 있다. • 액체로 되어 있다.	○○콜라, ○○사이다

〈표 5.2.1〉 클래스와 인스턴스의 예시

우리는 이미 Part 2에서 데이터 타입을 확인하는 함수인 type( )을 통해 클래스를 본 적이 있습니다. 다음 코드처럼 문자열 'A'가 저장된 변수 c의 타입을 print( )로 출력하면 str 클래스라고 나옵니다.

```
In[1]: c = 'A'

In[2]: print(type(c))
<class 'str'>
```

파이썬에서는 내부적으로 문자열의 특징과 문자열에서 사용 가능한 함수들(replace, split, strip, index 등)을 모아 str이라는 클래스를 만들어 놓았습니다. 위 코드처럼 변수 c에 값을 할당해서 선언하게 되면 파이썬은 값이 문자열이라는 것으로 판단해 str 클래스를 가지고 c를 만들어내는 것입니다. 정확한 문법은

c = str('A')로 str 클래스로 인스턴스 c를 만드는 것인데, str( )을 생략하는 것이 가능해서 c = 'A'로 간단히 쓸 수 있는 것이죠.

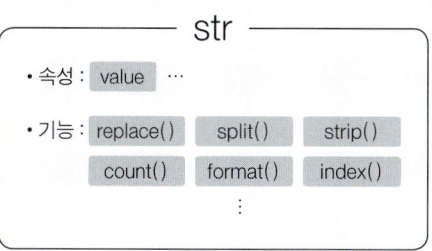

<그림 5.2.3> str 클래스의 대략적인 구조

str 클래스로 c라는 변수를 만들면 구체적인 인스턴스가 됩니다. c가 클래스에 정의된 특징, 함수들을 그대로 가지게 되어 우리는 c를 출력하기도 하고, 내부 문자를 보거나 문자 변환이나 문자의 인덱스를 찾는 기능을 쓸 수도 있게 되는 것입니다.

그럼 클래스를 정의하는 방법에 대해 알아보겠습니다. '정의를 한다'는 의미의 def는 함수 정의에서 사용하므로 클래스의 정의는 class로 시작합니다.

```
class 클래스 이름:
    def __init__(self, 매개 변수1):
        실행 코드

    def 함수1(self, 매개 변수2):
        실행 코드

    def 함수2(self, 매개 변수3):
        실행 코드
            ⋮
            ⋮
```

'클래스로 인스턴스를 만들 때 처음에 __init__( ) 함수가 매개 변수1을 받아 실행하고, 이 클래스는 함수1, 함수2의 기능을 가지고 있다.'는 의미입니다.

이제 클래스를 만드는 규칙에 대해 알아보겠습니다. 클래스를 만드는 규칙은 다음과 같습니다.

① 클래스의 이름은 첫 글자를 대문자로 합니다. 여러 단어들로 만들 때는 각 단어의 첫 글자만 대문자로 사용하고 그 외에는 변수의 이름을 만드는 규칙이 동일하게 적용됩니다(예 VendingMachine).

② 매개 변수는 함수와 규칙이 동일합니다.

③ 클래스 정의는 콜론(:)으로 끝내고 다음 줄부터 들여쓰기를 합니다.

④ __init__( )는 클래스를 이용한 인스턴스를 생성할 때의 초기화 함수이며, 자동으로 실행되는 함수로 '생성자'라고 부르는데 없어도 상관없습니다. init 앞뒤에 있는 __는 언더바(_)를 2개씩 사용한 것입니다.

⑤ 클래스 내부 함수의 정의에서 매개 변수 앞에 있는 self는 클래스로 만들어지는 인스턴스 이름이 자동으로 들어가는 자리라고 생각하면 됩니다. 해당 함수를 사용할 때 우리가 전달해야 하는 것은 없지만 아무런 매개 변수를 사용하지 않더라도 self 하나는 꼭 써줘야 하는 규칙입니다.

⑥ 클래스의 특징, 즉 속성을 나타내는 변수는 self.를 앞에 붙여 선언하고 '인스턴스.변수'로 사용할 수 있습니다. 인스턴스별로 특정 속성을 다르게 넣을 수 있고, 이 변수는 내부의 어느 함수에서도 사용할 수 있습니다.

⑦ 클래스로 인스턴스를 생성하면 인스턴스별로 내부 변수나 함수들이 작동하기 때문에 여러 인스턴스가 있다 해도 서로 영향을 주지 않습니다. 게임에서 여러 유저들이 같은 캐릭터를 사용해도 유저별로 경험치와 장착 아이템, 행동들을 다르게 할 수 있는 것과 같습니다.

클래스로 인스턴스를 생성하는 방법은 함수를 사용하는 방법과 유사합니다.

인스턴스 이름 = 클래스 이름( )

인스턴스 이름 = 클래스 이름(인수)

__init__( )를 만들어 매개 변수가 필요한 경우는 인스턴스를 생성할 때 클래스 이름 뒤에 인수를 넣어주어야 하고 그렇지 않으면 그냥 비워둡니다.

이제 우리는 자판기를 클래스로 만들어볼 것입니다. 그러면 하나의 클래스를 가지고 여러 자판기를 만들어 아이템을 바꿔주거나 설치 위치를 저장할 수 있고 작동도 할 수 있습니다.

자판기의 재질, 크기, 사용 전압 등의 속성과 기능을 구상하여 만든 설계도가 클래스가 되는 것이고, 여기에 원하는 속성인 상품을 넣어 최종적으로 구체화해 만든 자판기가 인스턴스가 됩니다. 자판기의 클래스를 설계도뿐만 아니라 자판기의 외형만 있는 프레임이라고 생각하는 것도 좋은 방법입니다.

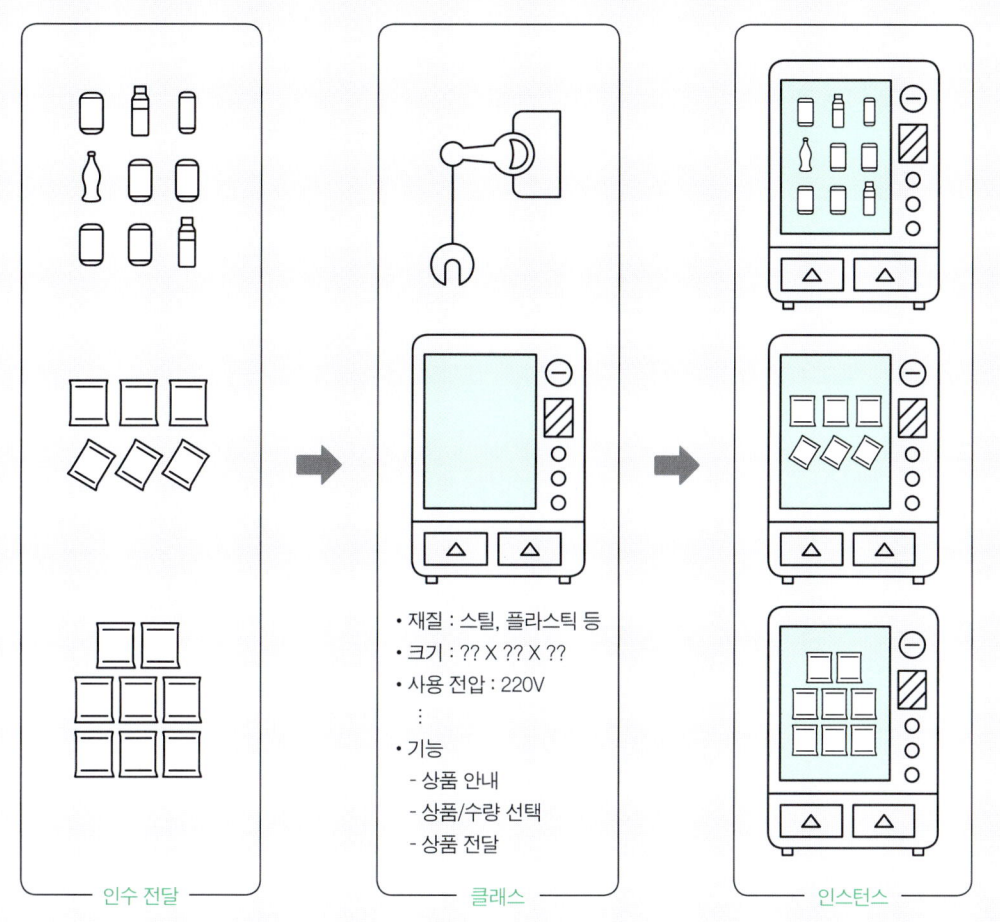

< 그림 5.2.4 > 자판기 공장의 클래스와 인스턴스 개념

자판기 클래스의 기능은 다음과 같습니다.

- __init__( ) : 초기화로 자판기의 번호와 타입을 전달받습니다.
- add_item( ) : 자판기에 아이템을 넣습니다.

< 코드 5.2.2 >를 이용해서 VendingMachine 클래스를 정의하면 다음과 같습니다. 클래스 내부에서 전역으로 사용할 변수들에 대해서는 self. 를 붙여 선언합니다.

```python
# 1. 클래스 정의
class VendingMachine:
    # 초기화
    def __init__(self, machine_num, machine_type):
        self.machine_num =  machine_num
        self.machine_type = machine_type
        print('초기화 완료 :', self.machine_num, self.machine_type)

    # 아이템 추가
    def add_item(self, item_list):
        self.items = item_list
        print('아이템 :', self.items)
        print()
```

〈코드 5.2.3〉 # 1

자판기 설계가 끝났으면 다음으로 자판기를 만들어보겠습니다. 자판기 클래스는 초기화 때 자판기 번호와 타입을 전달해야 하므로 아래와 같이 두 데이터를 인수로 전달합니다. 그리고 아이템을 넣어주면 자판기 준비가 완료됩니다.

```python
# 2. 자판기 만들기
# machine1 : 음료 자판기
machine1 = VendingMachine(1, '음료')
item = ['물', '콜라', '사이다', '우유', '주스']
machine1.add_item(item)

# machine2 : 라면 자판기
machine2 = VendingMachine(2, '라면')
item = ['A라면', 'B라면', 'C라면', 'D라면']
machine2.add_item(item)
```

〈코드 5.2.3〉 # 2

인스턴스를 생성할 때 초기화 함수가 자동으로 실행되는데 이때 초기화 함수의 매개 변수와 인스턴스 생성에서의 인수는 다음 그림과 같이 매칭됩니다.

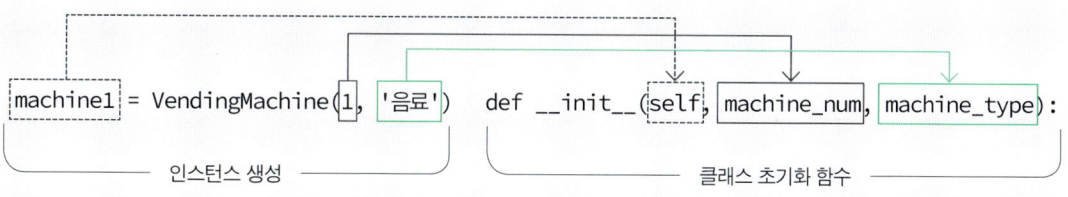

〈그림 5.2.5〉 인스턴스 생성: 인수와 매개 변수 매칭

인스턴스의 함수를 사용할 때는 인스턴스.함수( )로 써주면 됩니다. add_item( )은 클래스를 정의할 때 add_list(self, item_list)라고 했는데, 여기서 self에는 인스턴스 이름이 자동으로 들어가기 때문에 item_list에 해당하는 데이터만 넣어주면 되는 것이죠. 따라서 함수 내부에 self.items는 machine1.items가 되는 것입니다.

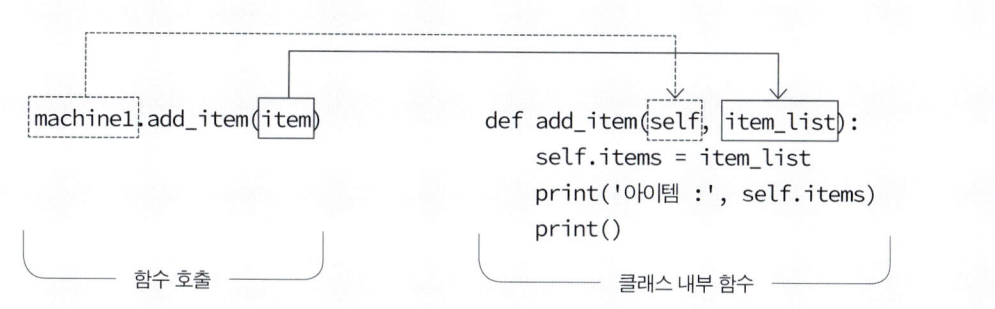

〈그림 5.2.6〉 인스턴스의 함수 호출: 인수와 매개 변수 매칭

이렇게 자판기라는 클래스로 만들어 놓고 인스턴스만 계속 추가로 만들면 서로 영향을 받지 않는 독립적인 자판기를 많이 만들 수 있으며 내부 변수 사용 및 함수 실행도 가능합니다.

```
초기화 완료 : 1 음료
아이템 : ['물', '콜라', '사이다', '우유', '주스']

초기화 완료 : 2 라면
아이템 : ['A라면', 'B라면', 'C라면', 'D라면']
```

〈실행 결과〉

그림으로 보면 다음과 같이 machine1과 machine2가 독립적으로 생성된 것입니다.

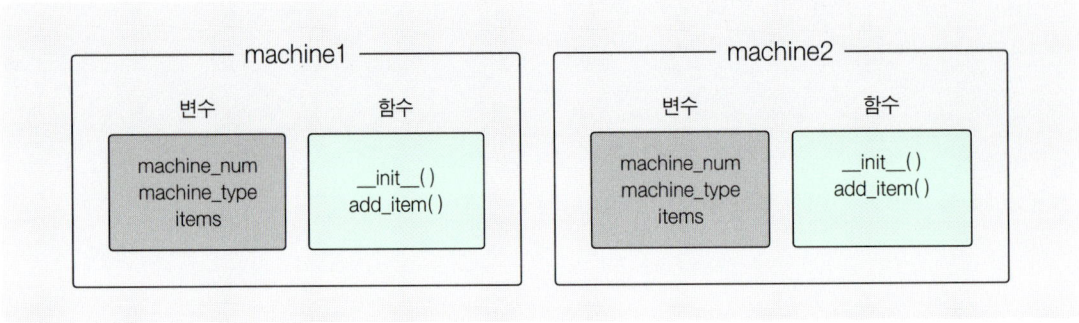

〈그림 5.2.7〉 machine1과 machine2 생성

각 자판기에 해당하는 속성들은 self.를 붙여서 선언했기 때문에 전역 변수처럼 쓸 수 있고, 인스턴스의 함수 사용 방법과 동일하게 '인스턴스.변수'로 확인할 수 있습니다. 아래는 〈코드 5.2.3〉 실행 후 콘솔에서 각 인스턴스의 변수를 확인한 결과입니다.

```
In[1]: machine1.machine_num
Out[1]: 1

In[2]: machine1.items
Out[2]: ['물', '콜라', '사이다', '우유', '주스']

In[3]: machine2.machine_type
Out[3]: '라면'
```

〈코드 5.2.3〉 실행 후 콘솔에서 인스턴스 변수 확인

Section 03 》》 자판기 설치와 작동 관리하기

클래스를 사용해 코드를 만들면 수정이 필요할 경우 클래스가 정의된 부분에 함수를 추가하거나 수정하면 되므로 코드 분량이 많은 프로그램을 만들었을 경우 코드 관리가 편리해지는 장점이 있습니다. 더불어 클래스 정의에 모든 기능을 다 넣어 놓고 인스턴스에 따라 기능을 골라 작동하도록 하면 자판기별로 서로 다른 기능이 가능하도록 할 수 있습니다.

자판기 만드는 공장을 가동했으니 주문 받은 곳에 설치하고 작동시켜보겠습니다.

① install( ) : 자판기 설치 위치를 매개 변수로 받아 설치합니다.
② operate( ) : 사용자가 자판기를 사용하면 호출되어 상품을 안내하고 아래의 두 함수를 순서대로 호출해 작동을 완료시킵니다.
③ select_item( ) : 아이템과 수량을 입력으로 받아 저장합니다.
④ provide( ) : 선택한 수량만큼 아이템을 출력해 사용자에게 전달합니다.

자판기 2대를 만들고 1번 자판기는 서울 종로구에, 2번 자판기는 서울 마포구에 설치하고 작동시켜보겠습니다.

```python
# 1. 클래스 정의
class VendingMachine:
    # 초기화
    def __init__(self, machine_num, machine_type):
        self.machine_num =  machine_num
        self.machine_type = machine_type
        print('초기화 완료 :', self.machine_num, self.machine_type)

    # 아이템 추가
    def add_item(self, item_list):
        self.items = item_list
        print('아이템 :', self.items)
        print()

    # 설치
    def install(self, machine_location):
        self.machine_location = machine_location
        print('자판기 번호 :', self.machine_num)
        print('자판기 타입 :', self.machine_type)
        print('{}에 설치 완료되었습니다.'.format(self.machine_location))
        print()

    # 자판기 작동
    def operate(self):
        print(f'{self.machine_num}번 {self.machine_type}자판기 작동')
        print('상품 안내 :', self.items)
        item, qty = self.select_item() # 아이템 선택 함수 호출
```

```python
            self.provide(item, qty)        # 아이템 공급 함수 호출

    # 사용자 아이템 및 수량 선택 입력
    def select_item(self):
        item = input('상품을 입력해주세요. : ')
        qty = int(input('수량을 입력해주세요. : '))
        return item, qty

    # 선택된 아이템 공급
    def provide(self, item, qty):
        # 선택한 아이템 출력
        if item in self.items and qty != 0:
            for i in range(qty):
                print('선택하신 상품 :', item)
        else:
            print('잘못된 입력입니다.')
        print()


# 2. 자판기 만들기
machine1 = VendingMachine(1, '음료')
machine1.add_item(['물', '콜라', '사이다', '우유', '주스'])

machine2 = VendingMachine(2, '라면')
machine2.add_item(['A라면', 'B라면', 'C라면', 'D라면'])


# 3. 자판기 설치하기
machine1.install('서울 종로구')
machine2.install('서울 마포구')


# 4. 자판기 사용하기
machine1.operate()
machine2.operate()
```

〈코드 5.2.4〉

```
초기화 완료 : 1 음료
아이템 : ['물', '콜라', '사이다', '우유', '주스']

초기화 완료 : 2 라면
아이템 : ['A라면', 'B라면', 'C라면', 'D라면']

자판기 번호 : 1
자판기 타입 : 음료
서울 종로구에 설치 완료되었습니다.

자판기 번호 : 2
자판기 타입 : 라면
서울 마포구에 설치 완료되었습니다.

1번 음료 자판기 작동
상품 안내 : ['물', '콜라', '사이다', '우유', '주스']

상품을 입력해주세요. : 콜라

수량을 입력해주세요. : 2
선택하신 상품 : 콜라
선택하신 상품 : 콜라

2번 라면 자판기 작동
상품 안내 : ['A라면', 'B라면', 'C라면', 'D라면']

상품을 입력해주세요. : D라면

수량을 입력해주세요. : 3
선택하신 상품 : D라면
선택하신 상품 : D라면
선택하신 상품 : D라면
```

〈실행 결과〉

각각 종로구에 음료 자판기를, 마포구에는 라면 자판기를 설치하였고 작동이 잘되는지도 확인했습니다. 이처럼 클래스를 사용해 인스턴스를 여러 개 만들어 쓰면 〈코드 5.2.2〉처럼 자판기마다 함수를 따로 만든 것보다 훨씬 깔끔한 코드가 되어 효율적입니다.

Quiz 5-2

〈코드 5.2.4〉가 클래스를 사용해 함수를 여러 개 사용하는 것보다 효율적인 코드가 되었지만, 변수 사용에 있어서는 개선해야 할 부분이 있습니다. 클래스는 내부에 self.를 붙여서 변수를 선언하면 전역 변수처럼 클래스 내부 어디에서든 사용이 가능한 변수가 됩니다.

사용자의 입력을 받아 저장되는 item과 qty는 각 함수 내에서만 사용이 가능한 지역 변수인데, 이것을 클래스 전역에 쓸 수 있도록 다음과 같이 3개의 함수를 수정했습니다. 이렇게 개선하면 변수를 따로 반환받거나 전달해줄 필요가 없다는 장점이 있죠.

1. operate( )
2. select_item( )
3. provide( )

〈코드 5.2.4〉에서 변경된 부분에 네모 칸을 표시했습니다. 빈 칸을 채워 코드를 완성해보세요.

```python
# 자판기 작동
def operate(self):
    print(f'{self.machine_num}번 {self.machine_type}자판기 작동')
    print('상품 안내 :', self.items)
    self.select_item()  # 아이템 선택 함수 호출
    ▢                   # 아이템 공급 함수 호출

# 사용자 아이템 및 수량 선택 입력
def select_item(self):
    self.item = input('상품을 입력해주세요. : ')
    self.qty  = int(input('수량을 입력해주세요. : '))
    # return item, qty 삭제

# 선택된 아이템 공급
def provide( self ):
    # 선택한 아이템 출력
    if self.item in self.items and self.qty != 0:
        for i in range(▢):
            print('선택하신 상품 :', ▢)
    else:
        print('잘못된 입력입니다.')
    print()
```

한 - 걸음 - 더

1 객체(object)

객체라는 단어는 속성과 기능을 가지며, 클래스에 의해 만들어져 구체적인 예를 의미하는 인스턴스를 부르는 용어로 많이 사용됩니다. 즉 파이썬에서 사용하는 모든 데이터는 클래스로 만들어지며 객체라고도 부릅니다.

인스턴스는 사용된 클래스와의 관계를 이야기할 때 사용하는 용어이며 개별로는 객체라고 부릅니다. 예를 들어 다음 그림에서 machine1은 자판기 번호와 타입, 설치 위치, 아이템, 사용자 선택 아이템/수량을 속성으로 가지고 있습니다. 그리고 아이템들을 화면에 출력하고, 아이템과 수량을 입력 받아 출력하는 기능이 있는 객체이며, VendingMachine이라는 클래스로 만들어진 인스턴스인 것입니다.

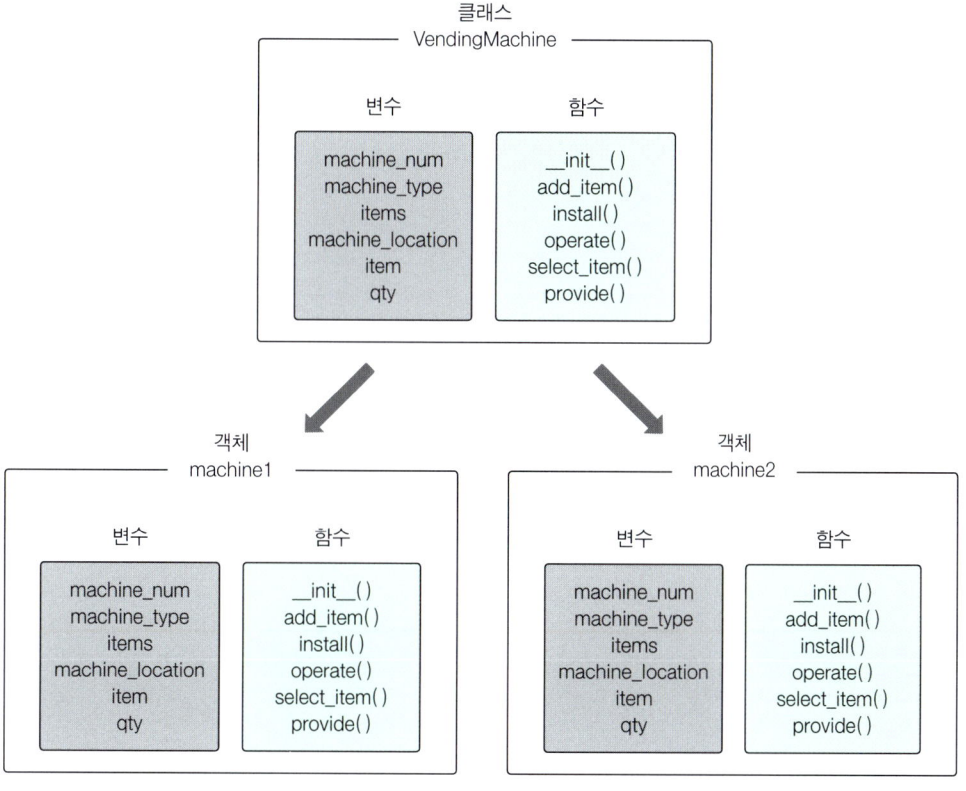

〈그림 5.2.8〉 클래스와 객체

추가로 __dict__를 사용하면 객체의 속성 정보를 딕셔너리 형태로 볼 수 있습니다. 아래는 <코드 5.2.4> 실행 후 콘솔에서 machine1과 machine2의 속성 정보를 확인한 결과입니다.

```
In[1]: machine1.__dict__
Out[1]:
{'machine_num': 1,
 'machine_type': '음료',
 'items': ['물', '콜라', '사이다', '우유', '주스'],
 'machine_location': '서울 종로구'}

In[2]: machine2.__dict__
Out[2]:
{'machine_num': 2,
 'machine_type': '라면',
 'items': ['A라면', 'B라면', 'C라면', 'D라면'],
 'machine_location': '서울 마포구'}
```

2 클래스 내부의 함수 메소드(method)

클래스를 정의할 때 기능을 만든 함수를 메소드라고 부릅니다. 함수와 메소드는 다르게 분류되는데 둘 다 동일하게 def로 정의하지만, 함수는 클래스와 관계없이 정의되고 메소드는 클래스 내부에서 정의됩니다.

print( )나 len( ), type( )처럼 객체를 괄호에 넣어서 사용하는 것은 함수, replace( ), split( ) 등과 같이 객체 뒤에 붙어서 사용하는 것은 메소드라는 차이가 있습니다. 차이점을 알아야 하는 이유는 함수를 객체 뒤에 쓴다거나 메소드를 함수처럼 객체 앞쪽에 쓰면 에러가 발생하기 때문입니다.

함수(function)	메소드(method)
print(machie1.machie_type)	machine1.machine_type.replace(' ', '')
len(machine2.items)	item.append('이온 음료')
type(machine1)	items.keys( )

<표 5.2.2> 함수와 메소드 차이

중요한 구분이긴 하지만 편의상 보통 통틀어 함수라고 부르는데 차이점은 알고 있어야 합니다.

3 모듈, 패키지, 라이브러리

모듈은 이미 알겠지만 변수, 함수, 클래스들을 모아서 만든, 독립적으로도 실행이 가능한 하나의 py 파일입니다. 패키지는 이런 모듈들을 폴더로 모아 놓은 것이고, 라이브러리는 패키지들의 모음을 의미합니다. 사용 방법이 다르지 않기 때문에 보통 혼용해서 부르기도 합니다.

파이썬을 설치하면 표준 라이브러리가 함께 설치되는데 여기에는 os나 random 등과 같은 모듈들과 print( ), len( ) 같은 내장 함수, 데이터 타입을 만드는 클래스 등이 포함됩니다. 이외에는 외부 기업이나 단체에서 개발한 패키지를 설치해 사용할 수 있습니다. 자체적으로는 패키지, 라이브러리, 프레임워크 (프로그램 개발을 수월하게 하기 위해 구조와 기능을 재사용 가능하도록 만든 소프트웨어 환경) 등으로 구분해서 설명하긴 하는데 사용자 입장에서는 위의 설명처럼 구분에 큰 의미가 없다고도 할 수 있습니다.

프로그램을 개발하면서 검색으로 괜찮은 패키지를 찾았다면 설치 방법은 어렵지 않습니다. 대부분 PyPI(The Python Package Index, https://pypi.org/)에 공개되어 있어 설치 파일을 다운받거나, 파이썬의 pip라는 패키지 관리 프로그램으로 설치하는 방법을 안내하고 있기 때문이죠.

다음 프로젝트의 업그레이드에서 사용할 PIL(Python Image Library)은 사진 파일의 정보를 받거나 이미지를 처리하는 기능인데, 아나콘다 2021_11 이전 버전인 경우는 별도로 설치해야 합니다. 아나콘다의 버전에 상관없이 아래 단계에 따라 진행하면 PIL이 없는 경우만 신규 설치가 진행됩니다. 〈그림 5.2.9〉는 아나콘다 2021_11 이전 버전인 경우, 〈그림 5.2.10〉은 2021_11 이후 버전인 경우입니다.

① Anaconda Prompt를 실행합니다.
② pip install pillow를 입력하고 Enter 를 누릅니다.
③ 자동으로 설치가 완료됩니다.
④ 설치 확인을 위해 Prompt에서 python을 입력해 파이썬 콘솔을 실행합니다.
⑤ import PIL 명령어를 입력합니다. 에러 메시지가 없으면 정상 설치가 된 것입니다.

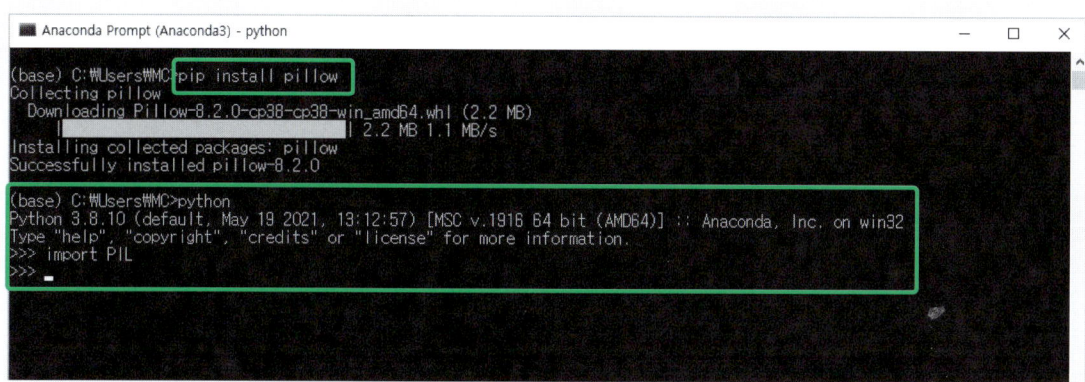

〈그림 5.2.9〉 PIL 설치 및 확인 ①

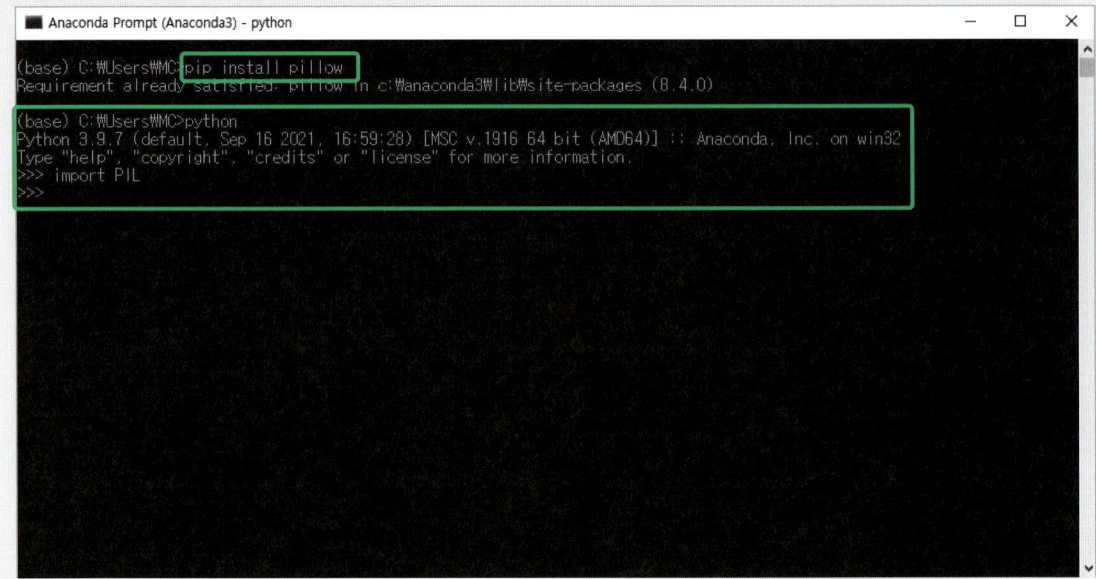

〈그림 5.2.10〉 PIL 설치 및 확인 ②

Project

04 생활 속 파이썬 활용 4

이제 파이썬의 기본 문법을 모두 끝냈습니다. 앞으로 틈나는 대로 '이런 걸 자동으로 할 수는 없을까?'라는 생각을 하며, 방법을 구상해 직접 만들어보는 나만의 프로젝트를 하나씩 해볼 것을 추천합니다. 이번에는 많은 사진 파일을 수동으로 정리하기 번거로워 만들었던 사진 정리 프로그램을 함께 만들어보도록 하겠습니다.

Section 01 >>> 여행의 추억 정리하기

요즘은 스마트폰으로 찍은 사진의 화질도 좋고 아이들도 스마트폰을 갖고 있다 보니 여행이라도 다녀오면 사진 파일이 많이 늘어납니다. 컴퓨터에 백업을 하고 정리하는 일이 이제는 힘든 일이 된 것이죠. 솔직히 백업하기만 하고 다시 찾아보는 일도 드문 것 같습니다.

디지털 카메라나 스마트폰으로 찍은 사진 파일에 저장되는 EXIF 정보(디지털 카메라의 사진에 저장되는 정보로 날짜, 시간, 카메라 모델명, 파일 크기, 해상도 등 저장)를 읽어 파일명을 일괄로 바꿔주는 프로그램은 많이 있지만 다양한 옵션으로 파일명을 변경할 수는 없습니다.

이 프로젝트에서는 간단한 파일명 변경에 대해서 기본과 업그레이드로 나눠 기능을 만들어볼 예정입니다. 프로젝트 코드에 대해서 충분히 이해하면 자신만의 사진 파일명 변환 프로그램을 자유롭게 만들 수 있습니다.

〈표 5.3.1〉의 파일명 변환 규칙에 따라 파일명에 여행지를 추가하려고 합니다.

〈그림 5.3.1〉 사진 파일의 EXIF 정보

① **기본 프로그램**
- 실제 사진 파일을 사용하지 않는 연습 프로그램(파일 생성/이름 변환/이동)
- 날짜와 시간을 파일명으로 하는 임의의 파일을 생성해 파일명 변경 후 해당하는 폴더로 이동
- 프로그램 구조 : 함수

② **업그레이드**
- 자신의 실제 사진 파일 활용
- 프로그램 구조 : 클래스

날짜	여행지
2017년 5월	경주
2017년 8월	부산
2018년 10월	속초
2019년 3월	전주
2019년 8월	제주도
2020년 3월	춘천

〈표 5.3.1〉 사진 파일명 변환 규칙

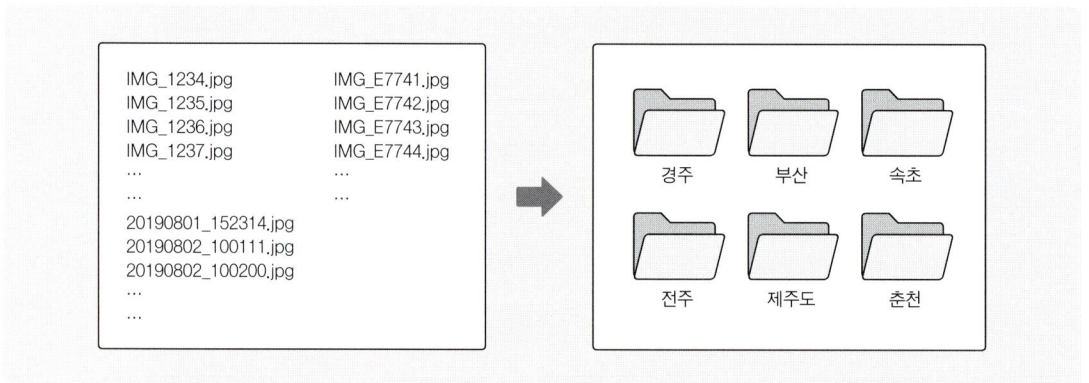

〈그림 5.3.2〉 사진 파일 정리

Section 02 >>> 프로그램 작동 순서 계획

이번 프로젝트는 그동안 배우지 않은 기능들이 많이 필요합니다. 실제 이런 일이 생길 때는 역시 인터넷 검색을 통해 방법을 찾아서 추가로 공부하면 됩니다. 이제 기본 문법을 어느 정도 숙지한 상태이기 때문에 큰 무리없이 적용이 가능할 것입니다.

1 프로그램 목표

① 실습용으로 임의의 경로에 빈 파일들을 만듭니다.
② 폴더 내에 저장된 모든 파일의 파일명을 촬영 날짜 기준으로 여행지를 추가한 '날짜_여행지_시간' 형식으로 변경합니다.
③ 여행지 이름으로 폴더를 새로 만들어 파일을 이동 저장합니다.

2 입력과 출력

입력	출력
• 변환 규칙 정리 데이터 • 폴더 내 전체 파일의 파일명 • 파일의 날짜 데이터	• 빈 파일들을 생성 • 파일명 변환 • 폴더 생성 • 파일을 폴더로 이동

〈표 5.3.2〉 프로그램 입력과 출력

3 입출력 처리 방법 구상

① 빈 파일들 생성
open( ) 함수를 사용합니다.

② 변환 규칙 정리 데이터
파일명에 있는 날짜로 여행지를 확인해야 하므로 〈표 5.3.1〉의 날짜를 key로 하고, 여행지를 value로 해서 딕셔너리를 생성합니다.

③ 폴더 내 전체 파일의 파일명 확인
os 모듈의 listdir( ) 함수를 사용합니다.

④ **파일의 날짜 데이터**

파일명에서 연도(앞 4자리)와 월(앞에서 5번, 6번째)을 확인합니다.

⑤ **파일명 변환**

os 모듈의 rename( ) 함수를 사용합니다.

⑥ **폴더 생성**

os 모듈의 makedirs( ) 함수를 사용하고, 변환 규칙 정리 데이터의 value들을 폴더명으로 사용합니다.

⑦ **파일을 폴더로 이동**

shutil 모듈의 move( ) 함수를 사용합니다.

구분	항목	구현 방법
입력	변환 규칙 정리	딕셔너리 → 날짜 : key, 여행지 : value
	폴더 내 전체 파일의 파일명	os 모듈의 listdir( ) 함수 사용
	파일의 날짜 데이터	파일명에서 연도와 월 확인
출력	빈 파일들을 생성	open( ) 함수 사용
	파일명 변환	os 모듈의 rename( ) 함수 사용
	폴더 생성	os 모듈의 makedirs( ) 함수 사용
	파일을 폴더로 이동	shutil 모듈의 move( ) 함수 사용

〈표 5.3.3〉 **구현 방법 구상**

4 **동작 순서 계획**

① 변환 규칙에 해당하는 딕셔너리를 생성합니다. → 전역 변수로 선언

② 변환 규칙 딕셔너리의 value를 반복 순회한 값을 폴더명으로 하여 작업 폴더 하위에 폴더들을 생성합니다. → 작업 폴더의 경로를 전역 변수로 미리 선언

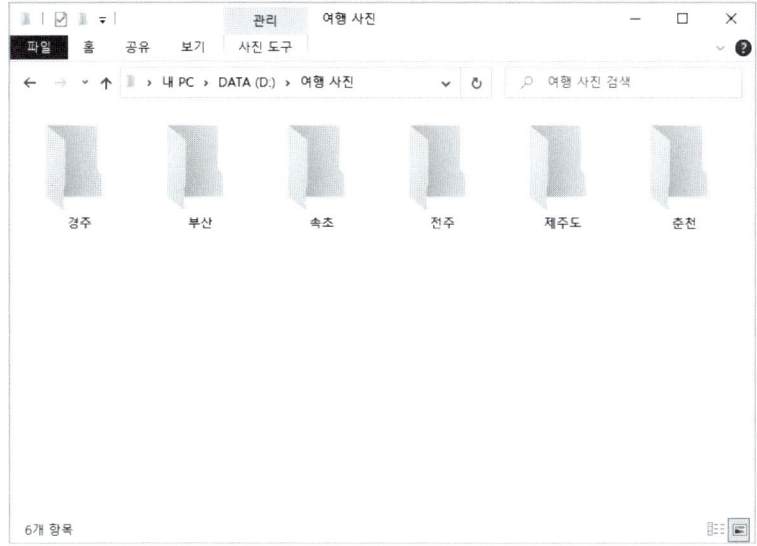

<그림 5.3.3> 폴더 생성

③ 변환 규칙 딕셔너리의 key 값에 해당하는 날짜에 시간을 임의로 합쳐서 각 10개씩 임의의 jpg 파일을 만듭니다.

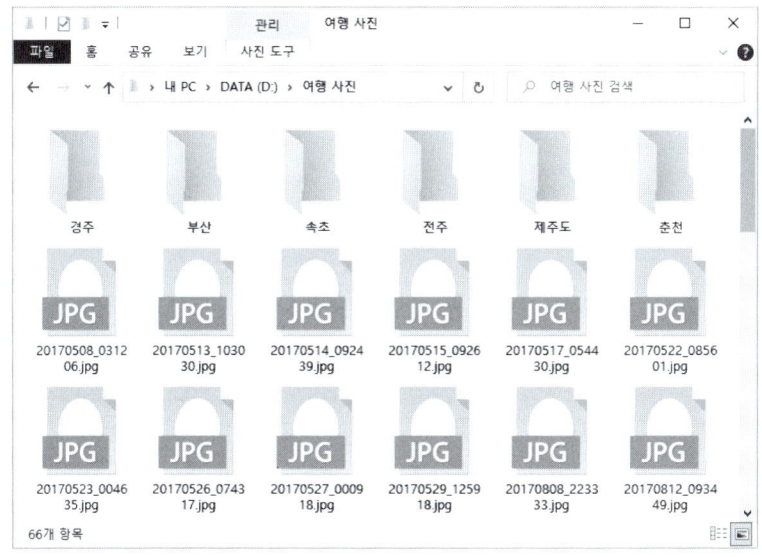

<그림 5.3.4> 임의 파일 60개 생성

④ 작업 경로에 있는 모든 데이터(파일, 폴더)를 받아 리스트에 저장합니다. 최종으로 확장자가 jpg인 파일명만 리스트에 남깁니다.

⑤ 사진 파일명 리스트를 반복해 앞 6자리로 변환 규칙 딕셔너리의 value를 찾습니다.

⑥ 파일명을 '날짜_여행지_시간.확장자'로 변환합니다.

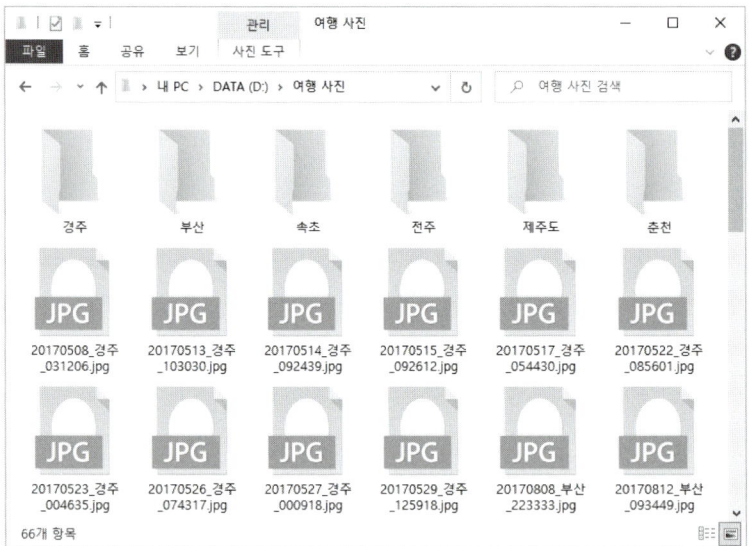

〈그림 5.3.5〉 파일명 변경

⑦ 파일명에 있는 여행지와 같은 이름의 폴더로 이동시킵니다.

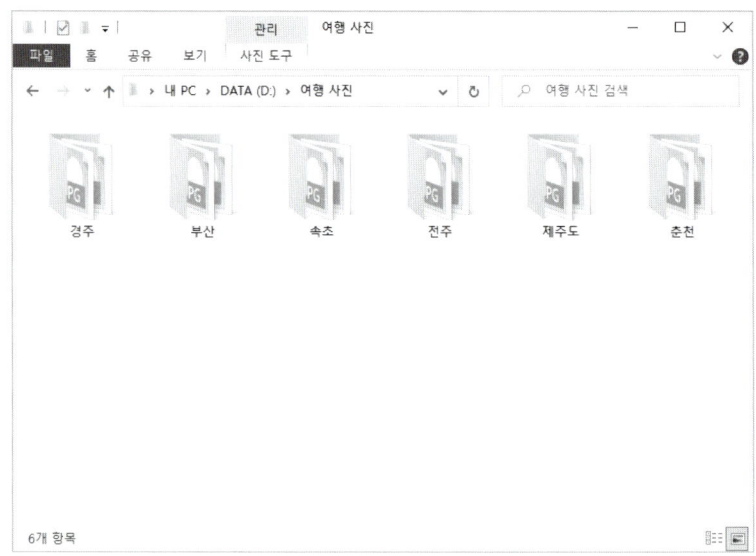

〈그림 5.3.6〉 파일 이동

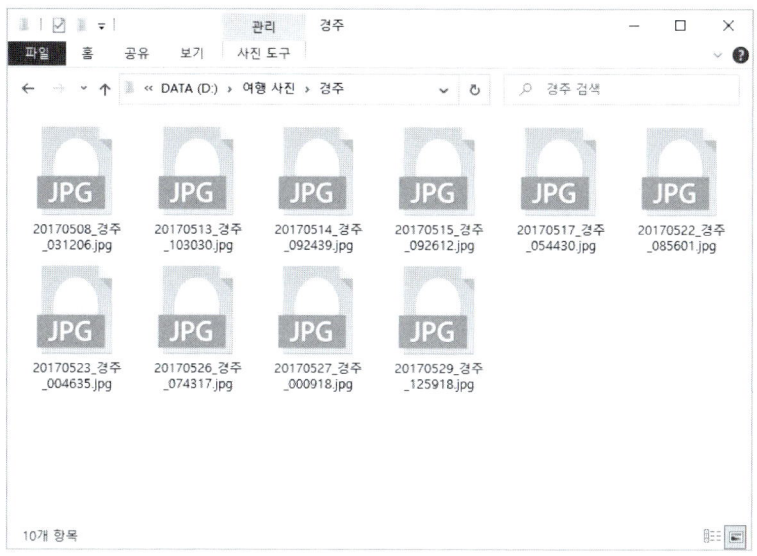

〈그림 5.3.7〉 이동 파일 확인

Section 03 >>> 단계별 프로그램 완성

1 필요한 모듈 불러오기

전체 코드를 참조하면서 들여쓰기에 주의해 단계별 코드를 작성하기 바랍니다.

```
# 1. 모듈 import
import random  # 임의 생성 파일명을 만들기 위한 random 모듈
import os      # 파일 리스트, 파일명 변환, 폴더 생성을 위한 모듈
import shutil  # 파일 이동을 위한 모듈
```

〈project_4_basic〉 # 1

2 전역 변수로 사용할 데이터 선언

작업 경로는 사진 파일이 생기고 하위에 여행지별 폴더가 생성될 경로입니다. 본인이 탐색기에서 새 폴더를 만들고 그 폴더의 경로를 입력해야 합니다. 메인 코드와 함수 내에서도 사용 가능하도록 변환 규칙을 함께 전역 변수로 선언합니다.

```
# 2. 전역 변수 생성
# 작업 경로
path = 'D:/여행 사진'

# 변환 규칙 데이터
rules = {'201705' : '경주', '201708' : '부산',
         '201810' : '속초', '201903' : '전주',
         '201908' : '제주도', '202003' : '춘천'}
```

〈project_4_basic〉 # 2

3 여행지 폴더 생성

① 메인 코드가 길어져서 복잡해질 수 있으니 함수를 만들어 호출합니다.

② 작업 경로 아래에 폴더를 만들기 위해서 전역 변수 path를 사용합니다. 함수 내에서 전역 변수를 사용하지만 수정이 아닌 읽기 작업만 하므로 별도로 global 선언은 하지 않습니다.

③ 변환 규칙 딕셔너리의 value를 순회하는 반복문을 만듭니다.

④ 폴더 생성

- os.mkdir( )로도 폴더를 생성할 수 있지만, 이미 해당 경로에 폴더가 있다면 FileExistsError가 발생합니다. 이를 방지하기 위해서는 기존에 폴더가 있으면 넘어가고 없으면 생성하도록 설정할 수 있는 함수인 os.makedirs( )에 생성 폴더의 경로와 함께 exist_ok=True를 추가로 전달하면 됩니다.

```
os.mkdir(new_path)


os.makedirs(new_path, exist_ok=True)
```

- os 모듈의 함수들로 폴더를 조작할 때는 폴더의 전체 경로를 정확히 입력해야 하고, 파일을 조작할 때는 파일명이 포함된 전체 경로를 입력해야 합니다.

- 경로를 만드는 방법은 문자열 더하기로 디렉토리 구분자인 슬래시(/)를 추가하면서 만들 수 있지만 os의 path.join( ) 함수를 쓰면 자동으로 구분자가 추가됩니다.

- 문자열 더하기로 경로를 만들 경우 : 'D:/여행 사진' + '/' + '경주'
- os의 함수를 사용해 경로를 만들 경우 : os.path.join('D:/여행 사진', '경주')
→ 이 경우 출력했을 때 구분자가 역슬래시 2개(₩₩나 \\)로 보일 수 있는데, 둘 다 '/'와 동일한 디렉토리 구분자로 적용됩니다.

os.path.join(path, folder)

os.path.join(path, folder, file)

```python
# 3. 변환 규칙 딕셔너리의 value들로 폴더 생성하는 함수
def create_folder(data):
    # 변환 규칙 딕셔너리의 value를 폴더명으로 사용
    for folder in data.values():
        # 생성 폴더 전체 경로
        new_path = os.path.join(path, folder)

        # 폴더 생성
        os.makedirs(new_path, exist_ok=True)
```

〈project_4_basic〉 # 3

4 임의 파일 생성

① 이 부분도 함수로 만들어 정리합니다.

② 작업 경로에 파일들을 만들기 위해서 전역 변수 path를 사용합니다.

③ 임의 파일을 변환 규칙에 맞게 파일명을 만들기 위해서 변환 규칙 딕셔너리의 key들을 순회하는 반복문을 만듭니다.

• 파일명이 '20170512_161334.jpg' 형식이 되도록 하기 위해서 앞 6자리는 key 값을 사용하고 나머지 촬영 시간은 모두 랜덤으로 만듭니다.

• 일, 시, 분, 초는 랜덤 정수로 만들어 문자열로 변환하는데 한 자리의 수(1, 2, …, 9)가 뽑히면 앞에 0을 붙여 두 자리(01, 02, …, 09)의 문자열이 되도록 합니다.

- 파일을 key별로 10개씩 총 60개 만들기 위해 딕셔너리의 key들을 순회 반복문 아래에 10회 반복을 추가해 만들어야 합니다.

④ 파일 생성은 open( ) 함수를 이용해 열었다가 닫습니다. 파이썬 내부에서 열기가 된 것이라 실제로 화면에 파일이 보이지는 않습니다.

f = open(파일 전체 경로, 열기 타입)

- 두 번째 매개 변수인 열기 타입에 'w'는 write의 약자로 파일에 데이터를 쓰겠다는 의미입니다. 해당 경로에 파일이 없으면 새로 만듭니다. 읽기만 하는 용도라면 read의 의미로 'r'을 사용할 수 있습니다. 이 실습에서는 파일에 아무런 내용을 넣지는 않지만 새로 만들기 때문에 'w'를 사용해야 합니다.
- 파일에 내용을 쓰는 작업이 필요 없으므로 바로 닫아줍니다.

```python
# 4. 실습용 파일 생성 함수
def create_file(data):
    for key in data.keys():
        for i in range(10): # 10회 반복으로 10개씩 생성
            # random으로 일, 시간, 분, 초를 생성하여 문자열로 변환
            r_day = str(random.randint(1, 30))
            r_hour = str(random.randint(0, 24))
            r_min = str(random.randint(0, 59))
            r_sec = str(random.randint(0, 59))

            # 1자리이면 앞에 0을 붙임
            if len(r_day) == 1 : r_day = '0' + r_day
            if len(r_hour) == 1 : r_hour = '0' + r_hour
            if len(r_min) == 1 : r_min = '0' + r_min
            if len(r_sec) == 1 : r_sec = '0' + r_sec

            # 생성 파일명 예시 20170512_161334.jpg
            file_name = f'{key}{r_day}_{r_hour}{r_min}{r_sec}.jpg'

            # 작업 경로에 파일을 생성
            file_path = os.path.join(path, file_name) # path
            f = open(file_path, 'w')                  # open
            f.close()                                 # close
```

〈project_4_basic〉 # 4

5 작업 폴더 내 파일 이름을 리스트(file_list)로 저장

이 부분은 전체 코드와 같이 메인 실행 코드 부분인 조건문 내에 들어가는 코드입니다.

① os.listdir(경로)를 사용하면 해당 폴더 내의 모든 파일과 폴더의 이름이 리스트로 저장됩니다.
② 리스트 내포를 이용해 리스트에 저장된 문자열의 맨뒤 3자리가 'jpg', 즉 임의로 만든 사진 파일인 경우만 다시 저장합니다.

```python
# 5. 폴더 내의 모든 데이터(파일, 폴더)를 리스트로 받음
file_list = os.listdir(path)

# 확장자가 jpg인 데이터만 다시 저장
file_list = [x for x in file_list if x[-3:] == 'jpg']
```

〈project_4_basic〉 # 5

6 파일 리스트(file_list)를 순회하여 신규 파일명으로 변환 및 해당 폴더로 이동

이 부분도 위의 # 5와 같이 메인 실행 코드 부분인 조건문 내에 들어가는 코드입니다.

① 파일명을 신규로 변환하는 기능의 함수에 파일명을 전달합니다.
② 신규 파일의 경로와 이동 폴더를 반환 받습니다.
③ 파일 이동 함수에 변경된 파일 경로와 이동 폴더를 전달하여 파일을 이동시킵니다.

```python
# 6. 파일을 순회하는 반복문
for file in file_list:
    # 파일명 변환
    # 신규 파일 경로와 이동 폴더를 받음
    new_file_path, folder = new_filename(file)

    # 파일 이동
    file_move(new_file_path, folder)

print('파일명 변환 및 이동 완료')
```

〈project_4_basic〉 # 6

7 파일명 변환 및 신규 파일 경로와 폴더명을 반환하는 함수

① 파일명 변환에 필요한 변환 규칙은 전역 변수인 rules를 사용합니다.
② 전달된 파일명의 앞 6자리로 rules의 value를 찾아 여행지 place에 저장해 파일 이름과 반환하는 값으로 사용합니다.
③ 신규 파일명을 '날짜_여행지_시간.확장자' 형식으로 만듭니다. 자신이 하고 싶은 다른 파일명으로 변경해 사용 가능합니다.
④ os.rename( ) 함수로 이전 파일명을 신규 파일명으로 변환합니다. 파일명에는 정확한 경로를 입력해야 합니다.

os.rename(이전 파일명, 신규 파일명)

⑤ 신규 파일의 경로와 폴더명에 해당하는 여행지를 반환합니다.

```python
# 7. 파일명 변환 함수
def new_filename(file):    # 파일명을 전달 받음
    place = rules[file[:6]]    # 파일명의 앞 6자리로 여행지 저장

    # 신규 파일명 : '날짜_여행지_시간.확장자'
    name1 = file.split('_')[0]    # 날짜
    name2 = file.split('_')[1]    # 시간.확장자
    newfile = f'{name1}_{place}_{name2}'

    # 파일명 변환
    old_file_path = os.path.join(path, file)      # 이전 경로+파일
    new_file_path = os.path.join(path, newfile)   # 신규 경로+파일
    os.rename(old_file_path, new_file_path)       # 변환

    return new_file_path, place
```

〈project_4_basic〉 # 7

8 파일 이동 함수

① 신규 파일 경로와 이동 폴더명을 전달받습니다.
② 경로를 만들기 위해 전역 변수 path를 사용합니다.

③ 이동 후의 경로를 만들기 위해 신규 파일의 경로에서 파일명만 따로 저장합니다.

os.path.basename(파일명이 포함된 경로)

④ shutil.move( ) 함수로 이전 경로의 파일(파일명만 변경된 상태)을 신규 경로의 파일(여행지 폴더 내부로 이동)로 이동시킵니다.

shutil.move(이전 경로, 이동할 경로)

```python
# 8. 파일 이동 함수
def file_move(file_path, folder):  # 기존 경로, 이동 폴더를 받음
    # 경로에서 파일명을 저장
    file = os.path.basename(file_path)
    
    # 이동 폴더 경로 : 작업 경로+신규 폴더+파일명
    target_file_path = os.path.join(path, folder, file)
    
    # 이동
    shutil.move(file_path, target_file_path)
```

〈project_4_basic〉 # 8

9 전체 코드와 실행 결과

- 〈project_4_basic〉전체 코드의 아래 '메인 실행 코드' 부분은 이 코드 파일을 직접 실행하는 경우 __name__ (코드의 전역 변수를 확인하는 globals( )로 확인 가능)이라는 파이썬이 자체적으로 사용하는 변수가 __main__ 값을 가져서 조건을 만족하게 되어 실행되는 부분을 말합니다. 이렇게 __name__을 구분해서 메인 실행 코드 부분을 만들면 코드가 모듈로 import 되어 사용될 경우 메인 코드 쪽은 실행되지 않습니다. 이 경우의 __name__은 py 파일명(모듈명)을 값으로 가지기 때문입니다.
- 어느 부분의 코드가 실행되는지 확인하기 위해 단계별로 현황을 출력하는 코드를 추가했습니다.
- 실행 결과 path에 지정한 폴더에 생성된 폴더 및 하위 파일들을 확인해보면 됩니다.

```python
# 1. 모듈 import
import random  # 임의 생성 파일명을 만들기 위한 random 모듈
import os      # 파일 리스트, 파일명 변환, 폴더 생성을 위한 모듈
import shutil  # 파일 이동을 위한 모듈

# 2. 전역 변수 선언
# 작업 경로
path = 'D:/여행 사진'

# 변환 규칙 데이터
rules = {'201705' : '경주', '201708' : '부산',
         '201810' : '속초', '201903' : '전주',
         '201908' : '제주도', '202003' : '춘천'}


# 3. 변환 규칙 딕셔너리의 value들로 폴더 생성하는 함수
def create_folder(data):
    # 변환 규칙 딕셔너리의 value를 폴더명으로 사용
    for folder in data.values():
        # 생성 폴더 전체 경로
        new_path = os.path.join(path, folder)

        # 폴더 생성
        os.makedirs(new_path, exist_ok=True)


# 4. 실습용 파일 생성 함수
def create_file(data):
    for key in data.keys():
        for i in range(10):  # 10회 반복으로 10개씩 생성
            # random으로 일, 시간, 분, 초를 생성하여 문자열로 변환
            r_day = str(random.randint(1, 30))
            r_hour = str(random.randint(0, 24))
            r_min = str(random.randint(0, 59))
            r_sec = str(random.randint(0, 59))

            # 1자리이면 앞에 0을 붙임
            if len(r_day) == 1 : r_day = '0' + r_day
            if len(r_hour) == 1 : r_hour = '0' + r_hour
            if len(r_min) == 1 : r_min = '0' + r_min
```

```python
            if len(r_sec) == 1 : r_sec = '0' + r_sec

            # 생성 파일명 예시 20170512_161334.jpg
            file_name = f'{key}{r_day}_{r_hour}{r_min}{r_sec}.jpg'

            # 작업 경로에 파일을 생성
            file_path = os.path.join(path, file_name)   # path
            f = open(file_path, 'w')                    # open
            f.close()                                   # close


# 7. 파일명 변환 함수
def new_filename(file):  # 파일명을 전달 받음
    place = rules[file[:6]]  # 파일명의 앞 6자리로 여행지 저장

    # 신규 파일명 : '날짜_여행지_시간.확장자'
    name1 = file.split('_')[0]  # 날짜
    name2 = file.split('_')[1]  # 시간.확장자
    newfile = f'{name1}_{place}_{name2}'

    # 파일명 변환
    old_file_path = os.path.join(path, file)     # 이전 경로+파일
    new_file_path = os.path.join(path, newfile)  # 신규 경로+파일
    os.rename(old_file_path, new_file_path)      # 변환

    return new_file_path, place


# 8. 파일 이동 함수
def file_move(file_path, folder):  # 기존 경로, 이동 폴더를 받음
    # 경로에서 파일명을 저장
    file = os.path.basename(file_path)

    # 이동 폴더 경로 : 작업 경로+신규 폴더+파일명
    target_file_path = os.path.join(path, folder, file)

    # 이동
    shutil.move(file_path, target_file_path)


# ********************* 메인 실행 코드  *********************
```

```python
if __name__ == '__main__':  # 이 코드 파일이 독립 실행이면 조건 만족
    create_folder(rules)  # 3. 폴더 생성
    print('파일 정리용 폴더 생성 완료')

    create_file(rules)  # 4. 파일 생성
    print('파일 생성 완료')


    # 5. 폴더 내의 모든 데이터(파일, 폴더)를 리스트로 받음
    file_list = os.listdir(path)

    # 확장자가 jpg인 데이터만 다시 저장
    file_list = [x for x in file_list if x[-3:] == 'jpg']


    # 6. 파일을 순회하는 반복문
    for file in file_list:
        # 파일명 변환
        # 신규 파일의 경로와 이동 폴더를 받음
        new_file_path, folder = new_filename(file)

        # 파일 이동
        file_move(new_file_path, folder)

    print('파일명 변환 및 이동 완료')
```

〈project_4_basic〉

```
파일 정리용 폴더 생성 완료
파일 생성 완료
파일명 변환 및 이동 완료
```

〈실행 결과〉

Section 04 >>> 프로그램 업그레이드

업그레이드에서는 프로그램의 구조를 클래스로 변경하고, 사진 정보를 읽어 촬영 날짜를 활용하고자 합니다. 복잡한 구조가 되기 때문에 한번에 이해하면서 넘어가기가 어려울 경우 여러 함수와 기능을 사용해본다는 생각으로 천천히 따라 해보세요.

1 클래스 구조로 변경

- file_list에서 file의 이름을 순회하면서 사진 촬영 시간 정보로 여행지 확인, 파일명 변경 및 이동까지 해야 합니다. Photo라는 클래스를 만들고 그 안에 메소드들을 추가하겠습니다.
- 이 클래스로 객체가 만들어지면 객체에 파일명, 경로, 여행지 등의 속성과 사진 정보 확인, 파일명 변경, 파일 이동 기능이 생기는 구조입니다.

2 사진 파일의 EXIF 정보 확인

- 파이썬의 이미지 처리 라이브러리인 PIL을 이용해 파일의 EXIF 정보를 읽어 사진 촬영 날짜와 시간을 활용해보도록 하겠습니다.
- 참고로 삼성의 스마트폰은 사진을 찍으면 '연월일_시분초.jpg'로 저장되어 파일명으로 사진 정리가 가능합니다. 하지만 애플의 스마트폰이나 캐논의 디지털 카메라 같은 경우는 'IMG_번호.jpg'로 저장되어 이 방법으로는 정리할 수가 없습니다. 이런 경우 os 모듈의 stat( ) 함수를 사용해 파일의 생성 시간, 수정 시간 등의 정보를 확인할 수 있는데 파일을 복사하거나 이동하게 되면 실제 촬영 시간과 다른 정보가 남을 수 있어 정확한 촬영 날짜가 필요하다면 EXIF 정보를 사용해야 합니다.

3 사전 준비

- 실제 사진 파일을 사용할 예정이니 각자 사진 찍은 날짜가 분류되는 사진들(분류별 파일 개수 제한 없음)을 2~3개씩 복사해 빈 폴더에 붙여넣기합니다. 꼭 여행 사진이 아니어도 되는데, 사진 촬영 정보가 남아 있는 스마트폰이나 디지털 카메라로 찍은 사진이어야 합니다. SNS(카카오톡, 인스타그램 등)에서 받은 사진이나 스캔, 스크린샷을 통해 저장한 파일에는 EXIF 정보가 없어 에러가 발생하기 때문에 여기에서는 사용할 수 없습니다.
- 사진 파일은 파일 탐색기에서 오른쪽 마우스를 클릭해 나타나는 화면의 [속성]으로 들어가 '자세히' 탭을 통해 찍은 날짜를 확인할 수 있습니다. 이 날짜의 연도와 월이 같은 사진을 모으는 것입니다. 예를 들어 2019년 1월 사진 5장, 2020년 3월 사진 8장, 2021년 2월 사진 10장이면 됩니다.

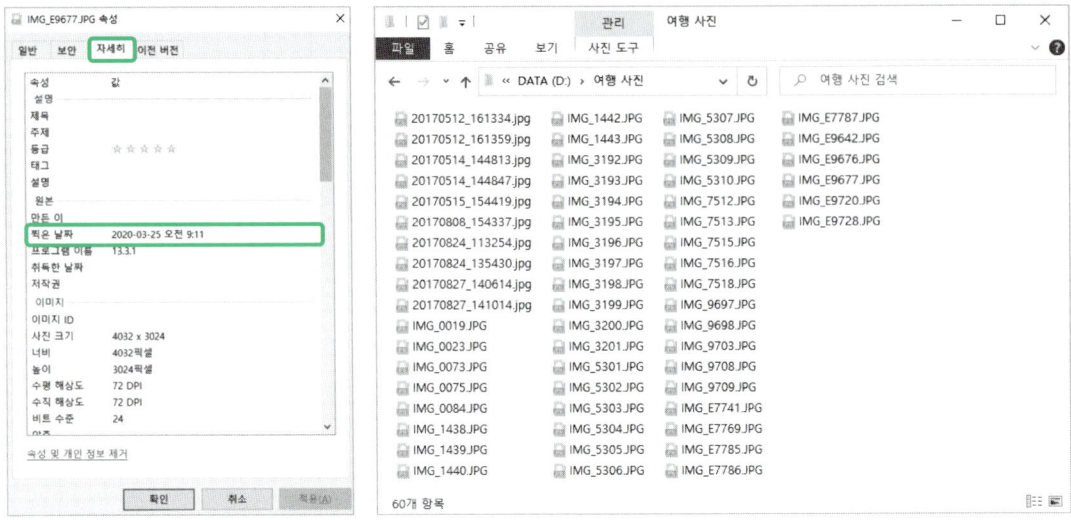

⟨그림 5.3.8⟩ 사진 파일 [속성]- '찍은 날짜'   ⟨그림 5.3.9⟩ 사진 파일을 작업 경로에 복사

- 기본 프로그램에서 작업 경로로 사용한 폴더를 비우고 복사한 사진들을 붙여넣기 합니다. 코드 작성 오류가 생길 수 있으니 꼭 백업을 하고 실습해야 합니다. 만일 다른 폴더에서 작업할 예정이면 폴더의 경로를 path에 저장해주어야 합니다.
- 파일명은 프로그램에서 자동으로 변환하므로 그대로 사용합니다. ⟨그림 5.3.9⟩의 파일은 삼성과 애플의 스마트폰으로 찍은 사진 파일을 모아 만든 예시입니다.

4 변환 규칙 딕셔너리 수정

분류에 따라 변환 규칙 딕셔너리를 각자의 조건에 맞게 key와 value에 수정합니다. key인 날짜는 '202005'처럼 연도 4자리와 월 2자리를 붙여 문자열로 입력하고, value는 생성할 폴더명을 적절히 선택해서 입력합니다. 각자가 준비한 사진 파일에 맞게 수정해야 합니다.

아래 예시를 참고해 수정하면 됩니다.

① 사진 파일의 찍은 날짜 분류 : 2019년 1월, 2020년 3월, 2021년 2월

② 변수 rule
- key는 6자리의 연월을 나타내는 문자열
- value는 해당 일자의 사진 파일이 옮겨질 자신만의 폴더 이름으로 사용할 문자열

key	value
'201901'	'A'
'202003'	'B'
'202102'	'C'

- 코드에 적용

```
rule = {'201901' : 'A',
        '202003' : 'B',
        '202102' : 'C'}
```

5 PIL의 Image 모듈 불러오기

- 이전 장의 마지막에 했던 PIL 설치 확인 후 import합니다.
- random 모듈은 사용하지 않아서 import에서 삭제합니다.

```
# 1. 모듈 import
import os              # 파일 리스트, 파일명 변환, 폴더 생성을 위한 모듈
import shutil          # 파일 이동을 위한 모듈
from PIL import Image  # 사진 파일의 EXIF 정보를 읽는 모듈
```

〈project_4_upgrade〉 # 1

6 사진 파일의 형식에 적용 가능하도록 포맷을 전역 변수로 저장

복사한 사진의 형식에 맞게 리스트로 만들어 저장하면 됩니다.

```
# 2. 전역 변수 선언
# 작업 경로(자신의 폴더에 맞게 수정)
path = 'D:/여행 사진'

# 변환 규칙 데이터(자신의 파일에 맞게 수정)
rules = {'201705' : '경주', '201708' : '부산',
         '201810' : '속초', '201903' : '전주',
         '201908' : '제주도', '202003' : '춘천'}
```

```
# 사진 파일 형식
file_format = ['gif', 'jpg', 'bmp']
```

〈project_4_upgrade〉 # 2

7 여행지 폴더 생성은 〈project_4_basic〉의 # 3과 동일

```
# 3. 변환 규칙 딕셔너리의 value들로 폴더 생성하는 함수
def create_folder(data):
    # 변환 규칙 딕셔너리의 value를 폴더명으로 사용
    for folder in data.values():
        # 생성 폴더 전체 경로
        new_path = os.path.join(path, folder)

        # 폴더 생성
        os.makedirs(new_path, exist_ok=True)
```

〈project_4_upgrade〉 # 3

8 작업 경로 내 사진 파일 리스트에 저장

- 확장자가 대문자 JPG도 있고 소문자 jpg도 있어서 file_format에 저장한 포맷에 맞게 소문자로 변환합니다. 영어 문자열을 소문자로 변환하는 함수 lower()를 사용합니다.

- 파일명을 소문자로 변환한 맨 뒤 3자리 문자열을 확인해 file_fomat에 있는 경우만 다시 리스트에 저장합니다.

```
# 4. 폴더 내의 모든 데이터(파일, 폴더)를 리스트로 받음
file_list = os.listdir(path)

# 사진 파일의 확장자인 데이터만 다시 저장
file_list = [x for x in file_list if x.lower()[-3:] in file_format]
```

〈project_4_upgrade〉 # 4

9 클래스 정의

file_list를 순회하는 for 문의 변수 file을 전달해 photo라는 인스턴스를 만들 설계도를 정의합니다.

① __init__( )

- 전역 변수 path를 객체의 path로 저장 : self.path
- 파일명 변수 filename으로 객체의 원래 파일 경로를 저장 : self.origin_name

```
# 5. Photo 클래스
class Photo:
    def __init__(self, filename):
        self.path = path
        self.origin_name = os.path.join(self.path, filename)
```

〈project_4_upgrade〉 # 5. Photo 클래스의 __init__( )

② read_exif( )

- 파일 경로를 받아 EXIF 정보에서 촬영 날짜와 시간을 반환합니다.
- 아래 코드와 같이 info는 Tag가 key로, 해당 값이 value에 저장된 딕셔너리입니다. Tag는 숫자로 되어 있어 어떤 정보인지 바로 확인하기가 어렵습니다. Standard Exif Tags가 정리된 사이트(https://www.exiv2.org/tags.html)에서 원하는 정보의 key 숫자를 확인해 활용 가능합니다.
- info에 저장되는 내용을 보면 다음과 같습니다. 참고로 34853 정보(사진 촬영 GPS 정보)를 이용하면 지도에 사진 촬영 장소를 표시할 수도 있습니다.

```
{34853: {1: 'N',
  2: (37.0, 16.0, 22.05),
  3: 'E',
  4: (127.0, 9.0, 36.18),
  5: b'\x00',
  6: 124.53890229191798,
  12: 'K',
  13: 0.0,
  16: 'T',
  17: 206.47172547124214,
  23: 'T',
```

```
    24: 206.47172547124214,
    31: 65.0},
   296: 2,
   34665: 210,
   271: 'Apple',
   272: 'iPhone 11 Pro',
   305: '13.3.1',
   274: 1,
   306: '2020:03:27 20:42:01',
     ⋮
   36867: '2020:03:27 20:42:01',
   36868: '2020:03:27 20:42:01',
     ⋮
```

〈EXIF 정보〉

- 사진 촬영 시간 정보는 아래 표의 Tag를 이용하면 확인이 가능합니다. key로 hex(16진수) 값을 써도 되고 dec(10진수) 값을 써도 됩니다.
  - '2020:01:01 14:02:40'의 형식이라 replace를 하여 '20200101_140240'으로 변환이 필요합니다.
  - EXIF 정보 오류가 있을 수도 있어 아래 표의 순서대로 key를 확인해 해당 Tag 정보가 있으면 dt_original에 저장하도록 조건문을 만듭니다.

Tag(hex)	Tag(dec)	Key
0x9003	36867	DateTimeOriginal
0x9004	36868	DateTimeDigitized
0x0132	306	DateTime

〈표 5.3.4〉 EXIF의 촬영 시간 정보

```python
# 파일명을 받아 EXIF 정보를 반환하는 함수
def read_exif(self, filename):
    img = Image.open(filename)   # 파일 열기
    info = img._getexif()        # exif 정보 저장

    # Tag가 0x9003이나 36867인 DatetimeOriginal 정보를 저장
```

```python
        # Tag를 우선 순위로 확인해서 정보를 저장
        # info[36867]변환 : '2020:01:01 14:02:40' -> '20200101_140240'
        if 36867 in info.keys():
            dt_original = info[36867]
        elif 36868 in info.keys():
            dt_original = info[36868]
        elif 306 in info.keys():
            dt_original = info[306]
        
        return dt_original.replace(':','').replace(' ','_')
```

〈project_4_upgrade〉 # 5. Photo 클래스의 read_exif( )

③ convert_name( )

- 파일명을 변환하는 함수입니다.

- 객체에 속성으로 저장된 변수들을 이용해 변환되므로 별도의 매개 변수가 필요 없습니다.

- read_exif( )에서 원본 파일 경로를 전달하고 받은 촬영 날짜와 시간 정보로 신규 파일 이름을 만들고 변환합니다.

- 굳이 따로 클래스 전체에서 사용하지 않아도 되는 데이터는 self를 붙이지 않는 지역 변수로 사용해도 됩니다. dtime은 결국 self.new_name에 들어가는 정보라 지역 변수로 써도 되는데 read_exif( )의 dt_original도 마찬가지의 이유입니다.

- 여기에서 주의할 점은 name2에서 따옴표 중복입니다. split 내에 '_'로 했으면 f-string은 큰따옴표로 해야 합니다.

```python
    # 파일명 변환하는 함수
    def convert_name(self):
        # 사진 촬영 날짜와 시간을 받음
        dtime = self.read_exif(self.origin_name)
        
        # 파일명의 앞 6자리로 여행지 저장
        self.place = rules[dtime[:6]]
        
        # 신규 파일명 : '날짜_여행지_시간.확장자'
```

```python
            # dtime : '20200101_140240'
            # self.origin_name: 'D:/여행 사진/IMG_E9728.JPG'
            name1 = dtime.split('_')[0]  # 날짜
            name2 = f"{dtime.split('_')[1]}{self.origin_name[-4:]}"  # 시간.확장자
            self.new_name = f'{name1}_{self.place}_{name2}'

            # 파일명 변환(신규경로+파일)
            self.new_name = os.path.join(self.path, self.new_name)
            os.rename(self.origin_name, self.new_name)  # 변환
```

〈project_4_upgrade〉 # 5. Photo 클래스의 convert_name( )

④ move( )

- 파일을 이동시키는 함수입니다.
- 객체에 속성으로 저장된 변수들을 사용하므로 별도의 매개 변수가 필요 없습니다.

```python
    # 파일을 이동하는 함수
    def move(self):
        # 경로에서 파일명을 저장
        file = os.path.basename(self.new_name)

        self.new_name_moved = os.path.join(self.path, self.place, file)
        self.path = os.path.join(self.path, self.place)

        shutil.move(self.new_name, self.new_name_moved)  # 이동
```

〈project_4_upgrade〉 # 5. Photo 클래스의 move( )

10 전체 코드

```python
# 1. 모듈 import
import os        # 파일 리스트, 파일명 변환, 폴더 생성을 위한 모듈
import shutil    # 파일 이동을 위한 모듈
from PIL import Image  # 사진 파일의 EXIF 정보를 읽는 모듈
```

```python
# 2. 전역 변수 선언
# 작업 경로(자신의 폴더에 맞게 수정)
path = 'D:/여행 사진'

# 변환 규칙 데이터(자신의 파일에 맞게 수정)
rules = {'201705' : '경주', '201708' : '부산',
         '201810' : '속초', '201903' : '전주',
         '201908' : '제주도', '202003' : '춘천'}

# 사진 파일 형식(추가)
file_format = ['gif', 'jpg', 'bmp']


# 3. 변환 규칙 딕셔너리의 value들로 폴더 생성하는 함수
def create_folder(data):
    # 변환 규칙 딕셔너리의 value를 폴더명으로 사용
    for folder in data.values():
        # 생성 폴더 전체 경로
        new_path = os.path.join(path, folder)
        
        # 폴더 생성
        os.makedirs(new_path, exist_ok=True)


# 5. Photo 클래스
class Photo:
    def __init__(self, filename):
        self.path = path
        self.origin_name = os.path.join(self.path, filename)
    
    
    # 파일명을 받아 EXIF 정보를 반환하는 함수
    def read_exif(self, filename):
        img = Image.open(filename)  # 파일 열기
        info = img._getexif()        # exif 정보 저장
        
        # Tag가 0x9003이나 36867인 DatetimeOriginal 정보를 저장
        # Tag를 우선 순위로 확인해서 정보를 저장
        # info[36867] 변환 : '2020:01:01 14:02:40' -> '20200101_140240'
        if 36867 in info.keys():
            dt_original = info[36867]
```

```python
        elif 36868 in info.keys():
            dt_original = info[36868]
        elif 306 in info.keys():
            dt_original = info[306]

        return dt_original.replace(':','').replace(' ','_')


    # 파일명 변환하는 함수
    def convert_name(self):
        # 사진 촬영 날짜와 시간을 받음
        dtime = self.read_exif(self.origin_name)

        # 파일명의 앞 6자리로 여행지 저장
        self.place = rules[dtime[:6]]

        # 신규 파일명 : '날짜_여행지_시간.확장자'
        # dtime : '20200101_140240'
        # self.origin_name: 'D:/여행 사진/IMG_E9728.JPG'
        name1 = dtime.split('_')[0]  # 날짜
        name2 = f"{dtime.split('_')[1]}{self.origin_name[-4:]}" # 시간.확장자
        self.new_name = f'{name1}_{self.place}_{name2}'

        # 파일명 변환(신규 경로+파일)
        self.new_name = os.path.join(self.path, self.new_name)
        os.rename(self.origin_name, self.new_name)          # 변환


    # 파일을 이동하는 함수
    def move(self):
        # 경로에서 파일명을 저장
        file = os.path.basename(self.new_name)

        self.new_name_moved = os.path.join(self.path, self.place, file)
        self.path = os.path.join(self.path, self.place)

        shutil.move(self.new_name, self.new_name_moved) # 이동


# ********************* 메인 실행 코드  *********************
if __name__ == '__main__':  # 이 코드 파일이 독립 실행이면 조건 만족
```

```
    create_folder(rules) # 3. 폴더 생성
    print('파일 정리용 폴더 생성 완료')

    # 4. 폴더 내의 모든 데이터(파일, 폴더)를 리스트로 받음
    file_list = os.listdir(path)

    # 사진 파일의 확장자인 데이터만 다시 저장
    file_list = [x for x in file_list if x.lower()[-3:] in file_format]

    # 파일을 순회하는 반복문
    for file in file_list:
        photo = Photo(file)       # photo 객체 생성
        photo.convert_name()      # 파일명 변환
        photo.move()              # 파일 이동

    print('파일명 변환 및 이동 완료')
```

〈project_4_upgrade〉

여러 형식으로 된 파일명을 사진 촬영 날짜와 여행지를 이용해 변환하고 폴더 정리까지 잘되었습니다.

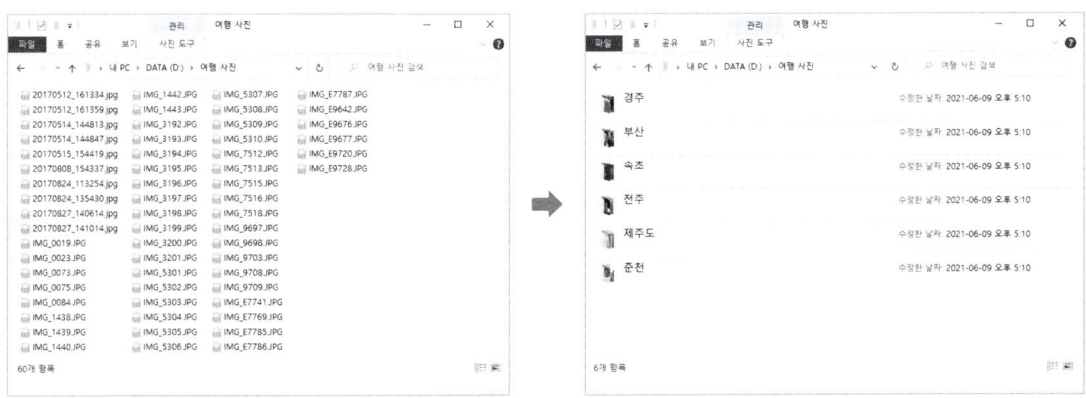

〈그림 5.3.10〉 사진 파일 정리 결과

요약 정리

1. 함수

① 함수를 정의하는 기본 구조

괄호 안에 '매개 변수 = 데이터' 형식으로 매개 변수의 기본 값을 설정할 수 있는데 기본 값을 설정하는 매개 변수를 뒤쪽에 입력합니다.

```
def 함수 이름(매개 변수1, …):
    실행 코드 1
    실행 코드 2
        ⋮
        ⋮
```

② 매개 변수와 인수
- 매개 변수(Parameter) : 함수가 해당 기능을 처리하는 데 필요한 데이터 중 함수 외부에서 전달 받을 데이터입니다.
- 인수(Agument) : 함수 외부에서 함수를 호출하면서 전달하는 데이터입니다.

③ 함수 호출과 인수
- 매개 변수와 동일한 순서와 개수로 인수를 전달합니다.
- '매개 변수 = 인수' 와 같은 형식으로 사용할 경우는 순서가 달라도 됩니다.

```
함수 이름( )
함수 이름(인수1, 인수2, …)
```

④ 전역 변수와 지역 변수
- 전역 변수 : 함수 외부의 메인 코드에서 선언한 변수입니다.
- 지역 변수 : 함수 내에서 선언한 변수인데, 전역 변수가 아닌 지역 변수를 global로 선언할 경우는 전역 변수와 동일합니다.

기능		전역 변수	지역 변수
함수 외부	읽기	O	X
	수정	O	X
함수 내부	읽기	O	O
	수정	△ (global로 선언 시 가능)	O

⑤ return
- 함수의 처리 결과로 데이터를 받고자 할 때 함수에 return 값을 정의합니다.

```
def 함수 이름(매개 변수):
    실행 코드 1
        ⋮
    return 반환 데이터
```

- 함수에서 반환하는 데이터가 있는 경우는 함수 호출 시 변수에 대입해 저장합니다. 반환하는 데이터의 순서와 개수에 맞게 변수를 써서 받아줍니다.

```
변수 = 함수 이름( )
```

⑥ 모듈 및 패키지 사용
- 모듈 import

```
import 모듈
from 모듈 import 모듈의 함수 이름
```

• 모듈 내의 변수, 함수, 클래스 사용

> 모듈.변수
> 모듈.함수()
> 모듈.클래스()

2. 클래스

① 클래스와 객체/인스턴스의 의미
- 클래스(class) : 속성(특징), 기능 등을 모아서 정의해 놓은 틀, 설계도를 의미합니다.
- 인스턴스(instance) : 클래스에 의해 만들어진 구체적인 데이터(예시), 설계도에 의해서 만들어진 제품, 물건 등을 말합니다.
- 객체(object) : 인스턴스들을 부르는 용어로 파이썬에서 사용하는 모든 데이터를 객체라고 합니다.

② 클래스의 기본 구조

```
class 클래스 이름:
    def __init__(self, 매개 변수1):
        실행 코드

    def 메소드1(self, 매개 변수2):
        실행 코드

    def 메소드2(self, 매개 변수3):
        실행 코드
            :
```

③ 클래스 사용(인스턴스 생성)

> 인스턴스 이름 = 클래스 이름( )
>
> 인스턴스 이름 = 클래스 이름(인수)

④ 인스턴스의 메소드/변수 호출
- 메소드(Method) : 클래스 내에 정의한 함수

인스턴스.메소드( )

인스턴스.변수

⑤ 클래스의 self

클래스 정의에서 함수와 변수에 쓰는 self는 클래스로 만들어지는 인스턴스의 이름이 자동으로 들어가는 자리라고 생각하면 되며, 'self.변수'로 만들면 클래스 내부 어디에서든 사용 가능한 변수가 됩니다.

⑥ __name__

파이썬 파일(확장자 py)을 직접 실행한 것인지 다른 파일의 모듈로 사용되는 것인지를 알 수 있는 파이썬 자체 변수입니다.

- 직접 실행인 경우 : '__name__' = '__main__'
- 다른 파일의 모듈로 실행될 경우 : '__name__' = 모듈 이름

함수나 클래스가 많은 파일일 경우 __name__을 확인해 main 코드를 실행할 수 있도록 만드는 것으로 사용됩니다.

PART

6

데이터 분석! 그까이 꺼~

데이터 분석은 전문가들만 하는 것일까요? 우리가 일상 속에서 흔히 하는 인터넷 쇼핑을 위한 가격 비교도 가격이라는 데이터(Data)를 가지고 어느 사이트의 물건이 더 싼지에 대한 정보(Information)를 얻어낸 데이터 분석이라고 할 수 있습니다. 이번 Part에서는 실생활에서의 가격 비교보다는 복잡한 분석(부동산 가격 변동 분석, 상권 분석 등)을 통해 의사결정에 도움이 될 수 있도록 파이썬으로 쉽고 빠르게 할 수 있는 기본적인 데이터 분석 방법에 대해 하나씩 알아보겠습니다.

학습 목표

- 기본적인 Jupyter Notebook 사용이 가능합니다.
- 데이터 분석용 라이브러리 활용법을 익힙니다.
- 데이터 분석의 기초 과정을 실습해봅니다.

Chapter 01 데이터 분석 준비

이번 장은 파이썬으로 데이터 분석을 하기에 용이한 개발 환경인 Jupyter Notebook을 사용하기 위한 준비 단계입니다.

Section 01 >>> Jupyter Notebook 설정과 실행

우선 Jupyter Notebook이 무엇인지 알아보고 설정과 실행에 대해서도 공부해볼 텐데요. 설정 과정이 길지만 어렵지 않으니 순서대로 하나씩 해보겠습니다.

1 Jupyter Notebook이란

- Jupyter(Project Jupyter)라는 비영리 단체에서 만든 오픈 소스 소프트웨어입니다.
- 목성의 위성 발견이 기록된 '갈릴레오 갈릴레이'의 공책에 대한 존경의 의미로 붙여진 이름입니다.
- 데이터 과학과 머신러닝, 딥러닝 개발에 많이 쓰이는 IDE입니다.
- 차세대 버전인 Jupyter Lab도 사용이 많아지는 추세입니다.
- 아나콘다 설치 시 기본적으로 설치됩니다.

2 기본 실행

① 실행 방법 1

다음 그림과 같이 윈도 시작 메뉴의 Anaconda3 프로그램 폴더에 [Jupyter Notebook (Anaconda3)]를 클릭합니다.

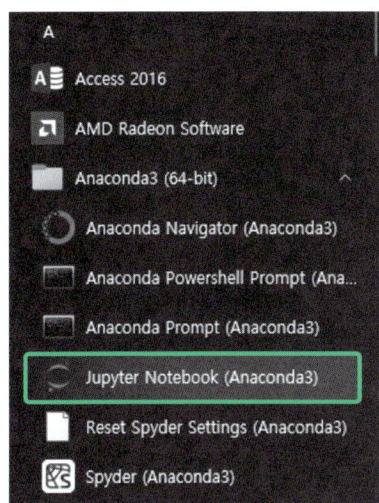

〈그림 6.1.1〉 시작 메뉴에서 Jupyter Notebook 실행

② 실행 방법 2: Anaconda Prompt로 실행

• 윈도 커맨드 창이나 PowerShell로도 실행이 가능합니다.
• jupyter notebook이라는 명령어로 실행하면 됩니다.
• 화면 세 번째 줄에 표시된 디렉토리가 기본으로 설정되어 있는 경로입니다.

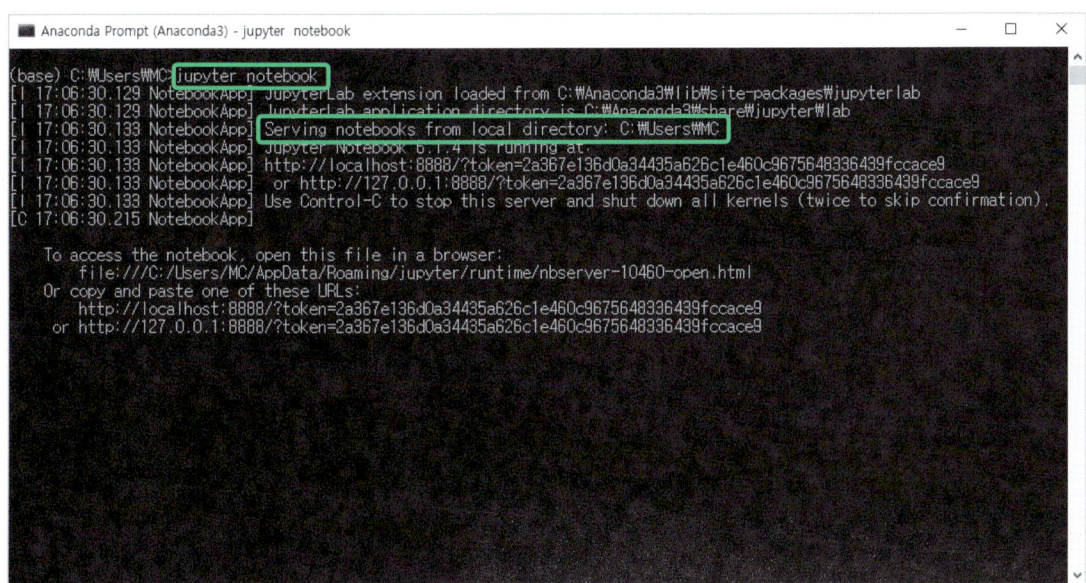

〈그림 6.1.2〉 Anaconda Prompt에서 실행

앞의 2가지 방법으로 실행하면 컴퓨터에 설정된 기본 웹 브라우저에 Jupyter Notebook이 열립니다. 실행 초기 화면에 [Files] 탭이 열려 있는데 실행 방법 2에서 확인한 기본 경로인 'C:₩사용자₩사용자 이름'의 파일과 폴더들이 탐색기처럼 나타납니다.

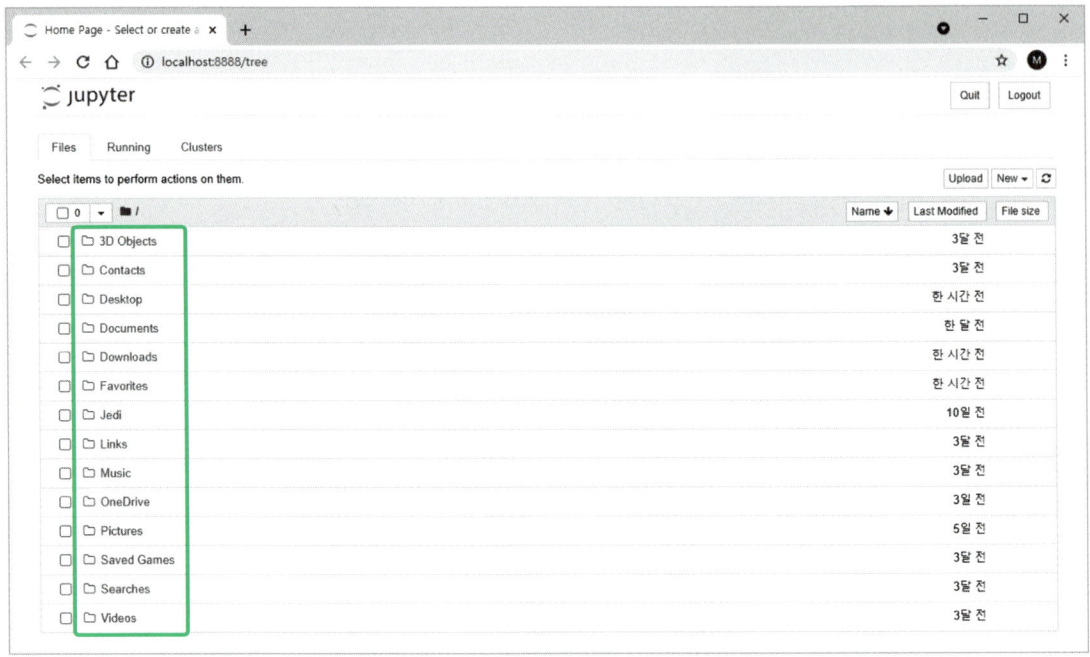

〈그림 6.1.3〉 Jupyter Notebook 실행 화면

③ 기본 설정된 경로 변경

지금까지 실습하던 폴더와 너무 다른 위치가 시작 경로로 설정되어 있습니다. Jupyter Notebook도 파일(확장자 ipynb)로 관리되므로 기존 파이썬 파일과 함께 관리하려면 설정을 변경해야 합니다. 이 상태로 사용해도 상관이 없다면 이번 설정은 변경하지 않고 5단계(실행 웹 브라우저 설정)로 넘어가면 됩니다. 지금부터 Jupyter Notebook이 실행된 웹 브라우저와 콘솔 창을 닫고 아래 순서대로 설정을 변경해보겠습니다.

① Anaconda Prompt를 실행합니다.
② jupyter notebook --generate-config라는 명령어를 실행시키면 기본 경로에 .jupyter라는 폴더가 생기고 그 안에 jupyter_notebook_config.py라는 파일이 생성됩니다. 파일 탐색기로 화면에 표시된 파일 경로로 들어갑니다. 다음 화면의 경우 파일의 경로가 C:₩Users₩MC₩.jupyter₩jupyter_notebook_config.py이므로 파일 탐색기로 C드라이브 → 사용자(Users) 폴더 → MC 폴더 → .jupyter 폴더로 들어갑니다.

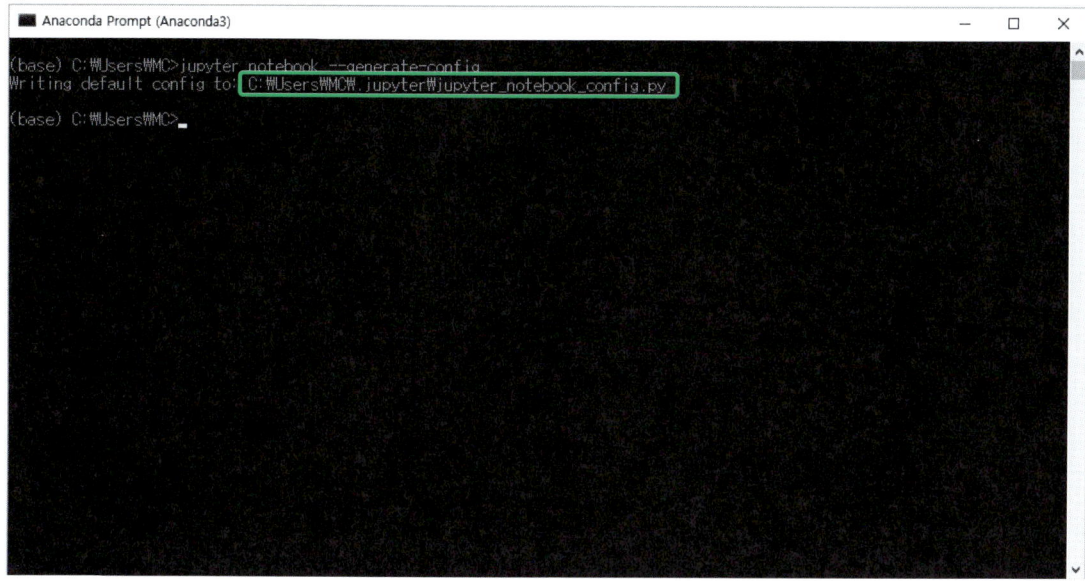

〈그림 6.1.4〉 Jupyter Notebook 설정 파일 생성

③ jupyter_notebook_config.py 파일을 메모장으로 열기 합니다.

• 파일에 마우스 포인트를 대고 오른쪽 마우스를 눌러 [연결 프로그램] - [메모장]을 클릭합니다.

• Spyder나 다른 IDE로 열어도 됩니다.

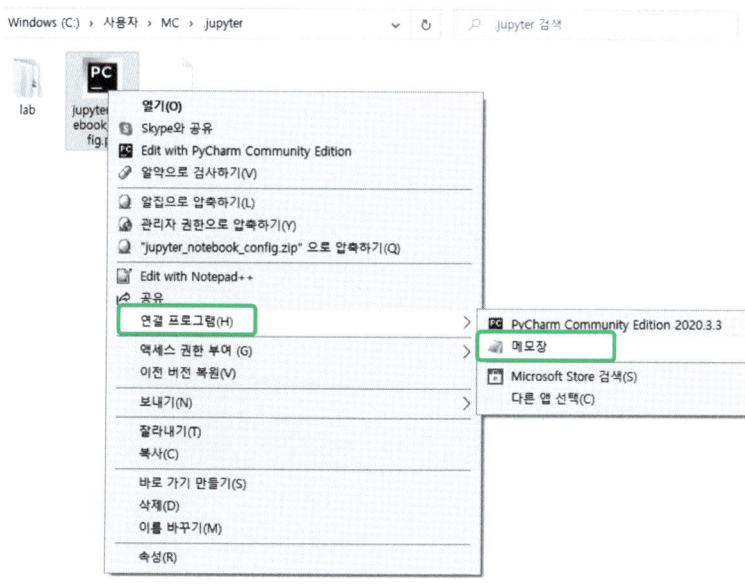

〈그림 6.1.5〉 Jupyter Notebook 설정 파일 열기

④ Ctrl + F 또는 상단 메뉴에서 [편집] - [찾기] 클릭 후 [찾기] 창이 나오면 notebook_dir을 입력하고 '다음 찾기'를 클릭합니다.

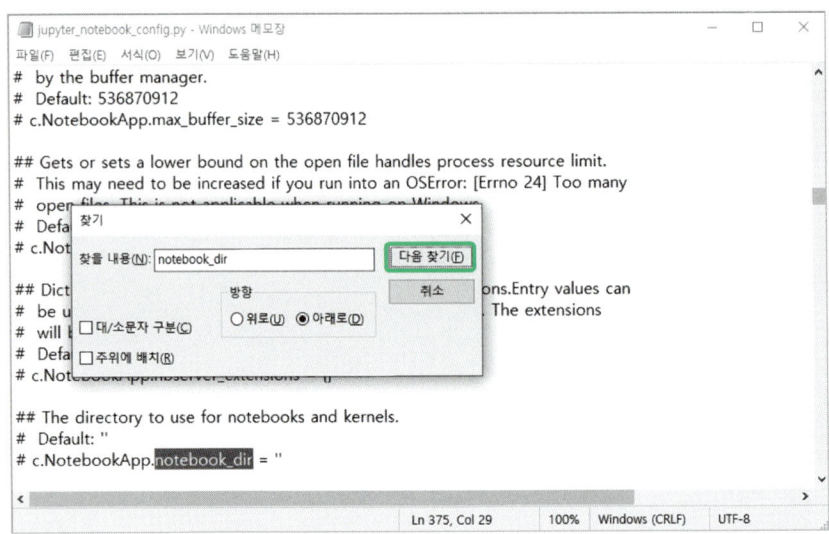

〈그림 6.1.6〉 Jupyter Notebook 설정 파일 수정

⑤ 맨 앞 주석 표시(#)를 제거하고 c.NotebookApp.notebook_dir = 'D:/python/'처럼 자신이 원하는 경로를 문자열로 입력합니다. 경로의 마지막 디렉토리 구분자 '/'는 입력하지 않아도 됩니다. 수정을 완료하면 저장하고 메모장을 닫습니다. 디렉토리 구분자를 '₩'나 '\'로 할 경우 오류가 생길 수 있으니 Jupyter Notebook 설정에서는 무조건 '/'를 사용하는 것이 오류를 줄일 수 있는 방법입니다.

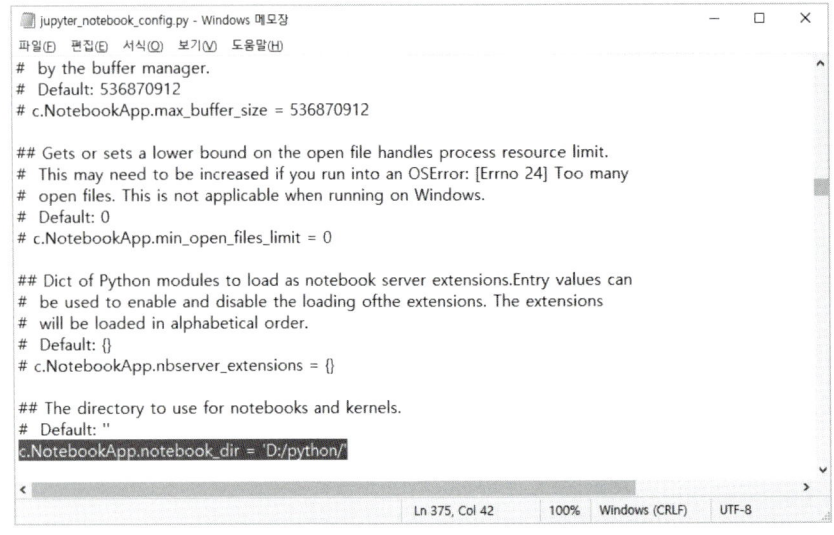

〈그림 6.1.7〉 Jupyter Notebook 설정 파일 수정 완료

⑥ 다시 Jupyter Notebook을 실행합니다. 그런데 Prompt에서 실행시키면 다음과 같이 변경된 경로가 나오는데, 시작 메뉴에서 실행하면 경로가 변경되지 않은 채 나타납니다. 다음 과정에서 시작 메뉴의 설정도 변경해보겠습니다.

〈그림 6.1.8〉 Prompt에서 실행으로 경로 변경 확인

4 시작 메뉴에서도 경로 변경 적용

① 시작 메뉴의 Jupyter Notebook에서 오른쪽 마우스를 클릭해 [자세히] - [파일 위치 열기]를 선택합니다.

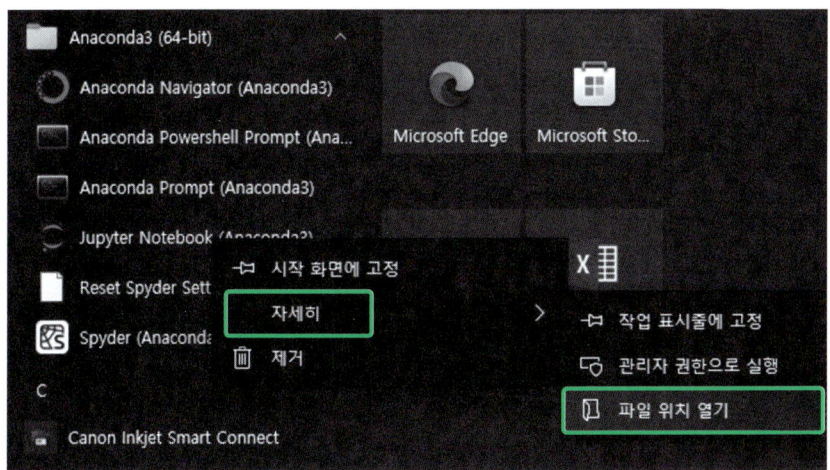

〈그림 6.1.9〉 Jupyter Notebook 속성 변경 ①

Jupyter Notebook 바로 가기가 있는 시작 메뉴 폴더가 열립니다. Jupyter Notebook (Anaconda3) 바로 가기 파일에서 오른쪽 마우스를 클릭해 [속성]으로 들어갑니다.

C:\ProgramData\Microsoft\Windows\Start Menu\Programs\Anaconda3 (64-bit)

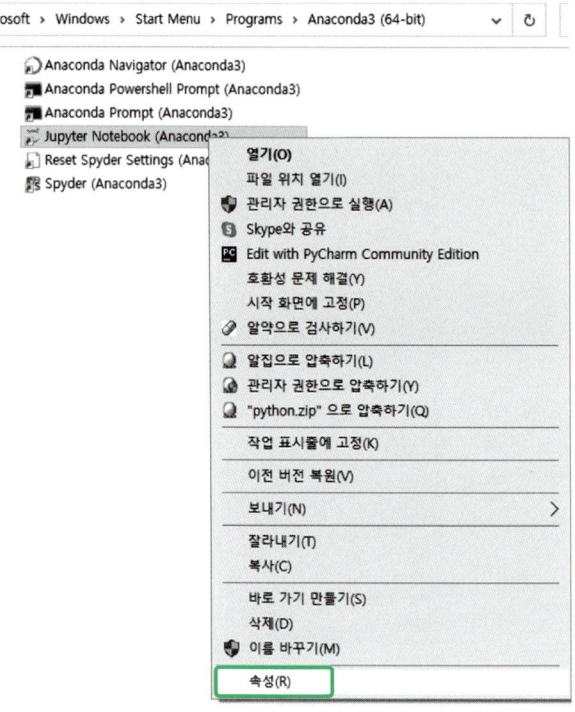

〈그림 6.1.10〉 Jupyter Notebook 속성 변경 ②

② [바로 가기] 탭에서 '대상'에 있는 "%USERPROFILE%/"과 '시작 위치'의 %HOMEPATH%를 지우고 '확인'을 눌러 설정 변경을 마무리합니다.

〈그림 6.1.11〉 Jupyter Notebook 속성 변경 ③

③ 이제 시작 메뉴에서 Jupyter Notebook을 실행하면 아래 콘솔 창에 나오는 것처럼 시작 경로가 변경되어 〈그림 6.1.8〉과 같이 실행됩니다.

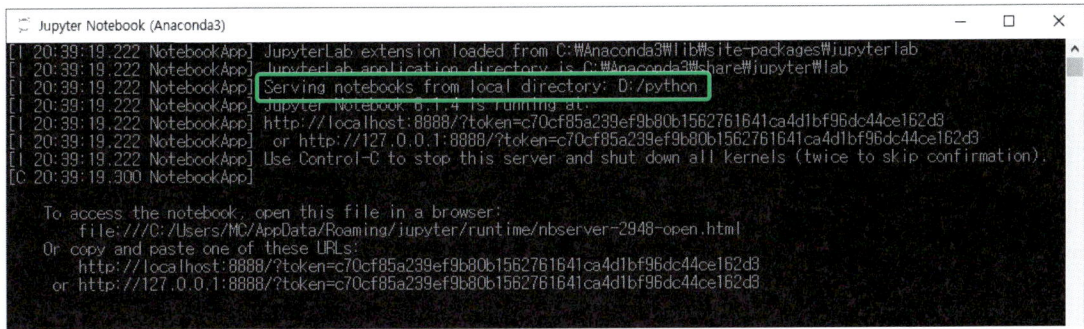

〈그림 6.1.12〉 Jupyter Notebook 시작 경로 변경 확인

5 실행 웹 브라우저 설정

웹 크롤링에서도 사용하겠지만 크롬은 프로그램 개발에 유용한 부분이 많아 Jupyter Notebook 브라우저로도 크롬을 추천합니다. 만일 윈도의 기본 웹 브라우저를 크롬으로 사용하고 있다면 굳이 이번 단계로 설정을 바꿀 필요는 없습니다. 기본 웹 브라우저와 다른 브라우저를 사용할 때만 브라우저 설정을 변경하면 됩니다. 예를 들어 인터넷을 사용할 때는 Edge나 다른 브라우저를 쓰고, Jupyter Notebook은 크롬을 사용하고자 한다면 설정 파일을 변경하면 되는 것입니다.

① 3단계(기본 설정된 경로 변경, 284쪽 참조)에서 수정한 설정 파일인 jupyter_notebook_config.py를 메모장으로 엽니다.

② [편집] - [찾기]로 .browser를 찾습니다.

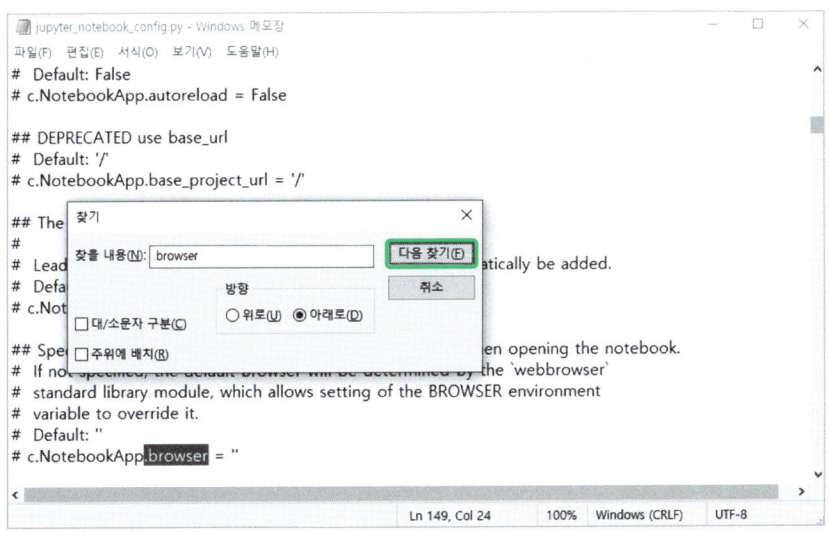

〈그림 6.1.13〉 브라우저 설정 변경 ①

③ 이 부분도 주석 표시를 제거하고 원하는 브라우저의 바로 가기 위치를 찾아 적어주면 됩니다. 4단계(시작 메뉴에서도 경로 변경 적용, 287쪽 참조)의 ①과 ②와 같이 시작 메뉴에서 원하는 브라우저의 바로 가기 아이콘에서 [자세히] - [파일 위치 열기]로 폴더를 열고 '속성'에서 '대상'에 나온 경로를 복사해 메모장에 붙여줍니다.

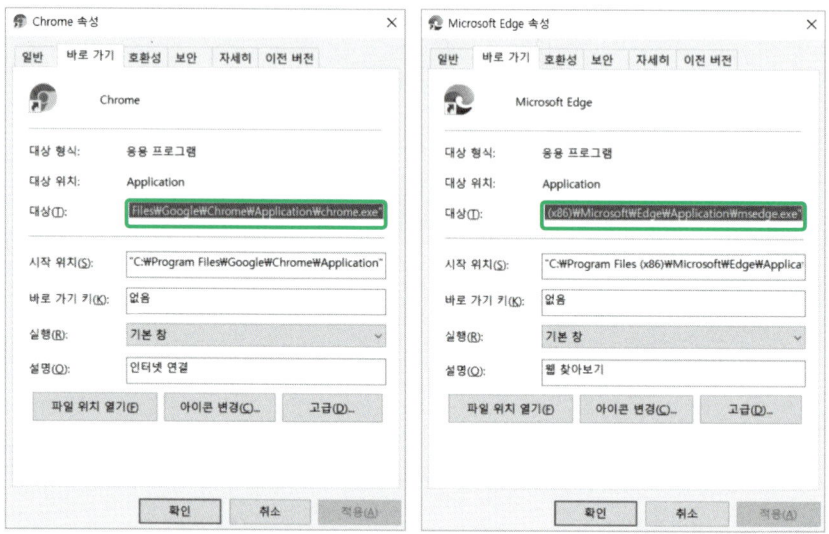

〈그림 6.1.14〉 브라우저 바로 가기 속성의 대상 경로

④ 실행 브라우저를 Edge로 변경하기 위해서는 Edge의 경로를 넣고, '₩'를 '/'로 바꾼 후 마지막에는 한 칸을 띄워 %s를 추가합니다. 그렇게 하면 다음과 같은 경로로 변경됩니다.

"C:/Program Files (x86)/Microsoft/Edge/Application/msedge.exe %s"

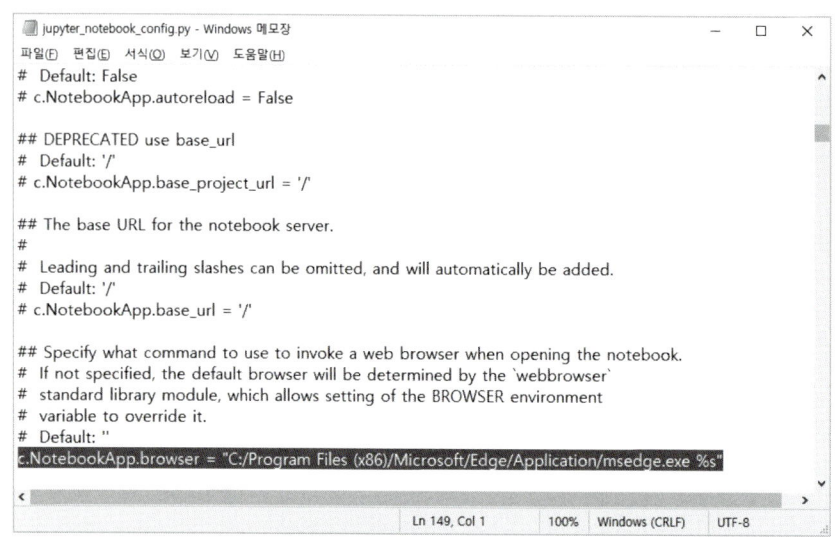

〈그림 6.1.15〉 브라우저를 Edge로 설정 변경

<그림 6.1.16> Edge에서 Jupyter Notebook 실행

⑤ 이번에는 다시 크롬으로 설정을 변경해보겠습니다.
- "C:/Program Files/Google/Chrome/Application/chrome.exe %s"
- 설정을 크롬 브라우저로 변경하고 나면 <그림 6.1.8>과 같이 크롬에서 실행됩니다.
- Edge도 마찬가지지만 경로는 PC마다 다를 수도 있어 정확히 찾아 변경해야 합니다.

Section 02 >>> Jupyter Notebook 기본 사용 방법

Jupyter Notebook의 실행 첫 화면에는 [Files] 탭, 즉 시작 경로의 파일과 폴더가 나옵니다. 여기에서 Jupyter Notebook의 파일인 ipynb 파일을 열고, 다른 경로의 ipynb 파일을 Upload하거나 새로운 폴더나 파일을 만들 수 있습니다. 제공된 소스 파일 중 ipynb 파일은 Upload로 열어서 참조하면 됩니다.

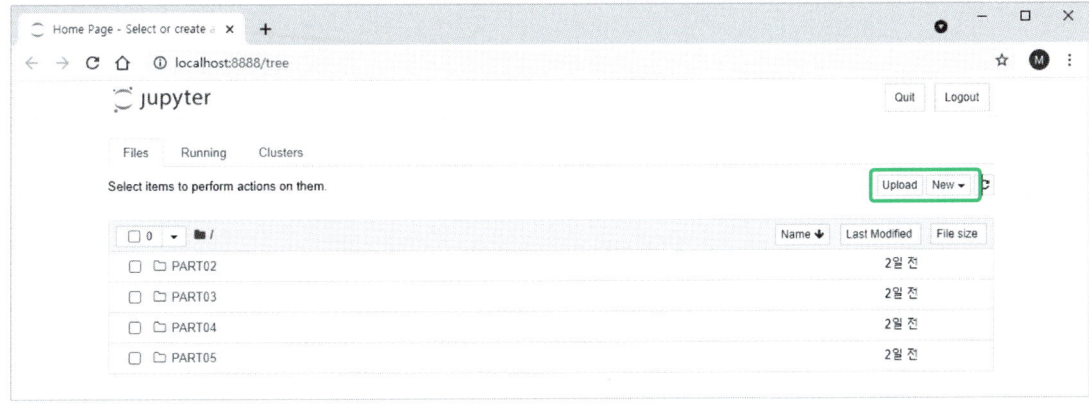

<그림 6.1.17> Jupyter Notebook 초기 화면

앞의 그림 네모 칸에 있는 [New]를 클릭해서 [Python 3(ipykernel)]로 파일을 하나 만들어보겠습니다. 폴더를 만들고 그 안에 파일을 만들어도 되고 바로 파일을 만들어도 됩니다. 폴더나 파일명 앞에 있는 체크 박스를 체크하면 메뉴 아래에 나오는 버튼으로 다음의 기능이 가능합니다.

- 폴더 : 이름 변경(Rename), 삭제(휴지통), 이동(Move)
- 파일 : 복사(Duplicate), 종료(Shutdown), 보기(View), 편집(Edit), 삭제(휴지통)

파일을 새로 만들면 크롬에 새 탭이 열립니다. 주소 창 아래 Untitled를 더블 클릭하면 이름 수정이 가능합니다. '연습'이라고 변경하면 파일명은 연습.ipynb로 저장됩니다.

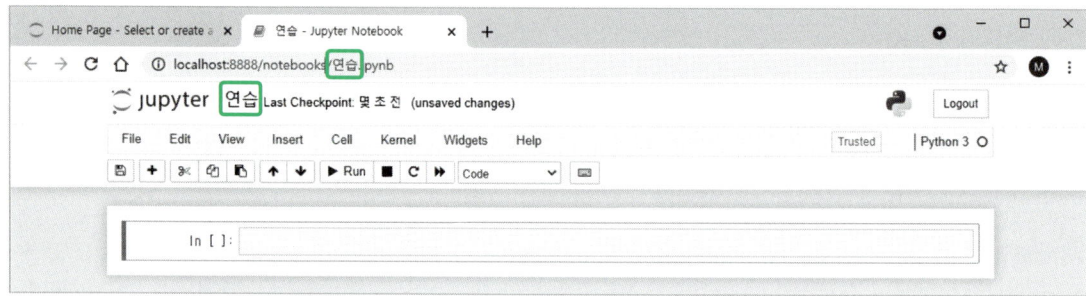

〈그림 6.1.18〉 Jupyter Notebook 파일명 변경

Jupyter Notebook은 셀(Cell) 단위로 하나씩 실행되고 바로 결과 확인이 가능합니다. 셀은 다음과 같이 2가지의 형태를 많이 사용합니다.

① 마크 다운 셀

마크 다운은 웹 페이지를 만드는 마크업 언어의 한 종류로 일반 텍스트를 사용해 서식 있는 문서를 작성할 수 있는 셀입니다. 코드의 설명이나 제목을 남기는 부분이라고 생각하면 됩니다.

② 코드 셀

위의 그림처럼 셀 앞에 Spyder의 콘솔처럼 In[ ]: 이 보이며, 파이썬 코드를 작성하고 실행할 수 있는 셀입니다. 코드 셀이 실행되면 실행된 순서에 따라 In[ ]: 의 대괄호에 숫자가 나타납니다.

각 셀별로 사용법을 알아보기 전에 Jupyter Notebook의 단축키 몇 개를 알아보겠습니다. 단축키를 이용하면 쉽게 셀 조작, 실행 등이 가능합니다. 메뉴의 Help 오른쪽 아래에 키보드 모양의 버튼을 클릭하면 전체 단축키 목록을 확인할 수 있습니다.

단축키 설명 중 커맨드 모드는 셀들을 조작하는 상태인데 셀의 색은 파란색이고, 에디트 모드는 코드나 마크 다운을 입력하는 상태로 셀의 색이 녹색입니다.

커맨드 모드(Command Mode)

In [ ]:

에디트 모드(Edit Mode)

In [ ]:

〈그림 6.1.19〉 셀의 모드 구분

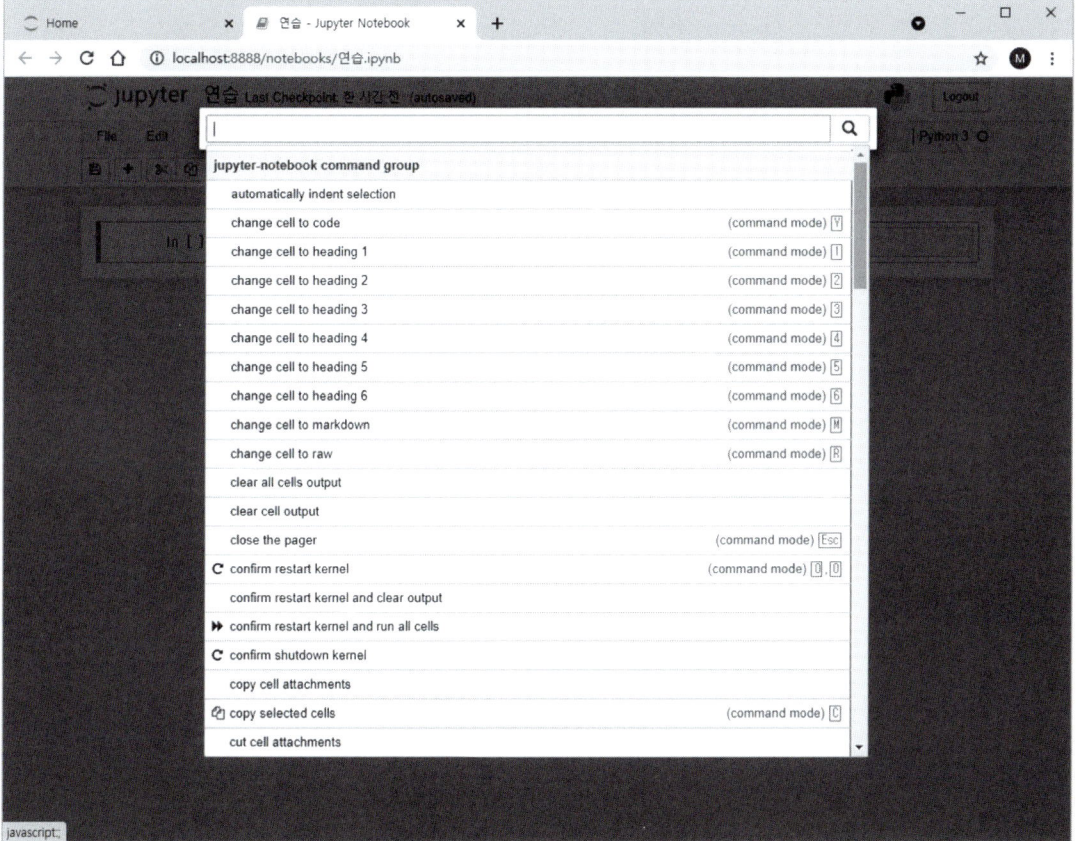

〈그림 6.1.20〉 단축키 목록

많이 사용하는 단축키는 〈표 6.1.1〉로 정리했습니다. 알파벳은 대/소문자 구분 없이 사용 가능합니다.

상태	단축키	기능
에디트 모드	Esc	커맨드 모드로 전환
	Shift + Enter	현재 셀 실행하고 아래 셀로 이동
	Ctrl + Enter	현재 셀 실행하고 셀 이동 없음
커맨드 모드	Enter	에디트 모드로 전환
	A	현재 셀 위에 새로운 셀 삽입
	B	현재 셀 아래에 새로운 셀 삽입
	D, D (D 두 번)	현재 셀 삭제
	M	마크 다운 셀로 전환
	Y	코드 셀로 전환
	C	현재 셀 복사
	V	복사한 셀을 아래에 붙여넣기(삽입)
	X	현재 셀 잘라내기

〈표 6.1.1〉 Jupyter Notebook 단축키

단축키가 익숙해지기 전까지는 다음 표와 같이 메뉴 아래 그림 버튼을 사용하면 충분합니다.

버튼	기능
💾	저장(Jupyter Notebook은 자동 저장됨)
+	현재 셀의 아래쪽에 새로운 셀 삽입
✂ 📋 📄	셀 잘라내기 / 복사하기 / 붙여넣기
↑ ↓	셀 위 / 아래 이동
▶ Run ■	셀 실행 / 중지
Code ⌄	셀 타입 전환
⌨	단축키 목록

〈표 6.1.2〉 Jupyter Notebook 사용 버튼 설명

그럼 마크 다운 셀부터 하나씩 살펴보겠습니다.

1 마크 다운 셀

마크 다운을 입력하고 파이썬 코드와 마찬가지로 실행하면 문장이 서식을 가지고 변환됩니다.

① # : 제목에 대한 내용을 작성할 때 사용하며 #이 하나씩 늘어날 때마다 소제목으로 글씨 크기가 줄어들게 됩니다.

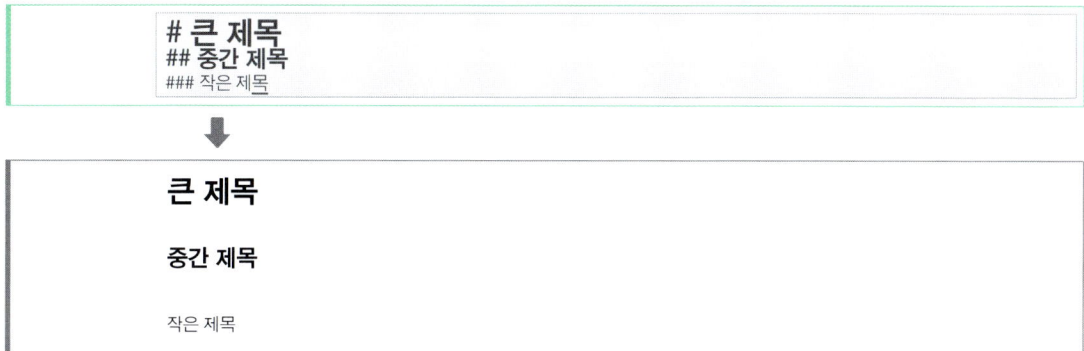

② * : 번호가 없는 순서의 목록을 만듭니다.

③ 1, 2,.. : 번호가 있는 순서의 목록을 만듭니다.

④ 줄 바꿈 : 줄의 마지막에 빈 칸을 두 칸 입력한 다음에 Enter↵를 눌러 다음 줄을 작성하면 줄 바꿈이 적용됩니다.

```
줄 바꿈은 두 칸을 빈 칸으로 띄우지 않고
엔터 키를 누르면 줄 바꿈이 안 됨
```

```
줄 바꿈은 두 칸을 빈 칸으로 띄우고▮
엔터 키를 눌러야 적용됨
```

⬇

줄 바꿈은 두 칸을 빈 칸으로 띄우지 않고 엔터 키를 누르면 줄 바꿈이 안 됨

```
줄 바꿈은 두 칸을 빈 칸으로 띄우고
엔터 키를 눌러야 적용됨
```

아래와 같이 마크 다운 셀에 내용을 입력하고 실행해보세요. 네 번째 줄의 마지막은 '한 종류로 '와 같이 빈 칸을 두 칸 입력해야 합니다.

```
# Jupyter Notebook
## 1. Jupyter Notebook의 특징
1. 마크 다운 셀
* 마크 다운은 웹 페이지를 만드는 마크업 언어의 한 종류로
일반 텍스트를 사용해 서식이 있는 문서를 작성할 수 있는 셀이다.
2. 코드 셀
* 파이썬 코드를 작성하고 실행시킬 수 있는 셀이다.|
```

⬇

Jupyter Notebook

1. Jupyter Notebook의 특징

1. 마크 다운 셀
- 마크 다운은 웹 페이지를 만드는 마크업 언어의 한 종류로
  일반 텍스트를 사용해 서식이 있는 문서를 작성할 수 있는 셀이다.
2. 코드 셀
- 파이썬 코드를 작성하고 실행시킬 수 있는 셀이다.

2 코드 셀

한 셀에 코드 전체를 넣어도 되고, 코드를 부분으로 나눠서 다른 셀에 입력하고 부분별로 따로 실행해도 됩니다. 단계별로 확인하면서 작성 가능한 부분이 바로 데이터 분석 시 유용한 점입니다. <project_3_upgrade>를 세 부분으로 나눠 다음과 같이 입력·실행해보기 바랍니다. 소스 코드에서 복사해 붙여넣기를 해도 됩니다. 한 코드 셀씩 입력하고 Shift + Enter↵를 통해 코드 실행 후 다음 셀이 생성되도록 하면 편리합니다.

```
In [1]: # 1. 카드 상태 저장 변수를 리스트로 만들기
        card_status = []          # 변수를 빈 리스트로 먼저 만들기
        for i in range(100):      # 100번 반복을 위한 for
            card_status.append(0) # 카드가 앞면인 상태를 0으로 하여 추가

        print(card_status)
```

[0, 0, 0, 0, 0, 0, 0, 0, 0, 0, 0, 0, 0, 0, 0, 0, 0, 0, 0, 0, 0, 0, 0, 0, 0, 0, 0, 0, 0, 0, 0, 0, 0, 0, 0, 0, 0, 0, 0, 0, 0, 0, 0, 0, 0, 0, 0, 0, 0, 0, 0, 0, 0, 0, 0, 0, 0, 0, 0, 0, 0, 0, 0, 0, 0, 0, 0, 0, 0, 0, 0, 0, 0, 0, 0, 0, 0, 0, 0, 0, 0, 0, 0, 0, 0, 0, 0, 0, 0, 0, 0, 0, 0, 0, 0, 0, 0, 0, 0, 0]

```
In [2]: # 게임 번호, 카드 번호 반복하며 사물함 상태 바꾸기 시행
        for game_num in range(1, 101):     # 2. 게임 횟수 번호를 1부터 100까지 반복
            for card_num in range(1, 101): # 3. 카드 번호를 1부터 100까지 반복

                # 4. 카드 번호가 게임 횟수 번호의 배수 인지 확인
                if card_num % game_num == 0: # 나눈 나머지가 0인지(배수) 확인

                    # 5. 카드 상태를 확인하고 반대로 바꾸기
                    if card_status[card_num-1] == 0: # 상태가 0(앞면)이면
                        card_status[card_num-1] = 1  # 상태를 1(뒷면)로 바꿈
                    else:                            # 상태가 1(뒷면)이면
                        card_status[card_num-1] = 0  # 상태를 0(앞면)으로 바꿈

        # 6. 결과 출력
        print(sum(card_status)) # 리스트 합(sum) 출력
```

10

```
In [3]: # 7. 업그레이드(최종으로 뒷면인 카드 번호 출력)
        result = [] # A. 빈 리스트 만들기

        card_num = 1 # B. 카드 번호를 1로 초기화

        for status in card_status:        # C. 카드 상태 리스트 데이터 반복
            if status == 1:               #    카드 상태가 뒷면인지 확인
                result.append(card_num)   #    뒷면이면 결과 리스트에 카드 번호 추가
            card_num += 1                 #    카드 번호 1증가

        print(result)                     # D. 결과 출력
```

[1, 4, 9, 16, 25, 36, 49, 64, 81, 100]

〈그림 6.1.21〉 Jupyter Notebook에서 파이썬 코드 실행

3 Jupyter Notebook 재실행

Jupyter Notebook을 재실행하면 모든 값들은 초기화됩니다. 결과가 나와 있는 것으로 보이기는 하지만 중간에 이어서 작업하기 위해서는 처음 코드부터 새로 실행해야 합니다. 이때는 다음의 그림과 같이 메뉴 중 [Kernel]에서 하나를 선택하는 것으로 재실행이 가능합니다. Spyder의 재실행과도 유사하다고 볼 수 있습니다.

- Restart & Clear Output : 재실행 후 모든 출력들을 지웁니다.
- Restart & Run All : 재실행 후 첫 셀부터 끝까지 실행시킵니다. 실행 중 에러가 있는 셀이 있으면 해당 셀에서 실행이 중지됩니다.

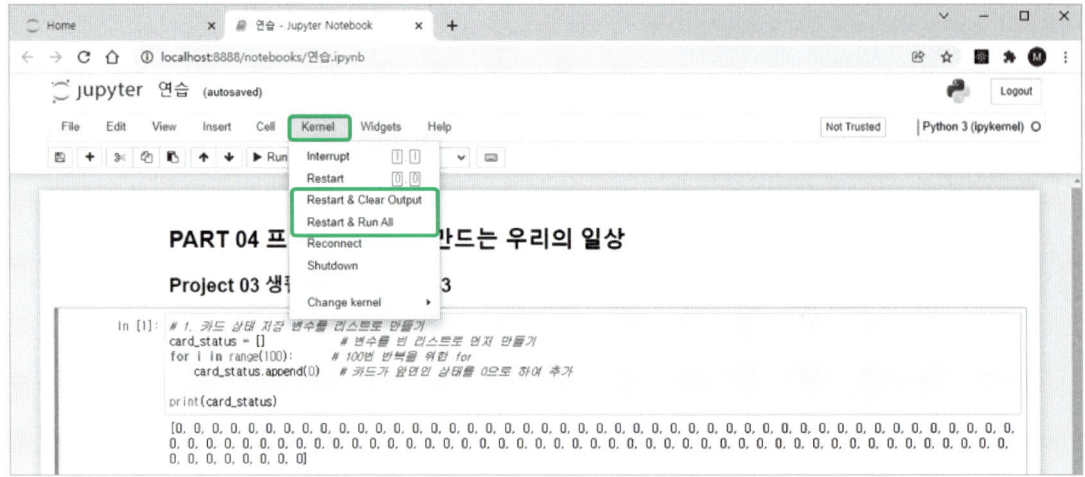

〈그림 6.1.22〉 Jupyter Notebook 재실행 옵션

4 Jupyter Notebook 파일 셧다운

작업을 끝내고 탭을 닫아도 Jupyter Notebook 홈에 파일이 실행(연두색 아이콘) 중으로 되어 있습니다. 추후 활성화된 창들이 많아지면 느려지는 등의 문제가 생길 수 있기 때문에 사용하지 않는 파일의 경우 다음 중 하나의 방법으로 꺼주면 됩니다.

① 체크 박스를 체크한 후 상단에 나오는 [Shutdown]을 클릭합니다.

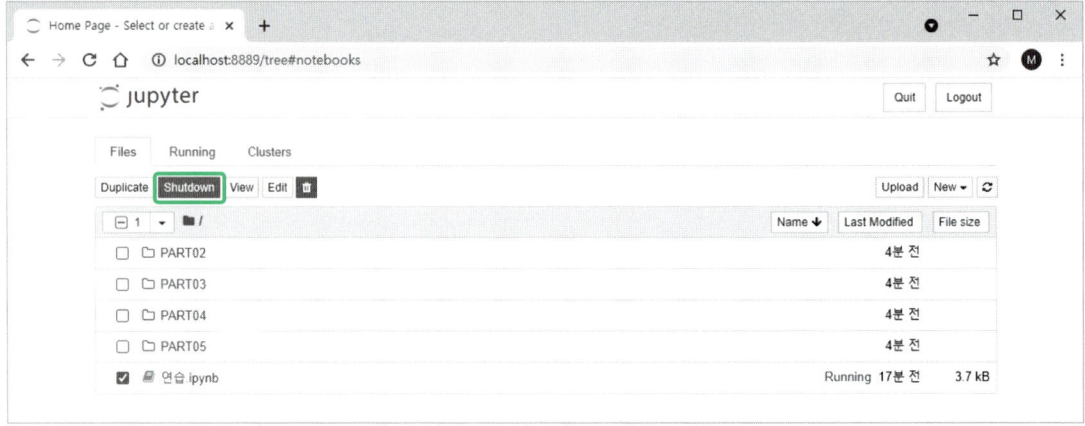

〈그림 6.1.23〉 홈 화면(Files 탭)에서 파일 Shutdown

② 메뉴의 [Running] 탭을 눌러 끄고자 하는 파일 오른쪽에서 [Shutdown]을 클릭합니다.

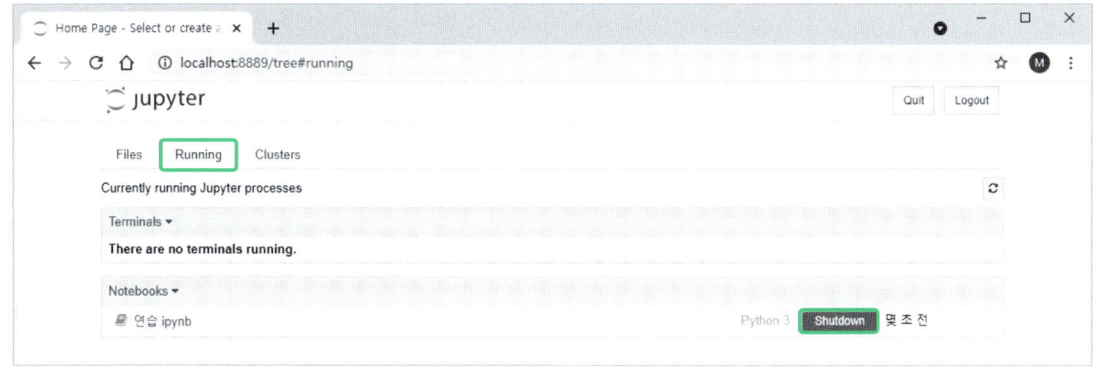

〈그림 6.1.24〉 Running 탭으로 파일 Shutdown

Section 03 >>> 분석용 데이터 구하기

빅데이터 시대에 맞게 개인도 구할 수 있는 데이터가 상당히 많습니다. 일반 사람들에게 개방된 공공 데이터를 얻을 수 있는 곳은 '공공 데이터 포털', '서울 열린 데이터 광장', '경기 데이터 드림' 등이 있습니다. 대표적인 공공 데이터 포털(https://www.data.go.kr)을 살펴보도록 하겠습니다.

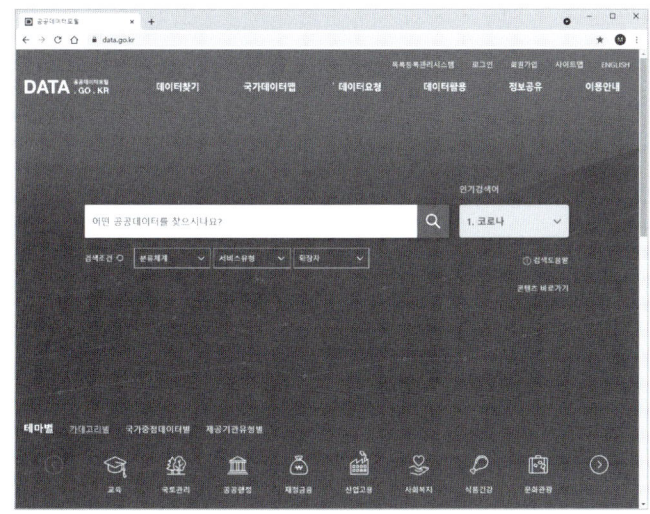

〈그림 6.1.25〉 공공 데이터 포털 홈페이지

우리나라 전체 공공 데이터들이 다 모여 있는 곳으로 각 정부기관이나 지역 데이터로 링크된 정보의 이용이 가능합니다. 가장 활용도가 높은 데이터는 Open API 형태로 받는 데이터인데, 별도 신청을 통해 실시간으로 최신 데이터를 받을 수 있어 다양하게 활용할 수 있지만, 이 책에서는 csv 파일 형태의 간단한 데이터를 받아 파이썬으로 분석해보겠습니다.

① 상단의 메뉴에서 [데이터찾기] - [데이터목록]으로 들어갑니다.

② '파일데이터', '활용순'으로 설정해 목록들을 살펴봅니다. 어떤 데이터들이 많이 활용되고 있는지 알 수 있습니다.

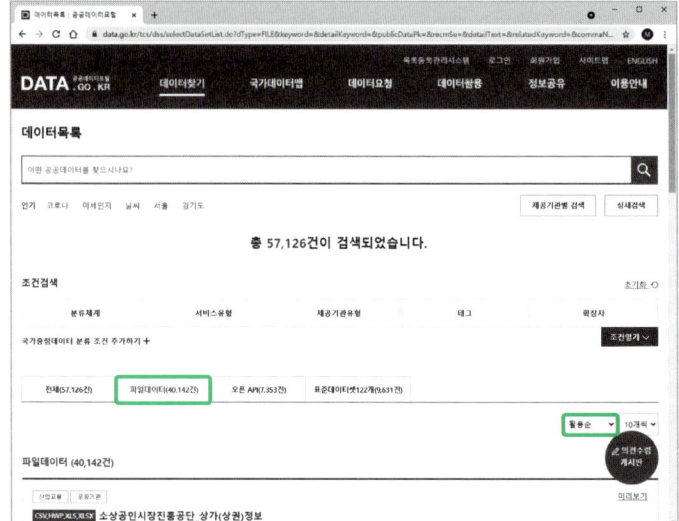

〈그림 6.1.26〉 파일데이터 활용순 검색

③ 여기에서는 '국민건강보험공단_건강검진정보' 데이터를 받기 위해 들어가보겠습니다. 만일 순위가 변경되어 찾기가 힘들면 화면 상단의 검색 창에서 제목으로 검색해 찾을 수도 있습니다. 그리고 1년에 한 번씩 업데이트가 되고, 기초 데이터 분석 실습용으로 기준년도에 대해서는 큰 의미가 없으므로 꼭 최신의 데이터를 받아야 할 필요는 없습니다.

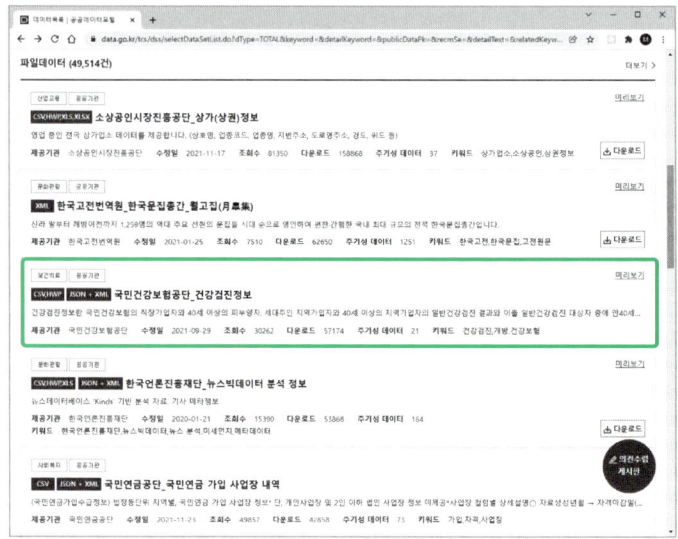

〈그림 6.1.27〉 건강검진정보 데이터

④ 제목을 클릭해서 들어가면 데이터 분류, 제공기관, 데이터 유형, 미리 보기, 설명 등을 확인할 수 있습니다. 다운로드를 클릭하여 Jupyter Notebook 경로에 새로운 폴더를 만들고 그 안에 파일을 저장합니다.

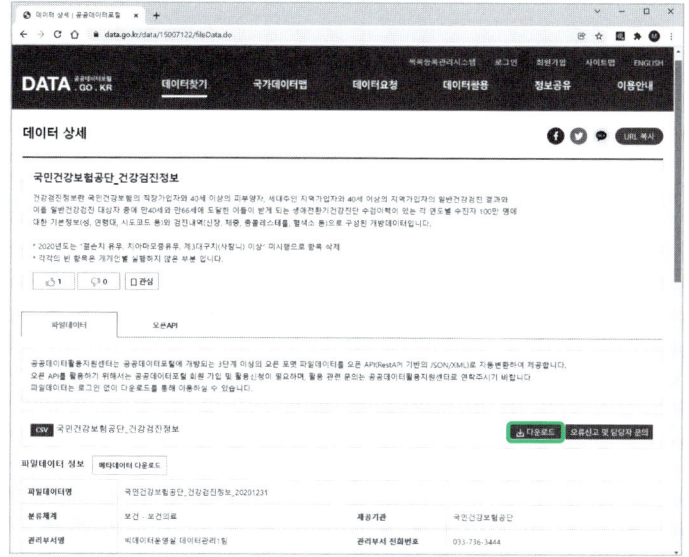

〈그림 6.1.28〉 파일 데이터 다운로드

⑤ 추가로 페이지 아래에 있는 [주기성 과거 데이터]를 [더보기] 하여 데이터에 대한 설명이 있는 사용자 매뉴얼을 다운로드합니다. 이 [주기성 과거 데이터]에서는 과거의 자료들도 다운로드 받을 수 있습니다.

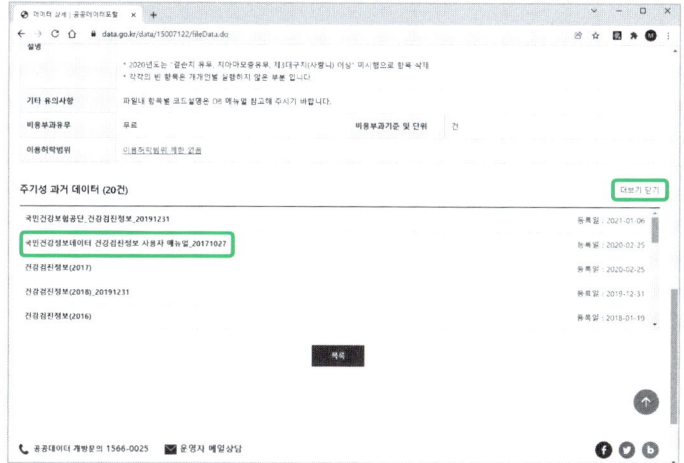

〈그림 6.1.29〉 사용자 메뉴얼 다운로드

⑥ 다운로드한 위치에 가면 zip 파일이 있습니다. 압축을 해제하고, csv 파일 중 국민건강보험공단_건강검진정보_20201231_1.csv를 열어봅니다. 엑셀이나 기타 뷰어로 데이터를 확인할 수 있습니다. csv는 기본적으로 콤마로 구분된 데이터 형식이라 메모장에서 열면 콤마가 각 데이터들 사이에 들어있는 것을 확인할 수 있습니다.

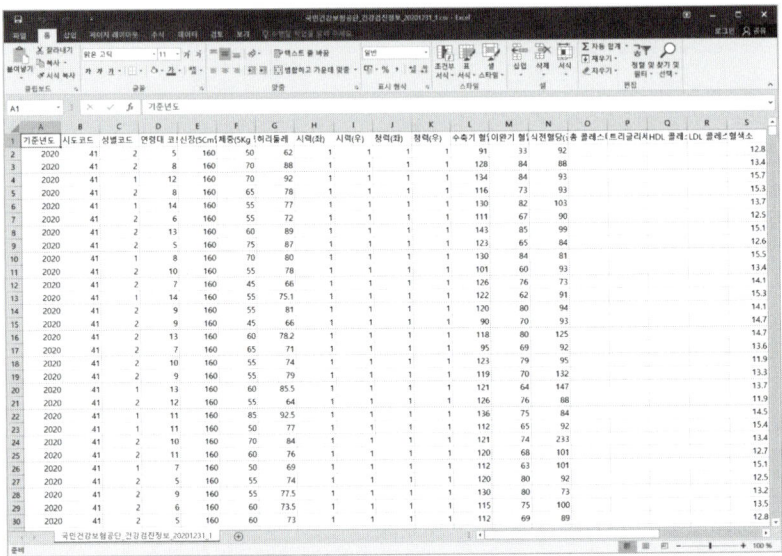

〈그림 6.1.30〉 엑셀에서 데이터 확인

〈그림 6.1.31〉 메모장에서 데이터 확인

Chapter 02

재주부리는 파이썬의 판다

이번 장에서는 파이썬으로 데이터 분석을 하기 위해 없어서는 안 될 라이브러리를 소개하겠습니다. 데이터 분석 이외에도 데이터 정리나 저장할 때 유용하게 사용 가능합니다. 아나콘다에 함께 설치되어 있으니 바로 판다를 만나러 가보도록 하겠습니다.

Section 01 >>> 판다 알아보기

아쉽지만 파이썬의 판다는 TV나 동물원에서 볼 수 있는 귀여운 동물과 전혀 관련이 없습니다. 계량경제학이라는 학문에서 사용하는 데이터인 패널 데이터(PANel Data, 특정 조사 집단에 대한 몇 가지 측정 자료들을 여러 시간에 걸쳐 조사해 만드는 데이터)에서 앞 글자들을 따와 지었으며, 정식 명칭은 판다스(Pandas)입니다. 웨스 메키니(Wes McKinney)가 금융 데이터를 분석하기 위해 개발했습니다.

이번 섹션에서는 Pandas의 시리즈(Series)와 데이터프레임(DataFrame)이라는 데이터 구조에 대해 간략하게 알아보겠습니다. Pandas를 사용하기 위해서는 패키지 import를 해야 하는데 보통 import pandas as pd로 해서 pd라고 줄인 별칭을 사용합니다.

1 Series

- 1차원의 배열 구조입니다.
- 인덱스를 별도로 가질 수 있는 리스트의 형태 또는 딕셔너리를 세로로 표현한 형태에 가깝습니다.
- 정의(주요 매개 변수)

```
pandas.Series(
    data=None,
    index=None
)
```

매개 변수	기본 값	설명
data	None	• Series로 만들 데이터 • 1차원이므로 리스트 형태로 입력
index	None	• 사용할 인덱스 • 입력이 없을 경우 기본 인덱스(0, 1, 2, …) 적용

〈표 6.2.1〉 Series 주요 매개 변수

① 건강검진 결과인 키(height)를 데이터로 한 Series를 만들면 다음과 같습니다.

- height는 인덱스가 0~4로 5개의 데이터가 1차원으로 구성되었습니다.
- type은 pandas의 Series 클래스로 나옵니다.
- Series의 데이터 확인 방법은 리스트 인덱싱, 슬라이싱과 같습니다.

In[1]:
```
import pandas as pd
```

In[2]:
```
# Series 객체 생성
height = pd.Series([165, 155, 160, 170, 170])
print(height)
```
```
0    165
1    155
2    160
3    170
4    170
dtype: int64
```

In[3]:
```
print(type(height))
```
```
<class 'pandas.core.series.Series'>
```

In[4]:
```
# Series 인덱싱
print(height[1])
print(height[3])
```
```
155
170
```

In[5]:
```
# Series 슬라이싱
print(height[0:2])
```

```
0    165
1    155
dtype: int64
```

② 다음은 인덱스를 별도로 지정해서 height를 만들어보겠습니다.

- 인덱스가 A~E로 지정되었습니다.
- 인덱스를 지정하면 인덱스의 값이 key이고, 데이터가 value인 딕셔너리와 유사합니다.

In[6]:
```python
# 인덱스를 지정한 Series 생성
height = pd.Series([165, 155, 160, 170, 170],
                   index=['A', 'B', 'C', 'D', 'E'])
print(height)
```
```
A    165
B    155
C    160
D    170
E    170
dtype: int64
```

In[7]:
```python
print(height['A'])
print(height['E'])
```
```
165
170
```

2 DataFrame

- 2차원의 행렬 구조입니다.
- 행(row)과 열(column)로 구성됩니다.
- 다음의 그림을 살펴보면 가로 방향의 한 줄이 행(1행, 2행, …), 세로 방향의 한 줄이 열(A열, B열, …)입니다.
- 각 열의 데이터 개수는 똑같아야 합니다.

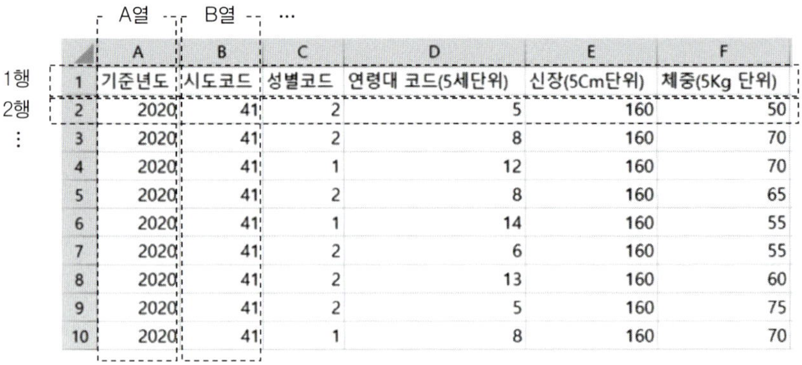

	A	B	C	D	E	F
1	기준년도	시도코드	성별코드	연령대 코드(5세단위)	신장(5Cm단위)	체중(5Kg 단위)
2	2020	41	2	5	160	50
3	2020	41	2	8	160	70
4	2020	41	1	12	160	70
5	2020	41	2	8	160	65
6	2020	41	1	14	160	55
7	2020	41	2	6	160	55
8	2020	41	2	13	160	60
9	2020	41	2	5	160	75
10	2020	41	1	8	160	70

〈그림 6.2.1〉 2차원 데이터 구조

- 위 데이터를 DataFrame으로 읽으면 컬럼명은 기준년도, 시도코드, ⋯, 체중(5kg 단위)이 됩니다.
- 인덱스는 기본 값으로 0부터 자동 지정을 사용하거나, 다른 값으로도 지정 또는 나중에 변경 가능합니다.
- 정의(주요 매개 변수)

```
pandas.DataFrame(
    data=None,
    index=None,
    columns=None
)
```

매개 변수	기본 값	설명
data	None	• DataFrame으로 만들 데이터 • columns를 따로 지정할 경우 : 리스트를 입력 • columns를 따로 지정하지 않을 경우 : 딕셔너리를 입력
index	None	• 사용할 인덱스 • 입력이 없을 경우 기본 인덱스(0, 1, 2, ⋯) 적용 • 행의 개수에 맞게 리스트로 입력
columns	None	• 사용할 컬럼 이름 • 열의 개수에 맞게 컬럼명을 리스트로 입력

〈표 6.2.2〉 DataFrame 주요 매개 변수

DataFrame 만들기

① 기본적인 DataFrame 생성

- data, columns, index에 해당하는 값을 입력해 전달합니다.
- 변수로 사용한 df1, df2에서 df는 DataFrame의 약자로 흔히 사용하는 변수명입니다.
- Jupyter Notebook에서는 Spyder 콘솔처럼 print( )를 쓰지 않아도 해당 값이 출력됩니다. 단, 코드 셀 중간에 값을 출력하는 코드를 넣을 때는 print( )를 사용해야 합니다.
- DataFrame은 print( )를 쓰지 않는 것이 보기 좋게 출력됩니다.

In[1]:
```python
import pandas as pd
```

In[2]:
```python
df1 = pd.DataFrame([165, 155, 160, 170, 170],
                   columns=['신장'],
                   index=['A', 'B', 'C', 'D', 'E'])
df1
```

Out[2]:

	신장
A	165
B	155
C	160
D	170
E	170

In[3]:
```python
print(type(df1))
```
```
<class 'pandas.core.frame.DataFrame'>
```

② 딕셔너리로 DataFrame 생성

딕셔너리의 key가 컬럼, value가 데이터가 됩니다.

In[4]:
```python
data = {'시도코드' : [11, 48, 41, 28, 41],
        '성별코드' : [1, 2, 1, 1, 1],
        '신장' : [165, 155, 160, 170, 170]}

df2 = pd.DataFrame(data)
df2
```

Out[4]:

	시도코드	성별코드	신장
0	11	1	165
1	48	2	155
2	41	1	160
3	28	1	170
4	41	1	170

③ 리스트로 DataFrame 컬럼 추가

아래와 같이 리스트 데이터로 DataFrame에 새로운 컬럼을 추가할 수 있습니다.

In[5]:
```
code = [11, 48, 41, 28, 41]

df1['시도코드'] = code
df1
```

Out[5]:

	신장	시도코드
A	165	11
B	155	48
C	160	41
D	170	28
E	170	41

DataFrame 데이터 확인

- 데이터 확인은 기본적으로 컬럼을 기준으로 합니다. 대괄호에 컬럼명을 넣으면 해당 컬럼에 해당하는 1차원 배열이 반환되어 Series의 형태가 됩니다.

- In[8]처럼 대괄호 안에 대괄호를 추가해 컬럼명을 넣으면 DataFrame 형태로 데이터가 반환됩니다. 대괄호 내에 리스트로 컬럼을 전달한 것입니다.

- In[10]은 컬럼을 2개 이상 확인하는 코드입니다. 확인할 컬럼을 리스트로 넣어서 DataFrame을 반환 받았습니다. In[12]처럼 별도로 리스트 변수를 만들어 전달할 수도 있습니다.

In[6]:	`# 1. 컬럼명으로 데이터 확인` `df2['신장']`
| Out[6]: | ```
0    165
1    155
2    160
3    170
4    170
Name: 신장, dtype: int64
``` |
In[7]:	`print(type(df2['신장']))`
	`<class 'pandas.core.series.Series'>`
In[8]:	`# 2. 대괄호 두 개를 사용한 데이터 확인` `df2[['신장']]`
Out[8]:	<table><tr><th></th><th>신장</th></tr><tr><td>0</td><td>165</td></tr><tr><td>1</td><td>155</td></tr><tr><td>2</td><td>160</td></tr><tr><td>3</td><td>170</td></tr><tr><td>4</td><td>170</td></tr></table>
In[9]:	`print(type(df2[['신장']]))`
	`<class 'pandas.core.frame.DataFrame'>`
In[10]:	`# 3. 여러 컬럼은 대괄호 두 개를 사용` `df2[['성별코드', '신장']]`
Out[10]:	<table><tr><th></th><th>성별코드</th><th>신장</th></tr><tr><td>0</td><td>1</td><td>165</td></tr><tr><td>1</td><td>2</td><td>155</td></tr><tr><td>2</td><td>1</td><td>160</td></tr><tr><td>3</td><td>1</td><td>170</td></tr><tr><td>4</td><td>1</td><td>170</td></tr></table>
In[11]:	`print(type(df2[['성별코드', '신장']]))`
```

DataFrame에서 한 컬럼의 데이터를 확인하면 Series 타입의 데이터가 반환되는 것을 확인하였습니다. DataFrame은 Series가 한 컬럼씩 이어 붙어 만들어진 2차원 데이터가 되는 것입니다.

〈그림 6.2.2〉 DataFrame과 Series 구조

Section 02 >>> DataFrame의 기본 기능 익히기

Pandas의 DataFrame에는 엄청나게 많은 기능들이 있어 이 책에서 모두 다루기는 어렵습니다. 그렇기 때문에 다음 장까지 데이터 분석에 있어 필수적으로 알아야 할 기능들에 대해 알아보겠습니다. 먼저 기본적으로 DataFrame의 데이터를 확인하고 간단하게 계산하는 기능입니다.

1 데이터 준비

건강 검진 결과 데이터의 '시도코드', '신장', '체중'으로 간단한 DataFrame을 만들어보겠습니다.

```
In[1]:  data = {'시도코드' : [11, 48, 41, 28, 41, 11, 41, 11, 31, 11],
                '신장' : [165, 155, 160, 170, 170, 170, 175, 165, 165, 145],
                '체중' : [65, 45, 70, 50, 70, 110, 70, 65, 75, 50]}

        idx = ['A', 'B', 'C', 'D', 'E', 'F', 'G', 'H', 'I', 'J']

        df = pd.DataFrame(data, index=idx)
        df
```

Out[1]:

	시도코드	신장	체중
A	11	165	65
B	48	155	45
C	41	160	70
D	28	170	50
E	41	170	70
F	11	170	110
G	41	175	70
H	11	165	65
I	31	165	75
J	11	145	50

2 DataFrame의 앞뒤 데이터 확인

인수로 확인하고자 하는 데이터의 개수를 전달합니다. 기본 값은 5개입니다.

앞부분 데이터 확인 → DataFrame.head()

뒷부분 데이터 확인 → DataFrame.tail()

In[2]:	df.head() *# 앞 5개의 데이터 확인*	
Out[2]:		시도코드	신장	체중
---	---	---	---
A	11	165	65
B	48	155	45
C	41	160	70
D	28	170	50
E	41	170	70		
In[3]:	df.tail(3) *# 뒤 3개의 데이터 확인*	
Out[3]:		시도코드	신장	체중
---	---	---	---
H	11	165	65
I	31	165	75
J	11	145	50		

3 인덱스, 컬럼, 데이터 값 확인

확인한 데이터는 list로 변환해서 사용이 가능합니다.

인덱스 데이터 확인 → DataFrame.index

컬럼 데이터 확인 → DataFrame.columns

데이터 값 확인 → DataFrame.values

In[4]:	df.index *# df의 인덱스 확인*
Out[4]:	Index(['A', 'B', 'C', 'D', 'E', 'F', 'G', 'H', 'I', 'J'], dtype='object')
In[5]:	df.columns *# df의 컬럼 확인*
Out[5]:	Index(['시도코드', '신장', '체중'], dtype='object')

In[6]:	df.values # df의 데이터 값 확인

Out[6]:	array([[11, 165, 65],
	       [48, 155, 45],
	       [41, 160, 70],
	       [28, 170, 50],
	       [41, 170, 70],
	       [11, 170, 110],
	       [41, 175, 70],
	       [11, 165, 65],
	       [31, 165, 75],
	       [11, 145, 50]], dtype=int64)

In[7]:	df['신장'].values # df의 특정 컬럼의 데이터 값 확인
Out[7]:	array([165, 155, 160, 170, 170, 170, 175, 165, 165, 145], dtype=int64)
In[8]:	list(df['신장'].values)
Out[8]:	[165, 155, 160, 170, 170, 170, 175, 165, 165, 145]

4 슬라이싱

① 인덱스 라벨(이름)에 대한 위치를 기준으로 합니다.
② 전체 컬럼만 확인이 가능합니다.

$$DataFrame[시작\ 위치\ :\ 끝\ 위치\ +\ 1]$$

In[9]:	df[1:4] # 1행부터 3행까지의 데이터 확인
Out[9]:	시도코드 신장 체중 B 48 155 45 C 41 160 70 D 28 170 50

df[1:4]

행 위치	열 위치	0 시도코드	1 신장	2 체중
0	A	11	165	65
1	B	48	155	45
2	C	41	160	70
3	D	28	170	50
4	E	41	170	70
5	F	11	170	110
6	G	41	175	70
7	H	11	165	65
8	I	31	165	75
9	J	11	145	50

〈그림 6.2.3〉 슬라이싱

5 라벨을 기준으로 데이터 그룹 확인(loc)

① 인덱스나 컬럼의 라벨(이름)로 데이터에 접근합니다.

② 라벨을 사용하기 때문에 슬라이싱을 할 경우 마지막 라벨을 포함한 데이터가 확인됩니다.

```
DataFrame.loc[index label, column label]
```

In[10]:
```
# 1. 인덱스가 'B'에서 'C'까지인 전체 컬럼 데이터 그룹 확인
df.loc['B':'C']
```

Out[10]:

	시도코드	신장	체중
B	48	155	45
C	41	160	70

In[11]:
```
# 2. 인덱스가 'E', 컬럼이 '신장'인 데이터 확인
df.loc['E', '신장']
```

Out[11]: 170

In[12]:
```
# 3. 인덱스가 'E'~'H', 컬럼이 '신장'~'체중'인 데이터 그룹 확인
df.loc['E':'H', '신장':'체중']
```

Out[12]:

	신장	체중
E	170	70
F	170	110
G	175	70
H	165	65

In[13]:
```
# 4. 인덱스는 전체, 컬럼이 '신장'~'체중'인 데이터 그룹 확인
df.loc[:, '신장':'체중']
```

Out[13]:

	신장	체중
A	165	65
B	155	45
C	160	70
D	170	50
E	170	70
F	170	110
G	175	70
H	165	65
I	165	75
J	145	50

df.loc['E', '신장']

['신장']

열 위치 행 위치		0	1	2
		시도코드	신장	체중
0	A	11	165	65
1	B	48	155	45
2	C	41	160	70
3	D	28	170	50
['E'] 4	E	41	170	70
5	F	11	170	110
6	G	41	175	70
7	H	11	165	65
8	I	31	165	75
9	J	11	145	50

df.loc['E':'H', '신장':'체중']

['신장':'체중']

열 위치 행 위치		0	1	2
		시도코드	신장	체중
0	A	11	165	65
1	B	48	155	45
2	C	41	160	70
3	D	28	170	50
4	E	41	170	70
['E':'H'] 5	F	11	170	110
6	G	41	175	70
7	H	11	165	65
8	I	31	165	75
9	J	11	145	50

〈그림 6.2.4〉 loc 활용

6 위치를 기준으로 데이터 그룹 확인(iloc)

① 인덱스와 컬럼의 위치(번호)로 데이터에 접근합니다.

② 위치를 사용하기 때문에 슬라이싱을 할 경우 마지막 위치는 포함되지 않는 데이터가 확인됩니다.

DataFrame.iloc[index position, column position]

In[14]:
```
# 1. 인덱스 위치가 1에서 2까지인 데이터 확인
df.iloc[1:3]
```

Out[14]:

	시도코드	신장	체중
B	48	155	45
C	41	160	70

In[15]:
```
# 2. 인덱스 위치가 4, 컬럼 위치가 1인 데이터 확인
df.iloc[4, 1]
```

Out[15]: 170

In[16]:
```
# 3. 인덱스 위치가 4 ~ 7, 컬럼이 1 ~ 끝까지인 데이터 그룹 확인
df.iloc[4:8, 1:]
```

Out[16]:

	신장	체중
E	170	70
F	170	110
G	175	70
H	165	65

```
df.iloc[4:8, 1:]
```

	열 위치	0	1	2
행 위치		시도코드	신장	체중
0	A	11	165	65
1	B	48	155	45
2	C	41	160	70
3	D	28	170	50
4	E	41	170	70
5	F	11	170	110
6	G	41	175	70
7	H	11	165	65
8	I	31	165	75
9	J	11	145	50

〈그림 6.2.5〉 iloc 활용

7 칼럼 데이터 통계 확인

```
In[17]:  print(df['신장'].min())     # 최소값
         print(df['신장'].max())     # 최대값
         print(df['체중'].sum())     # 전체합
         print(df['체중'].mean())    # 평균
         print(df['체중'].median())  # 중앙값
         print(df['체중'].std())     # 표준편차

         145
         175
         670
         67.0
         67.5
         18.287822299126937
```

8 칼럼 계산

① 키와 체중 값을 가지고 BMI 지수 컬럼을 추가해보겠습니다.

BMI = 체중(kg) / 신장(m)^2

② '체중'은 kg 단위로 입력하였으니 그대로 계산하고, '신장'은 cm 단위이므로 제곱하기 전에 100으로 나눠야 합니다.

In[18]:
```python
# BMI 컬럼 추가
# BMI는 체중(kg)을 신장(m)의 제곱으로 나눈 값
df['BMI'] = df['체중'] / (df['신장'] / 100) ** 2
df
```

Out[18]:

	시도코드	신장	체중	BMI
A	11	165	65	23.875115
B	48	155	45	18.730489
C	41	160	70	27.343750
D	28	170	50	17.301038
E	41	170	70	24.221453
F	11	170	110	38.062284
G	41	175	70	22.857143
H	11	165	65	23.875115
I	31	165	75	27.548209
J	11	145	50	23.781213

Section 03 >>> 코드 한 줄로 판다 재주부리기

보통 데이터는 처음 정리된 그대로 활용하기에는 부족합니다. 해당 데이터에서 특징을 찾아내거나 인사이트를 도출하기 위해서는 여러 형태로 바꿔보고 다른 데이터와도 합쳐보는 등 다양한 방법으로 살펴보는 것이 중요합니다. 이번 섹션에서 DataFrame의 구조를 변경할 수 있는 기능을 연습해보겠습니다.

실습 데이터는 이전 섹션에서 만든 DataFrame을 이어서 사용하면 됩니다.

1 정렬

① sort_values( )
- 컬럼이나 인덱스의 데이터들을 기준으로 정렬합니다.
- 정의(주요 매개 변수)

```
DataFrame.sort_values(
    by,
    axis=0,
    ascending=True,
    inplace=False
)
```

매개 변수	기본 값	설명
by	없음	• 정렬의 기준, 컬럼이나 인덱스의 이름(라벨)을 입력 • 단일 문자열이나 리스트 • 여러 개일 경우 우선 순위대로 리스트에 입력

axis	0	• 정렬할 축
		  - 0 : 인덱스(행)를 정렬
		  - 1 : 컬럼(열)을 정렬

ascending	True	• 정렬 방식
		  - True : 오름차순
		  - False : 내림차순

inplace	False	• 원본 DataFrame 수정 여부
		  - True : 원본에 적용되어 수정됨
		  - False : 원본에는 변화 없음

〈표 6.2.3〉 sort_values( ) 주요 매개 변수

- 컬럼 '체중'을 기준(by='체중')으로 체중 데이터를 내림차순(ascending=False)으로 인덱스(행, axis=0)를 정렬합니다.
  - 인덱스의 순서가 알파벳 순서였다가 체중이 내림차순으로 되면서 체중에 따라 정렬되었습니다.
  - 하지만 df는 바뀌지 않고 그대로입니다. 원본인 df를 바꾸기 위해서는 주석 처리한 2가지 방법 중 하나로 해야 합니다.

In[1]:
```python
df.sort_values(by='체중', ascending=False)

# 원본 df 변경 방법 1
# df.sort_values(by='체중', ascending=False, inplace=True)

# 원본 df 변경 방법 2
# df = df.sort_values(by='체중', ascending=False)
```

Out[1]:

	시도코드	신장	체중	BMI
F	11	170	110	38.062284
I	31	165	75	27.548209
C	41	160	70	27.343750
E	41	170	70	24.221453
G	41	175	70	22.857143
A	11	165	65	23.875115
H	11	165	65	23.875115
D	28	170	50	17.301038
J	11	145	50	23.781213
B	48	155	45	18.730489

In[2]: `df`

Out[2]:

	시도코드	신장	체중	BMI
A	11	165	65	23.875115
B	48	155	45	18.730489
C	41	160	70	27.343750
D	28	170	50	17.301038
E	41	170	70	24.221453
F	11	170	110	38.062284
G	41	175	70	22.857143
H	11	165	65	23.875115
I	31	165	75	27.548209
J	11	145	50	23.781213

- 인덱스 'C'의 값들이 오름차순이 되도록 컬럼을 정렬합니다.
  - 'C' 행의 값이 27.3 → 41 → 70 → 160으로 오름차순이 되도록 컬럼이 정렬되었습니다.
  - 컬럼 순서 : '시도코드', '신장', '체중', 'BMI' → 'BMI', '시도코드', '체중', '신장'

In[3]: `df.sort_values(by='C', axis=1)`

Out[3]:

	BMI	시도코드	체중	신장
A	23.875115	11	65	165
B	18.730489	48	45	155
C	27.343750	41	70	160
D	17.301038	28	50	170
E	24.221453	41	70	170
F	38.062284	11	110	170
G	22.857143	41	70	175
H	23.875115	11	65	165
I	27.548209	31	75	165
J	23.781213	11	50	145

- 컬럼 '신장'과 '체중'을 기준으로 내림차순 정렬합니다.
  - '신장' 값이 정렬의 우선 순위가 되어서 170으로 같은 신장이 나오면 그 다음의 기준인 체중이 110 → 70 → 50 순으로 내림차순이 되도록 정렬됩니다.

In[4]:
```
df_1 = df.sort_values(by=['신장', '체중'], ascending=False)
df_1
```

Out[4]:

	시도코드	신장	체중	BMI
G	41	175	70	22.857143
F	11	170	110	38.062284
E	41	170	70	24.221453
D	28	170	50	17.301038
I	31	165	75	27.548209
A	11	165	65	23.875115
H	11	165	65	23.875115
C	41	160	70	27.343750
B	48	155	45	18.730489
J	11	145	50	23.781213

② sort_index( )

- 컬럼이나 인덱스의 라벨을 기준으로 정렬합니다.
- 정의(주요 매개 변수)

  주요 매개 변수의 의미는 sort_values( )와 동일합니다.

```
DataFrame.sort_index(
    axis=0,
    ascending=True,
    inplace=False
)
```

- 컬럼 '신장'과 '체중'을 기준으로 내림차순 정렬한 df_1을 sort_index( )를 가지고 정렬해보겠습니다.
  - 인수 전달이 없는 경우는 인덱스(행)의 라벨 기준은 오름차순이 되므로 인덱스가 A부터 J까지로 정렬되었습니다.
  - axis=1로 인수 전달을 한 경우는 컬럼(열)의 라벨 순서로 오름차순으로 열이 정렬되었습니다.
  - 원본인 df_1을 변경하기 위해서는 inplace=True로 하거나 정렬한 값을 다시 df1에 저장해야 합니다.

In[5]:
```
# 1. df_1을 인덱스의 라벨 순서대로 정렬
df_1.sort_index()
```

Out[5]:

	시도코드	신장	체중	BMI
A	11	165	65	23.875115
B	48	155	45	18.730489
C	41	160	70	27.343750
D	28	170	50	17.301038
E	41	170	70	24.221453
F	11	170	110	38.062284
G	41	175	70	22.857143
H	11	165	65	23.875115
I	31	165	75	27.548209
J	11	145	50	23.781213

In[6]:
```
# 2. df_1을 컬럼의 라벨 순서대로 정렬
df_1.sort_index(axis=1)
```

Out[6]:

	BMI	시도코드	신장	체중
G	22.857143	41	175	70
F	38.062284	11	170	110
E	24.221453	41	170	70
D	17.301038	28	170	50
I	27.548209	31	165	75
A	23.875115	11	165	65
H	23.875115	11	165	65
C	27.343750	41	160	70
B	18.730489	48	155	45
J	23.781213	11	145	50

② 삭제

① del

- 한 컬럼씩 삭제합니다.
- 원본 DataFrame에서 삭제가 적용되기 때문에 신중하게 해야 합니다.

In[7]:
```
# df의 'BMI'컬럼 삭제
del df['BMI']
df
```

Out[7]:

	시도코드	신장	체중
A	11	165	65
B	48	155	45
C	41	160	70
D	28	170	50
E	41	170	70
F	11	170	110
G	41	175	70
H	11	165	65
I	31	165	75
J	11	145	50

② drop( )

- 여러 인덱스, 컬럼 삭제 가능합니다.
- 정의(주요 매개 변수)

```
dataframe.drop(
    labels=None,
    axis=0,
    inplace=False
)
```

매개 변수	기본 값	설명
labels	None	• 삭제하려는 인덱스나 컬럼의 이름(라벨) 입력 • 단일 문자열이나 리스트 • 기본 값이 있지만 필수 매개 변수
axis	0	• 삭제할 축 - 0 : 인덱스(행)를 삭제 - 1 : 컬럼(열)을 삭제
inplace	False	• 원본 DataFrame 수정 여부 - True : 원본에 적용되어 수정 - False : 원본에는 변화 없음

〈표 6.2.4〉 drop( ) 주요 매개 변수

In[8]:
```python
# 1. df에서 'B', 'F', 'I' 인덱스 삭제
df.drop(['B', 'F', 'I'])
```

Out[8]:

	시도코드	신장	체중
A	11	165	65
C	41	160	70
D	28	170	50
E	41	170	70
G	41	175	70
H	11	165	65
J	11	145	50

In[9]:
```python
# 2. df에서 '시도코드'와 '체중' 컬럼 삭제
df.drop(['시도코드', '체중'], axis=1)
```

Out[9]:

	신장
A	165
B	155
C	160
D	170
E	170
F	170
G	175
H	165
I	165
J	145

3 DataFrame 결합

① concat( )

- 결합의 기준이 되는 컬럼 없이 2개의 DataFrame을 인덱스 방향, 컬럼 방향으로 합칩니다.
- 기준 컬럼 지정을 할 수 없어서 인덱스 방향(아래)으로 이어서 합치는 방식으로 주로 사용됩니다.
- 정의(주요 매개 변수)

```python
pandas.concat(
    objs,
    axis=0,
    join='outer',
    ignore_index=False
)
```

매개 변수	기본 값	설명
objs	없음	• 결합할 DataFrame 입력 • 리스트로 두 DataFrame 입력

axis	0	• 결합할 방향의 축 선택 - 0 : 세로 방향 - 1 : 가로 방향
join	'outer'	• 데이터 결합 방식 - 'outer' : 빈 데이터에 대해서는 NaN으로 채워서 결합 - 'inner' : 빈 데이터가 있는 행과 열을 삭제하고 결합
ignore_index	False	• 인덱스 정리 여부 - True : 기본 인덱스로 자동 정리 - False : 인덱스를 그대로 사용

〈표 6.2.5〉 concat( ) 주요 매개 변수

- df1, df2로 DataFrame을 새롭게 만들고 concat( )으로 두 DataFrame을 합치는 기능을 여러 옵션으로 실습해보겠습니다.
- Out[14]의 NaN은 Not a Number의 약자로 빈 데이터를 의미합니다.

```
In[10]:  data = {'시도코드' : [11, 48, 41],
                 '신장' : [165, 155, 160],
                 '체중' : [65, 45, 70]}

         idx = ['A', 'B', 'C']

         df1 = pd.DataFrame(data, index=idx)
         df1
```

Out[10]:

	시도코드	신장	체중
A	11	165	65
B	48	155	45
C	41	160	70

```
In[11]:  data = {'시도코드' : [28, 41, 11, 41],
                 '신장' : [170, 170, 170, 175],
                 '체중' : [50, 70, 110, 70]}

         idx = ['A', 'B', 'F', 'G']

         df2 = pd.DataFrame(data, index=idx)
         df2
```

Out[11]:

	시도코드	신장	체중
A	28	170	50
B	41	170	70
F	11	170	110
G	41	175	70

In[12]:
```python
# 1. axis가 0인 기본 값으로 인덱스 방향으로 합친다.
#    그런데 인덱스 A, B가 중복으로 겹친다.
df = pd.concat([df1, df2])
df
```

Out[12]:

	시도코드	신장	체중
A	11	165	65
B	48	155	45
C	41	160	70
A	28	170	50
B	41	170	70
F	11	170	110
G	41	175	70

In[13]:
```python
# 2. ignore_index=True로 인덱스 정리
df = pd.concat([df1, df2], ignore_index=True)
df
```

Out[13]:

	시도코드	신장	체중
0	11	165	65
1	48	155	45
2	41	160	70
3	28	170	50
4	41	170	70
5	11	170	110
6	41	175	70

In[14]:
```python
# 3. 컬럼 방향으로 합친다.
#    join이 'outer'라 비어 있는 데이터에 NaN이 채워짐.
df = pd.concat([df1, df2], axis=1)
df
```

Out[14]:

	시도코드	신장	체중	시도코드	신장	체중
A	11.0	165.0	65.0	28.0	170.0	50.0
B	48.0	155.0	45.0	41.0	170.0	70.0
C	41.0	160.0	70.0	NaN	NaN	NaN
F	NaN	NaN	NaN	11.0	170.0	110.0
G	NaN	NaN	NaN	41.0	175.0	70.0

In[15]:
```python
# 4. join이 'inner'로 컬럼 방향 합치기
df = pd.concat([df1, df2], axis=1, join='inner')
df
```

Out[15]:

	시도코드	신장	체중	시도코드	신장	체중
A	11	165	65	28	170	50
B	48	155	45	41	170	70

② merge()

- 결합의 기준이 되는 컬럼이나 인덱스를 가지고 두 DataFrame을 합칩니다. 여기서 기준은 key라고 부릅니다.
- 두 DataFrame이 동일한 컬럼을 가지고 있다면 매개 변수 on에 컬럼명을 써서 전달하면 됩니다. 만일 컬럼명은 다른데 같은 데이터일 경우는 left_on, right_on으로 분리해 각각의 컬럼명이 정확히 전달되도록 해야 합니다. 예를 들어, 동일한 ID인데 한쪽에는 'ID', 다른 쪽에는 'ID코드'와 같이 컬럼명이 다르면 left_on='ID', right_on='ID코드'처럼 별도의 입력이 필요합니다.
- 컬럼 방향(오른쪽)으로 이어서 결합할 때 주로 사용합니다.
- 정의(주요 매개 변수)

```
pandas.merge(
    left,
    right,
    how='inner',
    on=None,
    left_on=None,
    right_on=None
)
```

매개 변수	기본 값	설명
left, right	없음	• 결합할 DataFrame 입력 • 결합 후의 위치에 따라 순서대로 입력
how	'inner'	• 결합 방식 • concat( )의 join과 동일
on	None	• 결합의 기준이 되는 컬럼(key) • 두 DataFrame에 공통으로 있는 컬럼
left_on, right_on	None	• 각 DataFrame의 key를 별도로 입력 • 컬럼명이 달라 on으로 공통 key 입력이 안 될 경우 사용

〈표 6.2.6〉 merge( ) 주요 매개 변수

- merge( )는 기준 key를 지정해서 합칠 수 있어 concat( )보다는 세부적인 조작으로 데이터를 만들 수 있습니다. 아래의 각 예시들로 실습해보겠습니다.

In[16]:
```
data = {'고객ID' : ['A', 'B', 'C', 'D'],
        '신장' : [165, 155, 160, 170]}

df1 = pd.DataFrame(data)
df1
```

Out[16]:

	고객ID	신장
0	A	165
1	B	155
2	C	160
3	D	170

In[17]:
```
data = {'고객ID' : ['A', 'B', 'C', 'D'],
        '체중' : [65, 45, 70, 50]}

df2 = pd.DataFrame(data)
df2
```

Out[17]:

	고객ID	체중
0	A	65
1	B	45
2	C	70
3	D	50

In[18]:
```python
# 1. 공통 컬럼명인 '고객ID'를 key로 merge
df = pd.merge(df1, df2, on='고객ID')
df
```

Out[18]:

	고객ID	신장	체중
0	A	165	65
1	B	155	45
2	C	160	70
3	D	170	50

In[19]:
```python
# 공통인 key가 없는 경우의 데이터
data = {'고객코드' : ['A', 'B', 'E'],
        '체중' : [65, 45, 70]}

df2 = pd.DataFrame(data)
df2
```

Out[19]:

	고객코드	체중
0	A	65
1	B	45
2	E	70

In[20]:
```python
# 2. 공통 key가 없어 '고객ID', '고객코드'로 merge
#    how가 기본 값인 'inner'라 A, B만 남아서 합쳐짐
df = pd.merge(df1, df2, left_on='고객ID', right_on='고객코드')
df
```

Out[20]:

	고객ID	신장	고객코드	체중
0	A	165	A	65
1	B	155	B	45

```
In[21]:  # 3. how가 'outer'로 하여 왼쪽에는 없는 E,
         #    오른쪽에 df2에 없는 C,D에 NaN으로 채움
         df = pd.merge(df1, df2, left_on='고객ID',
                       right_on='고객코드', how='outer')
         df
```

Out[21]:

	고객ID	신장	고객코드	체중
0	A	165.0	A	65.0
1	B	155.0	B	45.0
2	C	160.0	NaN	NaN
3	D	170.0	NaN	NaN
4	NaN	NaN	E	70.0

4 인덱스 설정

① set_index( )

- 인덱스를 다른 컬럼으로 새로 설정합니다.
- 정의(주요 매개 변수)

```
DataFrame.set_index(
    keys,
    drop=True,
    inplace=False
)
```

매개 변수	기본 값	설명
keys	없음	• 인덱스로 설정할 컬럼
drop	True	• 인덱스로 설정 후 기존 컬럼 삭제 여부 선택

inplace	False	• 원본 DataFrame 수정 여부
		  - True : 원본에 적용되어 수정
		  - False : 원본에는 변화 없음

〈표 6.2.7〉 set_index( ) 주요 매개 변수

- 이전에 만들었던 DataFrame인 df1으로 실습을 해보겠습니다.

```
In[22]:  df1
```

Out[22]:

	고객ID	신장
0	A	165
1	B	155
2	C	160
3	D	170

```
In[23]:  # 1. df1의 '고객ID' 컬럼을 인덱스로 설정
         df1.set_index('고객ID')
```

Out[23]:

고객ID	신장
A	165
B	155
C	160
D	170

```
In[24]:  # 2. df1의 '고객ID' 컬럼을 인덱스로 설정
         #    기존 컬럼은 지우지 않는다.
         df1.set_index('고객ID', drop=False)
```

Out[24]:

고객ID	고객ID	신장
A	A	165
B	B	155
C	C	160
D	D	170

② reset_index()

- 정렬이나 합치기를 한 후 인덱스는 순서대로 정리되지 않고 뒤죽박죽일 수 있는데, 이런 인덱스를 초기화할 때 사용합니다. 0부터 시작하는 기본 인덱스로 재설정되는 것입니다.
- 정의(주요 매개 변수)

```
DataFrame.reset_index(
    drop=False,
    inplace=False
)
```

매개 변수	기본 값	설명
drop	False	• 기존 인덱스 삭제 여부 선택 - True : 기존 인덱스 삭제 - False : 기존 인덱스가 컬럼으로 변경
inplace	False	• 원본 DataFrame 수정 여부 선택 - True : 원본에 적용되어 수정 - False : 원본에는 변화 없음

〈표 6.2.8〉 reset_index( ) 주요 매개 변수

• 새롭게 DataFrame을 만들고 인덱스를 초기화해서 정리해보겠습니다.

In[25]:
```
data = {'시도코드' : [11, 48, 41],
        '신장' : [165, 155, 160],
        '체중' : [65, 45, 70]}

idx = ['A', 'B', 'C']

df1 = pd.DataFrame(data, index=idx)
df1
```

Out[25]:

	시도코드	신장	체중
A	11	165	65
B	48	155	45
C	41	160	70

In[26]:
```
data = {'시도코드' : [28, 41, 11, 41],
        '신장' : [170, 170, 170, 175],
        '체중' : [50, 70, 110, 70]}

idx = ['A', 'B', 'C', 'D']

df2 = pd.DataFrame(data, index=idx)
df2
```

Out[26]:

	시도코드	신장	체중
A	28	170	50
B	41	170	70
C	11	170	110
D	41	175	70

In[27]:
```
df = pd.concat([df1, df2])
df
```

Out[27]:

	시도코드	신장	체중
A	11	165	65
B	48	155	45
C	41	160	70
A	28	170	50
B	41	170	70
C	11	170	110
D	41	175	70

In[28]:
```
# 1. 인덱스 초기화(매개 변수 기본 값 사용)
#    이전 인덱스 유지, 원본은 유지
df.reset_index()
```

Out[28]:

	index	시도코드	신장	체중
0	A	11	165	65
1	B	48	155	45
2	C	41	160	70
3	A	28	170	50
4	B	41	170	70
5	C	11	170	110
6	D	41	175	70

In[29]:
```
# 2. 인덱스 초기화
#    이전 인덱스 삭제, 원본 수정
df.reset_index(drop=True, inplace=True)
df
```

Out[29]:

	시도코드	신장	체중
0	11	165	65
1	48	155	45
2	41	160	70
3	28	170	50
4	41	170	70
5	11	170	110
6	41	175	70

한 - 걸음 - 더

Jupyter Notebook의 숨은 기능

① 함수나 메소드의 기능 설명

함수나 메소드의 사용법이나 매개 변수가 생각나지 않으면 해당 함수를 입력한 다음 키보드에서 Shift + Tab 을 누르면 해당 함수에 대한 설명이 나옵니다. Shift + Tab 을 한번 누르면 설명이 짧게 나오고 한번 더 누르면 설명이 길게 나옵니다.

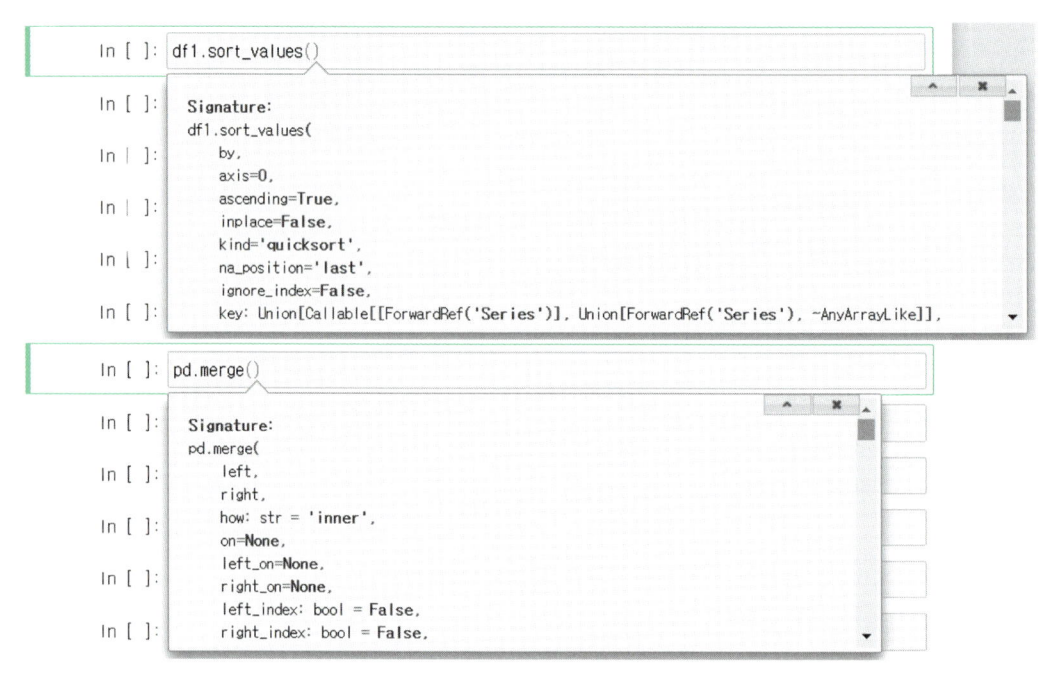

〈그림 6.2.6〉 Jupyter Notebook 함수 기능 설명

② 사용 가능한 함수(메소드) 등 목록 확인

클래스 같은 경우 사용 가능한 메소드들이 생각나지 않을 때 유용합니다. 객체 다음에 .을 입력한 후 Tab 키를 누르면 사용 가능한 메소드들의 목록이 나오고 여기서 찾아 입력 가능합니다.

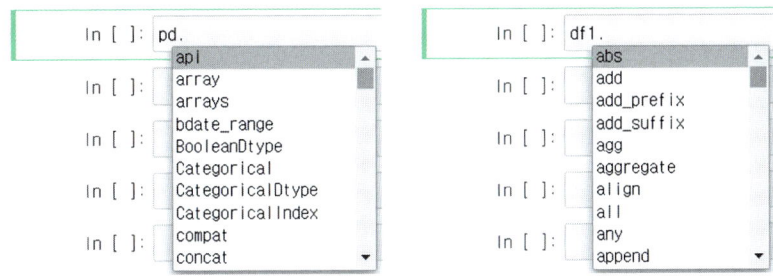

〈그림 6.2.7〉 Jupyter Notebook 메소드 목록

Chapter 03 나도 데이터 분석가

Pandas의 기본 기능과 함께 데이터 분석에 필요한 추가 기능을 통해 앞에서 준비했던 건강검진정보 데이터를 분석해보도록 하겠습니다. 데이터 분석의 시작인 데이터를 관찰하고 이해하는 EDA(Exploratory Data Analysis의 약자로 그래프나 통계적인 방법 등을 통해 데이터를 객관적으로 파악하는 탐색적 데이터 분석 과정을 말합니다.)의 한 단계를 실습해보는 것입니다.

Section 01 ≫ DataFrame으로 파일 읽어 오기

파일 데이터를 분석하기 위해서는 Pandas로 데이터를 읽어와야 합니다. 보통 csv 포맷의 데이터를 많이 활용하는데 Pandas의 함수를 통해 csv를 한번에 DataFrame으로 받아올 수 있습니다.

 **read_csv( )**

- csv 파일을 읽어 DataFrame으로 만듭니다.
- 정의(주요 매개 변수)

```
pandas.read_csv(
    filepath,
    sep=',',
    header='infer',
    engine=None,
    index_col=None,
    encoding=None
)
```

매개 변수	기본 값	설명

filepath	없음	• csv 파일의 경로
		  - 같은 폴더 내에 csv 파일이 있다면 파일명만 입력
		  - 다른 폴더라면 전체 경로와 파일명을 입력

sep	','	• csv 파일의 구분자 콤마(,), 버티컬 바 또는 파이프(|), 탭(\t)

header	'infer'	• csv 파일 내 컬럼명으로 사용될 행을 의미
		  - 'infer' : 첫 행을 의미
		  - None : 컬럼이 따로 없을 경우

engine	None	• 파일 내용을 분석해서 읽어오는 방식 설정 'c'와 'python' 둘 중 하나 사용 가능
index_col	None	• 인덱스로 사용할 컬럼(열)을 지정 None : 기본 인덱스 적용(0, 1, 2, …)
encoding	None	• csv가 저장된 방식을 지정 'utf-8', 'cp949', 'euc-kr'

〈표 6.3.1〉 read_csv( ) 주요 매개 변수

- header

  별다른 인수를 전달하지 않으면 csv 파일의 첫 행이 자동으로 컬럼명이 되는데, 인수를 None으로 할 경우는 컬럼명이 기본 인덱스와 같이 0, 1, … 로 지정됩니다. 그리고 첫 행의 데이터가 0번 인덱스의 데이터들이 됩니다.

- 인코딩 Error

  파이썬이 사용하는 문자 인코딩 타입인 'utf-8'이 아닌 다른 인코딩으로 저장된 파일이면 Unicode DecodeError가 발생할 수 있습니다. 한글로 입력된 csv 파일을 읽을 때 많이 발생하는데, engine='python' 입력과 함께 encoding을 지정하는 방법으로 해결할 수 있습니다. engine만 입력 시 에러는 해결되어도 한글이 깨질 수 있어 보통 encoding='euc-kr'을 추가해 해결합니다. 이 방법으로도 해결이 안 될 경우 csv 파일을 엑셀로 열어 utf-8 형식으로 다시 저장합니다.

공공데이터 포털에서 받은 건강검진정보 데이터를 읽어보겠습니다. 인수로 파일 경로만 입력하는 경우 UnicodeDecodeError가 발생합니다. 이럴 때는 위의 설명과 같이 engine이나 encoding 설정 또는 둘 다 설정하면 해결이 되는데, 이 파일의 경우는 encoding만 설정해도 해결이 됩니다.

이번 장의 실습을 위해서 건강검진정보 데이터(csv 파일)를 저장한 동일한 폴더에 Jupyter Notebook 파일을 만들어 실습하기 바랍니다. 혹시 폴더가 다르다면 csv 파일을 읽어오는 코드에 파일의 전체 경로를 정확히 적어주어야 합니다.

```
In[1]:   import pandas as pd

In[2]:   # 파일 경로만 전달 시 UnicodeDecodeError 발생
         df = pd.read_csv('국민건강보험공단_건강검진정보_20201231_1.csv')

Out[2]:  UnicodeDecodeError                    Traceback (most recent call last)
         ⋮
         ⋮
         UnicodeDecodeError: 'utf-8' codec can't decode byte 0xb1 in position 0:
         invalid start byte

In[3]:   # engine='python', encoding='euc-kr' 인수 추가로 읽기
         df = pd.read_csv('국민건강보험공단_건강검진정보_20201231_1.csv',
                         engine='python', encoding='euc-kr')

In[4]:   # encoding='euc-kr'로 읽기
         df = pd.read_csv('국민건강보험공단_건강검진정보_20201231_1.csv',
                         encoding='euc-kr')

In[5]:   df.head()
```

Out[5]:

	기준년도	시도코드	성별코드	연령대코드(5세단위)	신장(5Cm단위)	체중(5Kg단위)	허리둘레	시력(좌)	시력(우)	청력(좌)	...	혈청크레아티닌	(혈청지오티)AST
0	2020	41	2.0	5.0	160.0	50.0	62.0	1.0	1.0	1	...	0.8	16.0
1	2020	41	2.0	8.0	160.0	70.0	88.0	1.0	1.0	1	...	0.8	27.0
2	2020	41	1.0	12.0	160.0	70.0	92.0	1.0	1.0	1	...	0.8	24.0
3	2020	41	2.0	8.0	160.0	65.0	78.0	1.0	1.0	1	...	0.8	32.0
4	2020	41	1.0	14.0	160.0	55.0	77.0	1.0	1.0	1	...	0.8	22.0

5 rows × 30 columns

Section 02 >>> 전체적인 데이터 형태 및 특징 파악

DataFrame으로 읽어온 데이터의 형태와 각 세부 데이터들의 타입을 파악해보겠습니다. 세세한 기능 설명보다는 실습을 통해 기능의 의미를 파악해보기 바랍니다.

1 shape

- DataFrame의 전체 데이터 크기를 확인합니다.
- 반환 데이터 : 열, 행
- 999999행, 30열이라는 것은 30가지의 측정 항목에 999,999명의 결과가 있다는 의미입니다.

In[1]: `df.shape` *# DataFrame의 전체 데이터 크기 확인*

Out[1]: `(999999, 30)`

2 dtypes

- 각 컬럼들의 데이터 타입을 확인합니다.
- int64(64비트 용량의 정수), float64(64비트 용량의 실수) : 숫자 데이터
- object : 문자열 데이터
- 아래 Out[2]의 마지막에 dtype: object는 df.dtypes의 결과로 반환된 값에 대한 type을 나타내는 것으로 df의 내부 데이터 타입을 말하는 것은 아닙니다.

In[2]: `df.dtypes` *# 각 컬럼들의 데이터 타입 확인*

Out[2]:
```
기준년도                  int64
시도코드                  int64
성별코드                float64
연령대 코드(5세단위)       float64
신장(5Cm단위)          float64
체중(5Kg 단위)         float64
허리둘레              float64
시력(좌)             float64
시력(우)             float64
청력(좌)                int64
청력(우)                int64
수축기 혈압           float64
이완기 혈압           float64
식전혈당(공복혈당)        float64
총 콜레스테롤          float64
트리글리세라이드         float64
HDL 콜레스테롤        float64
LDL 콜레스테롤        float64
혈색소              float64
요단백                int64
혈청크레아티닌         float64
(혈청지오티)AST      float64
(혈청지오티)ALT      float64
감마 지티피         float64
흡연상태           float64
음주여부           float64
구강검진 수검여부         int64
치아우식증유무        float64
치석             float64
데이터 공개일자         int64
dtype: object
```

3 info()

- 각 컬럼들의 데이터 개수(빈 데이터는 제외) 및 데이터 타입을 확인합니다.
- shape로 전체 데이터의 길이를 확인하고 나니 '허리 둘레', '시력', '총 콜레스테롤' 등 비어 있는 데이터가 있는 컬럼들을 볼 수 있습니다.

In[3]: `df.info()` # 각 컬럼별 데이터 개수 및 타입 확인

Out[3]:
```
<class 'pandas.core.frame.DataFrame'>
RangeIndex: 999999 entries, 0 to 999998
Data columns (total 30 columns):
 #   Column           Non-Null Count   Dtype
---  ------           --------------   -----
 0   기준년도            999999 non-null  int64
 1   시도코드            999999 non-null  int64
 2   성별코드            999972 non-null  float64
 3   연령대 코드(5세단위)   999972 non-null  float64
 4   신장(5Cm단위)       999933 non-null  float64
 5   체중(5Kg 단위)      999838 non-null  float64
 6   허리둘레            999387 non-null  float64
 7   시력(좌)            999913 non-null  float64
 8   시력(우)            999914 non-null  float64
 9   청력(좌)            999999 non-null  int64
 10  청력(우)            999999 non-null  int64
 11  수축기 혈압          999992 non-null  float64
 12  이완기 혈압          999991 non-null  float64
 13  식전혈당(공복혈당)     999998 non-null  float64
 14  총 콜레스테롤         0 non-null       float64
 15  트리글리세라이드       0 non-null       float64
 16  HDL 콜레스테롤       0 non-null       float64
 17  LDL 콜레스테롤       0 non-null       float64
 18  혈색소             999992 non-null  float64
 19  요단백             999999 non-null  int64
 20  혈청크레아티닌        999998 non-null  float64
 21  (혈청지오티)AST      999999 non-null  float64
 22  (혈청지오티)ALT      999999 non-null  float64
 23  감마 지티피         999997 non-null  float64
 24  흡연상태            999881 non-null  float64
 25  음주여부            656302 non-null  float64
 26  구강검진 수검여부     999999 non-null  int64
 27  치아우식증유무        389229 non-null  float64
 28  치석              389228 non-null  float64
 29  데이터 공개일자       999999 non-null  int64
dtypes: float64(23), int64(7)
memory usage: 228.9 MB
```

4 describe()

- 숫자형 데이터에 대한 통계를 확인합니다.
- 문자열 데이터나 카테고리 데이터는 빈도수가 제일 높은 데이터에 대한 확인이 가능한데, 숫자형 데이터의 통계 확인에 비해 활용도가 높지는 않습니다.
- 카테고리 데이터는 문자열이나 숫자형으로 나타낼 수 있는데, 남자와 여자나 이를 숫자로 표현하는 0과 1 등 구분을 나타내는 범주형 데이터입니다. 이 건강검진정보 데이터에서 대표적인 카테고리 데이

터는 다음과 같습니다. 다운받은 사용자 매뉴얼(301쪽 참조)에서 확인 가능합니다. 이 데이터들은 아직 카테고리 데이터로 인식되지 않고 숫자형 데이터로 인식되어 있는 상태이기 때문에 상세 분석을 할 경우 해당 데이터들의 변환이 필요합니다.

컬럼	설명
성별코드	• 1 : 남자, 2 : 여자
시도코드	• 11 : 서울, 26 : 부산, 27 : 대구, 28 : 인천 • 29 : 광주, 30 : 대전, 31 : 울산, 36 : 세종 • 41 : 경기, 42 : 강원, 43 : 충북, 44 : 충남 • 45 : 전북, 46 : 전남, 47 : 경북, 48 : 경남 • 49 : 제주
청력(좌), 청력(우)	• 1 : 정상, 2 : 비정상
흡연상태	• 1 : 비흡연, 2 : 금연, 3 : 흡연
음주여부	• 0(또는 N) : 마시지 않음, 1(또는 Y) : 마심

〈표 6.3.2〉 카테고리 데이터 상세 설명

```
In[4]:    df.describe()    # 숫자형 데이터에 대한 통계 확인
```

Out[4]:

	기준년도	시도코드	성별코드	연령대 코드(5 세단위)	신장(5Cm단위)	체중(5Kg 단위)
count	999999.0	999999.000000	999972.000000	999972.000000	999933.000000	999838.000000
mean	2020.0	33.804670	1.575320	9.900867	161.819672	61.659899
std	0.0	12.503113	0.494295	2.964679	8.987481	12.503510
min	2020.0	11.000000	1.000000	4.000000	10.000000	20.000000
25%	2020.0	27.000000	1.000000	7.000000	155.000000	50.000000
50%	2020.0	41.000000	2.000000	10.000000	160.000000	60.000000
75%	2020.0	43.000000	2.000000	12.000000	170.000000	70.000000
max	2020.0	49.000000	2.000000	18.000000	200.000000	210.000000

8 rows × 30 columns

- 숫자형 데이터 중에서 max 값을 보면 이상한 데이터들이 있습니다. 허리 둘레가 999, 시력이 9.9의 결과가 그것인데 정상적인 데이터는 아니겠죠? 이런 데이터들은 해당 컬럼의 데이터 분포에 영향을 끼치는 이상치(Outlier)라고 합니다. 이상치가 있을 경우에는 해당 컬럼 전체를 삭제하거나 이상치 데이터만 삭제하는 등의 처리가 필요합니다.

5 isnull().sum()

- 컬럼별로 빈 데이터(isnull)의 개수를 더한 값(sum)을 확인합니다.
- 빈 데이터는 NaN으로, null 또는 결측치라고 부릅니다.

In [5]: `df.isnull().sum()`   # 각 컬럼별 null 데이터의 개수 확인

Out[5]:
```
기준년도                    0
시도코드                    0
성별코드                   27
연령대 코드(5세단위)           27
신장(5㎝단위)               66
체중(5Kg 단위)            161
허리둘레                  612
시력(좌)                  86
시력(우)                  85
청력(좌)                   0
청력(우)                   0
수축기 혈압                  7
이완기 혈압                  8
식전혈당(공복혈당)              1
총 콜레스테롤            999999
트리글리세라이드           999999
HDL 콜레스테롤          999999
LDL 콜레스테롤          999999
혈색소                     7
요단백                     0
혈청크레아티닌                 1
(혈청지오티)AST              0
(혈청지오티)ALT              0
감마 지티피                  2
흡연상태                  118
음주여부               343697
구강검진 수검여부               0
치아우식증유무            610770
치석                 610771
데이터 공개일자                0
dtype: int64
```

6 unique()

해당 컬럼의 데이터에서 유일한 값을 확인합니다.

In [6]: `df['시도코드'].unique()` # '시도코드' 컬럼의 유일한 값 확인

Out[6]: `array([41, 49, 11, 43, 26, 44, 45, 28, 47, 29, 48, 42, 30, 27, 31, 46, 36], dtype=int64)`

In [7]: `df['성별코드'].unique()`

Out[7]: `array ([ 2., 1., nan])`

7 value_counts( )

해당 컬럼의 데이터에서 유일한 값의 개수를 확인합니다.

```
In[8]:   df['성별코드'].value_counts()   # '성별코드' 컬럼의 유일한 값의 개수 확인

Out[8]:  2.0    575304
         1.0    424668
         Name: 성별코드, dtype: int64

In[9]:   df['흡연상태'].value_counts()

Out[9]:  1.0    689207
         2.0    310674
         Name: 흡연상태, dtype: int64

In[10]:  df['음주여부'].value_counts()

Out[10]: 1.0    656302
         Name: 음주여부, dtype: int64
```

Section 03 >>> 세부적인 데이터 조작

데이터에 대한 세부적인 내용을 파악하고 분석하기 위해서는 전체 데이터에서 파악한 내용을 토대로 데이터를 조작할 수 있어야 합니다. 측정과 기록이 어떻게 이루어졌는지를 정확히 파악한 후 데이터 삭제나 변경을 하는 것이 맞지만, 여기에서는 실습을 위한 예시이므로 임의로 가정하여 진행하겠습니다.

1 빈 데이터(결측치) 처리

999,999개 데이터 중 60만 개 이상이 빈 데이터인 '치아우식증유무', '치석' 데이터인데 검진 시 누락되었거나, 대상자들이 기입하지 않은 데이터일 수 있습니다. 그리고 콜레스테롤 관련 4개 데이터는 전체가 비어있는 것으로 보아 검사가 진행되지 않았을 것으로 보입니다. 이런 데이터들은 너무 빈 데이터가 많아 삭제할 것인지, 다른 값으로 대체할 것인지 등의 판단이 필요합니다.

적절한 근거를 바탕으로 판단할 필요가 있는데, 일단 이 데이터에서는 과반수 이상의 결측치가 발생한 데이터는 삭제한다고 정하고 다음과 같이 drop( )을 사용하여 해당 데이터들만 삭제합니다.

In[1]:
```python
# 결측치가 50% 이상인 데이터 삭제 처리
drop_cols = ['총 콜레스테롤', '트리글리세라이드',
             'HDL 콜레스테롤', 'LDL 콜레스테롤',
             '치아우식증유무', '치석']

df.drop(drop_cols, axis=1, inplace=True)
df.shape # 컬럼 축소 확인(원본 : 999999, 30)
```

Out[1]: (999999, 24)

2 관심 데이터만 뽑아 새로운 DataFrame 만들기

현재 데이터를 보면 정리를 해도 괜찮을 것이라 판단되는 컬럼들이 있습니다. 이런 데이터 정리는 정답이 없기 때문에 본인만의 기준을 세워 적용하면 됩니다.

- '기준년도' : 다른 연도의 데이터가 없어 의미 없음
- '연령대', '신장', '체중' : 단위 설명이 같이 나와 있어 컬럼명이 너무 길어 짧게 변환
- '허리둘레', '시력(좌)', '시력(우)' : 이상치가 많이 존재해서 제외
- 관심 컬럼 정리 : '시도코드', '성별코드', '연령대', '신장', '체중', '흡연', '음주', '혈압'

원본 DataFrame은 유지한 채 새로운 DataFrame을 복사할 때는 copy( )를 사용해서 다른 변수로 저장합니다. 그렇지 않으면 데이터 조작에 따라 원본 데이터도 바뀔 수 있습니다.

In[2]:
```python
# 관심 컬럼
cols = ['시도코드', '성별코드', '연령대 코드(5세단위)',
        '신장(5Cm단위)', '체중(5Kg 단위)', '흡연상태',
        '음주여부', '수축기 혈압', '이완기 혈압']

# 1. copy()로 원본에 영향이 없도록 복사
df_new = df[cols].copy()

# 2. 컬럼명 정리
df_new.columns = ['지역', '성별', '나이', '키',
                  '체중', '흡연상태', '음주여부',
                  '수축기 혈압', '이완기 혈압']

print(df_new.shape)

df_new.head()
```

Out[2]: (999999, 9)

	지역	성별	나이	키	체중	흡연상태	음주여부	수축기 혈압	이완기 혈압
0	41	2.0	5.0	160.0	50.0	1.0	NaN	91.0	33.0
1	41	2.0	8.0	160.0	70.0	1.0	1.0	128.0	84.0
2	41	1.0	12.0	160.0	70.0	2.0	1.0	134.0	84.0
3	41	2.0	8.0	160.0	65.0	1.0	1.0	116.0	73.0
4	41	1.0	14.0	160.0	55.0	2.0	1.0	130.0	82.0

결측치 데이터 추가적인 처리

① '음주여부'는 마시는 경우만 1이고, 아닌 경우는 비어있을 것으로 판단해 결측치를 0으로 채웁니다.

In[3]:
```python
# 음주여부에서 빈 데이터는 0으로 채움
df_new['음주여부'].fillna(0, inplace=True)

df_new.isnull().sum()
```

Out[3]:
```
지역            0
성별           27
나이           27
키            66
체중          161
흡연상태        118
음주여부          0
수축기 혈압        7
이완기 혈압        8
dtype: int64
```

② 나머지 결측치가 있는 컬럼은 전체 데이터에서 큰 비중이 아니라 해당 인덱스를 삭제합니다. 빈 데이터 없이 최종 정리된 데이터는 총 999,676개가 되었습니다.

In[4]:
```python
# 결측치가 있는 인덱스 삭제
df_new.dropna(axis=0, inplace=True)

# 인덱스를 정리한다.
df_new.reset_index(drop=True, inplace=True)
```

```
print(df_new.shape)
df_new.isnull().sum()
```

Out[4]: (999676, 9)
지역   0
성별   0
나이   0
키   0
체중   0
흡연상태   0
음주여부   0
수축기 혈압   0
이완기 혈압   0
dtype: int64

③ 조건식을 통한 인덱싱

인덱싱을 하는 대괄호 안에 조건식을 넣어 조건식에 만족하는 데이터만 받을 수 있습니다.

① 신장이 170을 초과하는 사람 : 전체 999,676명 중 128,930명의 키가 170을 초과합니다.

In[5]:
```
# 키가 170보다 큰 사람
df_new[df_new['키'] > 170]
```

Out[5]:

	지역	성별	나이	키	체중	흡연상태	음주여부	수축기 혈압	이완기 혈압
1037	41	1.0	6.0	175.0	70.0	2.0	1.0	116.0	76.0
1039	41	1.0	7.0	185.0	75.0	1.0	1.0	113.0	73.0
1040	41	1.0	8.0	180.0	65.0	2.0	1.0	132.0	88.0
1044	41	1.0	15.0	175.0	65.0	1.0	0.0	135.0	84.0
1053	41	1.0	9.0	175.0	85.0	2.0	1.0	130.0	76.0
...	...	...	...	...	...	...	...	...	...
999651	48	1.0	12.0	175.0	65.0	2.0	0.0	107.0	77.0
999656	11	2.0	7.0	175.0	65.0	1.0	1.0	117.0	72.0
999663	41	1.0	7.0	175.0	70.0	1.0	1.0	128.0	73.0
999670	41	1.0	6.0	175.0	75.0	2.0	1.0	114.0	66.0
999674	27	1.0	7.0	180.0	65.0	1.0	1.0	134.0	78.0

128930 rows × 9 columns

② 여자(성별코드 2) 중에서 신장이 170 이상인 사람 : 데이터 크기만 확인합니다.

- 2가지 조건이 동시에 만족하는 조건을 만들기 위해서는 if 문에서 사용하는 논리 연산자인 'and'가 아닌 '&'를 사용하고 조건마다 괄호로 묶어 구분해야 합니다.
- 데이터 수만 확인하기 위해서 shape를 출력했습니다.
- 여자 총 575,056명 중 19,031명(약 3.3%)의 키가 170 이상입니다.

In[6]:
```python
# 여자(성별코드 2) 중에서 키가 170 이상인 사람
print(df_new['성별'].value_counts())

df_new[(df_new['성별'] == 2) & (df_new['키'] >= 170)].shape
```

Out[6]:
```
2.0    575056
1.0    424620
Name: 성별, dtype: int64

(19031, 9)
```

③ 고혈압인 사람 : 별도 변수에 저장 후 샘플로 5개 데이터만 출력합니다.

- sample( )을 사용하면 랜덤으로 데이터를 뽑아 확인할 수 있습니다.
- 고혈압은 수축기 혈압이 140 이상이거나 이완기 혈압이 90 이상인 것을 기준으로 판단하므로 동일하게 조건을 만듭니다. 한 조건이라도 만족인 'or' 조건이므로 '|'를 사용합니다.
- high_bp에 DataFrame으로 저장하고 shape 및 샘플 데이터 5개를 확인하였습니다.
- 전체 999,676명 중 약 10.7%가 고혈압을 가지고 있는 것으로 확인됩니다.

In[7]:
```python
# 고혈압인 사람
high_bp = df_new[(df_new['수축기 혈압'] >= 140) |
                 (df_new['이완기 혈압'] >= 90)]

print(high_bp.shape)
high_bp.sample(5) # 랜덤 샘플 5개 데이터
```

Out[7]:
(107376, 9)

	지역	성별	나이	키	체중	흡연상태	음주여부	수축기 혈압	이완기 혈압
615985	11	2.0	14.0	150.0	55.0	1.0	0.0	141.0	87.0
150716	26	2.0	15.0	155.0	65.0	1.0	0.0	130.0	90.0
696305	11	2.0	14.0	145.0	55.0	1.0	0.0	154.0	90.0
454906	45	1.0	17.0	165.0	70.0	2.0	0.0	142.0	75.0
513562	11	1.0	11.0	160.0	65.0	2.0	1.0	154.0	84.0

4 groupby()

- 기준에 따라 그룹으로 묶어 평균이나 합계 등을 파악할 수 있습니다.
- 간단한 그룹별 평균 등을 가지고 다른 계산에 활용하는 데 주로 사용됩니다.
- 기준으로 입력한 컬럼이 인덱스가 되며, 확인하는 컬럼이 하나면 Series, 2개 이상이면 DataFrame이 반환/출력됩니다.

① 남자와 여자의 신장 평균

남자의 평균 신장이 여자의 평균 신장보다 약 13cm 큽니다.

In[8]:
```
# 남자와 여자의 신장 평균
df_new.groupby('성별')['키'].mean()
```

Out[8]:
```
성별
1.0    169.081061
2.0    156.459423
Name: 키, dtype: float64
```

② 지역별 데이터 개수(검진 인원수)

- 경기도(41)가 가장 많고 다음은 서울시(11)입니다. 당연하겠지만 대도시에 인구가 많기 때문으로 생각할 수 있습니다.

In[9]:
```
# 지역별 데이터(검진 인원) 수
df_new.groupby('지역')['성별'].count()
```

Out[9]:
```
지역
11    171828
26     67949
27     48359
28     57392
29     29009
30     31666
31     28330
36      6931
41    249275
42     29093
43     36033
44     43684
```

```
45     35557
46     33603
47     52058
48     67113
49     11796
Name: 성별, dtype: int64
```

③ 지역별 혈압 평균

- 2가지의 컬럼을 받게 되어 DataFrame이 반환되었습니다.
- 평균 혈압은 지역별로 큰 차이가 나지 않습니다.

In[10]:
```
# 지역별 혈압 평균
df_new.groupby('지역')[['수축기 혈압', '이완기 혈압']].mean()
```

Out[10]:

지역	수축기 혈압	이완기 혈압
11	119.902856	74.079993
26	119.081561	73.500640
27	120.130917	74.241713
28	121.066961	75.474160
29	118.479231	73.475508
30	121.385650	75.196930
31	121.813766	75.055524
36	120.861059	75.305006
41	121.038383	74.945069
42	122.828653	75.680714
43	122.008631	75.693531
44	123.022869	76.258951
45	121.092696	74.985319
46	122.198464	75.089099
47	122.118810	75.216009
48	120.206234	74.408103
49	122.067650	76.560783

5 pivot_table( )

- groupby( )와 유사하지만 컬럼과 인덱스를 세부적으로 설정할 수 있고, 결과가 DataFrame으로 반환되어 데이터를 정리해 재사용이 가능합니다.
- 인덱스, 컬럼 이외에 어떤 값(values)을 정리할지도 설정 가능합니다. 값은 기본적으로 평균 값을 계산해 정리하며, 평균 값 이외에도 다양한 수식을 넣을 수 있습니다.

① 나이대별로 남자와 여자의 평균 혈압

- 수축기 혈압은 나이에 비례해서 증가하는 것이 뚜렷하게 확인되지만, 이완기 혈압은 중간 정도의 나이대가 가장 높아도 큰 차이는 없습니다.
- 대체적으로 여자가 남자보다 혈압이 조금 낮은 편입니다.
- 나이가 4인 그룹(15~19세)에서 여자의 데이터가 NaN인 이유는 4그룹에 남자 1명만 결과가 있기 때문입니다. df_new[df_new['나이']==4]로 확인 가능합니다.

In[11]:
```
# 나이대별 남자와 여자의 평균 혈압 데이터
# 인덱스 : '나이', 컬럼 : '성별', 값 : '혈압'
df_new.pivot_table(index = ['나이'], columns=['성별'],
                   values=['수축기 혈압', '이완기 혈압'])
```

Out[11]:

	수축기 혈압		이완기 혈압	
성별	1.0	2.0	1.0	2.0
나이				
4.0	152.000000	NaN	79.000000	NaN
5.0	119.688095	111.923763	72.553911	69.598979
6.0	120.991618	111.762845	73.977755	69.770329
7.0	121.817082	112.250040	75.649276	70.300430
8.0	123.166899	113.550619	77.490284	71.287250
9.0	123.333289	115.430386	78.283821	72.568719
10.0	123.994968	117.502656	78.771475	73.592544
11.0	124.781062	119.837826	78.997243	74.722679
12.0	126.093278	121.801969	78.728325	75.070273
13.0	127.196157	124.015902	78.010223	75.291356
14.0	128.447733	127.036155	77.156996	75.658331
15.0	129.838695	130.093864	75.907863	75.640832
16.0	131.468544	132.745569	75.088105	75.721085
17.0	131.445529	133.934168	74.393596	75.996291
18.0	131.126404	133.831091	74.325843	75.802192

② 성별과 흡연 상태에 따른 평균 체중

평균적인 데이터이긴 하지만 비흡연자(1)가 금연인 상태의 사람보다는 약간 체중이 적게 나타납니다.

In[12]:
```
# 성별과 흡연상태에 따른 평균 체중 데이터
df_new.pivot_table(index = ['성별', '흡연상태'], values='체중')
```

Out[12]:

성별	흡연상태	체중
1.0	1.0	69.159872
	2.0	69.902933
2.0	1.0	55.638642
	2.0	57.621840

6 replace()

DataFrame의 값을 다른 값으로 대체합니다.

In[13]:
```
# '성별' 컬럼의 1을 '남자'로, 2를 '여자'로 대체
df_new['성별1'] = df_new['성별'].replace([1, 2], ['남자', '여자'])
df_new.head()
```

Out[13]:

	지역	성별	나이	키	체중	흡연상태	음주여부	수축기 혈압	이완기 혈압	성별1
0	41	2.0	5.0	160.0	50.0	1.0	0.0	91.0	33.0	여자
1	41	2.0	8.0	160.0	70.0	1.0	1.0	128.0	84.0	여자
2	41	1.0	12.0	160.0	70.0	2.0	1.0	134.0	84.0	남자
3	41	2.0	8.0	160.0	65.0	1.0	1.0	116.0	73.0	여자
4	41	1.0	14.0	160.0	55.0	2.0	1.0	130.0	82.0	남자

7 DataFrame 파일 저장

- 어느 정도 정리된 DataFrame은 파일로 저장해 놓고 분석을 계속하거나 결과로 사용 가능합니다.
- 매개 변수 중 인덱스는 인덱스 저장 유무를 선택(기본 값은 True로 인덱스도 저장)하고, encoding은 한글이 있을 경우 'euc-kr'로 지정해주면 한글 깨짐 현상을 방지할 수 있습니다.

In[13]:
```
# index : 인덱스 저장 여부(기본 True)
# encoding : 한글이 있을 경우 'euc-kr'하면 안 깨짐
df_new.to_csv('result.csv', index=False, encoding='euc-kr')
```

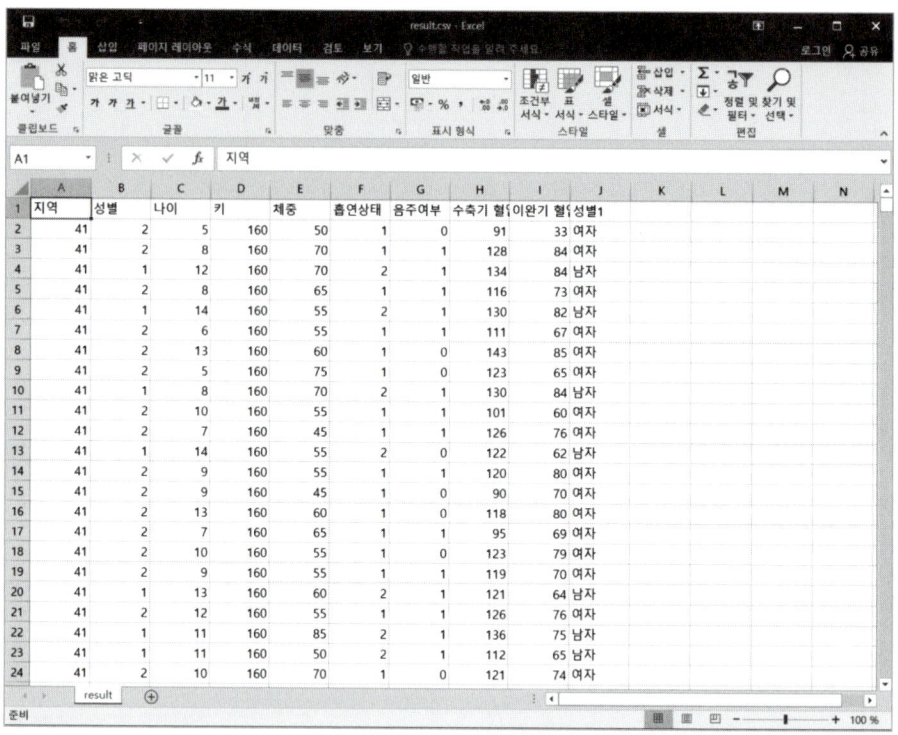

〈그림 6.3.1〉 csv 파일 저장

지금까지 간략하게 Pandas의 기본 기능을 통해 데이터 분석 실습을 했습니다. 데이터 분석으로 파이썬을 활용하기 위해서는 여러 데이터를 가지고 꾸준히 연습하는 것이 중요합니다. Kaggle이라는 데이터 분석 경진대회에서 전문가들의 분석 결과를 공부하는 것도 많은 도움이 됩니다.

우리가 실습한 것은 분석의 시작 단계에 불과합니다. 시작이 제대로 되어야 보다 좋은 학습 모델을 통해 예측도 정밀하게 할 수 있기 때문에, 이 분야에 관심이 있다면 추가적인 학습을 통해서 기초를 탄탄하게 다지기 바랍니다.

요약 정리

1. Jupyter Notebook
단축키 정리

상태	단축키	기능
에디트 모드	Esc	커맨드 모드로 전환
	Shift + Enter	현재 셀을 실행하고 아래 셀로 이동
	Ctrl + Enter	현재 셀을 실행하고 셀 이동 없음
커맨드 모드	Enter	에디트 모드로 전환
	A	현재 셀 위에 새로운 셀 삽입
	B	현재 셀 아래에 새로운 셀 삽입
	D, D (D 두 번)	현재 셀 삭제
	M	마크 다운 셀로 전환
	Y	코드 셀로 전환
	C	현재 셀 복사
	V	복사한 셀을 아래에 붙여넣기(삽입)
	X	현재 셀 잘라내기

2. Pandas 활용
① 데이터 구조

데이터 구조	설명
Series	• 1차원 구조 • 인덱스를 가지는 리스트 또는 딕셔너리와 유사한 형태
DataFrame	• 2차원 행렬 구조 • 엑셀 시트와 같이 행과 열로 구성 • 각 열에 들어있는 데이터의 개수 동일

② DataFrame 기본 기능

기능	설명
head( )	• DataFrame 앞부분 데이터 확인 • 기본 값은 5개
tail( )	• DataFrame 뒷부분 데이터 확인 • 기본 값은 5개
index	인덱스 데이터 확인
columns	컬럼 데이터 확인
values	데이터의 값 확인
loc	인덱스와 컬럼의 라벨(이름)을 기준으로 데이터 그룹 확인
iloc	인덱스와 컬럼의 위치(번호)를 기준으로 데이터 그룹 확인
min( )	최소값
max( )	최대값
sum( )	전체 합
mean( )	평균
median( )	중앙값
std( )	표준편차

③ 데이터 구조 변경 기능

기능	설명
sort_values( )	컬럼이나 인덱스의 데이터들을 기준으로 정렬
sort_index( )	컬럼이나 인덱스의 라벨을 기준으로 정렬
del	한 컬럼씩 삭제
drop( )	여러 인덱스, 컬럼 삭제
concat( )	기준이 되는 컬럼 없이 두 DataFrame을 결합
merge( )	기준 컬럼이나 인덱스로 두 DataFrame을 결합
set_index( )	인덱스를 다른 컬럼으로 새로 설정
reset_index( )	기본 인덱스로 재설정

④ 데이터 분석에 활용 높은 기능

기능	설명
read_csv( )	csv 파일을 읽어 DataFrame으로 변환
shape	데이터의 행과 열의 크기 확인
dtypes	각 컬럼들의 데이터 타입 확인
info( )	각 컬럼들의 데이터 개수 및 타입 확인
describe( )	데이터의 통계 확인
isnull( ).sum( )	컬럼별로 빈 데이터의 개수 확인
unique( )	해당 컬럼의 데이터에서 유일한 값 확인
value_counts( )	해당 컬럼의 데이터에서 유일한 값들의 개수 확인
copy( )	원본 변경 없이 추가 DataFrame으로 복사해서 새로운 변수 생성
fillna( )	null 데이터들을 괄호 안에 입력하는 데이터로 채움
sample( )	DataFrame의 랜덤 데이터 출력
groupby( )	기준에 따라 그룹핑한 데이터에 대한 통계치 확인
pivot_table( )	• 컬럼과 인덱스를 세부적으로 설정하여 데이터의 전체적인 구조가 다른 DataFrame으로 변환 • values에는 통계치나 별도 함수를 통한 계산 결과 추가 가능
replace( )	DataFrame 값을 다른 값으로 대체
to_csv( )	csv 파일로 저장

PART

1

Real 파이썬 프로그래밍 1:
인터넷 정보 수집

파이썬 실전 활용의 첫 번째로 인터넷에 있는 많은 정보들 중에서 필요한 정보를 직접 수집할 수 있는 방법인 웹 크롤링에 대해 알아보도록 하겠습니다. 몇 가지 웹 페이지 관련 기능만 알고 나면 어렵지 않게 원하는 정보 수집이 가능합니다. 여기에서는 웹 크롤링에 대한 이해와 함께 2가지 예제를 통해 웹 페이지의 구조에 따라 정보를 추출하는 방법에 대해서도 실습해보도록 하겠습니다.

학습 목표

- 웹 크롤링의 의미와 주의점을 이해합니다.
- 웹 페이지의 구조를 파악할 수 있습니다.
- 소스 코드를 활용해 원하는 정보 크롤링이 가능합니다.

Chapter 01

웹 크롤링 알아보기

이번 장에서는 아직은 생소한 단어인 웹 크롤링의 의미와 함께 웹 크롤링 시 주의할 점을 알아보도록 하겠습니다.

Section 01 >>> 네이버, 구글 검색 등 웹 크롤링

웹 크롤링(Web Crawling)은 웹상에 존재하는 페이지의 내용들을 자동으로 수집하는 작업을 말하며, 이 작업을 하도록 만들어진 프로그램을 웹 크롤러(Web Crawler) 또는 웹 로봇(Web Robot)이라고 합니다. 대표적인 웹 크롤러는 네이버, 다음, 구글 등과 같은 검색 사이트에서 사용하는 검색 로봇인데, 저마다의 검색 로봇이 자동으로 여러 사이트의 정보들을 수집하고 있습니다.

검색 사이트	검색 로봇
Naver	Yeti
Daum	Daumoa
Google	Googlebot

〈표 7.1.1〉 검색 사이트별 검색 로봇 이름

우리가 이런 검색 로봇처럼 광범위하고 고성능의 기능을 구현하려는 것은 아니지만, 웹 페이지의 정보를 자동으로 수집하는 프로그램을 만든다는 의미에서는 자신만의 검색 로봇을 만든다고 생각해도 좋겠습니다. 파이썬으로 할 수 있는 웹 크롤링은 다음과 같이 3가지 정도가 있습니다.

① 웹 페이지를 받아와 태그(웹 페이지의 구성요소로 속성과 정보를 가지고 있는 키워드이며 div, a, p, li, span 등이 있습니다.)를 이용해 필요한 데이터 추출

② Open API를 통해 원하는 값을 받기 위해 요청하고, 응답 받은 데이터에서 필요한 정보 추출

③ 가상의 브라우저를 실행시켜 사이트에 접속하고 조작하는 것을 통해 페이지의 데이터를 받아오고 필요한 데이터만 추출

이 중 첫 번째 방법을 통해 웹 크롤링에 입문해보면 추가적인 2가지 방법을 익히는 데 있어 어려움이 없을 것입니다.

Section 02 》》》 웹 크롤링을 위한 준비

웹 크롤링을 하는 데 가장 중요한 것은 '어떤 정보를 어디에서 얻을 것이냐?'입니다. 수집할 정보를 선정하는 것은 당연히 중요한 사항일 것이고, 어떤 사이트에서 수집할 것인지에 대한 것은 웹 페이지가 구현되는 방식에 따라 크롤링 방법이 달라질 수 있기 때문에 중요합니다. 기본적인 방법으로 정보 수집이 불가능할 경우 가상 브라우저를 사용해야 하기 때문에 방법과 복잡도가 달라집니다.

우선 기본적인 웹 크롤링을 위한 모듈 및 작동 방법에 대해 알아보겠습니다.

1 웹 크롤링을 위한 모듈

다음의 두 모듈 모두 아나콘다를 통해 기본 설치되는 모듈입니다.

① **requests**

원하는 웹 페이지의 주소를 인수로 전달해 웹 페이지의 응답 상태 및 HTML 문서(코드)를 받을 수 있는 모듈입니다.

② **BeautifulSoup**

- 웹 페이지의 코드를 읽어 태그, 속성 등을 분석하는 파싱(parsing)을 통해 크롤링을 도와주는 모듈입니다.
- 책에 소개되는 방식 외에도 다양한 방식이 있으므로 공식 문서를 참조하면 도움이 됩니다. Beautiful Soup의 한글 공식 문서 사이트는 다음과 같습니다.
  "https://www.crummy.com/software/BeautifulSoup/bs4/doc.ko/"

2 모듈 사용

① 웹 페이지 접속 및 HTML 요청

네이버 홈페이지 주소에 대해 요청하고 응답을 받아보겠습니다. 응답 상태 코드가 200이면 정상적인 상태로 접속되었다는 결과입니다.

```python
import requests #requres 모듈 import

url = 'https://www.naver.com' # 요청 URL 변수 저장

res = requests.get(url) # URL 요청

# 1. 응답 상태 코드 출력
print(res.status_code)
```

〈코드 7.1.1〉 # 1

```
200
```

〈실행 결과 1〉

응답 상태 코드는 다음과 같습니다.

코드 그룹	상태	설명
2XX	Successful	정상
3XX	Redirection	요청 URL이 이동되거나 바뀜을 알림
4XX	Client Error	요청측 문법 및 권한 오류
5XX	Server Error	웹 서버측 오류

〈표 7.1.2〉 웹 페이지 응답 상태 코드 설명

```python
# 2. HTML 출력
print(res.text)
```

〈코드 7.1.1〉 # 2

```
<!doctype html>                <html lang="ko" data-dark="false"> <head>
<meta charset="utf-8"> <title>NAVER</title> <meta http-equiv="X-UA-
Compatible" content="IE=edge"> <meta name="viewport" content="width=1190">
<meta name="apple-mobile-web-app-title" content="NAVER"/> <meta name="robots"
content="index,nofollow"/> <meta name="description" content="네이버 메인에서 다양한
정보와 유용한 컨텐츠를 만나 보세요"/> <meta property="og:title" content="네이버"> <meta
property="og:url" content="https://www.naver.com/"> <meta property="og:image"
newsStandSubsInfo: ''
  ⋮
  ⋮
```

〈실행 결과 2〉

요청으로 받은 res의 text 변수에 HTML 문서가 저장됩니다. 그냥 text를 출력하면 전체가 단순한 문자열로 저장된 것을 알 수 있습니다. 이 정보로는 원하는 부분의 문자를 얻기가 어렵기 때문에 태그별로 접근할 수 있도록 파싱을 할 필요가 있습니다.

② 웹 페이지 파싱

- 앞에서 받은 응답 text를 BautifulSoup로 파싱하면 태그들을 통해 해당 내용을 확인할 수 있습니다. html.parser는 매개 변수 features의 값인데 파싱을 하는 파서라고 합니다. HTML이 정확히 만들어져 있지 않아 파싱이 제대로 되지 않을 경우 lxml로 파서를 변경하면 처리 가능할 때가 있습니다. lxml이 html.parser보다 유연하고 빠른 처리가 가능하다고 알려져 있습니다.

```python
import requests                # requres 모듈 import
from bs4 import BeautifulSoup  # BeutifulSoup import

url = 'https://www.naver.com'  # 요청 URL 변수 저장
res = requests.get(url)        # URL 요청

# html parser로 res.text를 파싱
soup = BeautifulSoup(res.text, 'html.parser')
print(soup)
```

〈코드 7.1.2〉

```html
<!DOCTYPE html>
 <html data-dark="false" lang="ko"> <head> <meta charset="utf-8"/>
<title>NAVER</title> <meta content="IE=edge" http-equiv="X-UA-Compatible"/>
⋮
<a class="weather_area ico_w07" data-clk="squ.weat" href="https://weather.naver.com/today/02463116">
<div class="current_box">
<strong aria-label="현재기온" class="current">28.0°</strong><strong class="state">흐림</strong>
</div>
<div class="degree_box">
<span aria-label="최저기온" class="min">18.0°</span><span aria-label="최고기온" class="max">28.0°</span>
</div>
⋮
<li class="theme_item">
<a class="theme_thumb" data-clk="tcc_far.editsmallimg2" href="https://blog.naver.com/nong-up/222405301575" target="_blank">
<img alt="몸 속 100가지 독을 없애준다는" data-src="https://s.pstatic.net/static/www/mobile/edit/2021/0624/cropImg_196x196_66452994256103029.jpeg" height="98" src="https://s.pstatic.net/static/www/mobile/edit/2021/0624/cropImg_196x196_66452994256103029.jpeg" width="98"/>
<span class="thumb_bd"></span>
</a>
<a class="theme_info" data-clk="tcc_far.editsmalltxt2" href="https://blog.naver.com/nong-up/222405301575" target="_blank">
<em class="theme_category">먹거리</em>
<strong class="title">몸 속 100가지 독을 없애준다는 <br/>이 식물은?</strong>
<div class="source_box">
<span class="source"><span class="source_inner">더농부</span></span>
</div>
</a>
</li>
⋮
```

〈실행 결과〉

이렇게 파싱을 하고 나면 현재 기온과 같이 태그 안에 있는 텍스트나 img 태그의 그림 파일, 또는 a 태그의 href 속성에 저장된 링크 URL을 따로 추출할 수 있습니다. 원하는 태그를 찾아 정보를 추출하는 방법은 다음 장에서 실습해보겠습니다.

Section 03 >>> 소중한 정보 이용

인터넷에서 누구나 볼 수 있는 정보라 할지라도 우리가 마음대로 정보를 가져갈 수 있는 것은 아닙니다. 대부분의 웹 페이지 루트(최상위)에는 크롤링 하는 로봇들에 대한 접근 권한을 적은 문서 파일이 존재합니다. 문서 이름은 robots.txt인데 URL 뒤에 robos.txt를 붙여 접속해보면 내용을 확인할 수 있으며, 이를 로봇 배제 규약이라고 부릅니다.

먼저 네이버 홈페이지를 살펴보겠습니다. https://www.naver.com/robots.txt로 접속하면 해당 텍스트 파일이 바로 열리거나 다운로드 받을 수 있는데 내용을 보면 다음과 같습니다. 모든 검색엔진의 로봇에 대해서 하위 페이지의 수집을 허용하지 않습니다. 단, 루트(메인) 페이지만 수집이 가능한 것으로 설정되어 있습니다.

```
User-agent: *
Disallow: /
Allow : /$
```

추가로 네이버 카페의 robots.txt(https://cafe.naver.com/robots.txt)를 보면 아래와 같습니다. 크롤링을 허용하지 않는 페이지가 너무 많은데요.

```
User-Agent: *
Disallow: /CafeRankingSectionList.nhn
Disallow: /SectionTagList.nhn
Disallow: /*ArticleList.nhn
 ⋮
Disallow: /CafeHistoryView.nhn
Disallow: /*ArticleRead.nhn
 ⋮
Disallow: /ArticleSearchList.nhn
Disallow: /CafeRankingList.nhn
 ⋮
```

웹 크롤링을 제한하는 robots.txt의 내용은 권고사항이라고는 하지만 수집한 데이터를 상업적으로 이용하게 되면 저작권법, 부정경쟁방지법 등의 법률 위반에 따른 법적 조치를 받을 수도 있습니다. 또한 서버에 무리를 줄 정도의 과도한 크롤링의 경우는 직접적인 피해를 주는 행위가 되기도 한다는 점을 기억해야 합니다.

반복적으로 웹 크롤링을 실행할 때 서버에 부하를 높이지 않기 위해 프로그램 내에 딜레이를 줄 수 있는데, 다음과 같이 time 모듈을 import하고 코드 내 필요한 부분에 딜레이 시간을 설정하면 됩니다. 숫자는 초 단위로 입력하는데, 아래 예시의 경우 1초의 딜레이 시간을 주는 방법입니다. 이 책의 코드처럼 데이터를 한번 요청하고 끝나는 크롤링의 경우는 딜레이를 줄 필요가 없지만, 여러 페이지를 계속해서 요청하거나 가상 브라우저를 사용할 경우에는 필요합니다.

```
import requests
from bs4 import BeautifulSoup
import time  # time 모듈 import

⋮
time.sleep(1)  # sleep()함수에 초 단위로 숫자 입력
⋮
```

추가로 로봇인 경우는 접속을 차단하는 사이트도 있어서 로봇이 아니라는 것을 URL 요청 시 알려줄 수 있습니다. 헤더에 user-agent 정보를 적어주면 되는데 아래 코드와 같이 headers를 추가합니다. 헤더 정보는 http://www.useragentstring.com/에 접속하면 본인의 시스템에 맞는 정보를 확인할 수 있습니다. String 부분을 복사해 그대로 'user-agent'의 value에 입력하면 됩니다. 필수 입력 사항은 아니며 접속이 차단된 것 같을 때 해결 방안으로 시도해보면 됩니다.

아래 코드에는 value가 줄바꿈으로 입력한 것처럼 보이는데 <그림 7.1.1>과 같이 한 줄로 입력된 문자열입니다.

```
import requests  # requres import
from bs4 import BeautifulSoup  # BeutifulSoup import

url = 'https://www.naver.com'  # 요청 URL 변수 저장

# 헤더 정보 저장
headers = {
        'user-agent': 'Mozilla/5.0 (Windows NT 10.0; Win64; x64) AppleWebKit/537.36 (KHTML, like Gecko) Chrome/91.0.4472.114 Safari/537.36'}
```

```
# 헤더 정보와 함께 요청
res = requests.get(url, headers=headers)

# html parser로 res.text를 파싱
soup = BeautifulSoup(res.text, 'html.parser')
print(soup)
```

〈코드 7.1.3〉

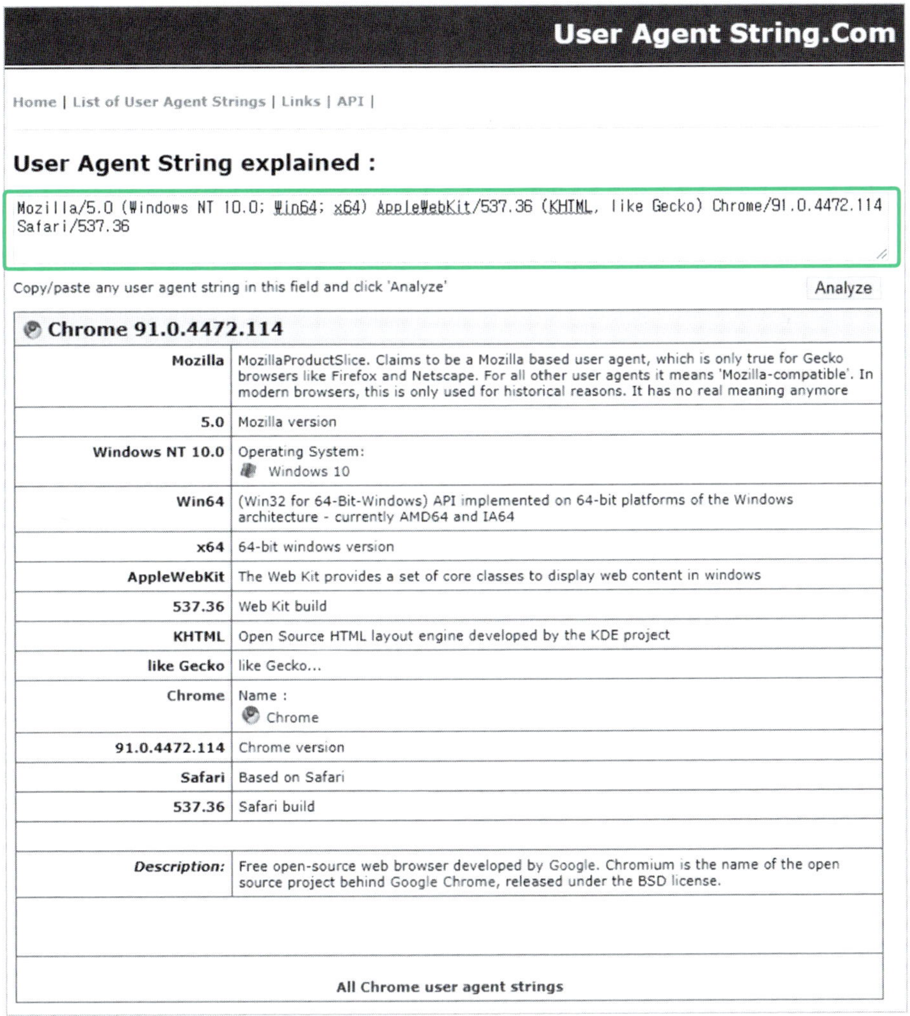

출처 : http://www.useragentstring.com/
〈그림 7.1.1〉 User-Agent 정보 확인

Chapter

영화 예매율 순위 정보 수집

웹 크롤링 실습으로 영화 예매율 순위 정보를 받아보도록 하겠습니다. 비슷한 정보로 가요 차트 같은 것도 조금만 수정하면 만들 수 있습니다. 주기적으로 코드가 실행되도록 설정하고 스마트폰으로 알림을 받으면 굳이 직접 검색하지 않아도 정보 확인이 가능해 유용하게 쓸 수 있습니다.

Section 01 >>> 웹 페이지 구조 확인

웹 크롤링 과정을 단계별로 실습해보겠습니다. 일단 해당 페이지를 크롤링해도 되는지 확인하는 것이 우선입니다. 그리고 원하는 정보가 어떤 태그로 만들어져 있는지 HTML의 구조를 확인합니다. 웹 페이지의 구조를 확인하는데 편리하므로 웹 브라우저는 크롬을 사용해 설명하도록 하겠습니다.

크롤링 프로그램은 한번 만들었다고 계속 사용할 수 있는 것이 아닙니다. 웹 페이지가 항상 고정된 구조가 아니라 서비스 업데이트 등을 하면서 구조 자체가 바뀔 수도 있기 때문입니다. 그러면 이전에 만들었던 코드를 그에 맞게 수정해야 하는 단점이 있습니다. 하지만 방법을 알고 나면 어려움 없이 변경된 구조에 맞게 코드 수정을 할 수 있습니다.

1 웹 페이지 선정

영화 예매율 순위는 각 영화관에서 운영하는 홈페이지도 있겠지만, 해당 영화관에만 특정된 정보일 수 있어 포털사이트에서 정보를 받아보겠습니다.

① 네이버의 https://movie.naver.com/에서 정보가 제공되고 있습니다.

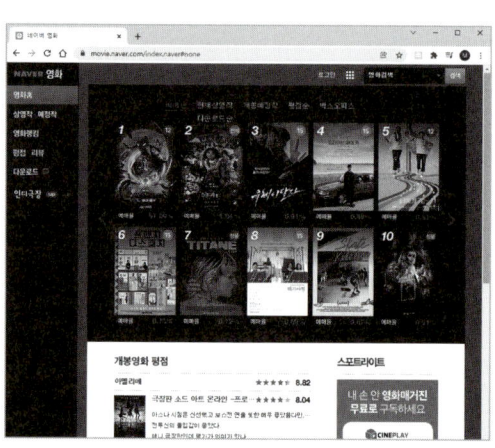

〈그림 7.2.1〉 네이버 영화 홈페이지

그런데 robots.txt를 보면 모든 검색 로봇에 대해서 하위 페이지의 접근을 허용하지 않고 있습니다. 크롤링한다고 해서 문제가 되지는 않겠지만 소중한 정보를 보호하도록 하겠습니다.

User-agent: *
Disallow: /

② 다음의 영화 홈에서 랭킹이 있는 페이지(https://movie.daum.net/ranking/reservation)를 보니 예매 순위별로 영화가 정리되어 있습니다.

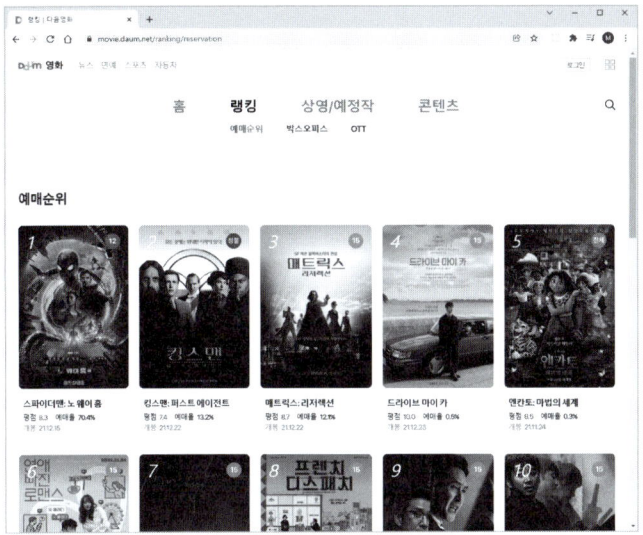

〈그림 7.2.2〉 다음 영화 홈페이지

robots.txt를 확인해보면 "접속이 원활하지 않습니다."라고 나옵니다. 일단 크롤링 금지는 아니므로 다음에서 영화 랭킹 페이지를 크롤링 해보겠습니다.

2 수집 정보 결정

수집 정보로는 영화 제목, 평점, 예매율, 개봉일 정보가 있는데 여기에서는 모두 다 받아보겠습니다.

3 수집 정보별 태그 확인

① 영화 제목에서 오른쪽 마우스를 눌러 [검사]를 클릭하면 화면 오른쪽에 복잡한 HTML 코드가 나옵니다.

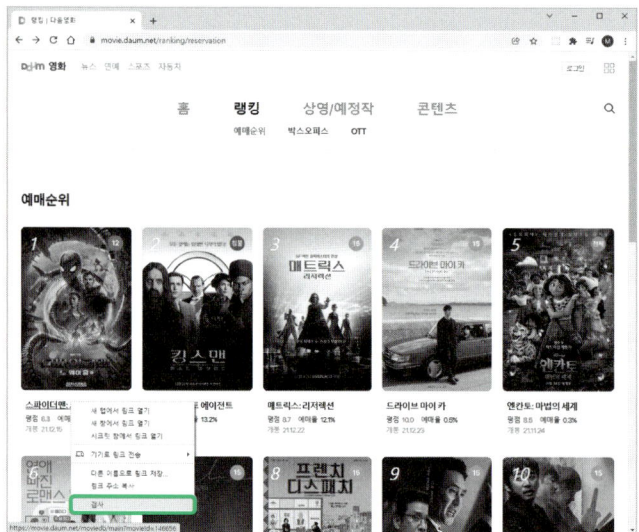

출처 : https://movie.daum.net/ranking/reservation
〈그림 7.2.3〉 웹 페이지 검사

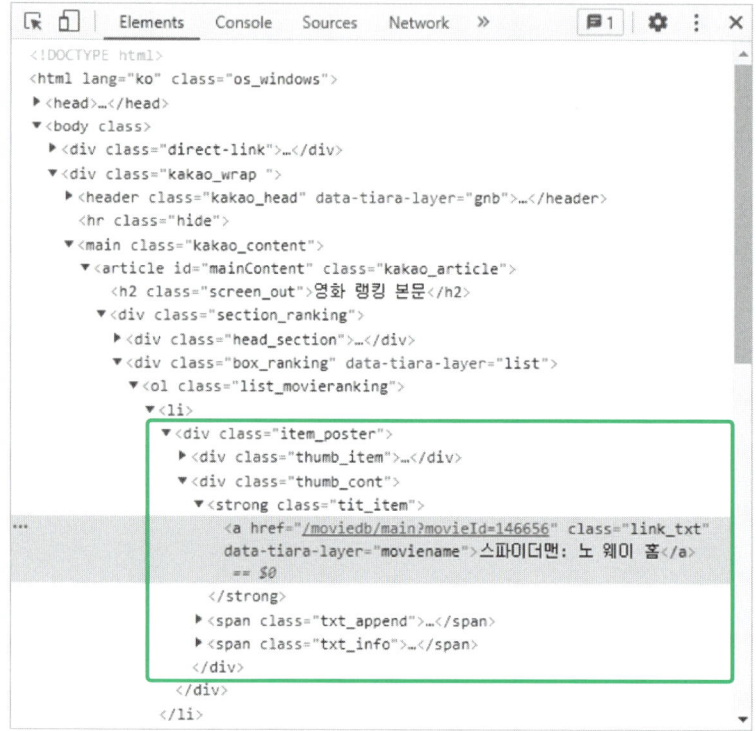

출처 : https://movie.daum.net/ranking/reservation
〈그림 7.2.4〉 검사를 통한 제목 위치 확인

② 이 결과를 보고 단순히 제목이 a 태그 안에 있다고 생각하기보다는 전체적으로 한번 살펴볼 필요가 있습니다. 각 영화 포스터와 정보가 div 태그에 클래스가 item_poster로 하나씩 만들어져 있는 것이 확인(li 태그에 속해서 총 20개 있음)됩니다.

③ 크롬의 검사에서 유용한 기능은 검사 결과의 위에서 제일 왼쪽에 있는 'Select an element…' 입니다. 여기를 클릭하고 웹 페이지의 원하는 부분을 누르면 검사 결과에서 태그 위치를 바로 확인할 수 있습니다. 다음은 이 기능을 이용해 평점 점수에 대한 태그를 확인한 결과입니다.

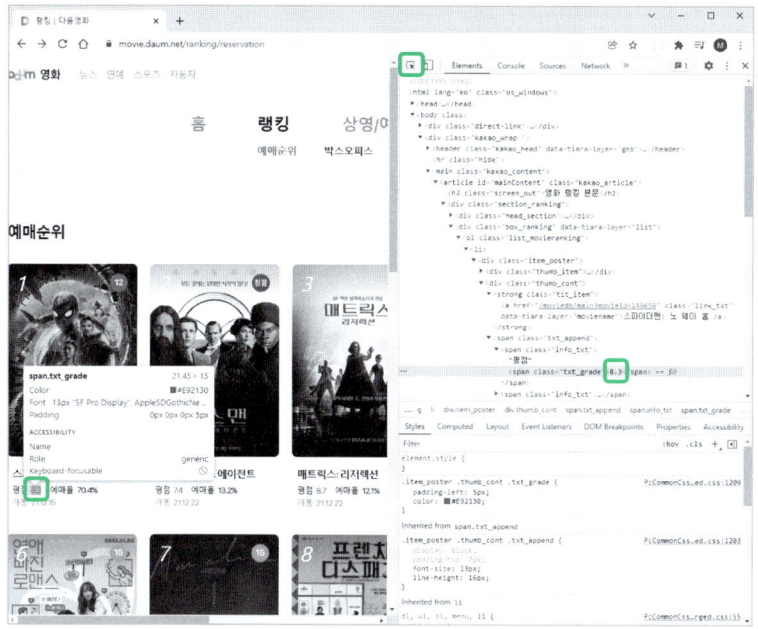

출처 : https://movie.daum.net/ranking/reservation
〈그림 7.2.5〉 페이지 요소 선택

④ 수집할 정보들은 각각 아래 태그로 확인됩니다. 개봉일이 예매율과 동일한 태그와 클래스라 상위의 span 태그, txt_info 클래스를 확인하면 됩니다.

정보	태그
제목	strong 태그, tit_item 클래스
평점	span 태그, txt_grade 클래스
예매율	span 태그, txt_num 클래스
개봉일	span 태그, txt_info 클래스

〈표 7.2.1〉 수집 정보별 태그

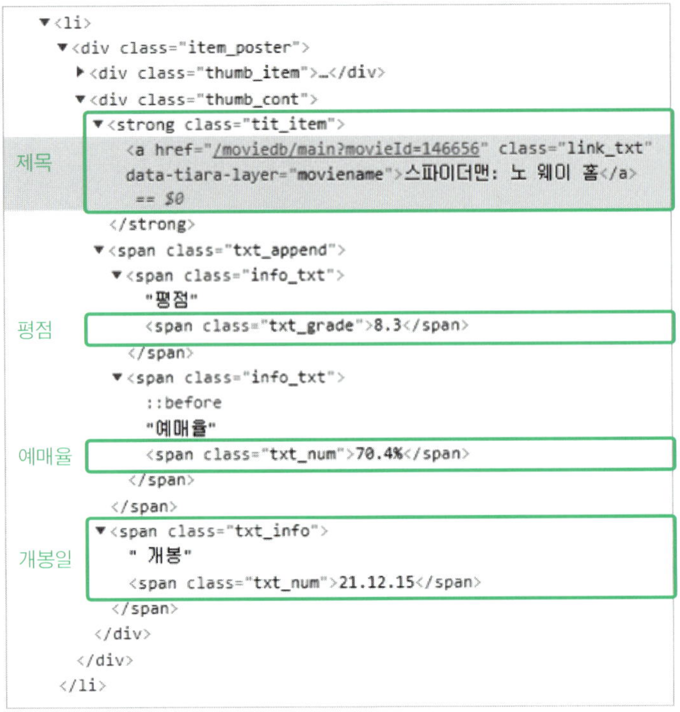

```
▼<li>
    ▼<div class="item_poster">
        ▶<div class="thumb_item">…</div>
        ▼<div class="thumb_cont">
제목     ▼<strong class="tit_item">
            <a href="/moviedb/main?movieId=146656" class="link_txt"
            data-tiara-layer="moviename">스파이더맨: 노 웨이 홈</a>
            == $0
        </strong>
        ▼<span class="txt_append">
            ▼<span class="info_txt">
                "평점"
평점         <span class="txt_grade">8.3</span>
            </span>
            ▼<span class="info_txt">
                ::before
                "예매율"
예매율         <span class="txt_num">70.4%</span>
            </span>
        </span>
        ▼<span class="txt_info">
            " 개봉"
개봉일     <span class="txt_num">21.12.15</span>
        </span>
    </div>
 </div>
</li>
```

출처 : https://movie.daum.net/ranking/reservation

〈그림 7.2.6〉 수집 정보별 태그 위치

Section 02 >>> 영화 기본 정보 추출하기

웹 크롤링 방법에는 정해진 답이 없습니다. 어떤 태그를 먼저 찾을 것인지, 어떤 방식으로 찾을 것인지에 대한 정답이 없다는 이야기입니다. 정말 많은 방법이 있기 때문에 크롤링을 많이 하다 보면 자신만의 요령이 생길 것입니다. 다음과 같이 기본적인 크롤링 코드로 파싱까지 한 다음에 앞서 확인한 대로 div 태그를 모두 찾아 tag_div에 저장하고 출력해보겠습니다.

```python
import requests # requres 모듈 import
from bs4 import BeautifulSoup # BeutifulSoup 모듈 import

url = 'https://movie.daum.net/ranking/reservation' # URL 변수 저장
```

```python
# 헤더 정보 저장
headers = {
        'user-agent': 'Mozilla/5.0 (Windows NT 10.0; Win64; x64)
AppleWebKit/537.36 (KHTML, like Gecko) Chrome/91.0.4472.114 Safari/537.36'}

# 헤더 정보와 함께 요청
res = requests.get(url, headers=headers)

# html parser로 res.text를 파싱
soup = BeautifulSoup(res.text, 'html.parser')

# div 태그, item_poster 클래스를 전부 찾아서 저장
tag_div = soup.find_all('div', class_='item_poster')

print(tag_div)
print()
print(type(tag_div)) # tag_div의 타입 출력
print()
print(len(tag_div)) # tag_div의 데이터 길이 출력
```

〈코드 7.2.1〉

```
[<div class="item_poster">
<div class="thumb_item">
<div class="poster_movie">
<img alt="스파이더맨: 노 웨이 홈" class="img_thumb" src="https://img1.daumcdn.net/
thumb/C408x596/?fname=https%3A%2F%2Ft1.daumcdn.net%2Fmovie%2F4fc5880afdb5b7c6
0161f34184e1f466814fec2d"/>
<span class="rank_num">1</span>
<span class="txt_tag">
<span class="ico_movie ico_see see12">12세이상관람가</span>
</span>
</div>
<div class="poster_info">
<a class="link_story" data-tiara-layer="poster" href="/moviedb/
main?movieId=146656">
                        영화 &lt;스파이더맨: 노 웨이 홈&gt;은 정체가 탄로
난 스파이더맨 '피터 파커'(톰 홀랜드)가문제를 해결하기 위해 '닥터 스트레인지'(베네딕트 컴버배치)
```

```
의 도움을 받던 중 뜻하지 않게 멀티버스가 열리게 되고,이를 통해 '닥터 옥토퍼스'(알프리드 몰리나)
등 각기 다른 차원의 숙적들이 나타나며 사상 최악의 위기를 맞게 되는 이야기를 그린 마블 액션 블록버
스터.
                                        </a>
</div>
</div>
<div class="thumb_cont">
<strong class="tit_item">
<a class="link_txt" data-tiara-layer="moviename" href="/moviedb/
main?movieId=146656">스파이더맨: 노 웨이 홈</a>
</strong>
<span class="txt_append">
<span class="info_txt">평점<span class="txt_grade">8.3</span></span>
<span class="info_txt">예매율<span class="txt_num">70.1%</span></span>
</span>
<span class="txt_info">
                                                        개봉<span
class="txt_num">21.12.15</span>
</span>
</div>
</div>, ...]

<class 'bs4.element.ResultSet'>

20
```

〈실행 결과〉

tag_div의 타입은 〈class 'bs4.element.ResultSet'〉이고 형태는 리스트 형태입니다. 데이터의 개수는 20개로 1위부터 20위까지의 영화 정보가 들어있는 것으로 확인됩니다.

하위 영화의 제목들을 받기 위해서는 〈표 7.2.1〉에 정리한 대로 태그를 찾아 출력해보면 됩니다. tag_div 내부를 순회하는 반복문이 필요합니다. 〈코드 7.2.2〉는 〈코드 7.2.1〉에 반복문을 추가한 코드입니다.

```python
import requests # requres 모듈 import
from bs4 import BeautifulSoup # BeutifulSoup 모듈 import
```

```python
url = 'https://movie.daum.net/ranking/reservation'  # URL 변수 저장

# 헤더 정보 저장
headers = {
        'user-agent': 'Mozilla/5.0 (Windows NT 10.0; Win64; x64)
AppleWebKit/537.36 (KHTML, like Gecko) Chrome/91.0.4472.114 Safari/537.36'}

# 헤더 정보와 함께 요청
res = requests.get(url, headers=headers)

# html parser로 res.text를 파싱
soup = BeautifulSoup(res.text, 'html.parser')

# div 태그, item_poster 클래스를 전부 찾아서 저장
tag_div = soup.find_all('div', class_='item_poster')

# 코드 7.2.1에 추가
# tag_div 내부 순회 반복문
for tag in tag_div:
    # 제목은 strong 태그로 추출
    title = tag.find('strong', class_="tit_item")
    print(title.text.strip())  # 태그의 텍스트 값만 출력
```

〈코드 7.2.2〉

```
스파이더맨: 노 웨이 홈
킹스맨: 퍼스트 에이전트
매트릭스: 리저렉션
드라이브 마이 카
엔칸토: 마법의 세계
연애 빠진 로맨스
아멜리에
유체이탈자
프렌치 디스패치
킹메이커
극장판 소드 아트 온라인 -프로그레시브- 별 없는 밤의 아리아
돈 룩 업
끝없음에 관하여
몬스타엑스 : 더 드리밍
```

```
티탄
뱅드림! 필름 라이브 세컨드 스테이지
소설가 구보의 하루
해피 아워
신데렐라 2: 마법에 걸린 왕자
포에버 퍼스트 러브
```

〈실행 결과〉

모든 정보를 담아 정리해보겠습니다. 딕셔너리를 만들어 각 항목별로 태그를 찾아 텍스트를 저장하면 됩니다. 〈코드 7.2.1〉 마지막에 딕셔너리와 반복문을 추가하면 〈코드 7.2.3〉과 같이 필요한 정보를 받아 정리할 수 있습니다.

```python
import requests # requres 모듈 import
from bs4 import BeautifulSoup # BeutifulSoup 모듈 import

url = 'https://movie.daum.net/ranking/reservation' # URL 변수 저장

# 헤더 정보 저장
headers = {
        'user-agent': 'Mozilla/5.0 (Windows NT 10.0; Win64; x64) AppleWebKit/537.36 (KHTML, like Gecko) Chrome/91.0.4472.114 Safari/537.36'}

# 헤더 정보와 함께 요청
res = requests.get(url, headers=headers)

# html parser로 res.text를 파싱
soup = BeautifulSoup(res.text, 'html.parser')

# div 태그, item_poster 클래스를 전부 찾아서 저장
tag_div = soup.find_all('div', class_='item_poster')

# 결과 저장 딕셔너리 추가
data = {'제목' : [],
        '평점' : [],
        '예매율' : [],
        '개봉일' : []}
```

```python
# tag_div 내부 순회 반복문
for tag in tag_div:
    # 제목 : strong 태그, tit_item 클래스로 추출
    title = tag.find('strong', class_="tit_item")
    data['제목'].append(title.text.strip()) # 제목 저장

    # 평점 : span 태그, txt_grade 클래스로 추출
    grade = tag.find('span', class_="txt_grade")
    data['평점'].append(grade.text.strip())

    # 예매율 : span 태그, txt_grade 클래스로 추출
    rate = tag.find('span', class_="txt_num")
    data['예매율'].append(rate.text.strip())

    # 개봉일 : span 태그, txt_info 클래스로 추출
    # '개봉21.12.15'와 같이 저장되므로 [2:]로 슬라이싱
    rate = tag.find('span', class_="txt_info")
    data['개봉일'].append(rate.text.strip()[2:])

print(data)
```

⟨코드 7.2.3⟩

```
{'제목': ['스파이더맨: 노 웨이 홈', '킹스맨: 퍼스트 에이전트', '매트릭스: 리저렉션', '드라이
브 마이 카', '엔칸토: 마법의 세계', '연애 빠진 로맨스', '아멜리에', '프렌치 디스패치', '킹메
이커', '유체이탈자', '극장판 소드 아트 온라인 -프로그레시브- 별 없는 밤의 아리아', '돈 룩 업',
'끝없음에 관하여', '몬스타엑스 : 더 드리밍', '티탄', '뱅드림! 필름 라이브 세컨드 스테이지', '
소설가 구보의 하루', '해피 아워', '신데렐라 2: 마법에 걸린 왕자', '포에버 퍼스트 러브'],
'평점': ['8.3', '7.4', '8.7', '10.0', '8.5', '7.6', '8.8', '7.6', '8.2', '8.1',
'7.0', '8.4', '9.5', '9.5', '6.7', '9.3', '9.7', '8.1', '10.0', '5.5'],
'예매율': ['70.4%', '13.2%', '12.1%', '0.5%', '0.3%', '0.3%', '0.3%', '0.2%',
'0.2%', '0.1%', '0.1%', '0.1%', '0.1%', '0.1%', '0.1%', '0.1%', '0.1%',
'0.1%', '0.1%', '0.1%'],
'개봉일': ['21.12.15', '21.12.22', '21.12.22', '21.12.23', '21.11.24',
'21.11.24', '21.12.15', '21.11.18', '21.12.31', '21.11.24', '21.12.09',
'21.12.08', '21.12.16', '21.12.08', '21.12.09', '21.11.18', '21.12.09',
'21.12.09', '21.12.22', '21.12.09']}
```

⟨실행 결과⟩

Section 03 >>> 링크 주소 추출하기

영화의 상세 정보는 별도로 링크 주소가 있는데 a 태그의 href 속성에 포함되어 있습니다. 메인 URL을 제외한 주소만 저장되어 있으므로 전체 URL을 완성하기 위해서는 메인 URL인 https://movie.daum.net을 앞에 붙여주면 됩니다.

아래 코드는 tag_div 반복문 내에 추가하는 링크를 추출하는 코드입니다.

```python
# 링크 : a 태그, 'href' 추출
# main 주소를 추가해서 전체 URL 완성
link = 'https://movie.daum.net' + tag.find('a')['href']
data['링크'].append(link)
```

〈코드 7.2.4〉 링크 주소 추출 코드

Section 04 >>> 포스터 이미지 추출하기

영화 포스터 이미지는 div 태그, poster_movie 클래스 내부의 img 태그에 있습니다. 파일로 만들기는 조금 복잡할 수도 있지만 다음과 같이 반복문에서 처리하면 파일로 저장할 수 있습니다.

출처 : https://movie.daum.net/ranking/reservation
〈그림 7.2.7〉 포스터 img 태그

이 코드는 포스터가 없는 영화의 경우 img 태그가 없어 발생하게 되는 에러를 처리하기 위해 try / except 문법을 사용했습니다. try 아래에 들여쓰기 된 코드에 에러가 없으면 그대로 실행되어 넘어가고 에러가 발생하면 except 아래에 들여쓰기 된 코드가 실행되는 구조입니다. img 태그를 읽어 src를 추출하는데 문제가 발생하게 되면 src_img를 빈 문자열로 data에 저장하는 것입니다.

여기에서는 src_img가 정상적으로 추출되었을 경우만 이미지를 다시 읽어 파일로 저장하도록 했습니다.

```python
# 이미지 주소 : img 태그의 'src' 추출
try: # 포스터가 없는 영화일 경우 에러 처리
    src_img = tag.find('img').get('src')
except: # 에러 발생 시 src_img를 ''로 저장
    src_img = ''

data['포스터'].append(src_img)

# 이미지가 있는 경우만 파일 저장
if src_img != '':
    img_get = requests.get(src_img) # 해당 주소로 request 보냄

    # 제목을 파일명으로 하여 파일 open
    # 파일명에 특수문자 ':'가 있으면 저장 오류가 생기므로 변환
    file_name = title.text.replace(':','').strip()
    file = open(f"{file_name}.jpg", "wb") # 이미지 파일은 wb로 바이너리 형식 저장
    file.write(img_get.content) # request해서 받은 content를 파일에 쓰기
    file.close() # 파일 닫기
```

〈코드 7.2.4〉 이미지 추출 및 파일 저장 코드

data의 key에 '링크'와 '포스터'를 추가해 모든 정보를 저장합니다. 이 data를 DataFrame으로 변환해 csv 파일로 저장하는 것까지 전체 단계를 포함한 코드는 다음과 같습니다.

```python
import requests # requres import
from bs4 import BeautifulSoup # BeutifulSoup import
import pandas as pd # pandas import

url = 'https://movie.daum.net/ranking/reservation' # URL 변수 저장
```

```python
# 헤더 정보 저장
headers = {
        'user-agent': 'Mozilla/5.0 (Windows NT 10.0; Win64; x64) AppleWebKit/537.36 (KHTML, like Gecko) Chrome/91.0.4472.114 Safari/537.36'}

# 헤더 정보와 함께 요청
res = requests.get(url, headers=headers)

# html parser로 res.text를 파싱
soup = BeautifulSoup(res.text, 'html.parser')

# div 태그, item_poster 클래스를 전부 찾아서 저장
tag_div = soup.find_all('div', class_='item_poster')

# 결과 저장 딕셔너리
data = {'제목' : [],
        '평점' : [],
        '예매율' : [],
        '개봉일' : [],
        '링크' : [],
        '포스터' : []}

# tag_div 내부 순회 반복문
for tag in tag_div:
    # 제목 : strong 태그, tit_item 클래스로 추출
    title = tag.find('strong', class_="tit_item")
    data['제목'].append(title.text.strip()) # 제목 저장

    # 평점 : span 태그, txt_grade 클래스로 추출
    grade = tag.find('span', class_="txt_grade")
    data['평점'].append(grade.text.strip())

    # 예매율 : span 태그, txt_grade 클래스로 추출
    rate = tag.find('span', class_="txt_num")
    data['예매율'].append(rate.text.strip())

    # 개봉일 : span 태그, txt_info 클래스로 추출
    # '개봉21.12.15'와 같이 저장되므로 [2:]로 슬라이싱
    rate = tag.find('span', class_="txt_info")
    data['개봉일'].append(rate.text.strip()[2:])
```

```python
    # 링크 : a 태그, 'href' 추출
    # main 주소를 추가해서 전체 URL 완성
    link = 'https://movie.daum.net' + tag.find('a')['href']
    data['링크'].append(link)

    # 이미지 주소 : img 태그의 'src' 추출
    try: # 포스터가 없는 영화일 경우 에러 처리
        src_img = tag.find('img').get('src')
    except: # 에러 발생 시 src_img를 ''로 저장
        src_img = ''

    data['포스터'].append(src_img)

    # 이미지가 있는 경우만 파일 저장
    if src_img != '':
        img_get = requests.get(src_img) # 해당 주소로 request 보냄

        # 제목을 파일명으로 하여 파일 open
        # 파일명에 특수문자 ':'가 있으면 저장 오류가 생기므로 변환
        file_name = title.text.replace(':','').strip()
        file = open(f"{file_name}.jpg", "wb") # 이미지 파일은 wb로 바이너리 형식 저장
        file.write(img_get.content) # request해서 받은 content를 파일에 쓰기
        file.close() # 파일 닫기

df = pd.DataFrame(data)
df.to_csv('영화 예매순위.csv', encoding='euc-kr')
```

〈코드 7.2.4〉

〈그림 7.2.8〉 포스터 이미지 저장 결과

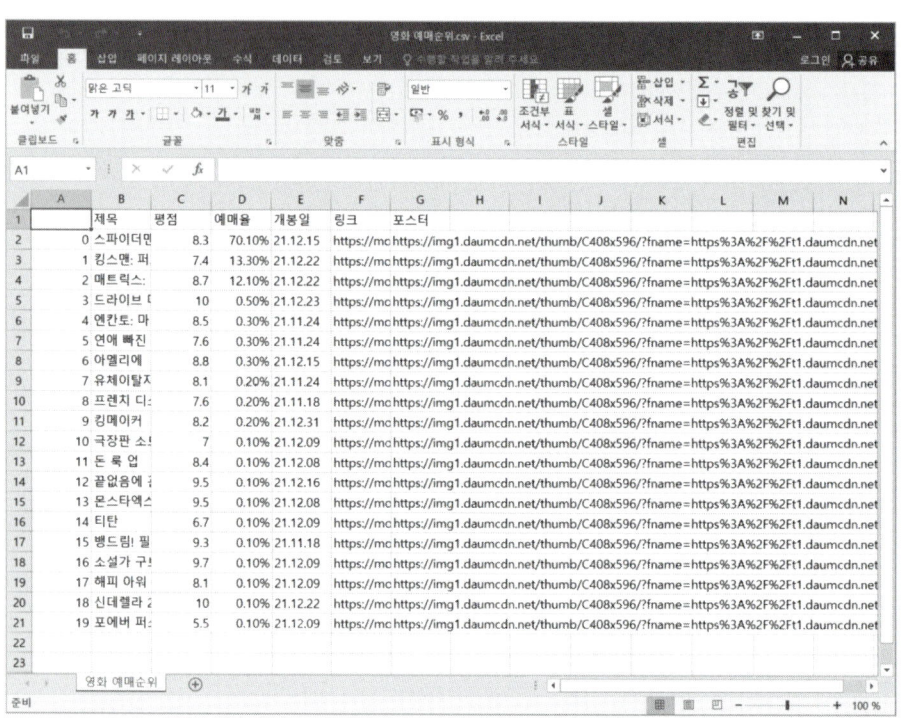

〈그림 7.2.9〉 csv 파일 저장 결과

Chapter

관심 중고 매물은 내가 먼저!

이번에는 중고 매물 검색 결과를 수집해보겠습니다. 여기에서는 PC에서 자동으로 실행되도록 하는 설정까지 학습해볼 예정입니다.

Section 01 >>> 웹 페이지 구조 확인

대표적인 중고 매물 거래가 이루어지는 곳 중 하나가 '중고나라' 카페입니다. 하지만 네이버 카페에서 검색하는 페이지는 크롤링 접근을 허용하고 있지 않습니다. 그래서 최근 활발하게 거래가 이루어지고 있는 '당근마켓'의 매물 정보를 수집해보려고 합니다.

먼저 홈페이지의 robots.txt(https://www.daangn.com/robots.txt)를 확인하면 다음과 같습니다.

```
# See http://www.robotstxt.org/robotstxt.html for documentation on how to use the robots.txt file

User-agent: *
Disallow: /ad/*
Disallow: /admin
Disallow: /wv/*

Sitemap:https://www.daangn.com/sitemap.xml
```

검색에 필요한 페이지는 /search이므로 접근에는 문제가 없습니다.

이번 웹 크롤링은 정해진 URL로 요청을 보내는 것이 아니라, 검색어가 포함되어 있기 때문에 웹 페이지의 URL이 어떻게 바뀌는지 확인이 필요합니다. 홈페이지 상단에 검색어를 입력해보겠습니다. 여기에서는 여름이면 자주 거래되는 제습기를 예로 들어 보겠습니다. '분당 제습기'로 검색하면 다음과 같이 URL

이 'https://www.daangn.com/search/분당%20제습기'가 되고 '경기도 성남시 분당구'의 제습기 검색 결과가 나옵니다. '경기 성남 제습기'로 검색하면 결과가 나오지 않는 것으로 보아 '지역명(동 또는 구) + 매물' 형식으로 검색하는 것이 맞을 것으로 생각됩니다.

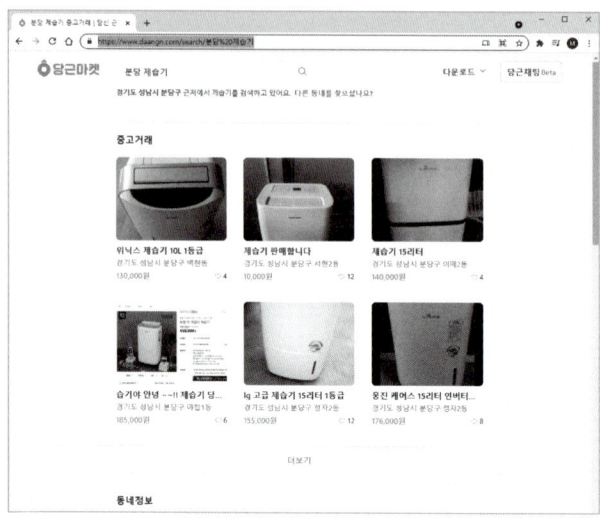

출처 : https://www.daangn.com/search/분당%20제습기
〈그림 7.3.1〉 중고 매물 검색

크롬의 검사 기능으로 구조를 살펴보면 article 태그, flea-market-article flat-card 클래스에 매물이 하나씩 등록되어 있는 것을 알 수 있습니다.

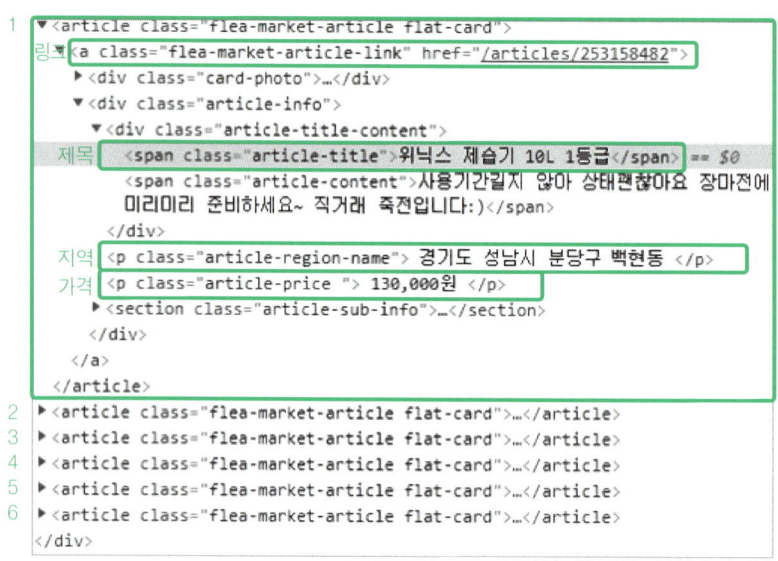

출처 : https://www.daangn.com/search/분당%20제습기
〈그림 7.3.2〉 중고 매물 검색 페이지 구조

주요 정보인 제목, 지역, 가격, 링크 URL에 대한 태그를 정리하면 아래 표와 같습니다.

정보	태그
제목	span 태그, article-title 클래스
지역	p 태그, article-region-name 클래스
가격	p 태그, article-price 클래스
링크	a 태그, href 속성

〈표 7.3.1〉 수집 정보별 태그

Section 02 >>> 필요 정보 추출하기

검색어를 매개 변수로 받아 크롤링하도록 함수를 사용하는 코드를 만들어보겠습니다. article 태그를 모두 찾은 뒤에 각 정보에 맞는 하위 태그를 하나씩 찾아가는 방법입니다.

```python
import requests # requres import
from bs4 import BeautifulSoup # BeutifulSoup import
import pandas as pd # pandas import


# 입력 매물 검색 함수
def Search(search_word):
    # 매개 변수인 검색어를 공란으로 분리하여 리스트로 저장
    search_word = search_word.split(" ")

    # 요청 URL을 검색어를 사용하여 저장
    url = 'https://www.daangn.com/search/{}%20{}'.format(search_word[0], search_word[1])

    # 헤더 정보
    headers = {
        'user-agent': 'Mozilla/5.0 (Windows NT 10.0; Win64; x64) AppleWebKit/537.36 (KHTML, like Gecko) Chrome/91.0.4472.114 Safari/537.36'}

    res = requests.get(url, headers=headers)
```

```python
    soup = BeautifulSoup(res.text, 'html.parser')

    contents = soup.find_all('article', class_ = 'flea-market-article flat-card')

    # 결과 저장 변수
    data = {'제목': [],
            '지역': [],
            '가격': [],
            '링크': []}

    for i in contents:
        title = i.find('span') # 제목
        region = i.find('p', class_ = 'article-region-name')   # 지역
        price = i.find('p', class_ = 'article-price')   # 가격
        link = 'https://www.daangn.com' + i.find('a')['href'] # 링크

        data['제목'].append(title.text.strip())
        data['지역'].append(region.text.strip())
        data['가격'].append(price.text.strip())
        data['링크'].append(link)


    df = pd.DataFrame(data)
    print(df)

if __name__ == '__main__':
    Search('분당 제습기')
```

〈코드 7.3.1〉

```
                          제목    ...                                          링크
0         제습기 7리터 싸게 판매합니다~    ...  https://www.daangn.com/articles/254692059
1              위닉스 제습기(신품)     ...  https://www.daangn.com/articles/253730691
2         위닉스 제습기 DHB-159IPS   ...  https://www.daangn.com/articles/254577217
3           위닉스 뽀송 제습기(새상품)   ...  https://www.daangn.com/articles/254543112
4               위닉스제습기 10L    ...  https://www.daangn.com/articles/254536205
5             위닉스 제습기 16리터    ...  https://www.daangn.com/articles/254472143

[6 rows x 4 columns]
```

〈실행 결과〉

저장한 데이터들로 메시지를 만들어 텔레그램 봇을 통해 알림을 보내면 오른쪽 화면과 같이 확인하고 바로 URL로 접속해 거래도 할 수 있습니다.

그런데 검색 페이지에는 6개의 매물만 보이고, '더보기'를 클릭하면 아래에 매물이 더 나오는 구조입니다. 더 보기를 통해 URL이 뭔가 변경되는 구조라면 URL을 바꿔 정보를 받으면 되지만 이 페이지는 URL 변경이 없는 구조입니다. 이럴 때는 앞에서 소개한 크롤링 방법 3가지(360쪽 참조) 중 가상 브라우저를 사용하면 해결됩니다.

가상 브라우저를 사용하면 모두 해결될 것처럼 보이지만 느리다는 단점이 있습니다. 코드 중간에 딜레이까지 필요하니 더욱 속도가 느려집니다. 하지만 다양한 크롤링에 활용할 수 있기 때문에 관심 있다면 가상 브라우저인 chromedriver를 PC의 크롬 버전에 맞게 다운받고, selenium 모듈의 webdriver로 구동시키는 코드에 대해 공부해보면 도움이 될 것입니다.

〈그림 7.3.3〉 크롤링 결과 텔레그램 알림

Section 03 »» 자동 실행을 위한 작업 스케줄러 만들기

자동화된 인터넷 정보 수집 프로그램을 만들어 놓고 수동으로만 실행시키면 뭔가 어울리지 않는 느낌이 있습니다. AWS(아마존 웹 서버)의 경우 1년간 무료로 서버를 사용할 수 있고, 라즈베리파이(컴퓨터 과학 교육을 위해 만들어진 싱글보드 컴퓨터로 아두이노와 함께 사물 인터넷용으로도 활용도가 높은 초소형 컴퓨터)를 계속 켜놓은 상태에서 파이썬 프로그램을 실행시킬 수도 있습니다.

그럼 윈도 환경 기준으로 파이썬 파일을 자동으로 실행시키는 방법에 대해 알아보도록 하겠습니다.

① 작업 스케줄러 열기

윈도 하단 메뉴에서 [찾기](돋보기 아이콘)를 클릭하여 [작업 스케줄러]를 찾아 실행합니다.

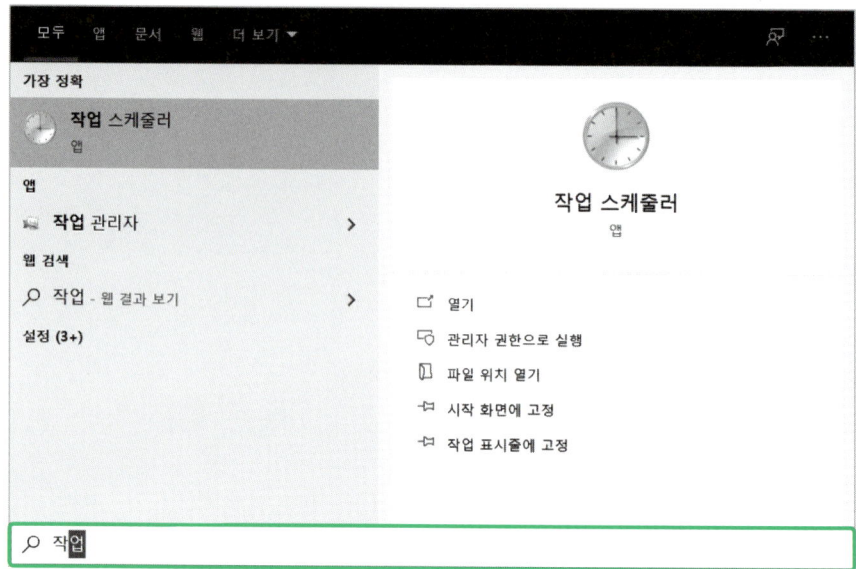

<그림 7.3.4> 작업 스케줄러 실행

② 작업 만들기

왼쪽 탐색기와 유사한 부분에서 '작업 스케줄러 라이브러리'를 클릭하면 가운데 창에 저장된 작업들이 보입니다. 오른쪽 창의 '작업 만들기'를 클릭해 새로운 작업을 만들도록 하겠습니다.

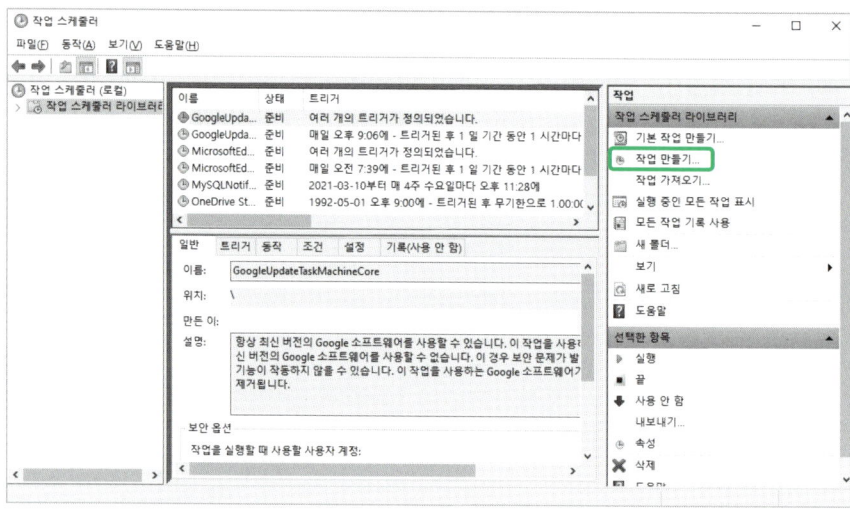

<그림 7.3.5> 작업 만들기

③ 작업 이름 설정

작업의 이름을 설정하는데 한글 입력도 가능합니다.

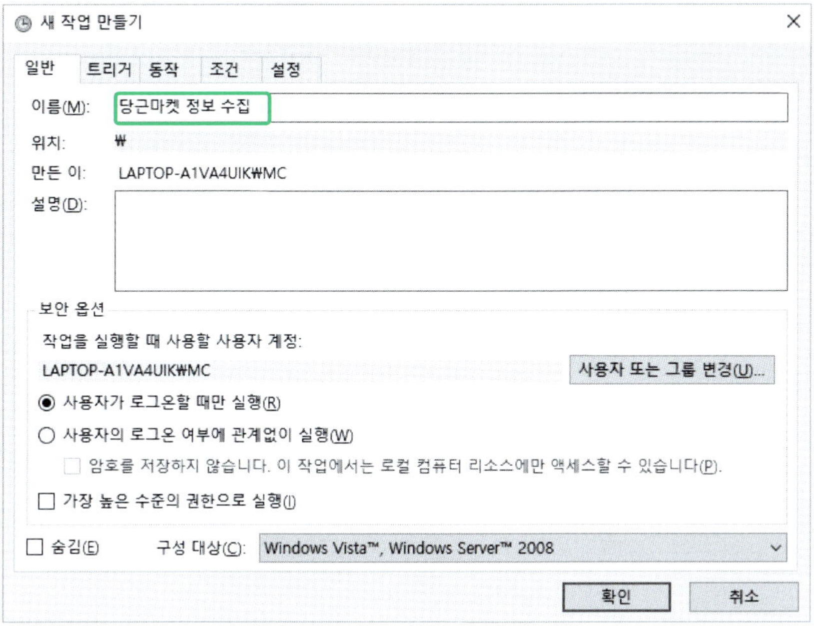

<그림 7.3.6> 작업 이름 설정

④ 작업 작동 시간 설정

[트리거] 탭에서 하단의 '새로 만들기'를 클릭합니다.

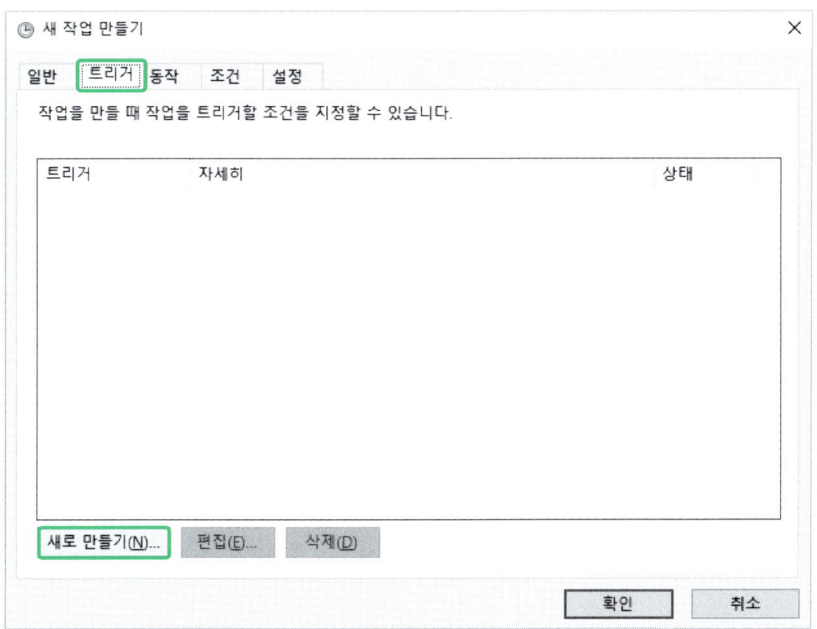

<그림 7.3.7> 트리거: 새로 만들기

- 프로그램을 작동시킬 주기와 시간을 선택합니다. '시작'에 입력하는 시간이 작동하는 시간이 되고 원하는 주기를 선택할 수 있습니다.
- '고급 설정'에서 '작업 반복 간격'을 짧게 하면 크롤링 횟수가 많아져서 빠른 업데이트 정보를 받을 수 있지만 해당 서버에 무리가 가게 됩니다.

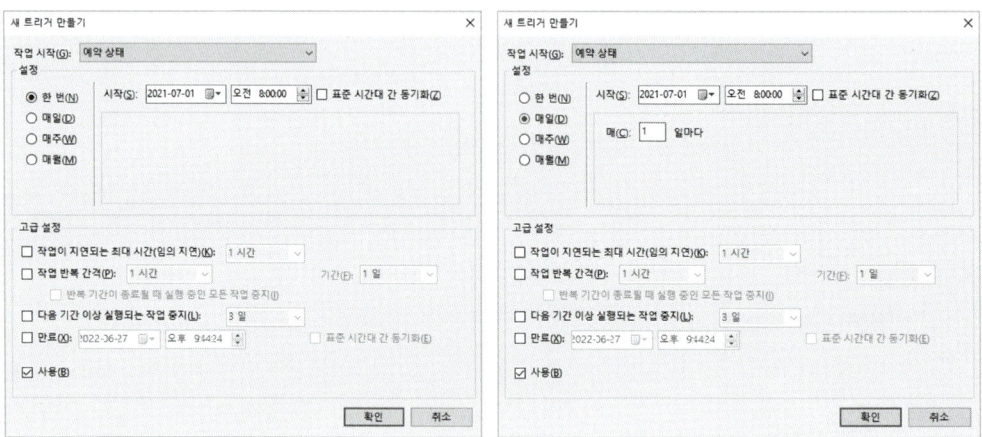

〈그림 7.3.8〉 트리거 설정: 한 번/매일

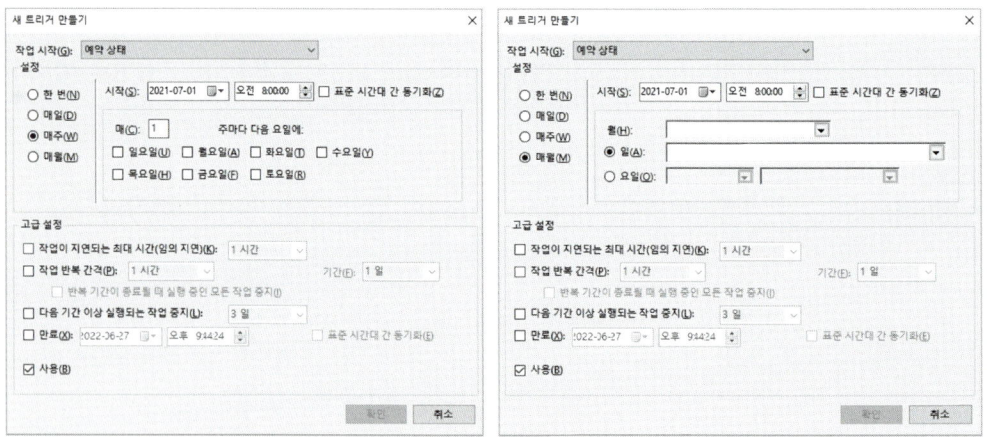

〈그림 7.3.9〉 트리거 설정: 매주/매월

- 다음과 같이 설정하면 7월 1일부터 매일 오전 8시부터 오후 8시까지 매 1시간마다 작동시킨다는 의미가 됩니다.

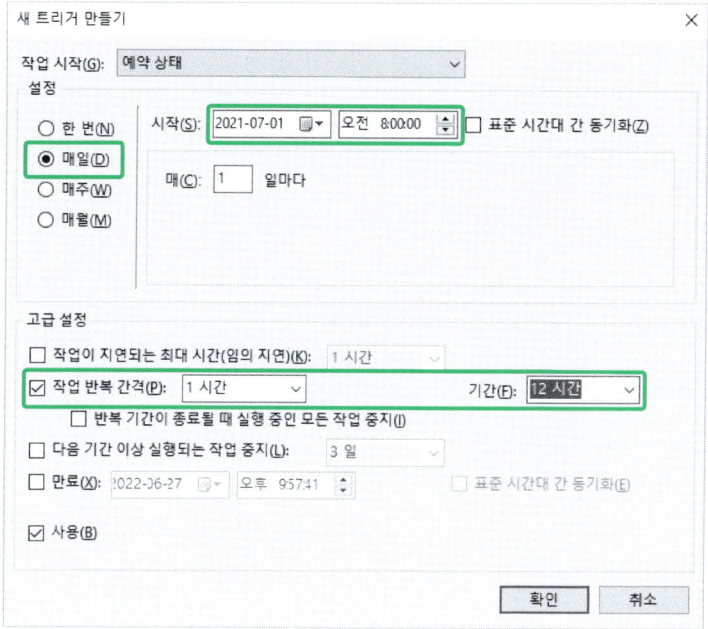

〈그림 7.3.10〉 트리거 설정 완료

⑤ 동작 설정

[동작] 탭으로 이동 후 '새로 만들기'를 클릭합니다.

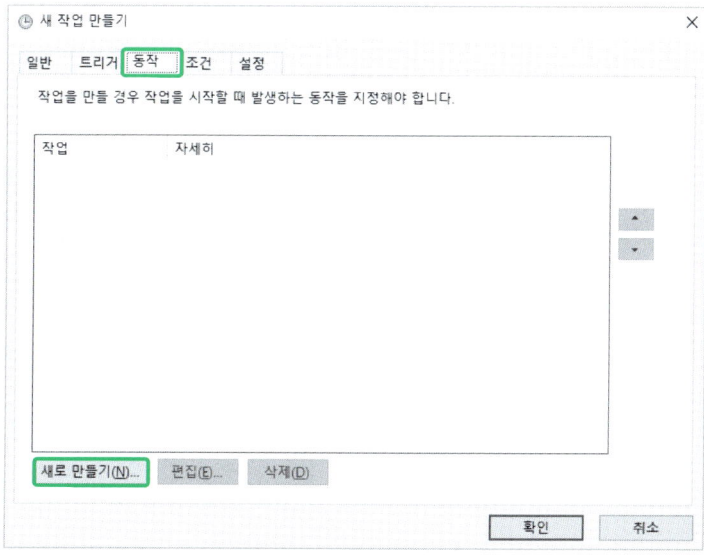

〈그림 7.3.11〉 동작 설정

- 프로그램 : 파이썬이 설치된 경로에서 python.exe나 pythonw.exe를 선택합니다. 실행 시 python.exe는 콘솔 창이 함께 뜨고, pythonw.exe의 경우 콘솔 창이 뜨지 않습니다.
- 인수 추가 : 파이썬 파일 이름만 쓰거나 전체 경로를 포함해 입력 가능합니다.
- 시작 위치 : 인수 추가에 파일 이름만 쓸 경우 파일이 있는 경로를 입력합니다.
- 작업 스케줄러가 정상 동작하지 않는 대부분의 오류는 [동작] 설정에서 경로나 파일명 입력에 오류가 있는 경우이니 확인하고 입력해야 합니다.

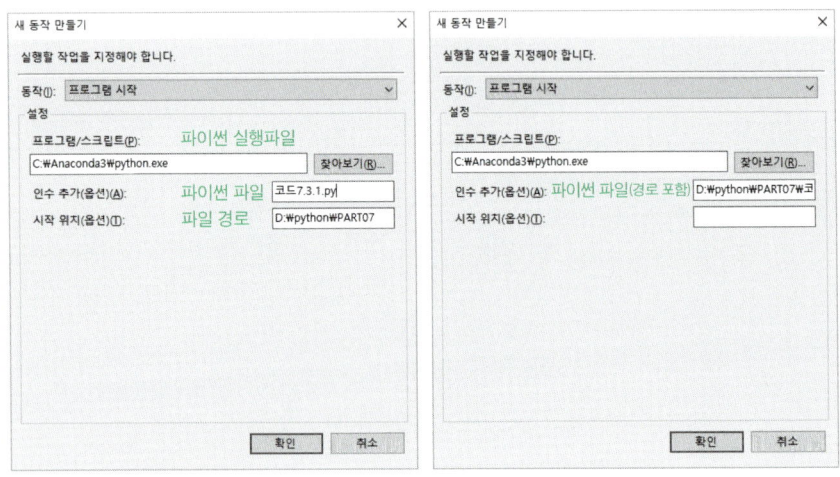

〈그림 7.3.12〉 동작 입력 ①   〈그림 7.3.13〉 동작 입력 ②

⑥ 작업 스케줄러 설정 완료

설정이 완료되어 준비 상태가 되었습니다.

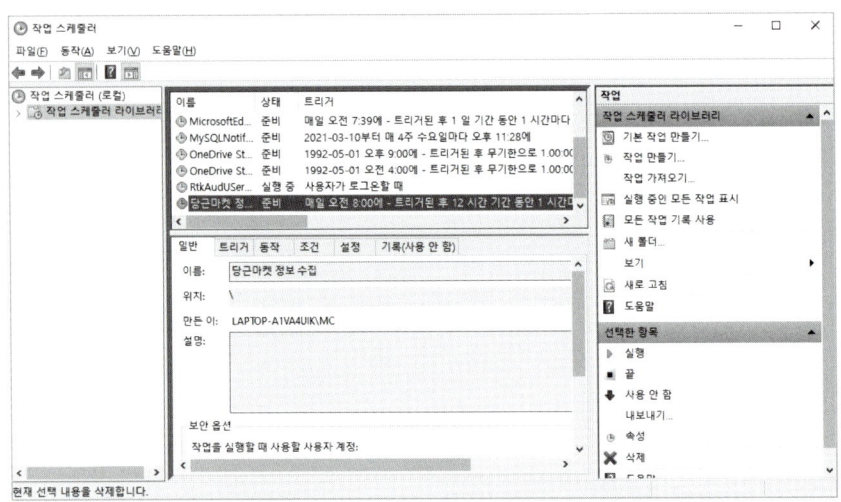

〈그림 7.3.14〉 작업 스케줄러 설정 완료

이제 작업 스케줄러를 닫으면 PC가 켜진 상태에서 해당 시간이면 계속 코드가 실행됩니다. 하지만 현재 <코드 7.3.1>은 결과를 출력만 하고 끝나기 때문에 자동 실행의 의미가 없는 코드이므로 작업 리스트에서 오른쪽 마우스를 눌러 '사용 안 함'이나 '삭제'를 선택합니다.

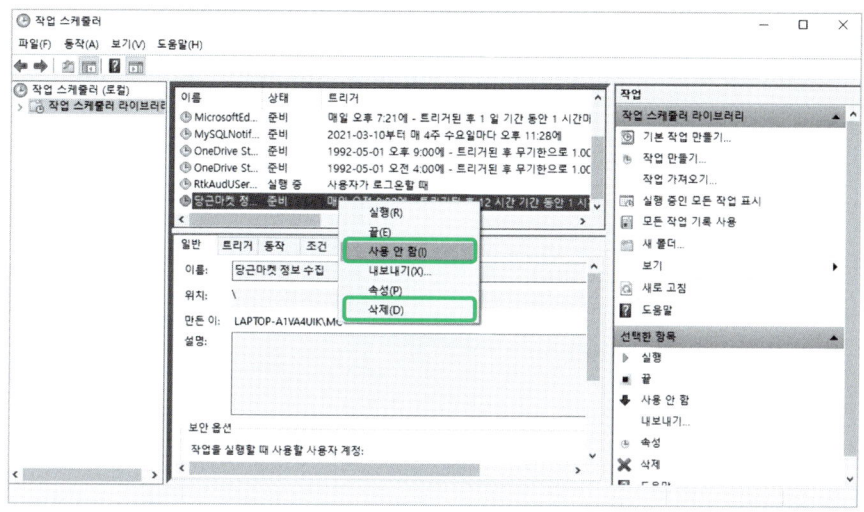

<그림 7.3.15> 작업 중지 및 삭제

코드를 수정해 프로그램 실행 결과를 파일로 저장한다든가, 스마트폰 알림을 보내는 것으로 코드를 업데이트하는 등 자동 실행이 필요한 프로그램을 만들고 나면 이 방법을 통해 작업 스케줄러를 설정하면 됩니다.

PART

Real 파이썬 프로그래밍 2:
GUI 프로그래밍

두 번째 실전 활용은 GUI 프로그램입니다. 우리가 흔히 알고 있는 프로그램 형태인 GUI는 사실 파이썬으로 구현하기에는 까다롭고 어려운 프로그램입니다. 하지만 기본적인 화면 구성과 기능 구현 예제를 통해 파이썬 GUI 프로그래밍에 익숙해지면 충분히 여러 형태의 GUI 프로그램을 직접 만들 수 있습니다.

학습 목표

- Qt Designer로 화면 구성을 할 수 있습니다.
- 원하는 기능을 구현하기 위한 이벤트 처리를 할 수 있습니다.

Chapter

이제는 디자이너다!: Qt Designer

파이썬으로 GUI 프로그램을 만들기 위해서는 Qt라는 GUI 프로그래밍 프레임워크를 사용하는 것이 효율적입니다. Qt를 사용하게 되면 코드를 입력하지 않고도 Qt Designer라는 프로그램을 통해 쉽게 실행 화면을 구성할 수 있습니다. 지금부터 Qt Designer의 기본 사용법에 대해 알아보도록 하겠습니다.

Section 01 >>> 실행 파일 찾기

Qt는 다른 언어에서도 GUI 프로그래밍을 할 때 사용되는데 파이썬에서는 PyQt를 사용합니다. PyQt도 아나콘다로 기본 설치되는데 사용자가 직접 화면을 구성해서 만들 수 있는 Qt Designer가 제공됩니다. 하지만 윈도의 프로그램 목록에 보이지 않게 숨겨져 있어 실행 파일이 있는 폴더를 찾아 실행해야 합니다. 편리하게 사용하기 위해 바로 가기 아이콘을 만들어 사용할 것을 추천합니다.

아나콘다를 C:\Anaconda3에 설치했다면 C:\Anaconda3\Library\bin 폴더에 designer.exe 파일이 있는데, 이 파일이 Qt Designer의 실행 파일입니다. 다른 위치에 아나콘다를 설치했다면 해당 폴더의 하위에 Library\bin 폴더를 찾아가야 합니다.

〈그림 8.1.1〉 Qt Designer 실행 파일 위치

실행 파일에서 오른쪽 마우스를 눌러 [보내기] - [바탕 화면에 바로 가기 만들기]를 하면 바탕화면에 바로 가기 아이콘이 생성됩니다.

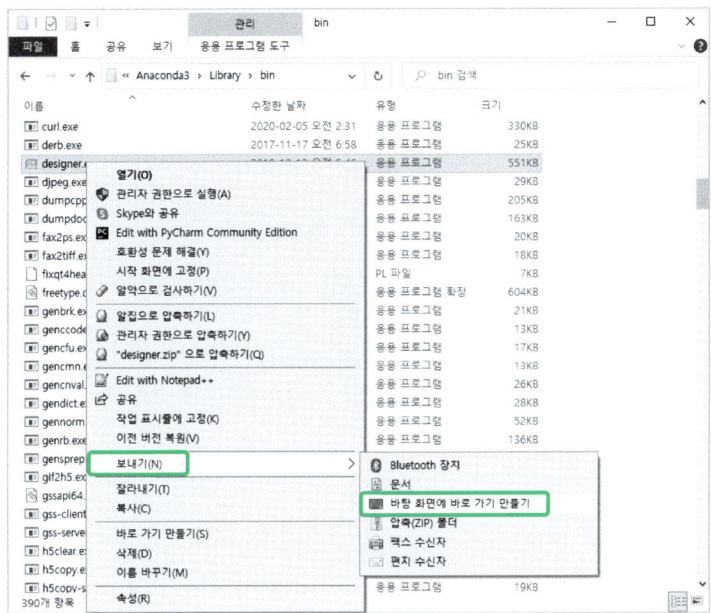

<그림 8.1.2> Qt Designer 바로 가기 만들기

<그림 8.1.3> Qt Designer 바로 가기 아이콘

Section 02 >>> Qt Designer 기본 사용 방법

바탕화면에 생성한 바로 가기 아이콘을 더블 클릭하여 Qt Designer를 실행하면 '새 폼' 선택 대화 상자 화면이 나옵니다. 템플릿으로 제공되는 폼을 사용해 새로운 폼을 생성해도 되고 기존에 만든 UI 파일을 열어 편집할 수도 있습니다.

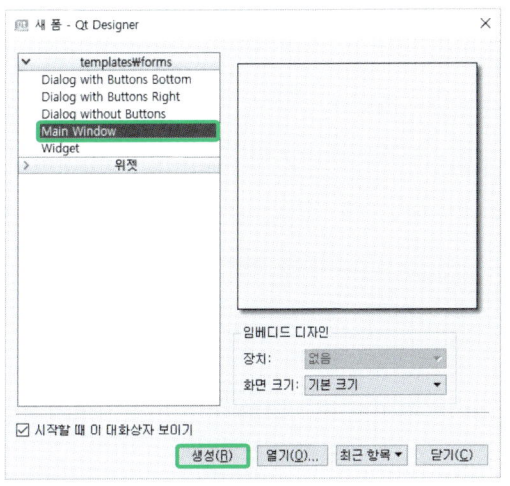

<그림 8.1.4> Qt Designer 실행

[Main Window]를 선택하고 [생성]을 클릭해 폼을 새로 만들어보겠습니다. Qt Designer에서는 다음과 같이 위젯 상자, UI 편집, 속성 편집기가 가장 많이 사용됩니다. 객체 탐색기는 위젯을 선택하거나 이름을 변경할 때 사용할 수 있습니다. 위젯(Widget)은 GUI 화면에 들어가는 아이템 또는 요소들을 의미합니다.

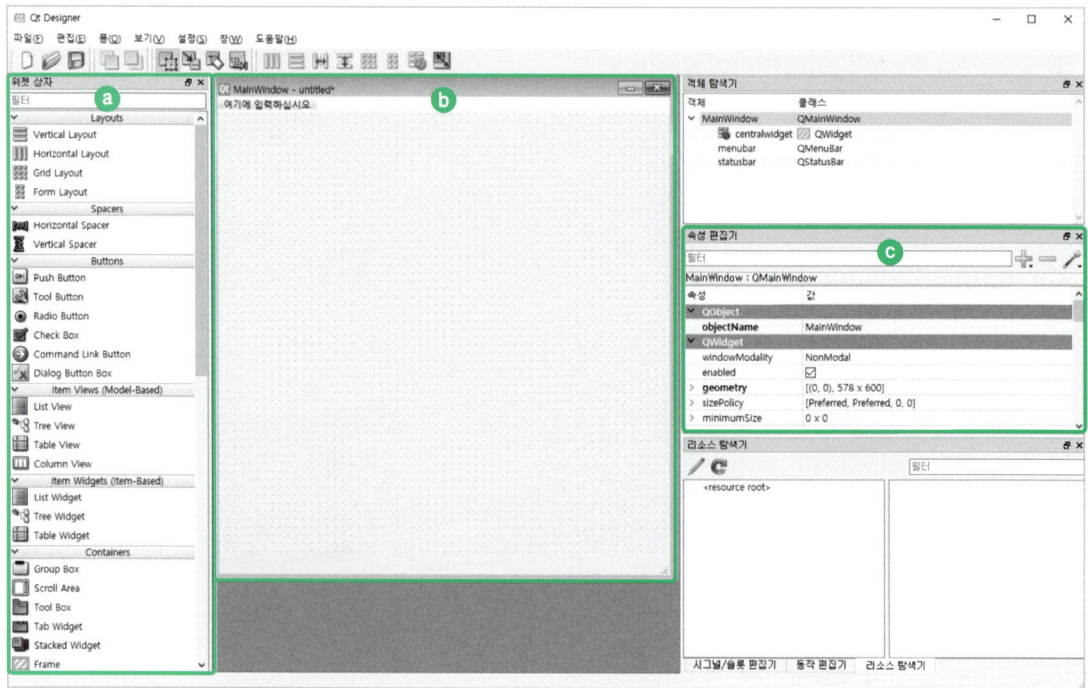

〈그림 8.1.5〉 Qt Designer 구성

UI 만드는 과정을 간략하게 표현하면 다음과 같습니다. 실행 화면 구성의 왼쪽부터 순서대로 진행한다고 생각해도 됩니다.

ⓐ 위젯 상자에서 원하는 위젯을 마우스로 끌어 UI 편집 창에 놓습니다.
ⓑ 원하는 형태로 위젯들을 배치합니다.
ⓒ 속성 편집기에서 위젯별로 코드에서 사용할 이름을 수정합니다.

Qt Designer에서 많은 설정을 할 수도 있는데, 화면 구성만 하고 코드상에서 세부적인 동작을 설정하는 것으로 통일하는 것이 관리하기가 수월합니다.

자, 이제부터 간단하게 UI를 하나 만들어볼까요.

① Main Window의 크기를 줄입니다.

② [Display Widgets]에서 Label, [Input Widgets]에서 Line Edit, [Buttons]에서 Push Button을 순서대로 Main Window에 추가합니다.

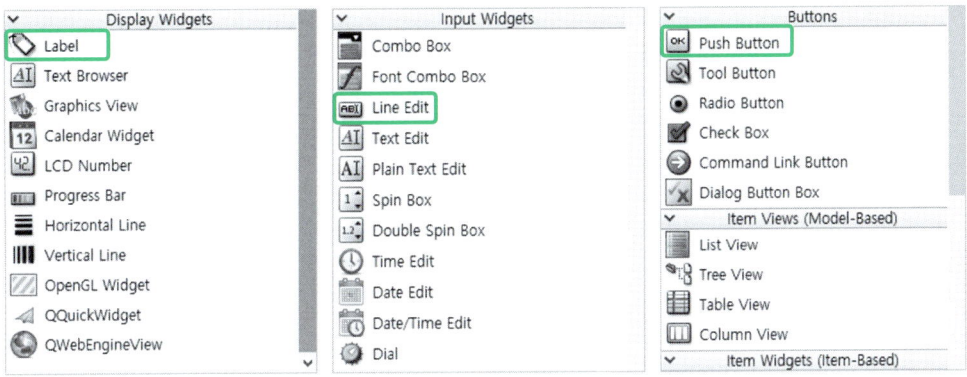

〈그림 8.1.6〉 UI 구성 실습 ①

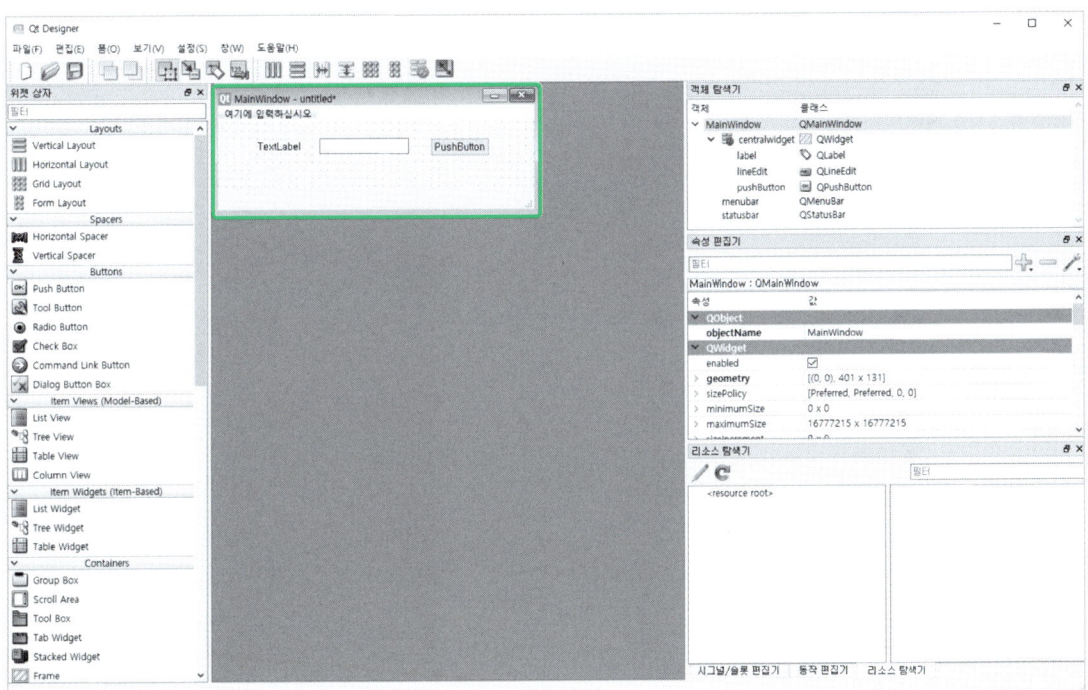

〈그림 8.1.7〉 UI 구성 실습 ②

③ Main Window에서 Label을 더블 클릭하거나, Label을 선택한 상태에서 속성 편집기의 [QLabel] - [text]의 값을 변경하면 화면에 보이는 문자를 변경할 수 있습니다. 여기에서는 '검색어 :'을 입력했습니다. Line Edit도 속성에 있는 text에 값을 입력해 문자가 나오게 할 수 있습니다.

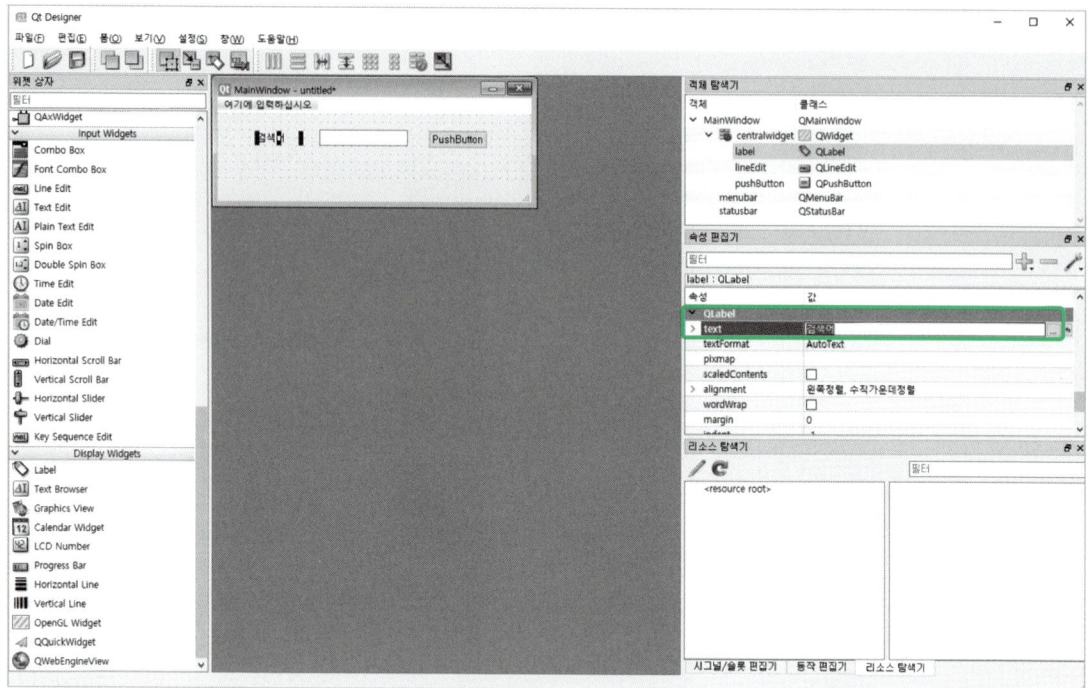

〈그림 8.1.8〉 UI 구성 실습 ③

④ Push Button은 '검색'이라고 text 속성을 변경합니다.

⑤ 코드에서 사용할 이름, 즉 위젯별 변수 이름을 수정합니다.

• 위젯들을 하나씩 클릭해서 속성 편집기의 objectName 부분을 변경하면 됩니다.

• 위젯의 원래 이름과 용도에 맞게 이름을 수정하면 되는데, 보통 프로그램에서 변경하지 않을 위젯은 특별히 이름을 변경할 필요가 없습니다. Label이 같은 경우가 대표적인데, 처음 입력한 text가 변경될 일이 없다면 그대로 두어도 됩니다.

• Line Edit는 lineEdit_input으로, Push Button은 pushButton_search로 변경해보겠습니다.

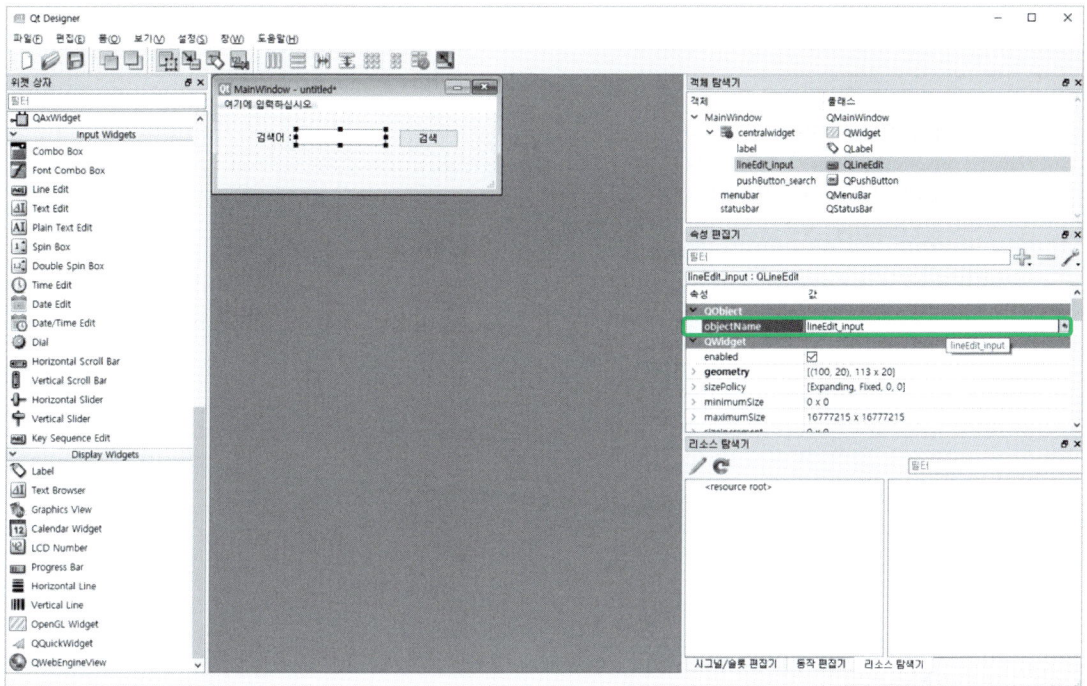

<그림 8.1.9> UI 구성 실습 ④

- 속성 편집기 위에 있는 객체 탐색기에서 원하는 객체를 더블 클릭해 이름을 변경하는 것도 가능합니다. 하지만 위젯이 많을 경우는 원하는 위젯을 찾기가 어렵기 때문에 UI에 있는 위젯을 선택해 속성을 편집하는 것이 실수를 방지할 수 있는 방법입니다.

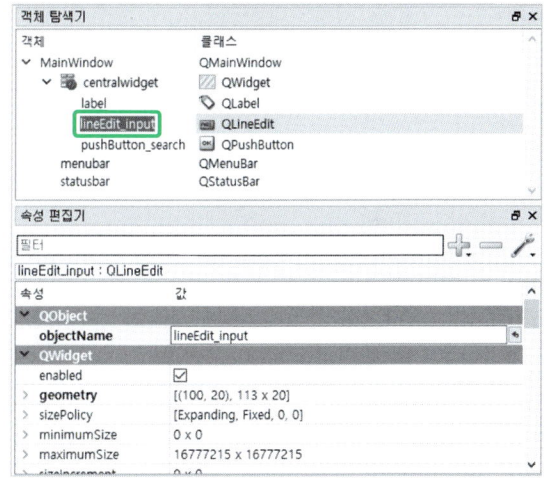

<그림 8.1.10> UI 구성 실습 ⑤

⑥ UI 구성 작업 중이지만 메뉴의 [폼] - [미리 보기]를 클릭하면 실행되었을 때의 화면을 미리 확인할 수 있습니다.

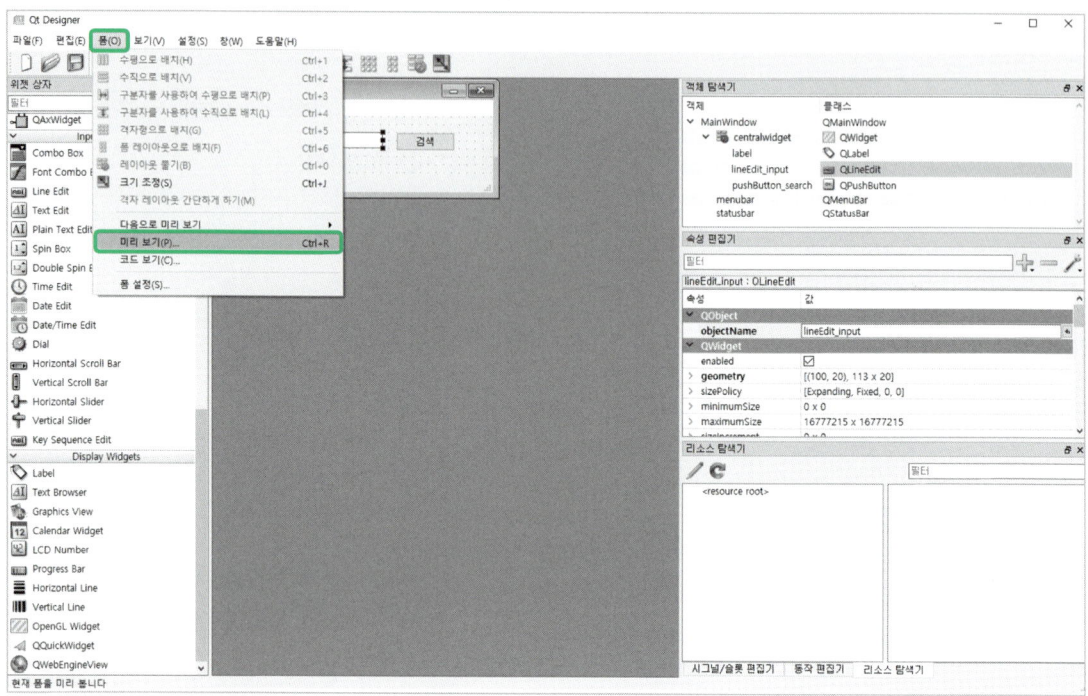

〈그림 8.1.11〉 UI 구성 실습 ⑥

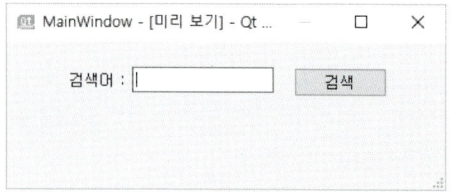

〈그림 8.1.12〉 UI 구성 실습 ⑦

⑦ 원하는 위치(py 파일과 동일 위치나 하위에 UI 폴더 만들어 저장)에 ui 확장자로 저장하면 코드에서 이 ui 파일을 로드해 실행할 수 있습니다. 메뉴에서 [파일] - [저장]을 클릭합니다.

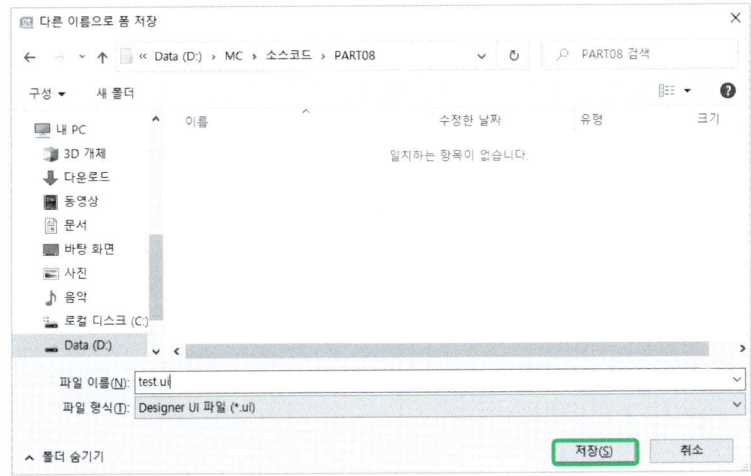

〈그림 8.1.13〉 UI 파일 저장

⑧ UI를 편집할 때는 '폼 열기(메뉴 [파일] - [열기])'로 해당 파일을 불러와 편집할 수 있습니다.

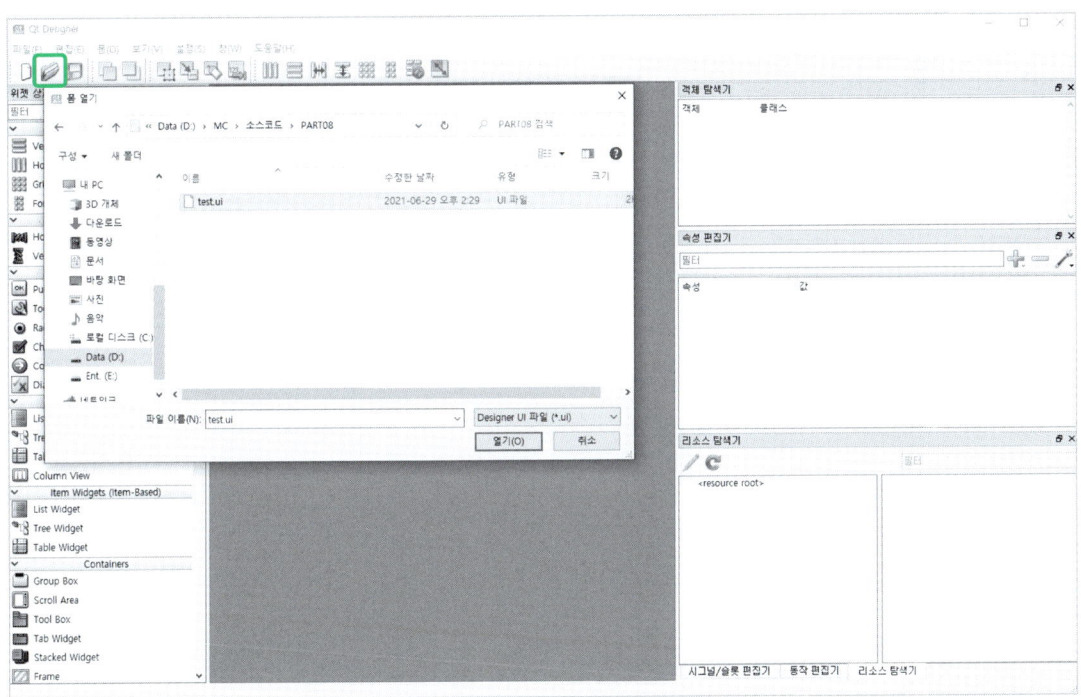

〈그림 8.1.14〉 UI 파일 열기

Chapter 02

화면 구성하기

이번 장에서는 Part 7에서 실전으로 만들었던 영화 예매율 순위와 중고 매물 검색 기능을 넣은 GUI 프로그램을 만들어보겠습니다. 먼저 UI를 만들어보겠습니다.

Section 01 ≫ 필요한 입력 및 출력 위젯 배치

UI 구성에 대해서는 전체적인 그림을 먼저 생각하고 세부적인 화면을 구성하도록 합니다. 이 프로그램은 2가지의 웹 크롤링을 실행하고 결과를 보여주는 프로그램이라 기능별로 UI를 분리하는 것이 복잡해 보이지 않을 것입니다. 먼저 탭으로 화면 구조를 분리하고 각각에 필요한 위젯들을 추가해보겠습니다.

① 새 Main Window 폼을 만들고, Tab Widget을 추가합니다. Tab Widget의 크기와 위치를 마우스로 조절해 창에 가득 채웁니다.

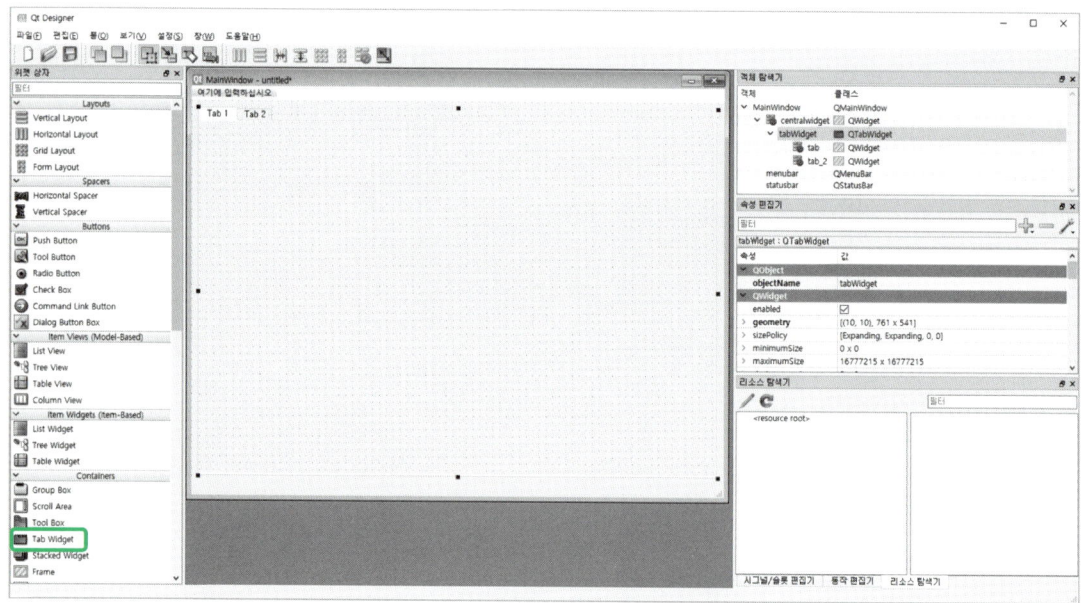

〈그림 8.2.1〉 Tab Widget 추가

② Tab Widget의 'Tab 1', 'Tab 2'를 눌러 속성 편집기의 'currentTabText'를 각각 '영화 예매율 순위'와 '중고 매물 검색'으로 변경합니다.

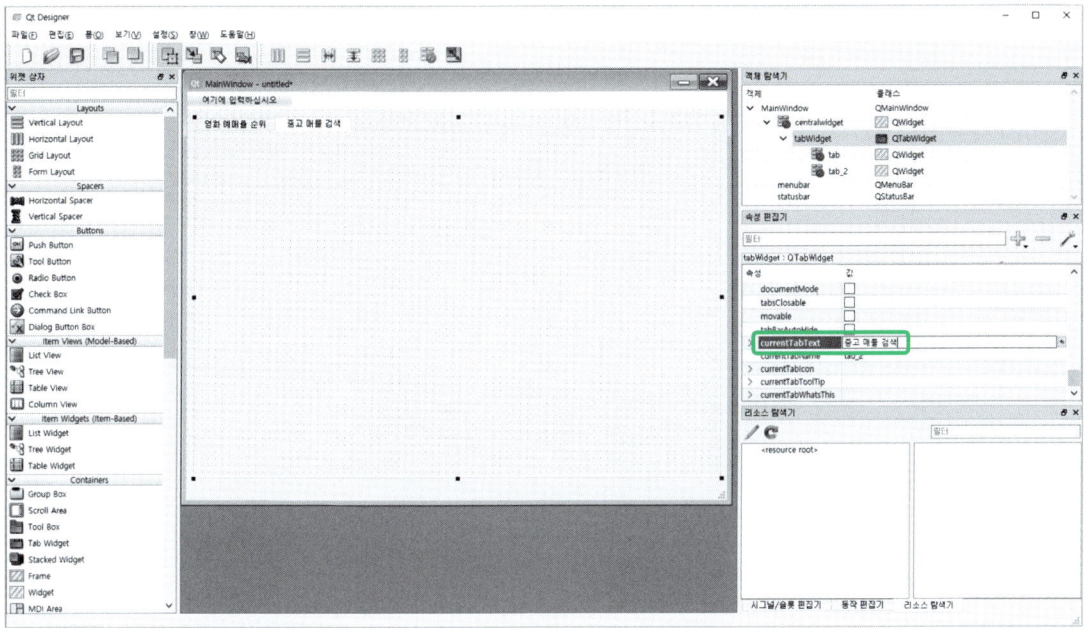

<그림 8.2.2> Tab Widget Text 변경

③ [영화 예매율 순위] 탭을 클릭하여 내부에 Label을 추가합니다.

- text는 'Daum 영화의 예매율 순위 검색 결과'로 입력합니다.

- 참고로 속성 편집기에서 [QLabel] - [text]의 '…' 부분을 클릭하면 나오는 [텍스트 편집] 화면에서 여러 줄의 text 입력이 가능합니다.

- 텍스트 길이에 맞게 Label의 크기를 조정합니다.

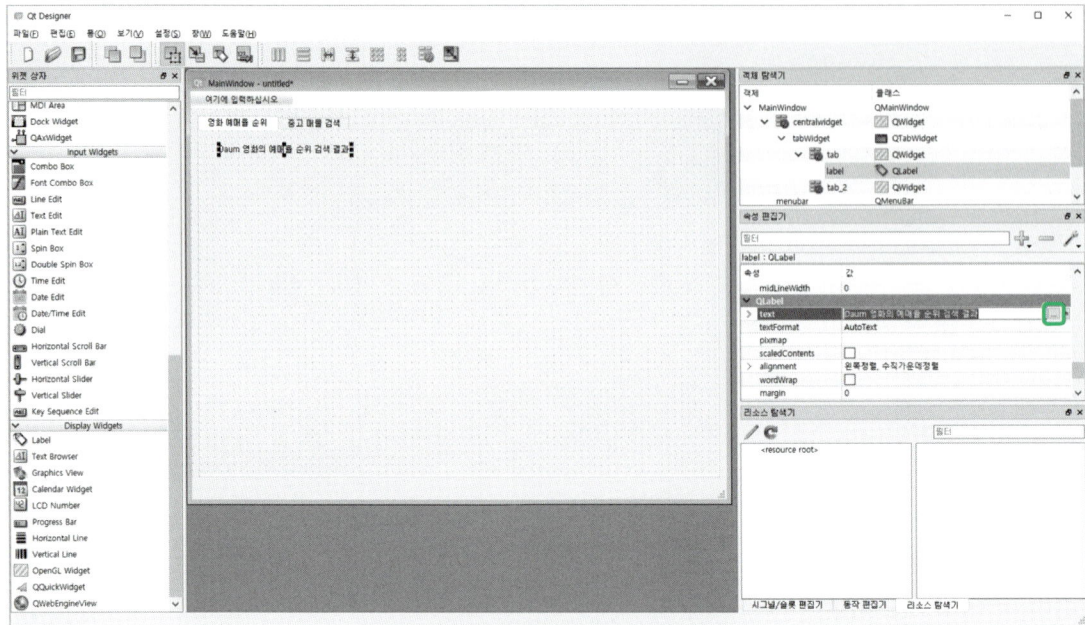

〈그림 8.2.3〉 Label 추가

④ Push Button을 추가하고 '검색 시작'이라고 text를 변경합니다. 마우스를 클릭한 상태로 움직이거나 키보드의 방향키로 위젯의 위치를 조정할 수 있으며 Ctrl + 방향키는 미세 조정이 가능합니다.

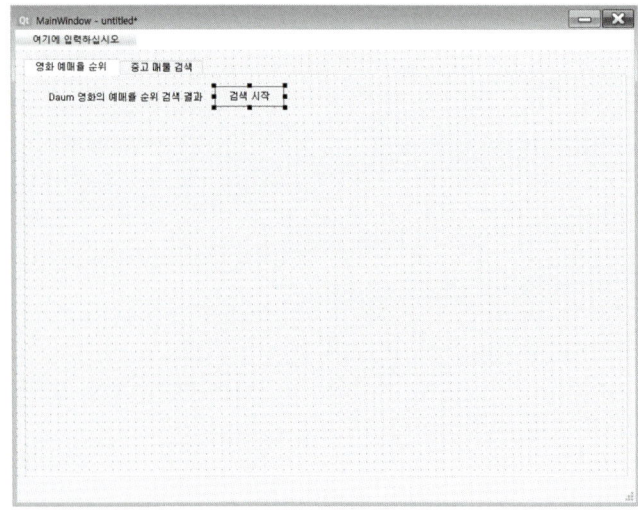

〈그림 8.2.4〉 Push Button 추가

⑤ Table Widget을 추가합니다.

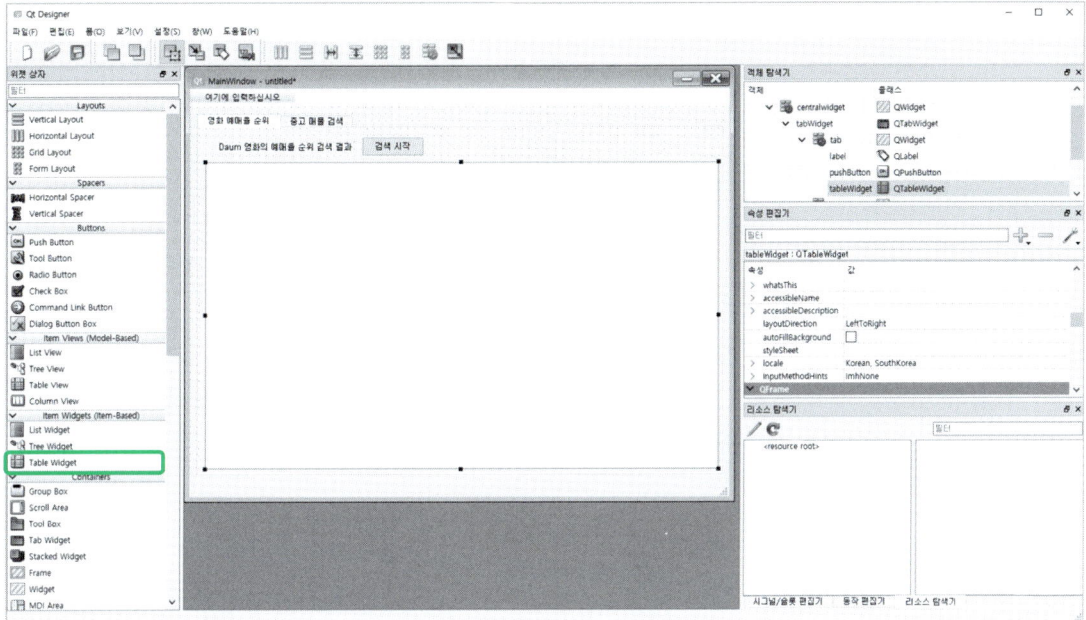

〈그림 8.2.5〉 Table Widget 추가

⑥ [중고 매물 검색] 탭을 클릭하고, 내부에 Label 2개와 Line Edit, Push Button, Table Widget을 각각 1개씩 추가합니다. 아래 그림처럼 text를 변경합니다.

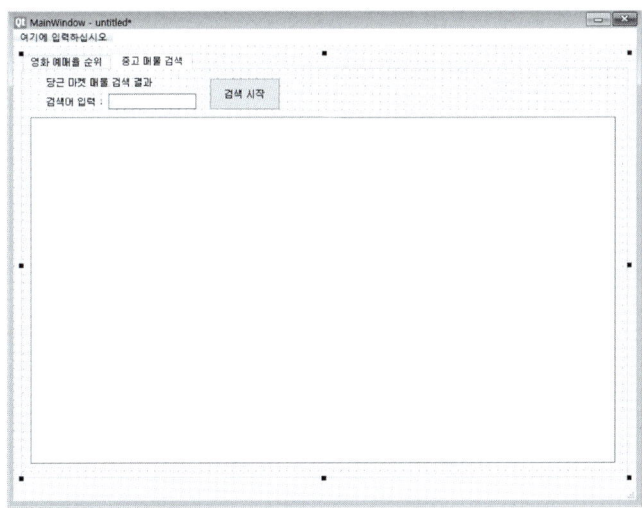

〈그림 8.2.6〉 중고 매물 검색에 위젯 추가

일단 위젯 배치는 모두 끝났습니다. 현재 UI의 창 크기가 크거나 작을 수도 있는데, 최종적으로 코드를 완성한 후 다시 ui 파일을 조정해 맞출 수 있습니다.

Section 02 >>> 위젯 이름 설정

UI를 구성한 위젯들의 텍스트와 objectName을 아래 표와 같이 변경해 UI 구성을 마무리해보겠습니다.

탭	위젯	텍스트	objectName
영화 예매율 순위	Label	Daum 영화의 예매율 순위 검색 결과	변경 없음(label)
	Push Button	검색 시작	btn_movie_search
	Table Widget	-	table_movie
중고 매물 검색	Label	당근 마켓 매물 검색 결과	변경 없음(label_3)
	Label	검색어 입력 :	변경 없음(label_2)
	Line Edit	-	edit_input
	Push Button	검색 시작	btn_item_search
	Table Widget	-	table_item

〈표 8.2.1〉 위젯 속성 편집

속성 편집이 끝나면 오른쪽의 그림과 같이 객체 탐색기에서 objectName이 변경된 것을 확인할 수 있습니다. 구조를 보면 MainWindow 아래에 Tab Widget이 있고 각 Tab 하위에 Push Button, Label, Line Edit, Table Widget들이 있습니다. 오른쪽 그림과 같은 구조로 UI를 구성해야 합니다.

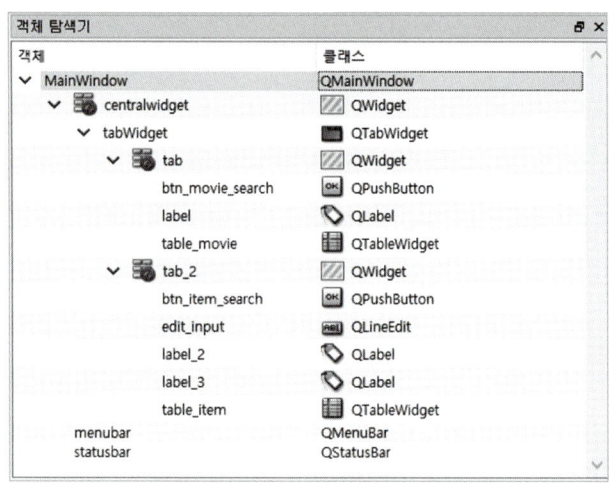

〈그림 8.2.7〉 객체 탐색기 확인

마지막으로 프로그램 코드를 만들 위치에 MainWindow.ui로 저장하면 UI 구성은 완료됩니다. 제대로 만들기 어려울 경우 이 책에 소스 코드와 함께 제공된 UI 파일을 참조해 사용하면 됩니다.

Section 03 >>> 화면 크기에 따른 위젯 정렬

필요한 위젯들을 배치해서 UI를 구성했지만 미리 보기를 통해 화면의 크기를 조절해보면 위젯들의 위치나 크기가 변하지 않아 짤리거나 빈 영역이 많이 보이는 등 보기가 좋지 않습니다. 이 상태로 화면 크기 변경 없이 사용해도 아무런 문제가 없기 때문에 이번 섹션은 선택 사항이 되겠습니다.

〈그림 8.2.8〉 UI 정상 화면 크기

〈그림 8.2.9〉 UI 크기 변경

Qt Designer에서 화면의 크기 변화에 따라 위젯들의 크기와 위치를 비율에 맞게 조절할 수 있습니다. 이 책에 소스 코드와 함께 제공된 MainWindow_Layout.ui를 사용하거나 Layouts 위젯을 이용해 다음의 순서대로 위젯을 배치하면 됩니다. 따라하기 어려울 경우 MainWindow_Layout.ui를 참조해 구조를 확인하면 됩니다.

1 메인 화면의 Layout 설정

① Qt Designer에서 MainWindow.ui 파일 열기를 합니다.

② 최상위 객체를 Grid Layout으로 변경합니다.
- Tab Widget이 아닌 최상위의 바탕을 선택합니다. 잘되지 않으면 오른쪽의 객체 탐색기에서 제일 위에 있는 MainWindow 객체 또는 centralwidget을 선택해도 됩니다.
- 메뉴 바에서 '격자형으로 배치(Grid Layout)'를 클릭합니다.

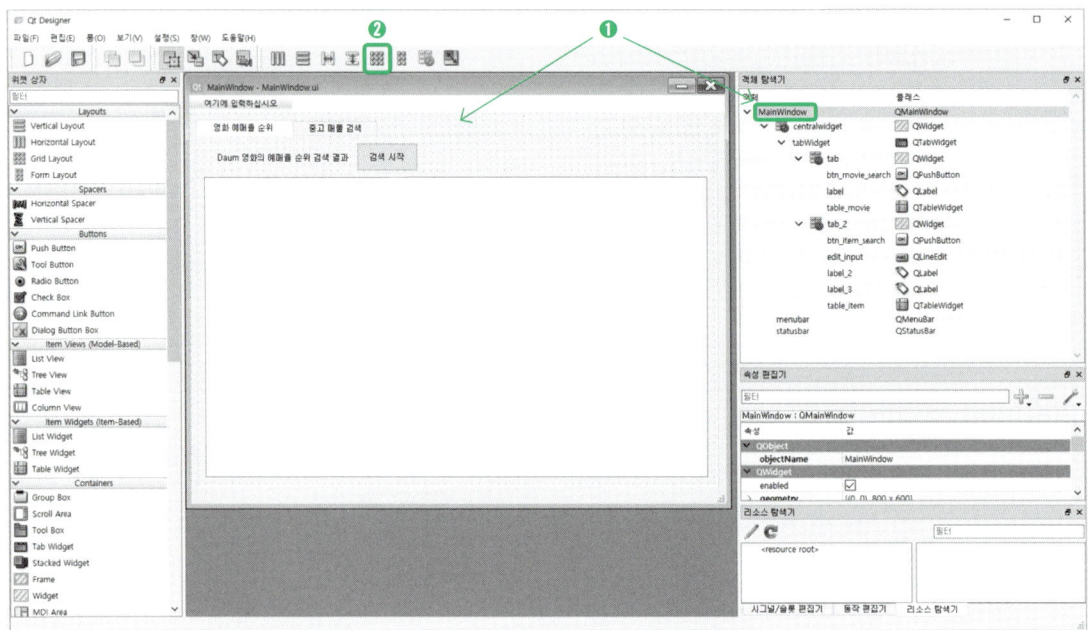

〈그림 8.2.10〉 MainWindow Grid Layout으로 변경

- 객체 탐색기의 centralwidget 옆의 모양을 보면 Layout이 풀린 상태에서 Grid Layout으로 변경된 것을 확인할 수 있습니다. 현재 상태에서 미리 보기를 하면 centralwidget 바로 아래에 구성된 tab Widget은 화면 크기 변화와 연동되어 크기 조절이 가능합니다.

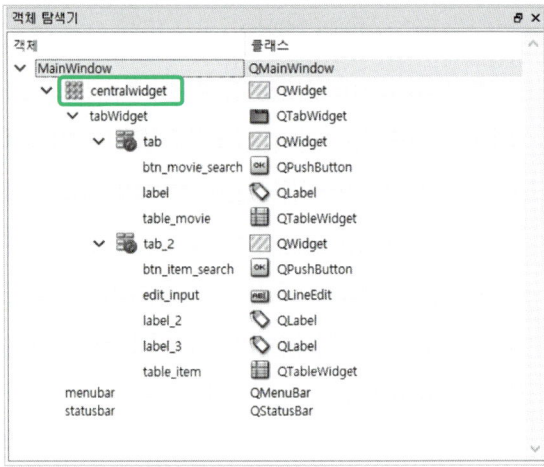

〈그림 8.2.11〉 centralwidget Layout 변경

2 **영화 예매율 순위 탭에서 Layout 설정**

① Label과 Push Button을 함께 선택(Label 클릭 후 Ctrl키를 누른 상태에서 Push Button 클릭)하고 메뉴 바에서 [수평으로 배치(Horizontal Layout)]를 클릭합니다. 객체 탐색기에서 tab 아래의 label과 btn_movie_search를 선택해도 됩니다.

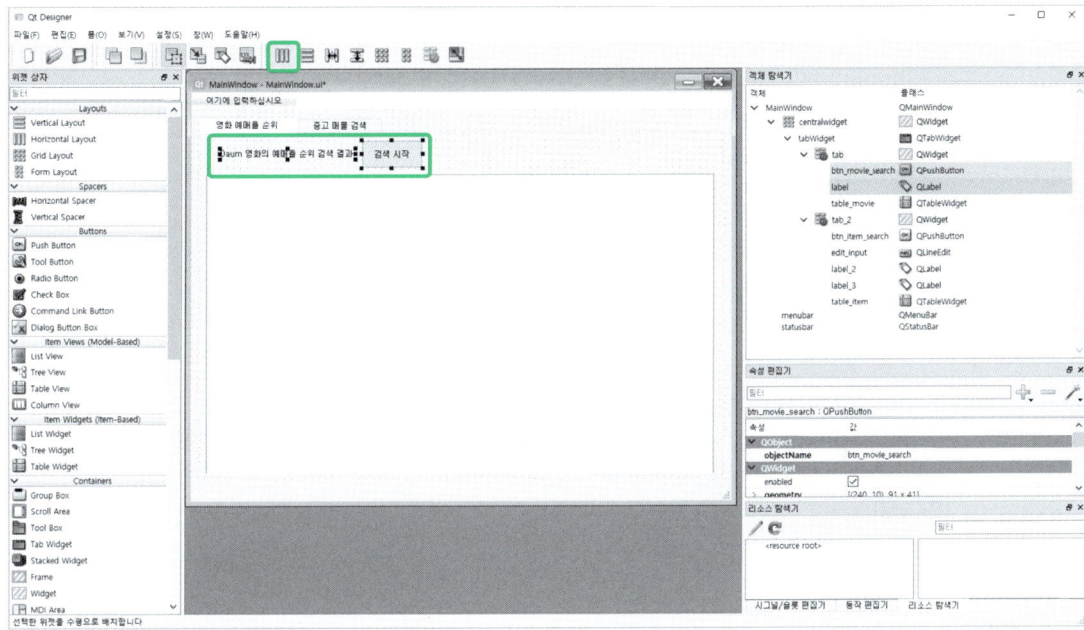

〈그림 8.2.12〉 영화 예매율 순위 탭 설정 ①

두 위젯이 Horizontal Layout으로 묶였습니다.

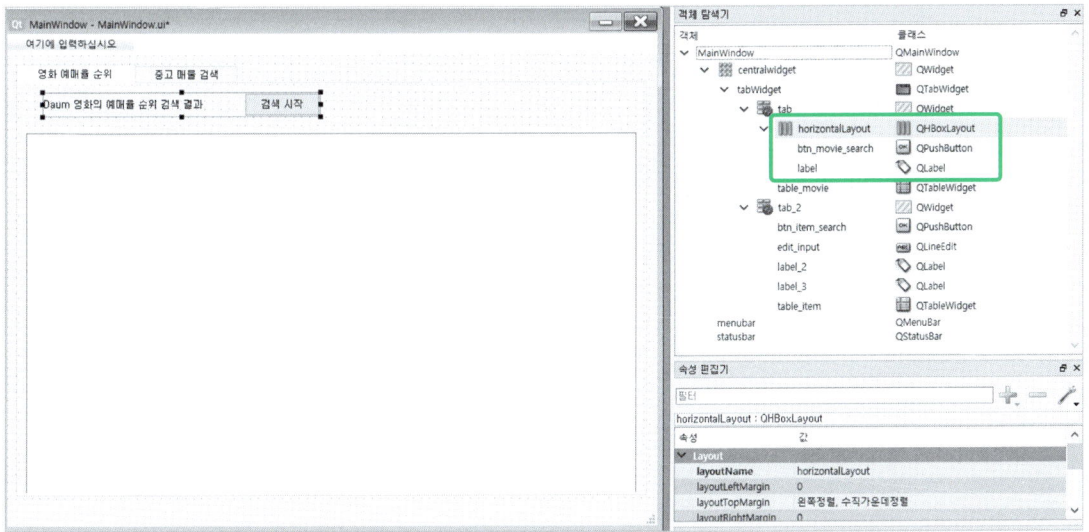

〈그림 8.2.13〉 영화 예매율 순위 탭 설정 ②

② 앞에서 만든 Horizontal Layout과 Table Widget(table_movie)을 함께 선택해 격자형으로 배치합니다.

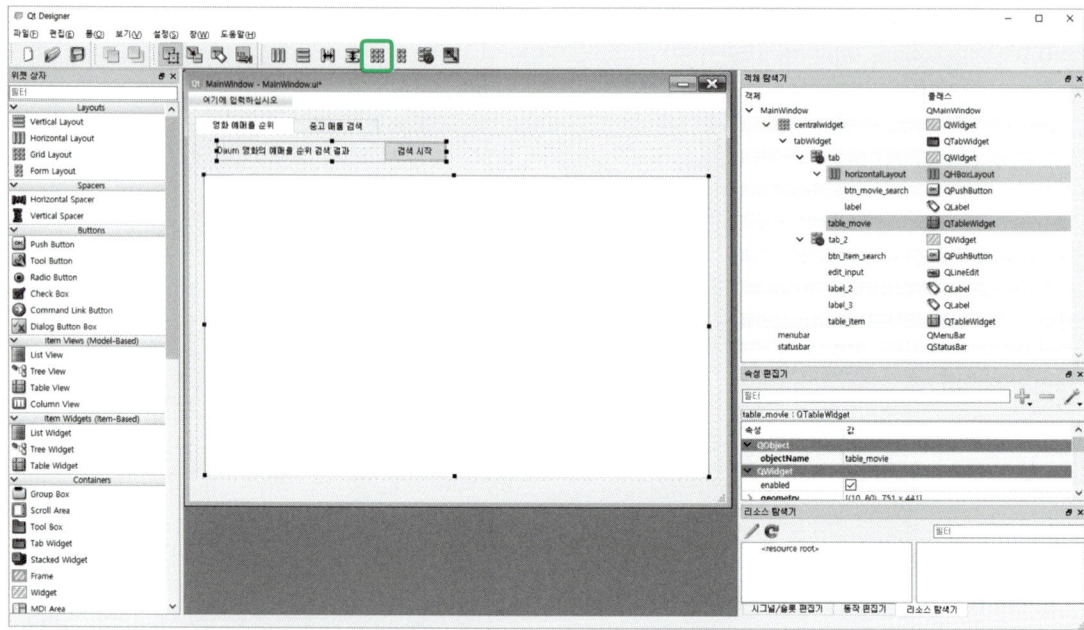

〈그림 8.2.14〉 영화 예매율 순위 탭 설정 ③

③ 영화 예매율 순위 탭의 빈 공간이나 객체 탐색기에서 tabWidget을 선택하고 격자형으로 배치합니다.

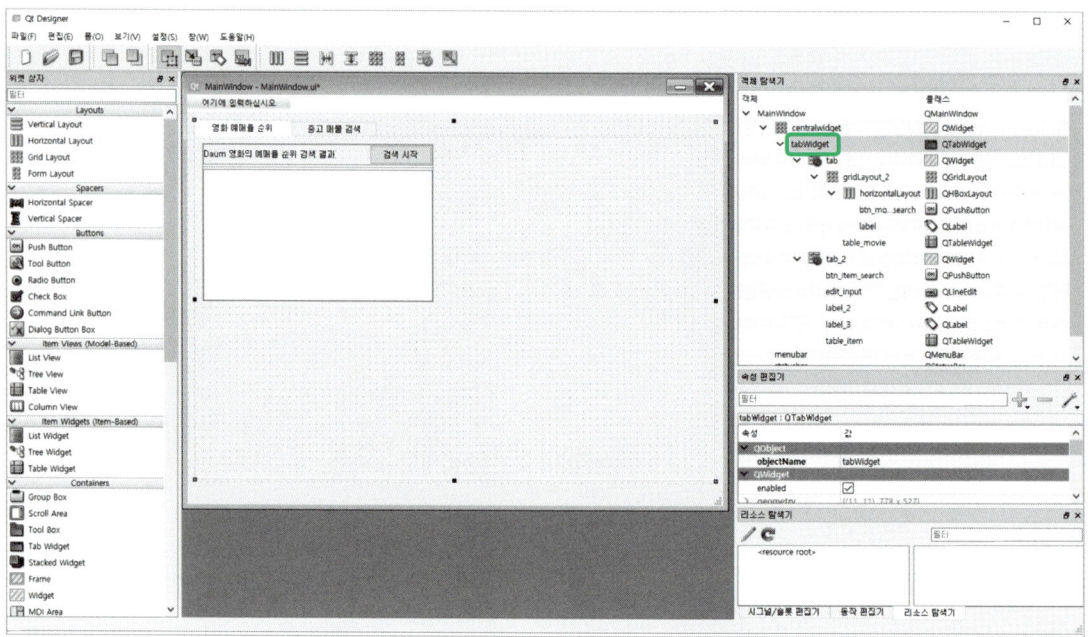

〈그림 8.2.15〉 영화 예매율 순위 탭 설정 ④

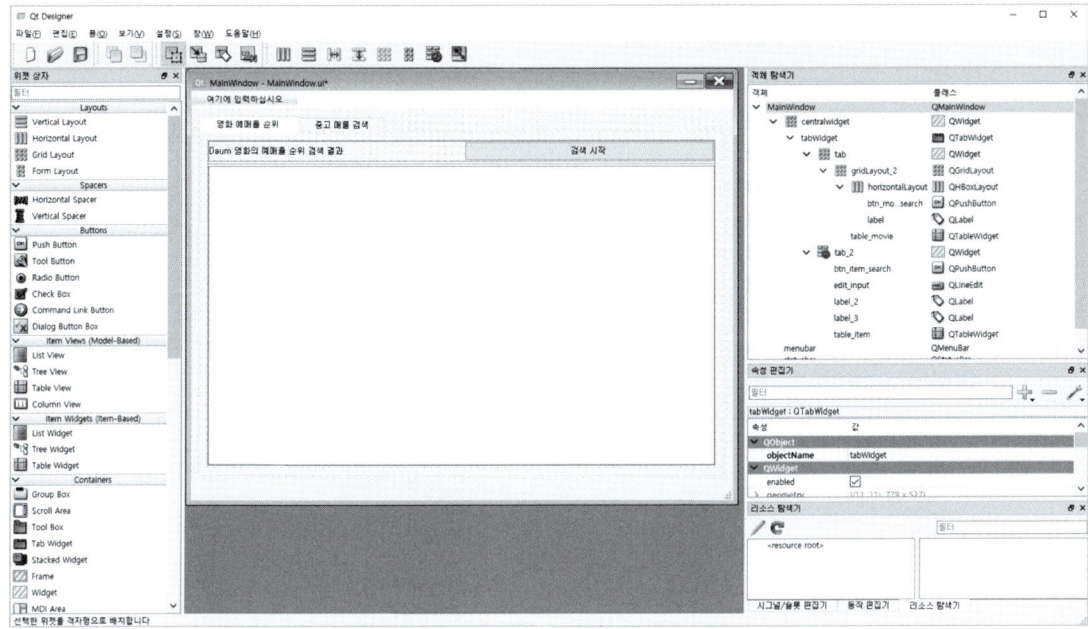

〈그림 8.2.16〉 영화 예매율 순위 탭 설정 ⑤

④ Push Button(btn_movie_search)의 [속성(속성 편집기)] - [QWidget] - [sizePolicy]에서 수평 정책을 Preferred로 변경합니다.

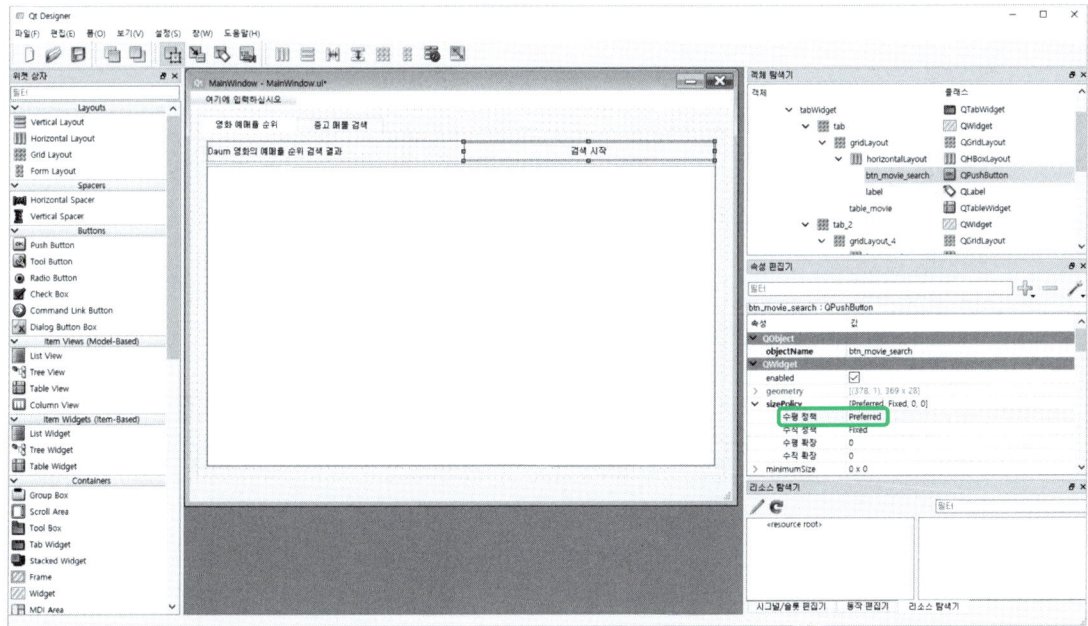

〈그림 8.2.17〉 영화 예매율 순위 탭 설정 완료

③ 중고 매물 검색 탭에서 Layout 설정

① 검색어 입력 Label(label_2)과 Line Edit(edit_input)를 함께 선택한 후 수평으로 배치합니다.
② 수평 배치된 Layout과 제목 Label(label_3)을 수직으로 배치합니다.
③ 그림의 ❷단계에서 만들어진 수직 배치 Layout과 Push Button(btn_movie_search)을 수평으로 배치합니다.
④ 그림의 ❸단계에서 만들어진 수평 배치 Layout과 Table Widget(table_item)을 격자형으로 배치합니다.

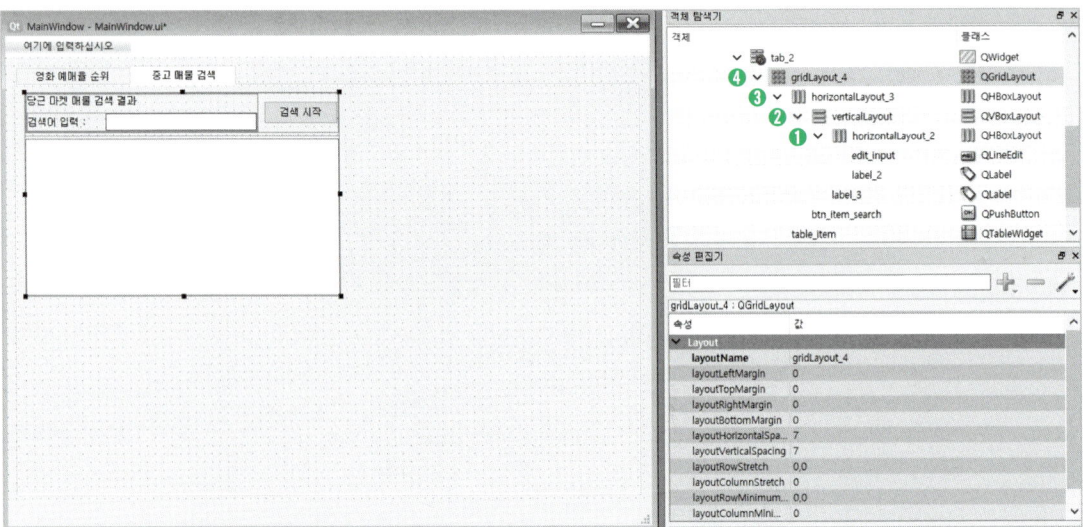

〈그림 8.2.18〉 중고 매물 검색 탭 설정

⑤ 중고 매물 검색 탭의 빈 공간(객체 탐색기에서 tabWidget)을 선택하고 격자형으로 배치합니다.
⑥ Line Edit(edit_input)와 Push Button(btn_item_search) 각각의 [속성 편집기] - [QWidget] - [sizePolicy]에서 수평 정책을 Preferred로 변경합니다.

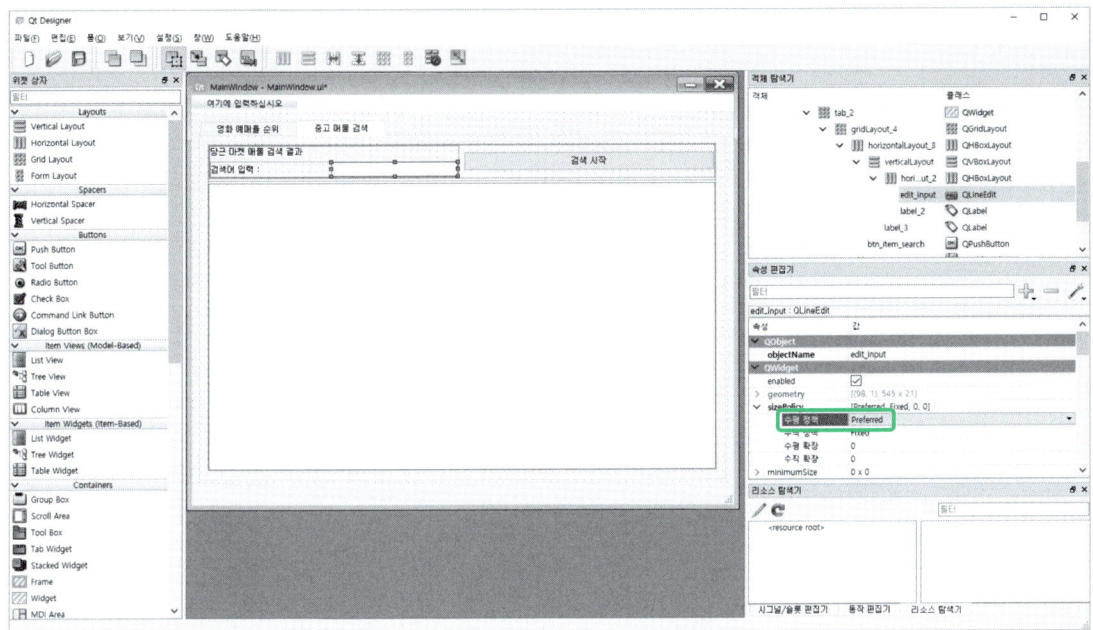

<그림 8.2.19> 중고 매물 검색 탭 설정 완료

MainWindow_Layout.ui로 저장하고 미리 보기를 하면 2가지 탭 모두 화면 크기에 따라 배치가 연동되는 것을 확인할 수 있습니다.

<그림 8.2.20> UI Layout 설정 완료

이런 Layout 설정은 프로그램의 완성도를 올려주겠지만 번거롭다고도 할 수 있습니다. 이럴 때는 UI 구성에서 배치를 해놓고 코드로 실행시킬 때 화면 사이즈를 고정할 수도 있습니다.

Chapter 03

파이썬 코드로 프로그램 완성시키기

파이썬 코드로 UI 파일을 연결시켜 화면에 출력하고, 각각의 크롤링 기능을 추가해 프로그램을 완성해보겠습니다. 코드의 내용을 완벽히 이해하기보다는 가벼운 마음으로 연습해보기 바랍니다. 어느 부분에 어떤 코드를 넣으면 되는지에 대한 구조만 익혀도 성공입니다.

Section 01 >>> 파이썬 코드에서 GUI 화면 실행

GUI 프로그래밍을 위한 기본 코드는 이 책에서 GUI_BaseCode.py로 제공했습니다. 기본 코드의 구조는 <그림 8.3.1>과 같습니다.

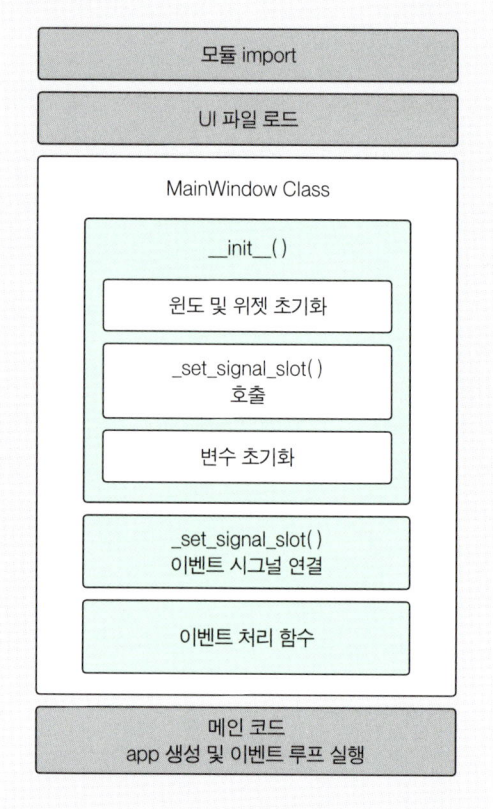

<그림 8.3.1> GUI 프로그램 기본 코드 구조

GUI 프로그램에는 기본적으로 클래스가 사용되고 우리가 배우지 않은 클래스 상속의 개념이 포함되어 있어 복잡합니다. 하지만 다음의 몇 가지만 프로그램에 맞게 수정, 추가하면 GUI 프로그램을 완성할 수 있도록 기본 코드를 만들었으니 걱정할 필요가 없습니다. 주석 마지막에 '(수정)'이라고 써놓은 부분을 참조해주세요.

1 모듈 import

프로그램마다 달라질 수 있는 필요한 모듈을 import 합니다.

2 UI 파일 로드 부분 수정

- UI 파일을 정확한 경로와 파일명으로 수정합니다.
- 프로그램 파일(py파일)과 동일한 위치라면 경로는 제외 가능합니다.

3 MainWindow 클래스의 초기화 함수

__init__( )에 프로그램 시작 시 필요한 변수 초기화 등의 코드를 추가합니다.

4 프로그램의 이벤트 함수 추가

GUI 프로그램에서 이벤트란 Button 클릭, Line Edit 텍스트 입력, 콤보 박스 변경 등 UI의 위젯에 생기는 모든 변화를 말합니다.

① _set_signal_slots( )
- 위젯의 이벤트 시그널과 그에 해당하는 함수를 연결하는 코드를 추가합니다.
- 기본 코드에서 pass라는 것은 함수나 조건문, 반복문 등에 실행 코드가 없을 경우 에러가 발생하는 것을 방지하기 위해 pass시킨다는 의미로 넣는 것이며 아무런 실행이 되지 않는 상태를 만듭니다.

② 이벤트를 처리하는 함수 추가

각 이벤트마다 처리될 함수를 추가합니다.

```python
# 모듈/패키지 import(수정)
# PyQt
import sys
from PyQt5.QtWidgets import *  # 위젯 관련 모듈
from PyQt5.QtCore import *
from PyQt5 import uic
```

```python
# UI 파일 로드(수정)
# UI 파일로 ui_form_class 객체가 만들어짐
ui_form_class = uic.loadUiType("XXXXXXXXXXX.ui")[0]

# QMainWindow와 ui_form_class를 상속받는 MainWindow 클래스
class MainWindow(QMainWindow, ui_form_class):
    def __init__(self):
        super().__init__() # super(부모) 클래스의 초기화 함수 호출
        self.setupUi(self) # UI 파일을 화면에 출력



        # 위젯 초기화 추가 부분(수정)
        # Window의 제목, 크기 지정 등




        # StatusBar 필요 시 활성화(수정)
        # self.statusBar = QStatusBar(self)
        # self.setStatusBar(self.statusBar)



        # 위젯들의 이벤트 시그널 발생에 따른 기능을 연결하기 위한 함수 호출(수정)
        self._set_signal_slots()



        # 변수 초기화 추가 부분(수정)




    # 이벤트 시그널 연결 함수(수정)
    def _set_signal_slots(self):
        """
        클릭 이벤트에 대한 시그널 연결 예시
        btn_save 버튼이 클릭되면 함수 save가 실행되도록 연결
        self.btn_save.clicked.connect(self.save)
        """
        pass



    # 이벤트 처리 함수 추가 부분(수정)
```

```
if __name__ == "__main__":
    # 현재 실행되는 py 파일로 QApplication로 app 객체 생성
    app = QApplication(sys.argv)

    # MainWindow로 객체 생성
    myWindow = MainWindow()
    myWindow.show()         # Window 객체 show

    # app 객체의 무한 루프 실행
    # Window 화면이 계속 보이도록 하고,
    # 이벤트가 생기는 것을 처리할 수 있게 해주는 이벤트 루프
    app.exec_()
```

⟨GUI_BaseCode⟩

UI 파일 로드 부분의 XXXXXXXXXXX.ui를 MainWindow_Layout.ui로 바꿔 실행하면 다음과 같이 UI가 출력되는 것을 확인할 수 있습니다. 아직 이벤트 처리 부분에 코드를 작성하지 않아 버튼을 눌러도 아무런 반응을 하지 않습니다.

화면에 계속 UI가 보여지게 하고 이벤트가 발생하면 처리되도록 해주는 것은 위 코드의 제일 아래에 있는 메인 코드 부분에서 담당하고 있습니다. 프로그램을 종료하기 전까지 무한 루프를 발생시켜 이벤트를 기다리고 있는 이벤트 루프를 만들고 있는 것입니다.

⟨그림 8.3.2⟩ GUI 화면 출력

Section 02 >>> 초기화 및 이벤트 처리

〈GUI_BaseCode〉를 다른 이름으로 저장하고 초기화 및 이벤트 처리를 위해 아래와 같이 코드를 만들어보겠습니다. 각 부분의 위치는 〈코드 8.3.1〉을 참조하기 바랍니다.

1 Window 제목 추가 및 사이즈 고정

- setWindowTitle( )에 사용하고자 하는 제목을 인수로 전달하면 UI 상단에 제목이 표시됩니다.

```
self.setWindowTitle("Web Crawler")  # Window 제목 표시
```

- 추가로 Window 사이즈를 고정시키고 싶을 때는 setFixedSize( )로 설정 가능합니다. 가로 사이즈와 세로 사이즈의 순서로 인수를 전달합니다. Qt Designer로 Main Window를 기본 사이즈로 만들면 가로 사이즈가 800, 세로 사이즈는 600입니다.

```
self.setFixedSize(800, 600)  # Window 가로/세로 사이즈 고정
```

2 Line Edit에 텍스트 입력

텍스트를 지정할 수 있는 위젯은 Qt Designer에서 설정이 가능하지만 코드상에서도 setText( )로 지정 가능합니다.

```
self.edit_input.setText("분당 제습기")  # setText()로 위젯에 텍스트 입력
```

3 이벤트 시그널 연결

Push Button이 클릭되면 해당 버튼에 맞게 이벤트를 처리하기 위해서 clicked 이벤트를 각 이벤트 처리 함수와 연결(connect)합니다.

```
# 영화 예매율 순위 검색 탭의 검색 시작 버튼 클릭 이벤트
self.btn_movie_search.clicked.connect(self.movie_search)
```

```python
# 중고 매물 검색 탭의 검색 시작 버튼 클릭 이벤트
self.btn_item_search.clicked.connect(self.item_search)
```

4 이벤트 처리 함수 추가

영화 예매율 순위 검색과 중고 매물 검색을 처리하는 함수를 각각 추가합니다.

```python
# 영화 예매율 순위 검색 함수
def movie_search(self):
    print('영화 예매율 순위 검색 함수 실행')


# 중고 매물 검색 함수
def item_search(self):
    print('중고 매물 검색 함수 실행')
```

1차적으로 초기화 및 이벤트 처리를 추가한 코드는 다음과 같습니다.

```python
# 모듈/패키지 import(수정)
# PyQt
import sys
from PyQt5.QtWidgets import *
from PyQt5.QtCore import *
from PyQt5 import uic


# UI 파일 로드(수정)
ui_form_class = uic.loadUiType("MainWindow_Layout.ui")[0]

class MainWindow(QMainWindow, ui_form_class):
    def __init__(self):
        super().__init__() # super 클래스의 초기화 함수 호출
        self.setupUi(self) # UI 파일을 화면에 출력

        # Window 및 위젯 초기화 추가 부분(수정)
        # Window의 제목, 크기 지정 등
```

```python
        self.setWindowTitle("Web Crawler")  # Window 제목 표시
        # self.setFixedSize(800, 600) # Window 가로/세로 사이즈 고정

        # 위젯 초기화
        self.edit_input.setText("분당 제습기")  # setText()로 위젯에 텍스트 입력

        # StatusBar 필요 시 활성화(수정)
        # self.statusBar = QStatusBar(self)
        # self.setStatusBar(self.statusBar)

        # 위젯들의 이벤트 시그널 발생에 따른 기능을 연결하기 위한 함수 호출
        self._set_signal_slots()

        # 변수 초기화 추가 부분(수정)
        # 이벤트 처리 함수 작성 시 필요한 변수가 있을 경우 추가


    # 이벤트 시그널 연결 함수(수정)
    def _set_signal_slots(self):
        """
        클릭 이벤트에 대한 시그널 연결 예시
        btn_save 버튼이 클릭되면 함수 save가 실행되도록 연결
        self.btn_save.clicked.connect(self.save)
        """
        # 영화 예매율 순위 검색 탭의 검색 시작 버튼 클릭 이벤트
        self.btn_movie_search.clicked.connect(self.movie_search)

        # 중고 매물 검색 탭의 검색 시작 버튼 클릭 이벤트
        self.btn_item_search.clicked.connect(self.item_search)


    # 이벤트 처리 함수 추가 부분(수정)
    # 영화 예매율 순위 검색 함수
    def movie_search(self):
        print('영화 예매율 순위 검색 함수 실행')


    # 중고 매물 검색 함수
    def item_search(self):
        print('중고 매물 검색 함수 실행')
```

```
if __name__ == "__main__":
    app = QApplication(sys.argv)
    myWindow = MainWindow()
    myWindow.show()
    app.exec_()
```

〈코드 8.3.1〉

제목이 설정된 것과 중고 매물 검색 탭의 Line Edit 위젯에 텍스트가 입력된 것은 확인할 수 있습니다. 추가로 각 탭의 Push Button을 클릭하면 이벤트 처리 함수가 실행되어 콘솔 창에 해당 함수 실행 문구가 출력됩니다.

〈그림 8.3.3〉 제목 및 Line Edit 텍스트 입력 확인

Section 03 〉〉〉 세부 기능 추가로 프로그램 완성

각 이벤트 처리 함수에 Part 7에서 만든 웹 크롤링 코드를 추가합니다. 크롤링 결과는 각 탭의 Table Widget에 나오도록 해야 하는데, 이 부분은 각 이벤트 처리 함수에 넣는 것보다는 별도 함수로 처리하는 것이 중복되는 코드를 줄일 수 있는 방법입니다.

영화 포스터 같은 이미지를 Table Widget에 삽입하면 코드가 복잡해지므로 여기에서는 기본 기능들만 구현하는 것을 목표로 프로그램을 완성시켜보겠습니다. 이전보다 코드가 길고 복잡하니 〈코드 8.3.2〉를 참조해 정확히 실습해보기 바랍니다.

1 모듈 import 추가

크롤링을 위한 requests, BeutifulSoup import를 추가합니다.

```python
# 크롤링
import requests
from bs4 import BeautifulSoup
```

2 변수 초기화 추가

크롤링하는 함수에서 공통으로 사용하는 헤더 정보 같은 변수는 __init( )__에 추가합니다.

```python
        # 크롤링 유저 정보
        self.headers = {
            'user-agent': 'Mozilla/5.0 (Windows NT 10.0; Win64; x64)
AppleWebKit/537.36 (KHTML, like Gecko) Chrome/91.0.4472.114 Safari/537.36'}
```

3 영화 예매율 순위 검색 함수의 실행 코드 추가

- 일단 검색 결과를 print( )로 출력까지만 해보겠습니다.
- 〈코드 7.2.4〉에서 포스터 이미지 관련 코드를 제외하고 그대로 입력합니다.
- requests.get( ) 부분에 headers 인수는 self.headers로 변경합니다.

```python
    # 영화 예매율 순위 검색 함수
    def movie_search(self):
        url = 'https://movie.daum.net/ranking/reservation'  # URL 변수 저장

        # 헤더 정보와 함께 요청
        res = requests.get(url, headers=self.headers)

        # html parser로 res.text를 파싱
        soup = BeautifulSoup(res.text, 'html.parser')

        # div태그, item_poster 클래스를 전부 찾아서 저장
        tag_div = soup.find_all('div', class_='item_poster')
```

```python
    # 결과 저장 딕셔너리
    data = {'제목' : [],
            '평점' : [],
            '예매율' : [],
            '개봉일' : [],
            '링크' : []}

    # tag_div 내부 순회 반복문
    for tag in tag_div:
        # 제목 : strong 태그, tit_item 클래스로 추출
        title = tag.find('strong', class_="tit_item")
        data['제목'].append(title.text.strip())  # 제목 저장

        # 평점 : span 태그, txt_grade 클래스로 추출
        grade = tag.find('span', class_="txt_grade")
        data['평점'].append(grade.text.strip())

        # 예매율 : span 태그, txt_grade 클래스로 추출
        rate = tag.find('span', class_="txt_num")
        data['예매율'].append(rate.text.strip())

        # 개봉일 : span 태그, txt_info 클래스로 추출
        # '개봉21.07.07'로 저장되므로 [2:]로 슬라이싱
        rate = tag.find('span', class_="txt_info")
        data['개봉일'].append(rate.text.strip()[2:])

        # 링크 : a 태그, 'href' 추출
        # main 주소를 추가해서 전체 url 완성
        link = 'https://movie.daum.net' + tag.find('a')['href']
        data['링크'].append(link)

    print(data)
```

〈코드 8.3.2〉 movie_search( )

4 중고 매물 검색 함수의 실행 코드 추가

- 앞의 예와 마찬가지로 결과를 출력까지만 해보겠습니다.
- Line Edit에 입력되어 있는 텍스트를 받아오기 위해서는 text( )를 사용합니다.
- requests.get( ) 부분에 headers 인수는 self.headers로 변경합니다.

```python
    # 중고 매물 검색 함수
    def item_search(self):
        # Line Edit에 입력된 텍스트를 공란으로 분리하여 리스트로 저장
        search_word = self.edit_input.text().split(" ")

        # 요청 url을 검색어를 사용하여 저장
        url = 'https://www.daangn.com/search/{}%20{}'.format(search_word[0], search_word[1])

        res = requests.get(url, headers=self.headers)

        soup = BeautifulSoup(res.text, 'html.parser')

        contents = soup.find_all('article', class_ = 'flea-market-article flat-card')

        # 결과 저장 변수
        data = {'제목': [],
                '지역': [],
                '가격': [],
                '링크': []}

        for i in contents:
            title = i.find('span')  # 제목
            region = i.find('p', class_ = 'article-region-name')  # 지역
            price = i.find('p', class_ = 'article-price')           # 가격
            link = 'https://www.daangn.com' + i.find('a')['href']  # 링크

            data['제목'].append(title.text.strip())
            data['지역'].append(region.text.strip())
            data['가격'].append(price.text.strip())
            data['링크'].append(link)

        print(data)
```

〈코드 8.3.2〉 item_search( )

5 이벤트 처리 결과 확인

- 4단계까지 입력 완료 후 실행시켜 각 탭의 Push Button을 클릭해보겠습니다.
- 두 결과는 실시간으로 바뀌고 있기 때문에 다음 그림과는 다른 결과가 나올 수 있습니다.

<그림 8.3.4> 이벤트 처리 결과 화면

6 Table Widget에 결과를 출력하는 함수 추가

- Table Widget은 엑셀, DataFrame과 유사한 형태인데, 크롤링 결과로 만들어진 딕셔너리 데이터를 Table Widget의 각 셀에 넣어주어야 합니다. 다음의 그림과 같이 딕셔너리와 Table Widget의 데이터가 매칭된다고 생각하면 됩니다.

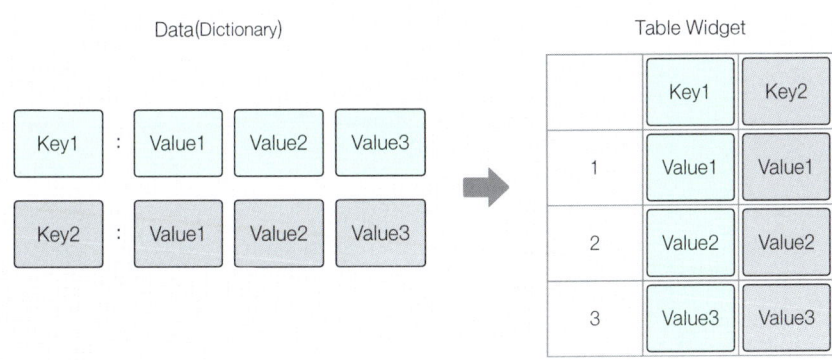

<그림 8.3.5> 딕셔너리와 Table Widget 데이터 매칭

- 각 이벤트 처리를 위한 크롤링 함수의 마지막 print( ) 부분을 함수 호출로 수정합니다.

```
self.display(data)  # Table Widget에 출력하는 함수 호출
```

- 2개의 탭에 Table Widget이 별도로 있기 때문에 어떤 탭에서 검색했는지를 알아야 정확한 Table Widget에 결과를 출력할 수 있습니다. Tab Widget의 현재 활성화된 위치(index)를 반환해주는 함수 currentIndex( )를 사용하면 영화 예매율 순위 검색은 0, 중고 매물 검색은 1입니다. Tab Widget의 인덱스는 왼쪽 탭부터 0으로 시작합니다.

- Tab Widget의 인덱스를 확인해 self.table에 해당 Table Widget을 저장합니다.

```
# 검색 결과를 Table Widget에 출력하는 함수
def display(self, result):
    # Tab Widget의 현재 위치(index) 확인하여 Table Widget을 저장
    if self.tabWidget.currentIndex() == 0:   # 영화 예매율 순위 검색
        self.table = self.table_movie
    else:                                    # 중고 매물 검색
        self.table = self.table_item
```

〈코드 8.3.2〉 display( )_1

- Table Widget은 행과 열의 개수를 설정한 다음부터 사용 가능합니다.
- 〈그림 8.3.5〉에서처럼 Table Widget의 행(row)의 개수는 각 Key에 대한 Value들의 개수가 되고, 열(column)의 개수는 Key의 개수입니다.
- 추가로 출력된 결과를 편집할 수 없도록 설정합니다.

```
# Table Widget 설정
# value 개수만큼 행 설정
self.table.setRowCount(len(list(result.values())[0]))
# key 개수만큼 열 설정
self.table.setColumnCount(len(list(result.keys())))
# table 데이터 변경 불가 설정
self.table.setEditTriggers(QAbstractItemView.NoEditTriggers)
```

〈코드 8.3.2〉 display( )_2

- Table Widget의 Header 라벨 설정은 딕셔너리의 key 값을 리스트로 전달하면 됩니다.

```python
# Table Widget Header 라벨 설정(result의 key)
self.table.setHorizontalHeaderLabels(list(result.keys()))
```

⟨코드 8.3.2⟩ display()_3

- Table Widget에 데이터를 넣는 것은 tableWidget.setItem(행 번호, 열 번호, 아이템)을 사용합니다. 결과 딕셔너리와 value 값을 이중으로 순회하는 반복문을 만들어 반복적으로 데이터를 넣을 수 있습니다.
- 아이템은 데이터를 QTableWidgetItem 객체로 변환해 인수로 넣어줍니다.

```python
# 결과 딕셔너리를 key와 value로 순회하는 반복문
for key, value in result.items():
    # 열 번호는 key의 index
    col_num = list(result.keys()).index(key)

    # 리스트인 value를 인덱스(행 번호)와 함께 순회하는 반복문
    for row_num, val in enumerate(value):
        # Table Widget에 넣을 아이템으로 변환
        item = QTableWidgetItem(val)

        # 행과 열 위치에 아이템을 지정
        self.table.setItem(row_num, col_num, item)
```

⟨코드 8.3.2⟩ display()_4

- Table Widget의 셀의 크기가 기본 값이면 내용이 길 경우 잘려 보이므로 셀에 들어있는 아이템에 맞게 셀 사이즈를 조절합니다.

```python
# 각 행과 열 사이즈를 Cell에 들어가는 contents로 맞춤
self.table.resizeColumnsToContents()
self.table.resizeRowsToContents()
```

⟨코드 8.3.2⟩ display()_5

전체 코드는 다음과 같습니다.

```python
# 모듈/패키지 import(수정)
# PyQt
import sys
from PyQt5.QtWidgets import *
from PyQt5.QtCore import *
from PyQt5 import uic

# 크롤링
import requests
from bs4 import BeautifulSoup


# UI 파일 로드(파일 이름 부분만 수정)
ui_form_class = uic.loadUiType("MainWindow_Layout.ui")[0]

class MainWindow(QMainWindow, ui_form_class):
    def __init__(self):
        super().__init__() # super 클래스의 초기화 함수 호출
        self.setupUi(self) # UI 파일을 화면에 출력

        # Window 및 위젯 초기화 추가 부분
        # Window 의 이름, 크기, 등
        self.setWindowTitle("Web Crawler") # Window 제목 표시
        # self.setFixedSize(800, 600) # Window 가로/세로 사이즈 고정

        # 위젯 초기화
        self.edit_input.setText("분당 제습기") # setText()로 위젯에 텍스트 입력

        # StatusBar 필요 시 활성화
        # self.statusBar = QStatusBar(self)
        # self.setStatusBar(self.statusBar)

        # 위젯들의 이벤트 시그널 발생에 따른 기능을 연결하기 위한 함수 호출
        self._set_signal_slots()

        # 변수 초기화 추가 부분
        # 이벤트 처리 함수 작성 시 필요한 변수가 있을 경우 추가
        # 크롤링 유저 정보
        self.headers = {
            'user-agent': 'Mozilla/5.0 (Windows NT 10.0; Win64; x64)
```

```python
AppleWebKit/537.36 (KHTML, like Gecko) Chrome/91.0.4472.114 Safari/537.36'}


    # 이벤트 시그널 연결 함수
    def _set_signal_slots(self):
        """
        클릭 이벤트에 대한 시그널 연결 예시
        btn_save 버튼이 클릭되면 함수 save가 실행되도록 연결
        self.btn_save.clicked.connect(self.save)
        """
        # 영화 예매율 순위 검색 탭의 검색 시작 버튼 클릭 이벤트
        self.btn_movie_search.clicked.connect(self.movie_search)

        # 중고 매물 검색 탭의 검색 시작 버튼 클릭 이벤트
        self.btn_item_search.clicked.connect(self.item_search)


    # 이벤트 처리 함수 추가 부분
    # 영화 예매율 순위 검색 함수
    def movie_search(self):
        url = 'https://movie.daum.net/ranking/reservation'  # URL 변수 저장

        # 헤더 정보와 함께 요청
        res = requests.get(url, headers=self.headers)

        # html parser로 res.text를 파싱
        soup = BeautifulSoup(res.text, 'html.parser')

        # div 태그, item_poster 클래스를 전부 찾아서 저장
        tag_div = soup.find_all('div', class_='item_poster')

        # 결과 저장 딕셔너리
        data = {'제목' : [],
                '평점' : [],
                '예매율' : [],
                '개봉일' : [],
                '링크' : []}

        # tag_div 내부 순회 반복문
        for tag in tag_div:
```

```python
            # 제목 : strong 태그, tit_item 클래스로 추출
            title = tag.find('strong', class_="tit_item")
            data['제목'].append(title.text.strip()) # 제목 저장

            # 평점 : span 태그, txt_grade 클래스로 추출
            grade = tag.find('span', class_="txt_grade")
            data['평점'].append(grade.text.strip())

            # 예매율 : span 태그, txt_grade 클래스로 추출
            rate = tag.find('span', class_="txt_num")
            data['예매율'].append(rate.text.strip())

            # 개봉일 : span 태그, txt_info 클래스로 추출
            # '개봉21.07.07'로 저장되므로 [2:]로 슬라이싱
            rate = tag.find('span', class_="txt_info")
            data['개봉일'].append(rate.text.strip()[2:])

            # 링크 : a 태그, 'href' 추출
            # main 주소를 추가해서 전체 url 완성
            link = 'https://movie.daum.net' + tag.find('a')['href']
            data['링크'].append(link)

        self.display(data) # Table Widget에 출력하는 함수 호출


    # 중고 매물 검색 함수
    def item_search(self):
        # Line Edit에 입력된 텍스트를 공란으로 분리하여 리스트로 저장
        search_word = self.edit_input.text().split(" ")

        # 요청 url을 검색어를 사용하여 저장
        url = 'https://www.daangn.com/search/{}%20{}'.format(search_word[0], search_word[1])

        res = requests.get(url, headers=self.headers)

        soup = BeautifulSoup(res.text, 'html.parser')

        contents = soup.find_all('article', class_ = 'flea-market-article flat-card')
```

```python
    # 결과 저장 변수
    data = {'제목': [],
            '지역': [],
            '가격': [],
            '링크': []}

    for i in contents:
        title = i.find('span')  # 제목
        region = i.find('p', class_ = 'article-region-name')  # 지역
        price = i.find('p', class_ = 'article-price')         # 가격
        link = 'https://www.daangn.com' + i.find('a')['href'] # 링크

        data['제목'].append(title.text.strip())
        data['지역'].append(region.text.strip())
        data['가격'].append(price.text.strip())
        data['링크'].append(link)

    self.display(data)  # Table Widget에 출력하는 함수 호출


# 검색 결과를 Table Widget에 출력하는 함수
def display(self, result):
    # Tab Widget의 현재 위치(Index) 확인하여 Table Widget을 table에 저장
    if self.tabWidget.currentIndex() == 0:  # 영화 예매율 순위 검색
        self.table = self.table_movie
    else:                                    # 중고 매물 검색
        self.table = self.table_item

    # Table Widget 설정
    # value 개수만큼 행 설정
    self.table.setRowCount(len(list(result.values())[0]))
    # key 개수만큼 열 설정
    self.table.setColumnCount(len(list(result.keys())))
    # table 데이터 변경 불가 설정
    self.table.setEditTriggers(QAbstractItemView.NoEditTriggers)

    # Table Widget Header 라벨 설정(result의 key)
    self.table.setHorizontalHeaderLabels(list(result.keys()))

    # 결과 딕셔너리를 key와 value로 순회하는 반복문
```

```python
            for key, value in result.items():
                # 열 번호는 key의 index
                col_num = list(result.keys()).index(key)

                # 리스트인 value를 인덱스(행 번호)와 함께 순회하는 반복문
                for row_num, val in enumerate(value):
                    # Table Widget에 넣을 아이템으로 변환
                    item = QTableWidgetItem(val)

                    # 행과 열 위치에 아이템을 지정
                    self.table.setItem(row_num, col_num, item)

            # 각 행과 열 사이즈를 Cell에 들어가는 contents로 맞춤
            self.table.resizeColumnsToContents()
            self.table.resizeRowsToContents()


if __name__ == "__main__":
    app = QApplication(sys.argv)
    myWindow = MainWindow()
    myWindow.show()
    app.exec_()
```

〈코드 8.3.2〉

위의 코드를 실행시켜 결과를 보겠습니다. 먼저 영화 예매율 순위 검색 결과입니다.

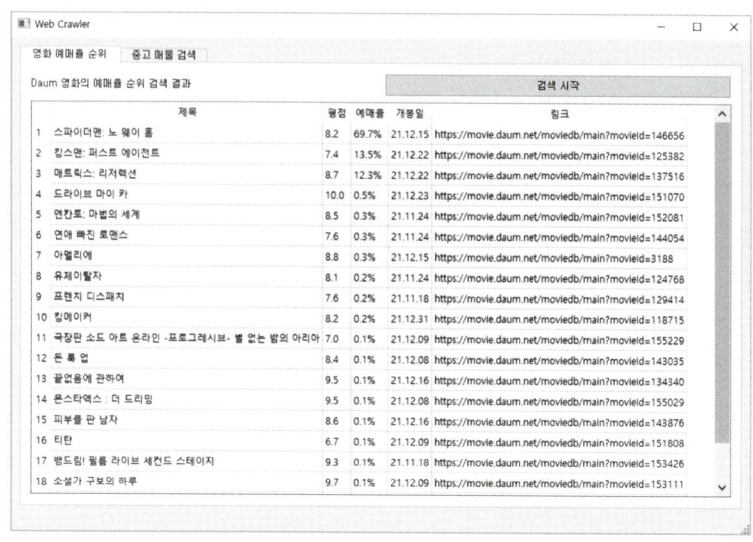

〈그림 8.3.6〉 실행 결과: 영화 예매율 순위

다음은 기본으로 설정해 놓은 '분당 제습기'를 검색어로 한 중고 매물 검색 결과입니다.

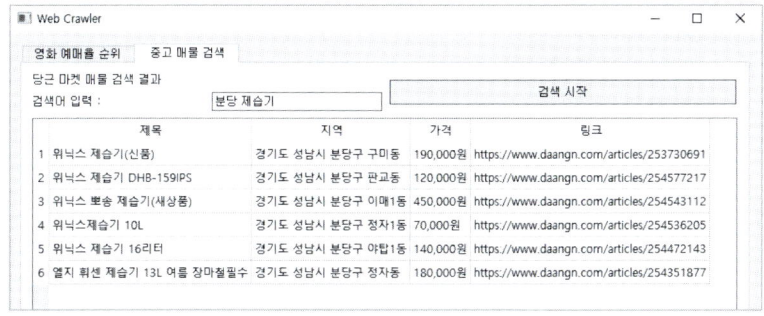

〈그림 8.3.7〉 실행 결과: 중고 매물 검색 ①

마지막으로 검색 결과를 '강남 자전거'로 바꾼 중고 매물 검색 결과입니다.

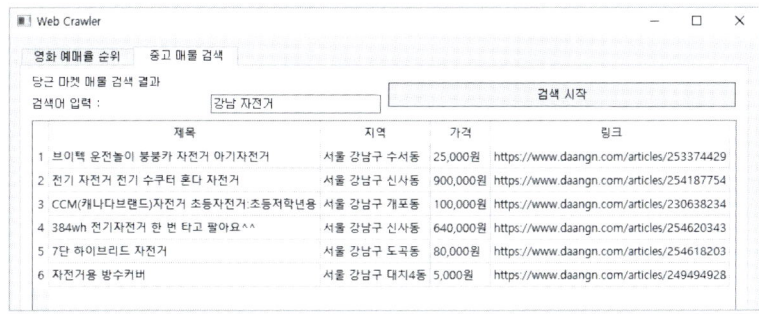

〈그림 8.3.8〉 실행 결과: 중고 매물 검색 ②

기본적인 기능 구현이 모두 끝난 상태이지만 몇 가지 기능들을 추가해 업그레이드할 수 있습니다. 코드 이해가 어려울 수 있으니 제공된 소스 코드인 〈코드 8.3.3〉의 주석을 참조해 다음의 업그레이드 기능들과 실행 결과를 확인해보는 정도로 실습해보면 되겠습니다.

이미지 추가는 이미지 소스인 URL에서 이미지를 가져와 Label을 만들고, 이것을 Table Widget의 셀에 넣는 방법이라 실행 시간이 걸리는 기능입니다.

- 제목은 Web Crawler_Upgrade로 변경
- 하단 Status Bar 활성화하여 현재 상태를 출력
- 각 탭의 결과에 이미지 추가(영화 포스터, 매물 상품 이미지)
- Tab Widget의 내용을 더블 클릭하면 해당 행에 대한 링크 주소를 웹 브라우저로 연결

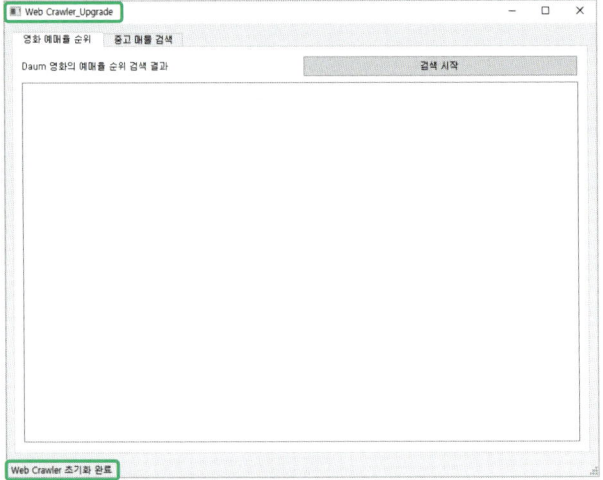

〈그림 8.3.9〉 제목 변경 및 Status Bar 활성화

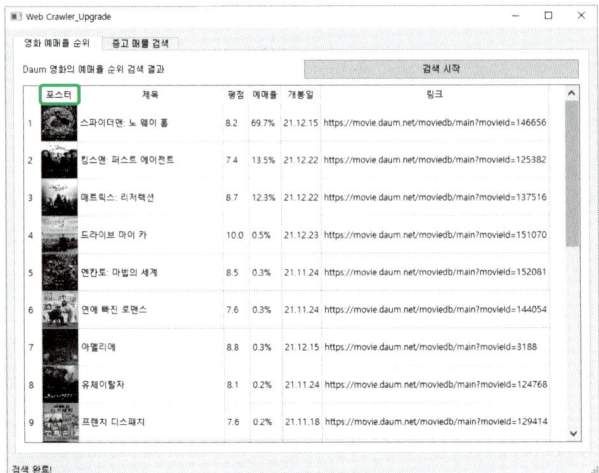

〈그림 8.3.10〉 영화 포스터 추가

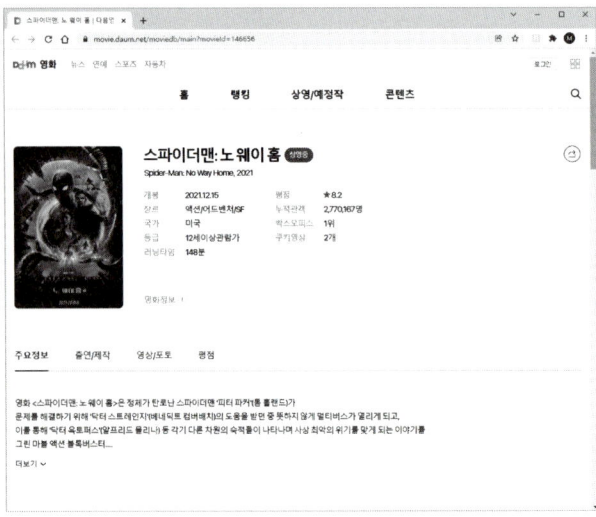

〈그림 8.3.11〉 상세 페이지 연결

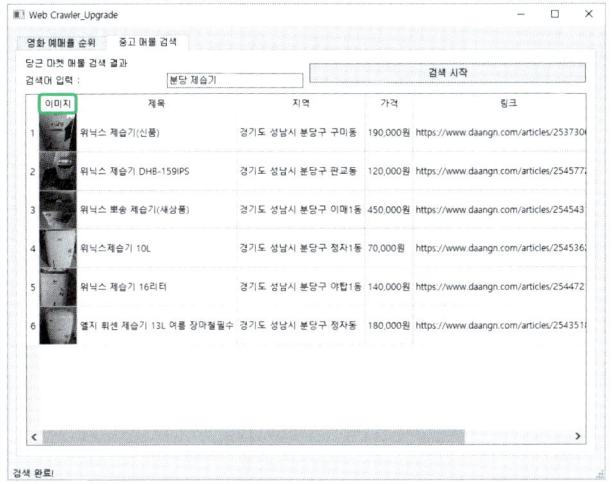

〈그림 8.3.12〉 중고 매물 상품 이미지 추가

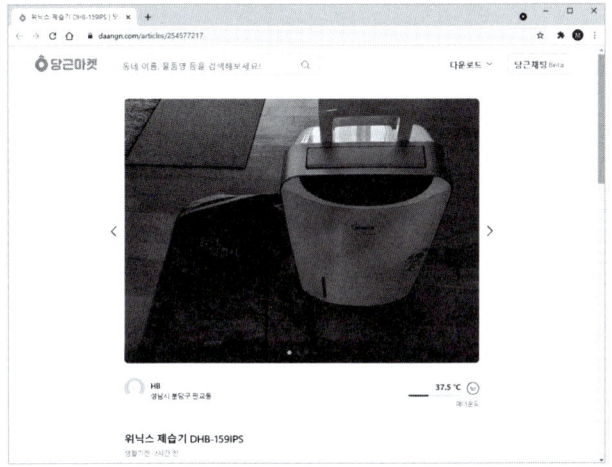

〈그림 8.3.13〉 상세 페이지 연결

부록

- Quiz 풀이
- Error의 종류와 내용
- 찾아보기

Quiz 풀이

Quiz 2-1

A. 문제

- 해외 기사를 보면 이런 제목이 있습니다.
  How the World's Most Prevalent COVID-19 Vaccine Is Made

- 이 기사를 title 변수에 넣어 출력해보세요.

B. 풀이

문장 내에 작은따옴표가 하나 있습니다. 어려울 것 없이 큰따옴표로 전체를 감싸주면 문자열을 만들 수 있습니다.

```
In[1]: title = "How the World's Most Prevalent COVID-19 Vaccine Is Made"

In[2]: print(title)
How the World's Most Prevalent COVID-19 Vaccine Is Made
```

Quiz 2-2

A. 문제

- 크롤링으로 데이터를 받아서 data로 저장하고 출력해보니 다음과 같이 공백이 너무 많았습니다.
  " 감정   분석하고   암   치료제   개발까지… '초거대'   AI   만든다. "

- 문장을 자세히 보니 공백이 2개인 것을 없애면 될 것 같습니다.
  아래와 같이 띄어쓰기가 정상적인 문장으로 다시 data에 저장해보세요.
  "감정 분석하고 암 치료제 개발까지… '초거대' AI 만든다."

B. 풀이

공백 2개를 없애기 위해서는 문자열을 변경할 수 있는 replace 명령어를 사용합니다. 공백을 없앤다는 의미는 ' '를 ' '로 바꾸면 되기 때문에 다음과 같이 코드를 만듭니다.

```
In[1]: data = "  감정   분석하고   암   치료제   개발까지…   '초거대'   AI   만든다.  "
```

```
In[2]: data
Out[2]: ' 감정   분석하고   암   치료제   개발까지…   '초거대'   AI   만든다.
'

In[3]: data = data.replace(' ', '')

In[4]: data
Out[4]: "감정 분석하고 암 치료제 개발까지… '초거대' AI 만든다."
```

Quiz 3-1

A. 문제

members 변수의 데이터 개수를 출력해보고, 왜 그런 결과가 나왔는지 생각해보세요.

B. 풀이

members 변수는 세부적으로 보면 이름과 ID 데이터가 5개씩 들어 있어서 총 10개의 데이터가 있지만 members 변수를 만들 때는 name_list와 id_list 2개로 만들어졌습니다.

```
In[1]: len(members)
Out[1]: 2
```

Quiz 3-2

A. 문제

members 변수의 데이터 중 '민준'의 '준'만 출력하는 인덱싱 코드를 만들어보세요.

B. 풀이

members 변수의 첫 번째 리스트의 데이터 하나하나는 문자열이라 한 단계 더 인덱싱이 가능합니다. 따라서 아래의 표처럼 3단계로 인덱싱하면 문자 하나까지 확인이 가능한 것입니다.

index 1	0									1				
index 2	0		1		2		3		4	0	1	2	3	4
Index 3	0	1	0	1	0	1	0	1	0	1				
데이터	민	기	다	희	지	우	민	준	유	이	4	2	8	5	3

```
In[1]: members[0][3][1]
Out[1]: '준'
```

Quiz 3-3

A. 문제

members에 이름이 '선우', ID가 6인 멤버를 append로 추가해보세요.

B. 풀이

이름과 ID를 key로 하는 value를 보면 타입이 리스트이므로 간단하게 members['이름']에 '선우'를 추가하고, members['ID']에 6을 추가하면 됩니다.

```
In[1]: members
Out[1]:
{'이름': ['민기', '다희', '지우', '민준', '유이'],
 'ID': [4, 2, 8, 5, 3],
 '모임 분류': '친구',
 '입력 날짜': '2021-05-01',
 '일정': []}

In[2]: members['이름'].append('선우')

In[3]: members['ID'].append(6)

In[4]: members
Out[4]:
{'이름': ['민기', '다희', '지우', '민준', '유이', '선우'],
 'ID': [4, 2, 8, 5, 3, 6],
 '모임 분류': '친구',
 '입력 날짜': '2021-05-01',
 '일정': []}
```

Quiz 4-1

A. 문제

- 〈코드 4.1.3〉은 제시된 조건을 정확히 코드로 구현했지만 사실 간단하게 만들 수 있습니다. 나올 수 있는 확률이 낮은 조건 순서대로 조건식을 만들고 나머지는 확률이 가장 높은 조건으로 만들면 됩니다.

- 〈코드 4.1.3〉을 간단하게 만들기 위한 조건문 코드의 나머지 네 줄을 완성해보세요.

```
if stress == False and rain < 30 and weekday == '주중':
    print('오늘의 메뉴 : 짜장면')




```

B. 풀이

- 문제에 제시한 것처럼 가장 낮은 확률의 조건인 '짜장면'이 나올 조건을 첫 번째 조건으로 하면, 다음은 '짬짜면'이 나올 조건인 비가 올 확률이 30 이상, 60 미만인 조건입니다. 그러면 남은 모든 조건은 '짬뽕'이 되어 else로 만들어주면 됩니다.

- 우선 순위의 조건으로 조건문을 만들기보다는 아래와 같이 결과를 기준으로 조건들을 재정리해 많은 조건들이 필요한 순서(나올 확률이 낮은 순서)에 따라 조건문을 간단하게 만들 수 있습니다.

결과	stress	rain	weekday
짜장면	False	30 미만	'주중'
짬짜면	False	30 이상 60 미만	
짬뽕	True	60 이상	

```
if stress == False and rain < 30 and weekday == '주중':
    print('오늘의 메뉴 : 짜장면')
elif stress == False and rain >= 30 and rain < 60:
    print('오늘의 메뉴 : 짬짜면')
else:
    print('오늘의 메뉴 : 짬뽕')
```

Quiz 4-2

A. 문제

〈코드 4.2.12〉에서 입력받은 비밀번호가 틀렸을 경우 그냥 "비밀번호 : " 입력으로 넘어가지 않고, "비밀번호가 틀렸습니다."라고 출력한 뒤에 비밀번호 입력을 받고 싶을 때를 생각해보겠습니다. while 문 반복 실행 코드 두 번째 줄에 print('비밀번호가 틀렸습니다.')를 입력하면 예상했던 결과가 나오지 않을 것입니다. 그 이유를 생각해보고 아래의 실행 결과처럼 나오도록 해결해보세요.

〈실행 결과〉

```
비밀번호 : 123
비밀번호가 틀렸습니다.

비밀번호 : 123456
비밀번호가 틀렸습니다.

비밀번호 : 1234
로그인 성공
```

B. 풀이

- while 문의 반복 실행 코드 두 번째 줄에 비밀번호가 틀렸다는 경고를 추가하면 다음과 같이 수정됩니다.

```python
while answer != password:
    answer = input('비밀번호 : ')
    print('비밀번호가 틀렸습니다.')
```

- 이렇게 코드를 실행하면 비밀번호를 입력했을 때 바로 경고가 출력됩니다. 경고 출력의 조건은 입력받은 비밀번호가 틀렸을 경우인데, 이것은 while 문의 조건식과는 별개라고 생각해야 합니다. 그래서 문제의 실행 결과처럼 나오도록 하기 위해서는 while 문 내부에 비밀번호를 확인하는 조건문이 하나 더 추가되어야 합니다.

```python
while answer != password:
    answer = input('비밀번호 : ')
    
    if answer != password:
        print('비밀번호가 틀렸습니다.')
```

Quiz 4-3

A. 문제

〈project_3_upgrade〉 # 7의 코드에서 enumerate( )를 사용해 카드 번호를 나타내는 변수 card_num을 사용하지 않고 구현 가능하도록 수정해보세요.

B. 풀이

enumerate( )는 리스트와 함께 사용해 반복문을 만들면 리스트의 데이터와 함께 인덱스를 변수에 넣을 수 있어 추가적인 데이터 위치를 확인할 변수가 필요없습니다. for 문에 인덱스와 데이터를 넣을 변수 2개를 사용하고, 카드 상태가 뒷면일 경우 결과 리스트에는 인덱스에 1을 더한 값을 넣어 카드의 숫자가 추가될 수 있도록 하면 됩니다.

```
result = []

for idx, status in enumerate(card_status):
    if status == 1:
        result.append(idx+1)

print(result)
```

Quiz 5-1

A. 문제

〈코드 5.1.3〉을 수정해 216쪽과 같은 결과가 나오도록 해보세요. locals( )를 출력하는 코드만 한 줄 추가하면 됩니다.

B. 풀이

- 출력 결과에서 '음료수 : 물'이 3회 출력된 다음에 locals( )를 출력해 총 4개의 지역 변수가 나온 것을 보면, 반복문이 끝나고 난 다음에 출력 코드가 들어갔다는 것을 알 수 있습니다. 따라서 다음과 같이 print(locals( ))를 추가하면 됩니다.

```
def machine(beverage, qty):
    price = 1000

    global my_money
```

```
        print(select)

        for i in range(qty):
            print('음료수 :', beverage)
            my_money = my_money - price

        print(locals()) # machine()의 지역 변수 출력

select = '물'
qty = 3
my_money = 5000

print('보유 금액 :', my_money)

machine(select, qty)

print('남은 금액 :', my_money)
```

Quiz 5-2
A. 문제

〈코드 5.2.4〉가 클래스를 사용해 함수를 여러 개 사용하는 것보다 효율적인 코드가 되었지만, 변수 사용에 있어서는 개선해야 할 부분이 있습니다. 클래스는 내부에 self.를 붙여서 변수를 선언하면 전역 변수처럼 클래스 내부 어디에서든 사용이 가능한 변수가 됩니다.

사용자 입력을 받아서 저장되는 item과 qty는 각 함수 내에서만 사용이 가능한 지역 변수인데, 이것을 클래스 전역에 쓸 수 있도록 다음과 같이 3개의 함수를 수정했습니다. 이렇게 개선하면 변수를 따로 반환받거나 전달해줄 필요가 없다는 장점이 있죠.

1. operate( )
2. select_item( )
3. provide( )

〈코드 5.2.4〉에서 변경된 부분에 네모 칸을 표시했습니다. 빈 칸을 채워 코드를 완성해보세요.

B. 풀이

이 문제의 핵심은 item, qty를 self.item, self.qty로 변경하라는 것입니다. 이렇게 변경하면 다른 함수에서 반환 받을 필요도 전달해줄 필요도 없이 그냥 전역 변수처럼 사용할 수 있습니다. 따라서 다음과 같이 3개의 함수를 수정해 코드를 개선할 수 있습니다.

① select_item( )에서 입력을 받아 저장하는 변수를 self.item, self.qty로 변경하면 return 부분은 필요가 없어지므로 삭제합니다.
② selec_item( )을 호출하는 operate( )에서 반환 받는 데이터가 없어지는 것이므로 그냥 self.select_item( )으로 호출만 합니다.
③ operate( )에서 provide( )를 호출할 때도 인수로 아이템과 수량을 따로 전달할 필요가 없습니다.
④ provide( )에서는 매개 변수가 필요 없어지고 self.item, self.qty를 바로 쓰면 됩니다.

```python
# 자판기 작동
def operate(self):
    print(f'{self.machine_num}번 {self.machine_type}자판기 작동')
    print('상품 안내 :', self.items)
    self.select_item()    # 아이템 선택 함수 호출
    self.provide()        # 아이템 공급 함수 호출

# 사용자 아이템 및 수량 선택 입력
def select_item(self):
    self.item = input('상품을 입력해주세요. : ')
    self.qty = int(input('수량을 입력해주세요. : '))
    # return item, qty 삭제

# 선택된 아이템 공급
def provide(self):
    # 선택한 아이템 출력
    if self.item in self.items and self.qty != 0:
        for i in range(self.qty):
            print('선택하신 상품 :', self.item)
    else:
        print('잘못된 입력입니다.')
    print()
```

Error의 종류와 내용

	Error	메시지 예시	내용
1	IndentationError	expected an indented block	들여쓰기 에러
2	SyntaxError	invalid syntax	문법 오류
3	IndexError	index out of range	인덱스 범위 오류
4	TypeError	can only concatenate str (not "int") to str	잘못된 타입
5	ValueError	invalid literal for int( ) with base 10: '7.0'	없는 데이터를 삭제하거나 잘못된 변환 시
6	NameError	name 'true' is not defined	정의되지 않은 변수 사용
7	UnboundLocalError	local variable 'my_money' referenced before assignment	선언하지 않은 지역 변수 사용
8	FileExistsError	파일이 이미 있으므로 만들 수 없습니다	디렉토리 중복 생성 오류
9	UnicodeDecodeError	'utf-8' codec can't decode byte 0xb1 in position 0: invalid start byte	유니코드 오류
10	KeyError	'key'	딕셔너리에 해당 key가 없음
11	AttributeError	'VendingMachine' object has no attribute 'add'	모듈, 클래스에서 잘못된 속성/메소드를 호출하는 경우
12	FilenotFoundError	No such file or directory : ~	파일명이나 디렉토리 오류
13	ZeroDivisionError	division by zero	0으로 나누는 오류

찾아보기

A
append( )	107
AWS	387

B
BeautifulSoup	361
Bool, Boolean	146
break	184

C
clicked.connect( )	420
columns	312
concat( )	325
continue( )	184
copy( )	346
count( )	116
currentIndex( )	428

D
DataFrame	305
default parameter	220
del	111, 129, 323
describe( )	342
drop( )	324
dropna( )	347
dtypes	341

E
enumerate( )	192
EXIF 정보	249

F
fillna( )	347
float	082
format( )	062
for 문	162
f-문자열 포매팅	063

G
global	214
globals( )	215
groupby( )	350
GUI	228, 394

H
head( )	311

I
id( )	049
if 문	150
iloc	316
Image.open( )	270
import	090, 225
in, not in	158
index( )	079, 312
info( )	342
input( )	064
insert( )	108
int( )	081
isnull( ).sum( )	344
items( )	127

J
Jupyter Notebook	282

K
key	124
keys( )	127

찾아보기 **449**

L

len( )	066
list( )	120
loc	314
locals( )	216
lower( )	268

M

max( )	118, 317
mean( )	317
median( )	317
merge( )	328
min( )	118, 317

N

NaN	326
null	344

O

Open API	022
open( )	258
os.listdir( )	259
os.mkdir( ), os.mkdirs( )	256
os.path.basename( )	261
os.path.join( )	257
os.rename( )	260

P

Pandas	303
pass	417
pip	247
pivot_table( )	352
pop( )	112
print( )	034
PyPI	247
PyQt	396

Q

Qt Designer	396
QTableWidgetItem( )	429

R

random.choice	139
random.randint	091
range( )	170
read_csv( )	338
remove( )	112
replace( )	076, 353
requests	361
reset_index( )	333
resizeColumnsToContents( )	429
resizeRowsToContents( )	429
return	217

S

sample( )	349
self	236
Series	303
set_index( )	331
setFixedSize( )	420
setItem( )	429
setText( )	420
setWindowTitle( )	420
shape	341
shutil.move( )	261
sort( )	116
sort_index( )	322
sort_values( )	319
sorted( )	114
split( )	079
std( )	317
str( )	064
strip( )	079
sum( )	118, 317

T

tail( )	311
text( )	426
time.sleep( )	366
to_csv( )	353
try / except	379
type( )	056

U

unique( )	344

V

value	124
value_counts( )	345
values	312
values( )	127

W

while 문	178

Z

zip( )	191

ㄱ

객체	245
결측치	344
기본 매개 변수	220

ㄴ

논리 연산자	149

ㄷ

들여쓰기	150
딕셔너리	124

ㄹ

라이브러리	247
라즈베리파이	387
로봇 배제 규약	365
리스트	098
리스트 내포(List Comprehension)	189

ㅁ

매개 변수	208
메모리 주소	046
메소드	0246
모듈	090, 247
무한 루프	179
문자열	058
문자열 규칙	059
문자열 포매팅	062

ㅂ

반복문	159
변수	054
변수명 규칙	046
비교 연산자	148

ㅅ

생성자	236
숫자 연산자	084
스크립트 언어	087
스파이더(Spyder)	029
슬라이싱	069
실수형 데이터	080

ㅇ

아나콘다(Anaconda)	023
예약어	047
워드 클라우드	022
웹 크롤링	017, 360
웹 페이지 응답 상태 코드	362
이상치(Outlier)	343
이스케이프 문자	076

이스터 에그(Easter Egg)	036
인덱스(index)	067
인덱싱(indexing)	068
인수	219
인스턴스	234

ㅈ

작업 스케줄러	387
전역 변수	213
정수형 데이터	080
조건문	146
주석	055
지역 변수	213

ㅋ

카카오 챗봇	020
콘솔	037
클래스	234

ㅌ

태그	360
텔레그램 봇	19, 387
통합개발환경(IDE)	041
튜플	131

ㅍ

파라미터	208
파싱(parsing)	361
패키지	247
프레임워크	247
프롬프트(Prompt)	037

ㅎ

함수	207

기타

%포매팅	062
__dict__	246
__init__( )	236
__main__	261
__name__	261
_getexif( )	270
_set_signal_slots( )	417